应用型本科院校"十三五"规划教材/经济管理类

Employees Recruitment

员工招聘

主　编　陈冰冰　孙　佳
副主编　缪春光　李　丹　周欣然

哈尔滨工业大学出版社
HARBIN INSTITUTE OF TECHNOLOGY PRESS

内容简介

本教材围绕人力资源招聘、甄选与录用这一主线,以"理论+方法+工具+实务"的展现形式,构建了一套全新、实用、高效的招聘管理体系。

本教材在系统阐述招聘管理理论的基础上,阐述了招聘的影响因素、招聘立法与招聘原理、招聘基础、招聘计划、招聘策略、招聘渠道、简历的制作与筛选、笔试、面试、其他选拔方法、背景调查与体检、员工录用与入职管理、招聘评估等 13 项招聘工作内容,并且提供了章前的引导案例、章后的案例演练等鲜活生动的招聘场景体验。

本教材既适合大学本科或相同层次的人力资源管理及其他经营管理专业的师生学习和使用,也适合企业经营管理者、人力资源管理从业者、咨询师、培训师等阅读和参考。

图书在版编目(CIP)数据

员工招聘/陈冰冰,孙佳主编. —哈尔滨:哈尔滨工业大学出版社,2018.8

应用型本科院校"十三五"规划教材

ISBN 978-7-5603-7527-4

Ⅰ.①员… Ⅱ.①陈… ②孙… Ⅲ.①企业管理-招聘-高等学校-教材 Ⅳ.①F272.92

中国版本图书馆 CIP 数据核字(2018)第 161809 号

策划编辑	杜 燕
责任编辑	马静怡 张天放
出版发行	哈尔滨工业大学出版社
社　　址	哈尔滨市南岗区复华四道街 10 号 邮编 150006
传　　真	0451-86414749
网　　址	http://hitpress.hit.edu.cn
印　　刷	肇东市一兴印刷有限公司
开　　本	787mm×960mm 1/16 印张 23.5 字数 540 千字
版　　次	2018 年 8 月第 1 版 2018 年 8 月第 1 次印刷
书　　号	ISBN 978-7-5603-7527-4
定　　价	60.00 元(含习题集)

(如因印装质量问题影响阅读,我社负责调换)

《应用型本科院校"十三五"规划教材》编委会

主　任　　修朋月　　竺培国

副主任　　王玉文　　吕其诚　　线恒录　　李敬来

委　员　　（按姓氏笔画排序）

　　　　　　丁福庆　　于长福　　马志民　　王庄严　　王建华

　　　　　　王德章　　刘金祺　　刘宝华　　刘通学　　刘福荣

　　　　　　关晓冬　　李云波　　杨玉顺　　吴知丰　　张幸刚

　　　　　　陈江波　　林　艳　　林文华　　周方圆　　姜思政

　　　　　　庹　莉　　韩毓洁　　蔡柏岩　　臧玉英　　霍　琳

《通用型本科院校"十五"规划教材》编委会

主　任　侯明月　邹灏国

副主任　王玉文　吕其诚　樊福泉　李晓东

委　员　（按姓氏笔画为序）

丁晓光　于长胜　马志民　王往广　王意华
王德喜　刘金秋　刘宝学　刘理学　刘丽荣
关丽冬　李云波　闫玉琳　吴知丰　宋等阿
陈立强　林　伟　林文学　周武刚　姜思政
原　林　赵福吉　黎用昌　魏玉英　冲　军

序

哈尔滨工业大学出版社策划的《应用型本科院校"十三五"规划教材》即将付梓,诚可贺也。

该系列教材卷帙浩繁,凡百余种,涉及众多学科门类,定位准确,内容新颖,体系完整,实用性强,突出实践能力培养。不仅便于教师教学和学生学习,而且满足就业市场对应用型人才的迫切需求。

应用型本科院校的人才培养目标是面对现代社会生产、建设、管理、服务等一线岗位,培养能直接从事实际工作、解决具体问题、维持工作有效运行的高等应用型人才。应用型本科与研究型本科和高职高专院校在人才培养上有着明显的区别,其培养的人才特征是:①就业导向与社会需求高度吻合;②扎实的理论基础和过硬的实践能力紧密结合;③具备良好的人文素质和科学技术素质;④富于面对职业应用的创新精神。因此,应用型本科院校只有着力培养"进入角色快、业务水平高、动手能力强、综合素质好"的人才,才能在激烈的就业市场竞争中站稳脚跟。

目前国内应用型本科院校所采用的教材往往只是对理论性较强的本科院校教材的简单删减,针对性、应用性不够突出,因材施教的目的难以达到。因此亟须既有一定的理论深度又注重实践能力培养的系列教材,以满足应用型本科院校教学目标、培养方向和办学特色的需要。

哈尔滨工业大学出版社出版的《应用型本科院校"十三五"规划教材》,在选题设计思路上认真贯彻教育部关于培养适应地方、区域经济和社会发展需要的"本科应用型高级专门人才"精神,根据前黑龙江省委书记吉炳轩同志提出的关于加强应用型本科院校建设的意见,在应用型本科试点院校成功经验总结的基础上,特邀请黑龙江省9所知名的应用型本科院校的专家、学者联合编写。

本系列教材突出与办学定位、教学目标的一致性和适应性,既严格遵照学科体系的知识构成和教材编写的一般规律,又针对应用型本科人才培养目标及与之相适应的教学特点,精心设计写作体例,科学安排知识内容,围绕应用讲授理论,做到"基础知识够用、实践技能实用、专业理论管用"。同时注意适当融入新理论、新技术、新工艺、新成果,并且制作了与本书配套的PPT多媒体教学课件,形成立体化教材,供教师参考使用。

《应用型本科院校"十三五"规划教材》的编辑出版,是适应"科教兴国"战略对复合型、应用型人才的需求,是推动相对滞后的应用型本科院校教材建设的一种有益尝试,在应用型创新人才培养方面是一件具有开创意义的工作,为应用型人才的培养提供了及时、可靠、坚实的保证。

希望本系列教材在使用过程中,通过编者、作者和读者的共同努力,厚积薄发、推陈出新、细上加细、精益求精,不断丰富、不断完善、不断创新,力争成为同类教材中的精品。

前　言

员工招聘是人力资源管理部门重要的日常性业务之一和第一环节的工作,组织的核心竞争优势大小和战略目标能否实现,越来越多地依赖于人力资源的数量、质量、层次及结构。不言而喻,招聘具有"牵一发而动全身"的重要作用,在日益激烈的市场竞争环境中,组织需要把好人才进出的第一关,吸引、选拔、录用一批"合适的人"变得至关重要。

那么,组织招聘需要考虑哪些影响因素?招聘方面的相关法律有哪些?组织如何通过招聘吸引人才?如何开展笔试、面试及其他甄选方法来选拔人才?如何进行招聘甄选与录用评估以降低风险?

本教材以组织招聘的流程为主线,详细阐述了招聘的影响因素、招聘立法与招聘原理、招聘基础、招聘计划、招聘策略、招聘渠道、简历的制作与筛选、笔试、面试、其他选拔方法、背景调查与体检、员工录用与入职管理、招聘评估等13项招聘工作内容,并且提供了章前的引导案例、章后的案例演练等鲜活生动的招聘场景体验。所以本教材除了框架结构新、汇集的相关研究成果新、资源数据新之外,力求将职业道德、实践训练、创新精神贯穿全书。

本教材编写的原则是:根据应用型本科院校的培养目标和此类院校学生的特点,教材内容定位在基础理论、基本概念、基本技能讲够讲透的基础上,内容范围不宜过大,内容深度不宜太深,注重能力和技能的训练,注重理论联系实际,注重培养学生动手、动脑的创新能力。

本教材主要有以下两个方面的特点:

1. 以招聘流程为主线,形成本书内容。本教材按照招聘计划、笔试、面试、背景调查、体检、录用、招聘评估等招聘流程对员工招聘的基本理论、基本思想和基本方法进行了规范阐述。

2. 体例新颖,内容实用。本教材各章节均设计了引导案例、招聘实践环节的各种图表、引例分析、练习题、案例演练等模块,在强调理论和方法体系的同时,又能使学生加深对理论的理解,突出内容的实务性和可操作性,以形成本书的特色。

本教材既适合大学本科或相同层次的人力资源管理及其他经营管理专业的师生学习和使用,也适合企业经营管理者、人力资源管理从业者、咨询师、培训师等阅读和参考。

本教材由陈冰冰和孙佳任主编,缪春光、李丹、周欣然任副主编。全书由陈冰冰设定体例结构,拟定编写大纲、组织编写,最后由陈冰冰和孙佳进行汇总、统稿。各章编写分工是:李丹编写第一章、第二章;缪春光编写第三章、第四章、第五章、第十章;陈冰冰编写第六章、第七章、第八章、第九章;孙佳编写第十一章、第十二章、第十三章;周欣然编写第十四章。

本教材配备了习题集,由各位编者根据各章内容提炼,编制习题,并由陈冰冰和孙佳进行汇总、统稿。

在本教材的编写过程中,我们阅读、参考和借鉴了国内外许多专家学者的专著、报刊资料和网络资料,在此向他们表示衷心的感谢!应用型本科院校规划教材编委会和哈尔滨工业大学出版社的领导和有关同志,对出版本书给予了亲切指导和大力支持,并付出了艰苦的劳动,在此,谨向他们表示最诚挚的谢意。

由于编者学识有限,时间仓促,疏漏之处在所难免,敬请同行和广大读者批评指正。

编 者

2018 年 5 月

目　录

第一章　绪论 ·· 1
　　第一节　招聘概述 ··· 1
　　第二节　招聘原则 ··· 3
　　第三节　招聘程序 ··· 4
　　第四节　移动互联网时代招聘的发展趋势 ··································· 6

第二章　招聘的影响因素 ··· 9
　　第一节　企业内部因素 ·· 9
　　第二节　企业外部因素 ·· 10
　　第三节　个人因素 ··· 11

第三章　招聘立法与招聘原理 ··· 13
　　第一节　招聘立法 ··· 13
　　第二节　招聘原理 ··· 24

第四章　招聘基础 ··· 29
　　第一节　人力资源规划 ·· 30
　　第二节　工作分析 ··· 48

第五章　招聘计划 ··· 54
　　第一节　招聘计划的内容 ··· 56
　　第二节　招聘计划的流程 ··· 66

第六章　招聘策略 ··· 70
　　第一节　招聘团队建设策略 ·· 71
　　第二节　招聘时间确定策略 ·· 73
　　第三节　招聘地点选择策略 ·· 76
　　第四节　招聘宣传策略 ·· 77

第七章　招聘渠道 ··· 80
　　第一节　内部招聘 ··· 81
　　第二节　外部招聘 ··· 88
　　第三节　如何选择招聘渠道 ·· 97

第八章　简历的制作与筛选 ·· 102
　　第一节　简历的书写与投递 ·· 102
　　第二节　筛选应聘登记表与简历 ·· 110

第九章　笔试 ·· 116
　　第一节　笔试概述 ··· 116
　　第二节　笔试题目类型及来源 ··· 118

1

     第三节 笔试设计与应用过程及关键事项……………………………126
第十章 面试……………………………………………………………………131
     第一节 面试概述……………………………………………………132
     第二节 面试过程……………………………………………………140
     第三节 面试偏见……………………………………………………152
     第四节 面试技巧……………………………………………………155
第十一章 其他选拔方法………………………………………………………167
     第一节 心理测试概述………………………………………………167
     第二节 评价中心……………………………………………………183
     第三节 其他选拔方法………………………………………………207
     第四节 人员选拔方法的选用………………………………………210
第十二章 背景调查与体检……………………………………………………213
     第一节 背景调查……………………………………………………213
     第二节 入职体检……………………………………………………222
第十三章 员工录用与入职管理………………………………………………226
     第一节 员工录用……………………………………………………227
     第二节 入职管理……………………………………………………234
第十四章 招聘评估……………………………………………………………240
     第一节 招聘评估概述………………………………………………240
     第二节 招聘评估指标的统计分析…………………………………245
     第三节 招聘活动总结………………………………………………268

参考文献…………………………………………………………………………273

Chapter 1 第一章

绪 论

【引导案例】

世界一流的企业都有的共识:找对人比做对事更重要。微软公司的追寻天才之路,让微软事业精彩纷呈,辉煌不断!

微软的招聘可谓是出了名的百里挑一,优中选优。由于其在全球范围内无人可及的知名度,微软公司每年会收到几十万份简历,但能通过第一轮筛选的人员的比例很小。在美国大学校园招聘时,微软通常仅挑选其中的9%~15%去总部进行复试。最后只有少数人能过关斩将并顺利进入微软。是优秀的员工创造了微软,是优秀的员工缔造了微软的神话。对于人才,微软看重的是潜质,"天赋中心论""智力高于一切"是其核心的人才理念。

上述"引导案例"给出了微软公司对待员工招聘的态度。设计一个什么样的招聘流程才能符合企业在新形势下所确定的发展战略要求,有利于企业的发展? 解决这个问题所涉及的理论知识和技能正是本章要讲述的内容。

【本章主要内容】
1. 招聘的定义、环节及作用
2. 招聘原则
3. 招聘作用
4. 移动互联网时代招聘发展的新趋势

第一节 招聘概述

企业的"企"字是由一个"人"和一个"止"组成,其中的道理就是说企业是由人组成,没有人构成不了企业;另一方面,企业若没有真正的"人",企业未来的发展就会停滞不前。因此,企业人力资源的获取对于企业的发展具有不可忽视的作用。员工招聘是企业整个人力资源管理活动的基础,直接关系到企业人力资源的形成,有效的招聘工作不仅可以提高员工素质、改善人员结构,也可以为企业引入新的管理思想,为企业增添新的活力,甚至可能会给企业带来技术、管理上的重大革新。

一、招聘的含义

招聘是组织为了生存和发展的需要,根据人力资源规划和工作分析的要求,通过发布招聘信息和科学的甄选,使组织获取所需的人才,并把他们安排到合适岗位工作的过程。

二、招聘的环节

人力资源招聘是一项重要而严肃的工作,也是一个复杂、完整、连续的程序化操作过程,包括招募、选拔、录用、评估四个紧密联系的环节。

(一)招募

招募指组织为了吸引更多优秀的应聘者前来应聘而开展的一系列活动。

(二)选拔

选拔是组织从自身发展和职位要求出发,挑选出最适合招聘岗位的人。

(三)录用

录用是根据选拔过程中的信息对候选人做出安置、试用和录用的过程。

(四)评估

评估是对整个招聘活动的评价和总结。

三、招聘的作用

招聘工作的有效开展对人力资源管理和整个组织的运行都有着非常重要的作用,这主要表现在以下几个方面:

(一)招聘工作决定着组织人力资源的质量

企业的竞争说到底是人才的竞争,人才是企业核心竞争力的源泉,而招聘是组织吸纳优秀人才的主要渠道,也是整个人力资源管理开发的基础。因此招聘工作直接关系着组织人力资源的质量。组织只有招聘到合适的员工,才能保证各项工作的正常开展和组织的长远发展,真正使人才成为企业核心竞争力的重要因素。

(二)招聘工作影响着组织人员的稳定性

在招聘时,招聘人员要注重与应聘者进行充分的沟通。一方面,组织要了解应聘者的求职动机,选出和企业价值观、企业文化比较吻合的员工;另一方面,招聘是应聘者了解组织的发展史、战略目标、经营状况、价值观和文化等方面的过程,双方沟通得越充分,将来员工的稳定性就越高。

(三)招聘工作影响着人力资源管理成本

在招聘时应同时考虑三个方面的成本:一是直接成本,包括招聘过程中广告费、招聘人员的工资和差旅费、考核费用、办公费用及聘请专家费用等;二是重置成本,重置成本是指因招聘不慎,需重新再招聘所花费的费用;三是机会成本,机会成本是指因离职及新员工尚未胜任工作造成的费用支出。一般来说,招聘的职位越高,招聘成本就越大。在招聘时必须考虑成本和效益,既要将成本降低到最低程度,又要保证录用人员的素质要求,这是招聘成功的最终目标。

(四)招聘工作影响着组织的社会形象

招聘是组织对外宣传、树立良好社会形象的一个重要渠道。在招聘时,组织要和应聘人员、人才中介机构、新闻媒体、高等院校、政府部门等多方发生联系。招聘人员素质的高低和招聘活动组织的成功与否都会影响到外界对组织形象的评价。组织会利用各种形式发布招聘信息，扩大其知名度。特别是有些企业利用精心策划的招聘活动，向人才展示组织的实力和发展前景，同时表明企业对优秀人才的渴望。

第二节 招聘原则

员工招聘的原则即企业在员工招聘中应遵循的规则，在招聘实施过程中既要考虑外部环境的约束，又要以能实现企业招聘目的为前提。由于用人政策的差异，不同企业可能会有不同的招聘原则，但一般来说员工招聘应遵循以下几个原则：

一、能岗匹配原则

能岗匹配原则是员工招聘的首要原则，是指在企业招聘过程中应尽可能使人的能力与岗位要求的能力相一致。它包含两个方面的含义：一是指某个人的能力完全胜任岗位的要求，即人得其职；二是指岗位所要求的能力这个人完全具备，即职得其人。因此，企业在招聘时应聘用最适合岗位要求的人，而不是一味追求"高层次"，这既是企业持续发展的需求，也是企业成本管理的需要。

二、双向选择原则

用人单位根据自身发展和岗位的要求自主地挑选员工，劳动者根据自身能力和意愿，结合劳动力市场供需状况自主地选择职业，即企业自主选人，劳动者自主择业。双向选择原则，一方面能使企业不断提高效益，改善自身形象，增强自身吸引力；另一方面还能使劳动者为了获得理想的职业，努力提高自身的知识水平和专业素质，在招聘竞争中取胜。

三、高质量基础上的效率优先原则

效率高的一方能在激烈的市场竞争中赢得主动权，人员招聘工作也不例外。效率优先在招聘中的体现就是根据不同的招聘要求，灵活选用适当的招聘形式和方法，在保证招聘质量的基础上，尽可能降低招聘成本。一个好的招聘系统，能够保证企业用最少的雇用成本获得适合职位要求的最佳人选；或者说，以尽可能低的招聘成本录用到同样素质的人员，即体现效率优先原则。

四、竞争、择优、全面的录用原则

员工招聘必须制定科学的考核程序、录用标准，选择合适的测试方法来考核和鉴别人才。只有根据测试结果的优劣来选拔人才，才能真正选到良才。在强调择优的同时注重全面的原则，对应聘人员的品德、知识、能力、智力、心理、过去工作经验和业绩进行全面考察。对知识面广、综合素质高的人才，还要重视他们的发展前景、未来的能力贡献等方面因素。

五、多元化原则

企业是社会的一个重要组成部分，只有实现了企业的多元化，才能满足人类的不同需求。企业内部也是一样，企业内部有多个部门负责不同业务，这就要求企业招聘不同类型的人以满足不同业务的需求。另外，即使同一业务部门、同一岗位的员工也应考虑人才的多样化，这样才能实现人才的优势互补，发挥 1+1>2 的叠加效应。试想，《西游记》中的取经团队是四个孙悟空或四个唐僧，四个猪八戒或四个沙和尚，他们会最终取得成功吗？

六、价值观匹配原则

每个企业都有自己的企业文化和价值观，如果新员工认同企业价值观，则能较好地融入企业，否则可能会带来较强的负面效应。这就要求企业在招聘员工时要重点测试员工的价值观是否与企业已有的价值观相吻合，只招和公司价值观吻合的人。通用电气是价值观招聘的典型代表，前总裁杰克·韦尔奇先生按照价值观和能力两个维度把员工划分为四类：第一类是能力很高，对公司价值观也很认同的，此类人是企业最需要的；第二类是能力不高，价值观也不认同的，此类人是肯定要淘汰的；第三类是能力很强，但价值观认同度非常低的，此类人也是不会用的；第四类是能力一般，但价值观认同度非常高，这样的人是给机会的。韦尔奇先生将第三类人当作害群之马，原因有二：一是他的价值观与企业价值观相违背，不适合成为企业的员工；二是他工作能力突出，具有较强的领导能力，在员工中影响力比较大，容易对其他员工的行为构成影响。

第三节 招聘程序

为保证招聘工作的科学规范，提高招聘效果，招聘活动要按照既定的程序进行，一般而言，员工招聘的基本程序划分为以下几个步骤：确定招聘需求、人员招募、人员甄选、人员录用和招聘评估。

一、确定招聘需求

确定招聘需求是员工招聘的首要工作，包括数量和质量两个方面。确定招聘需求就是要准确地把握组织对各类人员的需求信息，确定人员招聘的种类和数量。这项工作需要以人力资源规划和工作分析为前提与基础，通过人力资源规划和工作分析这两项前期工作来明确招聘需求与招聘工作的特征及要求。

二、人员招募

人员招募工作，是指企业采取适当的方式寻找或吸引胜任的求职者前来应聘的工作过程。人员招募工作是比较重要的一个环节，这个环节关系到应聘者的数量和质量。招募工作做得不好，就会导致求职者数量不多并且质量不高。求职者数量少，企业就无人可选；求职者质量达不到要求，企业就找不出合适的人选，招聘任务就无法完成。

人员招募工作主要有两项任务：一是选择合适的招聘渠道发布招聘信息；二是接受应聘者的咨询，收集求职材料。

发布招聘信息就是向目标人群传递企业招聘的信息。企业应当根据不同的招聘岗位,选择不同的招聘渠道。如果是内部招聘,一般采取内部公告或部门推荐等多种方式进行。如果是外部招聘,就要分析各种信息发布渠道的效果。信息发布的选择要考虑兼具覆盖面广和针对性强两个方面。覆盖面广,接受招聘信息的人数多,"人才蓄水池"就大,找到合格人选的概率就加大;针对性强,可以使符合特定岗位的特定人群接收到信息,有助于提高招聘的效率和效益。企业应该综合考虑招聘岗位的特点(工作内容、职位要求、应负责任、任职资格等)、招聘时间和地点,以及招聘成本等因素,统筹考虑,精心安排,采取最有效的方法来发布企业的招聘信息。招聘工作人员要及时整理应聘人员信息,为下一步开展人员筛选做准备。如发现应聘者数量不足或质量不高则应及时改变信息发布的渠道和方法。

因招聘信息传递的信息量是有限的,所以招聘信息发布以后,招聘工作人员在接下来的时间里一般还要经常接到求职者的电话或邮件咨询,向求职者介绍本企业招聘的有关情况,回答求职者提出的问题。

在求职者提交了求职资料后,招聘人员还要及时收集和整理求职资料,以便为人员甄选工作提供依据。

三、人员甄选

人员甄选是指采用科学的方法,对应聘人员的知识、能力、个性特征、品质和动机等进行全面了解,从中选出最符合空缺岗位要求的人选的过程。人员甄选这一过程主要包括求职材料筛选、初试、复试、背景调查、体格和体能检查及初步录用决策等环节。

首先,对求职者的求职材料进行审核。根据录用标准,排除明显不合适的人选,确定需要进一步面试的人选,并发出面试通知。其次,按照预定的笔试或面试流程或方案对应试者进行一系列的遴选测试,选出最合适的人选。对于一些重要或特殊岗位,还需要进行背景补充调查或体格体能检查等。值得指出的是,上述程序不是固定不变的,有的组织就会将背景调查放在测试之前,有的根本不做背景调查,这需要根据组织的实际情况决定。最后,将筛选结果送交用人部门和主管部门进行审核决定是否录用。无论是否录用,企业都应该按照诚信的原则操作,及时发出录用通知或辞谢通知,一方面避免企业在激烈的人才竞争中错失良才,另一方面也可以避免耽误求职者寻找其他工作,损害企业形象。

这一环节是整个招聘工作中最复杂、最难的一个阶段,最能体现一个企业的招聘工作水平,直接决定了企业招聘工作的效率和效果。

四、人员录用

人员录用是招聘活动中最后一个阶段,也是最重要的阶段,它是企业经过层层筛选之后做出的慎重决策。人员录用工作的主要任务就是制定录用决策,根据录用决策的结果,通知录用人员报到,安排上岗前的培训,签订劳动合同或聘任合同,并安排一定期限的试用期对录用人员进行实际考察。其中企业还要对录用文件进行制作和妥善管理。

五、招聘评估

招聘评估是指企业按照一定的标准,采用科学的方法,对招聘活动的过程及结果进行检查和评定,总结经验,发现问题,在此基础上不断改进招聘方式,提升招聘效率的过程。招聘评估主要包括招聘成本评估、录用人员评估和招聘活动过程评估三个方面。

招聘评估是招聘程序中最后一个环节,也是最容易被忽视的一个环节。任何一次招聘,都会存在这样或那样的问题,如招聘渠道、招聘方法选择不当,招聘地点不当,选人标准过高或过低等,都会影响招聘成本和招聘效果。在招聘活动结束以后对招聘做一次全面、深入、科学和合理的评估,可以及时发现问题并加以解决,同时为改进今后的招聘工作提供了依据。

以上介绍了企业招聘工作过程的五个阶段及各个阶段应完成的主要任务。当然这个程序也不是固定不变的。企业在招聘的具体操作过程中,可以根据实际情况的需要,对其中的一两个环节进行变通,灵活安排,以节省招聘成本,提高招聘效率。

第四节　移动互联网时代招聘的发展趋势

在移动互联网时代,以基于社交招聘为主导的招聘方式可以真正地解放招聘人员。社交招聘与传统招聘相比,优势明显。其具体表现在以下几个方面:

一、招聘信息的有效传播

社交网络可以充分发挥企业、企业员工的人际关系,招聘信息可以有效扩散到企业需要的人群,这种有质量的传递,效果要好于盲目扩散。尤其是大公司一般拥有众多的粉丝,因此招聘信息也必然会得到关注、转发和评论,目标受众非常明确,几乎可以说没有成本。

二、信息更真实、对称、透明

通过网络媒体推荐过来的人,企业既可以通过简历获取相关信息,也可以通过其网络媒体的状态、博客文章、微博内容、微博关系等考察应聘者的真实情况。另外,应聘者也可以通过转发过程中对该企业的评价、与企业互动来获得较充分的信息。

在社会化网络里,一个人的博客、微博等,比简历更能真实地展现一个人。通过其博客等网络媒体的内容、与别人进行的互动,可以了解这个人的性格、兴趣、工作风格、行为习惯、业内口碑等,其关注什么话题,对事物的看法,交往什么样的朋友,一目了然,招聘者可以通过浏览其内容,辅助进行面试和录用与否的决策。

三、全员招聘成为可能

微招聘,充分发挥了社会化传播媒体的有效性和辐射特性,企业的创始人、管理层、员工、关注者都可以转发、推荐,通过共同参与,使企业凝聚力增强,对于一些企业公司和缺少名气的公司来说,在招人方面相比名企缺乏天然优势,而微招聘可以带来更多的机会。

对于一般职位的招聘,可以采用广发招聘的方式。通过微博、微信公众号、人人网、博客、分类信息网站等,使招聘信息尽可能地广泛传播。

对于企业而言,建立一个社会媒体平台是相对简单的事情。到微博上注册一个企业账号,获得企业认证,并不复杂。

招聘人员在实际应用中应注意：

（一）定义目标。可能你认为社交招聘是免费的，它能节省很多费用；也可能是因为竞争对手进行了社交招聘，所以你也要跟随潮流。不管基于何种初衷，建议你都要展开一次真诚的交流，探讨你为什么要开展社交招聘——因为这将推动未来的决策。

（二）测试申请流程。当你驱动流量到另外的站点上，这不仅仅是要确保该站点是按照你期望的方式进行运转的。你需要考虑它的用户体验，如果链接转化慢得像蜗牛，你可以想象一下意向候选人接下来会采取怎样的动作。

（三）找到社交网站的统计信息。企业不需要在每一个社交网站上都亮相，比如人人网、优士网和新浪微博，它们的用户群是不一样的。企业要分辨自己的目标群体是什么，很多社交网站都会不定期出具自己网站的统计信息，通过这些你可以快速找到那些拥有最多目标受众的社交站点。

（四）社会站点优先排序。为了将招聘效果最大化，社交招聘的渠道当然是多多益善，不过相信你也没有那么多精力运营好所有的站点。如果每一个招聘人员都拥有自己的账号，那么需要遵循一定的准则，并且在头像上融合一定的品牌元素。如果是运营公司的账号，那么头像是公司的标识吗？有的企业为了增强亲和力，会给账号设置一个昵称，比如强生集团校园招聘的官方微博自称为"小J"。

此外，你还要考虑一下社交网络账号的简介和标签是什么。——这取决于你所处的行业和位置，有时公司的法律顾问会要求在其中添加一些免责声明。

除了发布招聘信息外，联合利华的官方微博还会发布内容丰富的职场话题，以提升和推广雇主品牌，并用"#"对微博进行分类，如："#联合利华招贤纳士#""#职场守则#""#面试技巧#""#U 文化#""#U 家健康贴士#"等。同时，为了使发布的内容更具吸引力，联合利华充分利用微博平台提供的照片、视频分享功能。有时，联合利华还在其平台组织具有企业特色的各种活动和在线抽奖，以增强与粉丝的互动。它绝对是你学习的好榜样。

（五）找到可以关联的其他个人和组织。社交网络就是"众人拾柴火焰高"，如果你只是单兵作战，可以想象你提供的信息传播范围能有多大。你需要找到一个合作伙伴，这个合作伙伴可以是企业其他的社交账号，也可以是同事，还可以是没有直接关联的个人和公司。互帮互助，会让你受益良多。

（六）建立一些评估的规则。和其他形式的招聘一样，你到底该从哪些维度来判断社交招聘是否成功呢？这就需要一个衡量的标准。抛开其他的不说，你可以统计公司能跟踪哪些候选人是从社交站点访问企业招聘页面，就如同以前我们评估报纸广告的效果一样。

（七）自动化用以提升生产力。当你的社交招聘运转良好时，就可以考虑将某些领域自动化，以提升生产力。这些应用程序的加入，可以提升生产力。

（八）紧随社交招聘的潮流。社交网络的世界无时无刻不在变化着，新应用和新站点层出不穷，一旦企业开始运用社交媒体进行招聘，你可能需要时刻评估它的效果，并且问自己：在这个站点进行招聘是否还有效？我是不是应该体验一下新的站点？——这将是一个发现的旅程，相信你会大有收获。

【本章小结】

本章较为系统地介绍了员工招聘的基础知识。

首先,介绍了招聘的含义、环节和作用;
其次,明确了招聘原则;
再次,介绍了招聘程序;
最后,预测了移动互联网时代招聘的发展趋势。

【引例分析】

人才是每个企业面临的头号难题

"十年树木,百年树人",面对日益激烈的市场竞争,人力资本的内部培育毕竟太慢,于是,引进外部人才便成为许多企业的首选之策。企业的日常招聘是满足企业正常生产所进行的一项工作,而对于企业的经营价值而言,相对于推动企业经营与管理的提升而言,成功、有效的高端招聘显然会给企业带来更多的价值。高端招聘的关键就是引进人才、助力企业的成长。像微软这样的世界一流企业高度重视企业的人力资源管理,更是将人力资源的获取——员工招聘看得非常重要。因此有了微软的"天赋中心论""智力高于一切"等核心人才理念。

第二章
Chapter 2

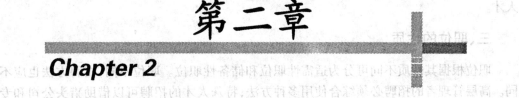
招聘的影响因素

【引导案例】

2002年2月22日《广州日报》报道：2002年1月7日，四川大学法学院一位男性学生将中国人民银行成都分行告上法庭。事缘2001年1月被告在成都某报头条刊登广告招录行员，规定招录对象为：男性身高1.68米，女性身高1.55米。该男生身高1.65米，被排除在报名对象之外，遂以被告招工限制身高涉嫌"身高歧视"，违反了《宪法》第33条"法律面前人人平等"规定为由提起诉讼，引发我国首例宪法平等权案。

上述"引导案例"给出了企业在招聘过程中需要考虑多方面因素的案例。在招聘开始之前，考虑哪些企业所面对的内外部因素及个人因素有利于企业招聘工作的有效开展，如何分析这些影响因素正是本章要讲述的内容。

【本章主要内容】

1. 企业内部因素
2. 企业外部因素
3. 个人因素

第一节 企业内部因素

员工招聘的效果会受到企业内部因素的影响，企业内部因素分析可从企业的经营战略和用人政策、企业自身的形象和条件、职位的性质和企业的招聘预算四方面进行分析。

一、企业的经营战略和用人政策

一家企业的战略类型、战略决策的层次和企业文化等都会对企业的招聘产生影响。不同的企业发展战略对人员的需求量不同，而且在不同的发展战略下，企业招聘活动的重点也是不同的。企业高层决策人员的用人政策不同，对员工的素质要求也不同，同时，高层决策人员对内部招聘和外部招聘的倾向性看法，也会影响企业招聘的方式与方法。

二、企业自身的形象和条件

一般来说，企业在社会中的形象越好，越有利于招聘活动。良好的企业形象会对应聘者产生积极的影响，引起他们对企业空缺职位的兴趣，从而有助于提高招聘的效果。在当今社会中，个人所得往往被认为是自身价值的体现，是社会对自己的认可，不少求职者会着重关注企业所提供的福利待遇。在实际招聘中,公司也常常"打待遇牌",用高薪吸引人才。

三、职位的性质

职位根据其性质不同可分为适需性职位和储备性职位。职位不同,招聘方法也应不同。高层管理者的招聘必须综合使用多种方法;特殊人才的招聘可以借助猎头公司和专业的评价中心;普通员工的招聘应考虑节约成本,而储备性人才的招聘则应与企业发展战略相结合,综合考虑他们的短期安排和长期发展。

四、企业的招聘预算

企业的招聘预算对招聘活动有着重要的影响。充足的招聘资金可以使企业选择更多的招聘方法,扩大招聘的范围。例如,公司可以选择强势媒体来发布招聘广告。相反,有限的招聘资金会使企业进行招聘时的渠道选择大大减少,这会对招聘效果产生不利的影响。

第二节 企业外部因素

员工招聘的效果也会受到企业外部因素的影响,企业外部因素分析可从社会经济制度和宏观经济形式、国家的政策法规、传统文化及风俗习惯、外部劳动力市场和竞争对手五方面进行分析。

一、社会经济制度和宏观经济形势

企业作为社会的一个组成部分,其经营和运营方式必然会烙有社会经济制度的印记。我国传统的计划经济体制限制了人才的发展,改革开放以来,企业的公开招聘制度逐步完善,招聘的方式与方法也日趋科学和完善。宏观经济形势对企业招聘的影响主要表现在三个方面:1.宏观经济形势会影响企业的经营状况,进而作用于企业招聘的需求;2.宏观经济形势中的通货膨胀会影响企业招聘的成本;3.政府对宏观经济的调控直接影响企业的发展,进而影响企业吸纳人才的能力。

二、国家的政策法规

一般意义上,国家的法律法规对企业的招聘活动具有限制作用,它往往规定了企业招聘活动的外部边界。国家的政策法规从客观上界定了企业人力资源招聘的对象选择和限制条件,企业的员工招聘应该在国家政策法规限定的框架内进行,不能与之相违背。目前,《劳动法》和《劳动合同法》是我国就业领域的两部最重要的法律。此外,各地区和各行政部门可能会依据国家的法律法规,结合自身情况制定相应的地方性法规和行政规章制度,这些也是企业招聘所必须遵循的。

三、传统文化及风俗习惯

传统文化及风俗习惯对招聘的影响是潜在的、惯性的,顽固的,甚至是缺失理性的。

例如,日本的终身雇用制度至今仍非常强烈地影响着日本企业的招聘模式,以及员工的就业前景。中国几千年积淀而成的传统文化也形成了对某些职位的固定看法,这些看法直接影响了企业招聘和求职者。正如鲁迅所说的"因袭的重负"的影响力是很大的。"官本位"的思想使人们更加看重职位和发展空间;传统的"三教九流"的职业分类依然使某些人不能正确评价某些岗位的价值和贡献,硕士研究生应聘清洁工引起社会的广泛议论就是最好的例证;"重男轻女"的思想也使一些企业在招聘中忽略了女性的才华。

四、外部劳动力市场

由于外部招聘主要是在劳动力市场进行的,因此市场的供求状况会影响招聘的效果,当劳动力市场的供给小于需求时,企业吸引人员就会比较困难,相反,当劳动力市场的供给大于需求时,企业吸引人员就会比较容易。在分析外部劳动力市场的影响时,一般要针对具体的职位层次或职位类别来进行。例如,现在技术工人的市场比较紧张,企业招聘这类人员就比较困难,往往要投入大量的人力、物力。

五、竞争对手

在应聘活动中,竞争对手也是非常重要的一个影响因素。应聘者往往是在进行比较之后才做出决策的,如果企业的招聘人员、招聘政策和竞争对手之间存在差距,那么就会影响企业的吸引力,从而降低招聘的效果。

第三节　个人因素

个人因素是往往容易被忽略的影响企业最终招聘效果的因素,具体而言,个人因素包括招聘者的个体因素和求职者的个体因素两个部分。

一、招聘者的个体因素

(一)招聘者的个人特质

企业招聘者的个人特质会对最终的招聘结果产生影响。较好的个人形象、文雅的谈吐、温和的态度等积极特质会对求职者产生正向吸引,进而增加求职者接受企业应聘条件的概率。具体而言,招聘者的个人特质可以从以下几个方面来判定:

(1)人的品德和外在形象。作为企业的招聘者应该具备良好的个人品格和修养,为人正直、客观、公正。在面试过程中,主考官代表着企业的形象,是联结企业和求职者的桥梁。他们应使每位求职者在与之接触中感受到企业的文化及价值观。

(2)学历。学历是个人能力的体现。在获得学历的过程中,个人是需要付出努力,掌握必备的知识与技能的,所以学历的高低能够体现招聘者的能力。

(3)专业知识与经验。人力资源甄选人员具备人力资源专业或者其他相关管理专业的背景能够更好地掌控面试过程、挑选人才。相关研究显示,人力资源专业知识和工作经验与沟通能力、分析能力、识人能力、解决问题能力、服务意识能力、值得信赖能力、亲和力、自我控制能力、适应能力有较高或很高的正相关关系。

（二）招聘者能否准确地把握职位的潜在要求

能否熟练运用各种面试技巧控制面试进程，公正、客观地评价求职者，是否掌握人员测评技术等都会影响招聘的结果。

二、求职者因素

（一）求职者的求职动机和强度

求职者的求职动机和强度决定了求职者对所应聘职位的渴求程度。虽然求职者的求职动机和强度会受到诸如个人背景与经历及个人财务状况等因素的影响，但总体而言，求职强度高的应聘者更容易接受企业的应聘条件，求职成功率高，反之亦然。对于求职动机的测量目前已有相当多的方法和技术，比较流行的是"职业锚"理论。

（二）求职者的经济压力

求职者的求职动机与经济压力之间成正比关系，在职人员求职动机远比没有工作的人小，因此，这类求职者在单位时间内寻找工作的次数明显少于无业者，在寻找工作的过程中表现得较为被动，面对工作机会更为挑剔，这主要与他们的收入、经济压力较小有关。除了求职者是否有工作之外，求职者的个人经历、家庭条件等也决定经济压力的大小，进而影响企业的招聘。

【本章小结】

本章较为系统地介绍了影响企业招聘效果的因素。

首先，介绍了影响企业招聘的内部因素；

其次，介绍了影响企业招聘的外部因素；

最后，介绍了影响企业招聘的个人因素。

【引例分析】

国家的法律和政策法规规范限制了组织的招聘活动，从客观上界定了组织人力资源招聘对象的选择和限制。例如，我国《劳动法》明确规定了劳动者平等就业和选择就业的权利。法律规定，凡是具有劳动能力和劳动愿望的劳动者，不分民族、性别、宗教信仰等，都享有平等的就业权，劳动者有权根据自己的专长和兴趣爱好自愿参加用人单位的招聘，并自愿协商劳动合同期限。因此，国家的法律规定对组织的招聘活动起着限制和约束作用。

第三章
Chapter 3

招聘立法与招聘原理

【引导案例】

小刘是某高校市场营销专业的应届毕业生,日前他通过报纸上发布的招聘广告,来到一家产品销售公司面试。

面试后不久,小刘被公司录用从事产品推销工作。约定试用期为一个月。但在签订劳动合同时,公司要小刘必须先缴纳300元的招工费和1000元的风险抵押金,并且合同规定:如果在录用后第一个月内小刘不能完成20000元的销售额,公司将以在试用期内不符合录用条件为由解除劳动合同,且1000元的风险抵押金不予退还。小刘在缴纳上述费用后,与公司签订了3年期劳动合同。

不久,小刘就发现,公司提供的产品根本不可能推销出去,在规定期限内他显然无法完成20000元的销售额。小刘于是不再上班,向公司提出解除劳动合同,并且要求退还缴纳的所有费用。公司拒绝了小刘的要求,且以小刘违约为由宣布解除劳动合同。

上述"引导案例"给出了小刘找工作时出现的问题,小刘应当如何利用国家的相关法律法规来保护自身的合法权益?解决这个问题所涉及的理论知识与技能正是本章要讲的内容。

【本章主要内容】
1. 招聘立法
2. 招聘原理

第一节 招聘立法

一、国内企业招聘国内员工的相关法律规定

根据相关法律规定,所谓的国内企业,是指在中华人民共和国境内注册成立的企业。

（一）与招聘员工相关的一些法律规定

1. 用人单位在招聘录用员工时,必须遵守的一些基本规定

用人单位招聘录用员工,要遵守《中华人民共和国宪法》《中华人民共和国劳动法》、劳动部及当地人民政府颁布的一些法规。根据这些法律法规的规定,用人单位在招聘录用员工时要做到以下几点:

(1) 不得以民族、宗教信仰为由拒绝聘用或提高聘用标准。

(2) 除国家规定的不适合妇女工作的岗位外,不得以性别为由拒绝招聘妇女或提高对妇女的招聘条件。

(3) 不得侵犯其他单位及求职应聘人员的合法权益或以不正当手段招聘人才。

(4) 不得以各种名义向求职应聘人员收取费用,要求应聘人员以财产、证件做抵押。

(5) 未经应聘人员同意,不得擅自发布、泄露求职应聘人员的资料和信息,擅自使用求职应聘人员的技术、智力成果。

(6) 禁止用人单位招用不满16周岁的未成年人。

求职应聘人员如遇上述情况,可以直接向相关的劳动人事部门举报。

2. 招聘中与户口有关的问题

根据目前的国家法律法规,以及各省市自行出台的相关规定,大专及大专以上学历人员在就业时,其户口的办理分为如下几种情况:

第一种情况,在国内的大多数城市,对于具有大专或大专以上学历的人员,凡是能找到接收单位,即找到一份正式的工作,均可以把户口落在接收单位所在的城市。有一小部分城市,凡是具有大专或大专以上的学历,不论是否在当地找到了工作,均可以把户口迁到该市。换句话说,用人单位如果处在上述城市,可以招聘大专及大专以上学历的人员(不论户籍所在地在哪),并可以按一定的程序到当地人事、公安等相关部门办理户口迁移手续。需要注意的是,如果应届毕业生在入学时属于委托培养等特殊情况的,应服从其入学时的约定;如果是往届生,一般按人才引进的标准执行,往往有年龄、职称等其他条件的限制。

第二种情况,是以北京市为代表的一类城市。这类城市在户口的控制上相对严格一些。根据北京市的相关规定,北京籍的学生在京外高校上学,当年不论是否找到工作,不论接收单位是哪种类型,均可以将户口及人事档案转回北京,但办理的程序有些区别。用人单位如果要招聘录用北京生源毕业生,可以通过其主管部门与毕业生签订就业协议。

对于非北京籍的应届本科毕业生,只有属于教育部直属院校、其他部委所属院校、中央与地方共建院校及列入"211工程"的地方院校范围,且其所学专业属于北京市人事局当年公布的"北京市引进非北京生源本科毕业生紧缺专业目录"范围的;非北京籍的应届研究生,原则上不受学校及专业的限制,各用人单位与毕业生达成就业意向后填写《非北京生源毕业生进京审批表》,通过其主管部门向市人事局申报,经市人事局批准后,向毕业生所在高校(培养单位)出具"接收函",用人单位方可与毕业生签订就业协议。通过进京审批并与用人单位签订就业协议的应届毕业生,其户口可以落到北京。

用人单位的主管部门是指当地人事局核定的具有人事权的单位;对于非公经济企业而言,其主管部门即为存放员工人事档案的人才服务中心或企业所在区、县人事局。

非北京籍的历届本科毕业生如果要受雇于北京的用人单位,可以以人才引进及《北京市工作居住证》方式,或者以北京市的外地人才招聘的方式。没有受过高等教育,常住户口也不在北京的人员,要受雇于北京的用人单位,只能以外地务工人员方式(或以夫妻分居的名义把户口调进北京,但需满足特殊的条件。)

3. 北京市的人才引进与《北京市工作居住证》

为支持高新技术产业的发展,促进首都经济建设和各项事业的进步,保障高新技术产业和跨国公司地区总部及其研究开发机构发展所需的各类人才,根据北京市人民政府《北京市关于进一步促进高新技术产业发展的若干政策》《关于鼓励跨国公司在京设立地区总部的若干规定》和《关于鼓励民营科技企业发展的若干规定》,北京市人事局出台了《北京市引进人才和办理<北京市工作居住证>的暂行办法》(京发[1999]38号)文件。

(1) 人才引进与《北京市工作居住证》的适用范围。

根据相关规定,人才引进与《北京市工作居住证》的适用范围是民营科技企业、高新技术企业和跨国公司总部。

北京市政府随后出台相关文件,进一步拓宽了办理《北京市工作居住证》的范围,规定:驻京研发机构(指中央单位和各省、市、自治区、中国香港特别行政区、中国澳门特别行政区、中国台湾地区及国外的组织、企业、个人在北京市辖区内设立的经北京市科学技术委员会认定的科技研究开发机构)所需的中方高级专业技术人员和管理人员,环保产业单位(指从事以防止污染、改善环境为目的的各种生产经营活动的单位,包括从事环保设备及产品生产与经营、资源综合利用、环境服务)所需的外省市专业技术和管理人员及留学人员,满足条件的,也可申请办理《北京市工作居住证》。

工作居住证制度的核心是市民待遇,旨在建立一种"户口不迁、关系不转、双向选择、来去自由"的人才柔性流动机制,为各类人才在京创业、工作提供更有效的生活和工作保障,创造平等的参与竞争、创业和发展的环境。持《北京市工作居住证》者,不再办理户口暂住证,并在购房、子女入托、入中小学等方面享受本市市民待遇。持《北京市工作居住证》工作满3年者,可由用人单位推荐,经主管人事部门审核后报市人事局批准,办理调京手续。

(2) 引进人才和《北京市工作居住证》的办理条件

对于民营科技企业、高新技术企业和跨国公司地区总部及其所属的研究开发机构所需的,本市紧缺的,45周岁以下且身体健康者,具有本科及以上学历且取得高级专业技术职称的专业技术人员和管理人员;或在国内外获得硕士及以上学位的专业技术人员和管理人员,可直接办理调京手续(人才引进)。国有企业和国家重点工程项目及重点发展行业参照上述办法执行。

对于民营科技企业、高新技术企业、跨国公司地区总部及其所属的研究开发机构和环保产业单位所需的,本市紧缺的,35周岁以下且身体健康者,具有学士学位且成绩突出者;或具有中级专业技术职称的骨干人员;或在国外获得学士及以上学位并取得一定研究成果的留学人员,可申请办理《北京市工作居住证》。对于驻京研发机构所需的,本市紧缺的,具有大学本科以上学历的中方高级专业技术人员和管理人员,可申请办理《北京市工作居住证》。

具体办理时,一般还要求上述人才在北京市有固定的住所。

4. 用人单位招聘外来务工人员的相关问题

各省市对于外来务工人员(广义的称谓是流动人口,还包含从事医疗和经营活动的人员)均有各自的规定。所谓外来务工人员,是指离开常住户口所在地到其他地区暂住并务工的人员,其中大部分是没有受过高等教育的人员。

各地的规定有一些差异,但大体来说基本规定如下:

离开常住户口所在地到其他地区暂住的人员(出差、探亲、访友、旅游、就医人员除外),在离开常住户口所在地之前,必须在当地办理有关手续。比如,跨县务工,或者从事经营活动的,要到劳动部门办理《外出人员就业登记卡》。

到达暂住地后,应按照公安机关的规定申领暂住证;再到暂住地劳动部门领取《外来人员就业证》,并到劳动部门开办的职业介绍机构登记。来暂住地独立承包建筑工程或者为工程提供劳务的,应按规定到暂住地有关部门办理手续。

用人单位或者个人雇用外来务工人员务工,必须到劳动部门或者其指定的职业介绍机构进行雇工登记,办理有关手续,并与被雇用者依法签订劳动合同。一些城市还限制某些岗位工种的外来务工人员。

近年来,一些城市开始对外来务工人员实行"市民待遇"。比如,北京市在2005年废止了《北京市外地来京务工经商人员管理条例》,取消了涉及来京务工人员的就业管理限制、收费和歧视性政策。这样,外地来京务工人员在北京就业没有任何岗位限制,不用再缴纳任何费用,与北京本地人一样,只要劳资双方达成协议就可以了。

(二)与签订劳动合同相关的法律规定

1. 用人单位与被聘员工必须签订劳动合同

《中华人民共和国劳动法》第十六条规定:劳动合同是劳动者与用人单位确立劳动关系、明确双方权利和义务的协议。

建立劳动关系应当订立劳动合同。

劳动部关于印发《关于贯彻执行＜中华人民共和国劳动法＞若干问题的意见》的通知中第二条明确规定:中国境内的企业、个体经济组织与劳动者之间,只要形成劳动关系,即劳动者事实上已成为企业、个体经济组织的成员,并为其提供有偿劳动,适用劳动法。

综上所述,用人单位必须与被聘员工签订劳动合同。

2. 用人单位与被聘员工签订劳动合同时不可以收取任何定金、保证金(物)或抵押金(物)

目前,社会上有些企业在录用新员工时采用缴纳风险抵押金或扣留身份证、毕业证的方式。除了某些人利用缴纳风险抵押金的办法准备骗钱财外,大多数企业只是为了加强员工履行职责的责任心,并保证劳动合同得到切实的履行,其出发点可能是好的。但是,这种做法违反了相关的法律规定,所签订的此类劳动合同条款是不合法的,也是无效的。

3. 用人单位与被聘员工签订劳动合同时不能收取培训费

《中华人民共和国劳动法》第六十八条规定:用人单位应当建立职业培训制度,按照国家规定提取和使用职业培训经费,根据本单位实际,有计划地对劳动者进行职业培训。从事技术工种的劳动者,上岗前必须经过培训。

总之,根据中国目前的法律法规,对于拟录用的人员,用人单位有义务承担这些人员培训的费用。在招聘人员时,不得向应聘人员收取培训费。

4. 试用期的时间及试用期期间解除劳动合同的相关问题

用人单位与被聘人员在签订劳动合同时,根据《中华人民共和国劳动法》第二十一条规定,劳动合同可以约定试用期。试用期最长不得超过6个月。

劳动部关于印发《关于贯彻执行＜中华人民共和国劳动法＞若干问题的意见》的通知中第十九条对试用期的性质做了界定:试用期是用人单位和劳动者为相互了解、选择而约定的不超过6个月的考察期,一般对初次就业或再次就业的职工可以约定。在原固定工进行劳动合同制度的转制过程中,用人单位与原固定工签订劳动合同时,可以不再约定试用期。

对于试用期的时间,《关于实行劳动合同制度若干问题的通知》(劳部发[1996]354号)的第三条做了细致的规定:按照《劳动法》的规定,劳动合同中可以约定不超过6个月的试用期。劳动合同期限在6个月以下的,试用期不得超过15日;劳动合同期限在6个月以上1年以下的,试用期不得超过30日;劳动合同期限在1年以上2年以下的,试用期不得超过60日。试用期包括在劳动合同期限中。

为保护劳动者的合法权益,劳动者在试用期内可以随时通知用人单位解除劳动合同。《中华人民共和国劳动法》第三十二条做了明确的规定,有下列情形之一的,劳动者可以随时通知用人单位解除劳动合同:①在试用期内的;②用人单位以暴力、威胁或者非法限制人身自由的手段强迫劳动的;③用人单位未按照劳动合同约定支付劳动报酬或者提供劳动条件的。用人单位在试用期内不能随意解除劳动合同。但是,《中华人民共和国劳动法》第二十五条也做了一些规定,劳动者有下列情形之一的,用人单位可以解除劳动合同:①在试用期间被证明不符合录用条件的;②严重违反劳动纪律或者用人单位规章制度的;③严重失职,营私舞弊;对用人单位利益造成重大损害的;④被依法追究刑事责任的。

另外,依据《中华人民共和国劳动法》第二十四条规定,经劳动合同当事人协商一致,劳动合同可以解除。

劳动者在试用期内与用人单位解除劳动合同时,涉及的培训费用问题,《劳动部办公厅关于试用期内解除劳动合同处理依据问题的复函》(劳办发[1995]264号)的第三条做了如下的规定:用人单位出资(指有支付货币凭证的情况)对职工进行各类技术培训,职工提出与单位解除劳动关系的,如果在试用期内,用人单位不得要求劳动者支付该项培训费用。

二、国内企业聘用外国人的相关法律规定

据人力资源和社会保障部的统计,2012年年末持外国人就业证在中国工作的外国人共24.64万人。目前,全国各大中城市的境外人员就业呈上升趋势,他们当中多数具有大学以上学历,主要来自发达国家,其中以日本、韩国、欧洲各国及美国等占多数。

外国人就业管理工作涉及国家主权、国家安全、统筹就业和改善投资环境等问题,是一项政治性、政策性和纪律性较强的工作。为此,劳动部、公安部、外交部和外经贸部为加强外国人在中国就业的管理,根据有关法律、法规的规定,于1996年1月22日联合制定并颁布了《外国人在中国就业管理规定》。

(一)外国人在中国就业的原则规定

1. 外国人在中国就业的界定

所谓外国人,是指依照《中华人民共和国国籍法》规定的不具有中国国籍的人员。外国人在中国就业,是指没有取得定居权的外国人在中国境内依法从事社会劳动并获取劳动报酬的行为。

根据劳动部办公厅关于贯彻实施《外国人在中国就业管理规定》(劳办发[1996]65

号),下述两种情况视为在中国就业:在中国工作的外国人,若其劳动合同是和中国境内的用人单位(驻地法人)直接签订的,无论其在中国就业的时间长短,一律视为在中国就业;若其劳动合同是和境外法人签订,劳动报酬来源于境外,在中国境内工作3个月以上的(不包括执行技术转让协议的外籍工程技术人员和专业人员),视为在中国就业。

外国驻华使、领馆和联合国驻华代表机构、其他国际组织中享有外交特权与豁免的人员不受《外国人在中国就业管理规定》的约束。

2. 外国人在中国就业的主管部门是省级劳动行政部门及其授权的地市级劳动行政部门

根据《外国人在中国就业管理规定》第四条的规定,各省、自治区、直辖市人民政府劳动行政部门及其授权的地市级劳动行政部门是外国人在中国就业的行政主管部门,负责外国人在中国就业的管理。

(二)中国境内单位聘用外国人所应满足的条件

1. 不得聘用外国人的单位和个人

根据《外国人在中国就业管理规定》第三十四条,中国目前禁止个体经济组织和公民个人聘用外国人。

2. 外国人拟就业的岗位是用人单位必需且国内缺少适当人选的岗位

外国人在中国境内就业的岗位应当是用人单位必需的,从事技术、管理或需要特殊技能且国内缺少适当人选的岗位。某些涉及国家安全、机密等的岗位,国家规定不得聘用外国人。

用人单位不得聘用外国人从事营业性文艺演出,但经文化部批准,持《临时营业演出许可证》进行营业性文艺演出的外国人除外。

3. 拟来中国境内单位就业的外国人必须具备的条件

根据《外国人在中国就业管理规定》及相关规定,拟来中国境内单位就业的外国人必须满足如下条件。

(1)身体健康,不患有精神病和麻风病、艾滋病、性病、开放性肺结核等传染病,以及所从事的工作不能患有的疾病。

(2)有确定的聘用单位。

(3)具有从事其工作所必需的专业技能和相适应的学历及从事相应的工作两年以上的经历。

(4)无犯罪记录。

(5)持有有效护照或能代替护照的其他国际旅行证件。

(6)男性一般在18周岁以上,60周岁以下;女性一般在18周岁以上,55周岁以下。

4. 外国人在中国就业采取就业审批制度

用人单位若需聘用外国人,则必须通过劳动主管部门为该外国人申请就业许可,经获准并取得《中华人民共和国外国人就业许可证书》(以下简称许可证书)后方可聘用。在中国就业的外国人应持职业签证(即Z字签证)入境(有互免签证协议的,按协议办理),入境后取得《外国人就业证》(以下简称就业证)和外国人居留证件,方可在中国境内就业。

对持其他签证入境后申请在中国就业的,《外国人在中国就业管理规定》第八条第二款和第三款分别做了如下特殊规定:

(1)未取得居留证件的外国人(即持F、L、C、G字签证者),在中国留学、实习的外国人及持职业签证的外国人的随行家属不得在中国就业。特殊情况,应由用人单位按本规定的审批程序申领许可证书,被聘用的外国人凭许可证书到公安机关改变身份,办理就业证、居留证后方可就业。

(2)外国驻中国使馆、领事馆和联合国系统、其他国际组织驻中国代表机构人员的配偶在中国就业,应按《中华人民共和国外交部关于外国驻中国使领馆和联合国系统组织驻中国代表机构人员的配偶在中国任职的规定》执行,并按上款规定的审批程序办理有关手续。

根据《外国人在中国就业管理规定》第九条的规定,凡符合下列条件之一的外国人可免办就业许可证书和就业证:

(1)由我国政府直接出资聘请的外籍专业技术和管理人员,或由国家机关和事业单位出资聘请,具有本国或国际权威技术管理部门或行业协会确认的高级技术职称或特殊技能资格证书的外籍专业技术和管理人员,并持有外国专家局签发的《外国专家证》的外国人。

(2)持有《外国人在中华人民共和国从事海上石油作业工作准证》,从事海上石油作业、不需登陆、有特殊技能的外籍劳务人员。

(3)经文化部批准持《临时营业演出许可证》进行营业性文艺演出的外国人。

(三)中国境内单位聘用外国人的法律程序

1. 用人单位向行业主管部门提出申请

根据《外国人在中国就业管理规定》第十一条,用人单位聘用外国人,须填写《聘用外国人就业申请表》(以下简称申请表),向其与劳动行政主管部门同级的行业主管部门(以下简称行业主管部门)提出申请,并提供下列有效文件:

(1)拟聘用外国人的履历证明。
(2)聘用意向书。
(3)拟聘用外国人原因的报告。
(4)拟聘用的外国人从事该项工作的资格证明。
(5)拟聘用的外国人健康状况证明。
(6)法律、法规规定的其他文件。

行业主管部门应按照《外国人在中国就业管理规定》的第六条、第七条及有关法律、法规的规定进行审批。注意,有些省市的劳动行政管理部门出台的实施细则中,用人单位无须向行业主管部门提出申请,而直接进入下一步。

2. 用人单位到劳动行政主管部门为外国人办理《外国人就业许可证书》

经行业主管部门批准后,用人单位应持申请表到本单位所在地区的省、自治区、直辖市劳动行政部门或其授权的地市级劳动行政部门办理核准手续。省、自治区、直辖市劳动行政部门或授权的地市级劳动行政部门应指定专门机构(以下简称发证机关)具体负责签发许可证书工作。发证机关应根据行业主管部门的意见和劳动力市场的需求状况进行核准,并在核准后向用人单位签发许可证书。下述两类单位无须向行业主管部门提出申请,可直接到劳动行政管理部门办理外国人就业许可手续:

(1)中央级用人单位、无行业主管部门的用人单位聘用外国人,可直接到劳动行政部门发证机关提出申请和办理就业许可手续。

(2)外商投资企业聘用外国人,无须行业主管部门审批,可凭合同、章程、批准证书、营业执照和《外国人在中国就业管理规定》第十一条所规定的文件直接到劳动行政部门发证机关申领《外国人就业许可证书》。

3. 用人单位向外国人发出《外国人就业许可证书》

获准聘用外国人的用人单位,须由被授权单位向拟聘用的外国人发出通知签证函及许可证书,不得直接向拟聘用的外国人发出许可证书。

4. 外国人在境外申请来华的职业签证

获准来中国就业的外国人,应凭劳动部签发的许可证书、被授权单位的通知函电及本国有效护照或能代替护照的证件,到中国驻外使、领馆、处申请职业签证。

持有外国专家局签发的《外国专家证》的外国人,应凭被授权单位的通知函电申请职业签证;持有《外国人在中华人民共和国从事海上石油作业工作准证》的外籍劳务人员,应凭中国海洋石油总公司签发的通知函电申请职业签证;经文化部批准持《临时营业演出许可证》进行营业性文艺演出的外国人,应凭有关省、自治区、直辖市人民政府外事办公室的通知函电和文化部的批件(经发有关驻外使、领馆、处)申请职业签证。

按照我国与外国政府间、国际组织间协议、协定,执行中外合作交流项目受聘来中国工作的外国人,应凭被授权单位的通知函电和合作交流项目书申请职业签证;外国企业常驻中国代表机构中的首席代表、代表,应凭被授权单位的通知函电和工商行政管理部门的登记证明申请职业签证。

5. 用人单位为外国人办理外国人就业证

用人单位应在被聘用的外国人入境后15日内,持许可证书、与被聘用的外国人签订的劳动合同及其有效护照或能代替护照的证件到原发证机关为外国人办理就业证,并填写《外国人就业登记表》。

就业证只在发证机关规定的区域内有效。

6. 外国人持就业证到公安机关办理外国人居留证

已办理就业证的外国人,应在入境后30日内,持就业证到公安机关申请办理居留证。居留证件的有效期限可根据就业证的有效期确定。

(四)外国人在中国就业的劳动管理

1. 劳动合同的订立、延续及解除

用人单位与被聘用的外国人应依法订立劳动合同。用人单位与获准聘用的外国人之间有关聘用期限、岗位、报酬、保险、工作时间、解除聘用关系条件、违约责任等双方的权利义务,通过劳动合同约定。

劳动合同的期限最长不得超过5年。劳动合同期限届满即行终止,其就业证即行失效。

如需续订,该用人单位应在原合同期满前30日内,向劳动行政部门提出延长聘用时间的申请,经批准并办理就业证延期手续。

外国人被批准延长在中国就业期限或变更就业区域、单位后,应在10日内到当地公安机关办理居留证件延期或变更手续。

被聘用的外国人与用人单位的劳动合同被解除后,该用人单位应及时报告劳动、公安部门,交还该外国人的就业证和居留证件,并到公安机关办理出境手续。

2. 被聘用外国人的工资、工作时间、休息、休假、劳动安全、卫生及社会保险

用人单位支付所聘用外国人的工资不得低于当地最低工资标准。在中国就业的外国人的工作时间、休息、休假、劳动安全、卫生及社会保险按国家有关规定执行。

3. 就业证的使用范围

外国人在中国就业的用人单位必须与其就业证所注明的单位相一致。外国人只能在其就业证上注明的单位就业,不得在其他单位兼职工作。属境外投资方派遣,在同一投资方举办的几家企业中兼职的除外,但只能由其中一家企业出面办理就业手续。

外国人在发证机关规定的区域内变更用人单位但仍从事原职业的,须经原发证机关批准,并办理就业证变更手续。

外国人离开发证机关规定的区域就业或在原规定的区域内变更用人单位且从事不同职业的,须重新办理就业许可手续。

4. 外国人违反中国法律及与用人单位发生劳动争议

因违反中国法律被中国公安机关取消居留资格的外国人,用人单位应解除劳动合同,劳动部门应吊销就业证。

用人单位与被聘用的外国人发生劳动争议,应按照《中华人民共和国劳动法》和《中华人民共和国企业劳动争议处理条例》处理。

5. 劳动行政部门对外国人的就业证实行年检

用人单位聘用外国人就业每满1年,应在期满前30日内到劳动行政部门发证机关为被聘用的外国人办理就业证年检手续。逾期未办的,就业证自行失效。

外国人在中国就业期间遗失或损坏其就业证的,应立即到原发证机关办理挂失、补办或换证手续。

6. 违反《外国人在中国就业管理规定》的罚则

《外国人在中国就业管理规定》的第二十八条至第三十一条,对违反《外国人在中国就业管理规定》的一系列行为,做出了明确的处罚规定。

三、关于招聘港澳台人员的立法

据国家劳动和社会保障部的统计,截至2004年年底,台、港、澳在祖国大陆就业人数为4.3万。这个数字还随着时间的推移而上升。为维护台、港、澳居民中的中国公民(以下简称台、港、澳人员)在内地就业的合法权益,加强内地用人单位聘雇台、港、澳人员的管理,中华人民共和国劳动和社会保障部根据《中华人民共和国劳动法》和有关法律、行政法规,于2005年6月14日颁布了《台湾、香港、澳门居民在内地就业管理规定》,并于2005年10月1日起施行。

(一)台湾、香港、澳门居民在内地就业的原则规定

1.《台湾、香港、澳门居民在内地就业管理规定》的适用范围

该规定适用于在内地就业的台、港、澳人员和聘雇或者接受被派遣台、港、澳人员的内地企事业单位、个体工商户及其他依法登记的组织(以下简称用人单位)。

2.在内地就业的台、港、澳人员的界定 依据《台湾、香港、澳门居民在内地就业管理规定》第三条的规定,在内地就业的台、港、澳人员,是指:

(1)与用人单位建立劳动关系的人员。

(2)在内地从事个体经营的香港、澳门人员。

(3)与境外或台、港、澳地区用人单位建立劳动关系并受其派遣到内地一年内(公历年1月1日起至12月31日止)在同一用人单位累计工作三个月以上的人员。

台、港、澳地区专家在内地就业的管理,国家另有规定的,从其规定。

3.台、港、澳人员在内地就业实行就业许可制度

用人单位拟聘雇或者接受被派遣台、港、澳人员的,应当为其申请办理《台、港、澳人员就业证》(以下简称就业证);香港、澳门人员在内地从事个体工商经营的,应当由本人申请办理就业证。经许可并取得就业证的台、港、澳人员在内地就业受法律保护。

用人单位聘雇或者接受被派遣台、港、澳人员,实行备案制度。

就业证由劳动保障部统一印制。

4.遵守国家法律原则

用人单位聘雇或者接受被派遣台、港、澳人员,应当遵守国家的法律、法规。

(二)内地用人单位拟聘雇或接受被派遣的台、港、澳人员时应办理的法律手续

1.受雇或被派遣到内地用人单位的台、港、澳人员应当具备的条件

根据《台湾、香港、澳门居民在内地就业管理规定》第六条规定,用人单位拟聘雇或者接受被派遣的台、港、澳人员,应当具备下列条件:

(1)年龄18至60周岁(直接参与经营的投资者和内地急需的专业技术人员可超过60周岁)。

(2)身体健康。

(3)持有有效旅行证件(包括内地主管机关签发的台湾居民来往大陆通行证、港澳居民来往内地通行证等有效证件)。

(4)从事国家规定的职业(技术工种)的,应当按照国家有关规定,具有相应的资格证明。

(5)法律、法规规定的其他条件。

2.用人单位为台、港、澳人员在内地就业申请办理就业证

内地用人单位应当向所在地的地(市)级劳动保障行政部门提交《台湾、香港、澳门居民就业申请表》和下列有效文件:

(1)用人单位营业执照或登记证明。

(2)拟聘雇或者接受被派遣人员的个人有效旅行证件。

(3)拟聘雇或者接受被派遣人员的健康状况证明。

(4)聘雇意向书或者任职证明。

(5)拟聘雇人员从事国家规定的职业(技术工种)的,提供拟聘雇人员相应的职业资格证书。

(6)法律、法规规定的其他文件。

如果是香港、澳门人员在内地从事个体工商经营的,则由其本人持个体经营执照、健康证明和个人有效旅行证件向所在地的地(市)级劳动保障行政部门申请办理就业证。

3. 劳动保障行政部门对就业申请表进行审批

应当自收到用人单位提交的《台湾、香港、澳门居民就业申请表》和有关文件之日起10个工作日内做出就业许可决定。劳动保障行政部门应当自收到在内地从事个体工商经营的香港、澳门人员提交的文件之日起5个工作日内办理。对符合《台湾、香港、澳门居民在内地就业管理规定》第六条规定条件的,准予就业许可,颁发就业证;对不符合条件不予就业许可的,应当以书面形式告知用人单位并说明理由。

用人单位应当持就业证到颁发该证的劳动保障行政部门办理聘雇台、港、澳人员登记备案手续。

(三)台湾、香港、澳门居民在内地就业的劳动管理

1. 劳动合同的签订及社会保险费的缴纳

用人单位与聘雇的台、港、澳人员应当签订劳动合同,并按照《社会保险费征缴暂行条例》的规定缴纳社会保险费。

2. 就业证的注销

用人单位与聘雇的台、港、澳人员终止或者解除劳动合同,或者被派遣台、港、澳人员任职期满的,用人单位应当自终止、解除劳动合同或者台、港、澳人员任职期满之日起10个工作日内,到原发证机关办理就业证注销手续。

在内地从事个体工商经营的香港、澳门人员歇业或者停止经营的,应当在歇业或者停止经营之日起30日内到颁发该证的劳动保障行政部门办理就业证注销手续。

3. 就业证的补发

就业证遗失或损坏的,用人单位应当向颁发该证的劳动保障行政部门申请为台、港、澳人员补发就业证。

4. 就业证的变更

台、港、澳人员的就业单位应当与就业证所注明的用人单位一致。用人单位变更的,应当由变更后的用人单位到所在地的地(市)级劳动保障行政部门为台、港、澳人员重新申请办理就业证。

5. 劳动争议

用人单位与聘雇的台、港、澳人员之间发生劳动争议,应依照国家有关劳动争议处理的规定处理。

6. 罚则

对于违反《台湾、香港、澳门居民在内地就业管理规定》的若干行为,将予以相应的处罚。

第二节　招聘原理

一、要素有用原理

1. 要素有用原理的含义

要素有用原理是指人力资源个体之间尽管有差异,有时甚至是非常大的差异,但必须承认人人有其才,即每个人都有他的"闪光点",都有他突出的地方。比如有的人研究开发能力很强,有的人组织协调能力很强,还有的人表达能力和自我展示的能力强,有的人对社会经济发展变化适应的能力很强等。

这种差异要求人力资源开发工作者要有深刻的认识,对人不可求全责备,而是在人力资源配置过程中要注意合理地搭配组合人才,充分发挥每个人的长处和优势,而不是只采用淘汰的办法,使人人都有不安全感。

2. 对该原理的理解

在人力资源开发和管理中,任何要素(人员)都是有用的,关键是为它创造发挥作用的条件。换言之,没有无用之人,只有没用好之人。我们可以从以下三个方面来理解这一原理:

(1)人才的任用需要一定的环境。一是知遇,要有伯乐式的领导者对人才任用所发挥的关键作用;二是政策,如"公开招聘""竞争上岗"等政策,使许多人才走上更高的岗位,甚至领导岗位。

(2)人的素质往往呈现复杂的双向性。如吝啬鬼有时也很慷慨,一向认真的人也会马虎,坚强的人也会胆怯,懦弱的人也会铤而走险等。这给了解人、用其所长及发现和任用人才增加了许多困难,这就要求人力资源管理者要克服各种困难去知人善任。

(3)人的素质往往在肯定中包含着否定,在否定中包含着肯定。优点和缺点共存,失误往往掩盖着成功的因素。各种素质的模糊集合使人的特征呈现出千姿百态,形成"横看成岭侧成峰,远近高低各不同"的现象。平庸的人,也有闪光的一面。一个优秀的领导者应当成为善于捕捉每个人身上的闪光点并加以利用的伯乐。

二、能岗匹配原理

1. 能岗匹配原理的含义

能岗匹配原则是指应尽可能使人的能力与岗位要求的能力达成匹配。这种匹配包含着"恰好"的意思。

"匹配"比"个体优秀"更重要。有的人能力很强,但放到某一个环境中不但个体不能发挥其能力,且整体的战斗力被削弱;有的人能力一般,但放到一个适宜的环境中,工作很出色,团队的协作能力也加强了,整体效益达到最优。因此,我们把匹配原则作为招聘的黄金法则,录用的人是不是最好不重要,重要的是最匹配。

2. 能岗匹配原理的内容

(1)人有能级的区别。

狭义地说,能级是指一个人能力的大小;就广义而言,能级包含了一个人的知识、能力、经验、事业心、意志力、品德等多方面的要素。不同的能级应承担不同的责任。能级高于岗位的要求，个人的才华无法施展，积极性会受到挫折，企业的人员流动率就大。能级低于岗位的要求，人心涣散，企业的凝聚力和竞争力均受到影响。

（2）人有专长的区别。

不同的专业和专长，不能有准确的能级比较，一个优秀的计算机专家不能和一个优秀的建筑设计师比较他们之间优秀的等级和差别。

（3）同一系列不同层次的岗位对能力的结构和大小有不同要求。

由于层次的不同，其岗位的责任和权利也不同，所要求的能力结构和能力大小也有显著的区别。例如，处于高层的管理者需要有更高的战略能力和宏观控制能力，处于基层的管理人员应有更加具体的技术能力，并对生产工艺的细节有所了解。

（4）不同系列相同层次的岗位对能力有不同要求。

由于工作系列不同，虽然处于同一层次，其能力结构和专业要求也有显著的不同。如人力资源部经理必须具备较强的沟通能力和协调能力；财务部经理必须具备较强的计划能力，熟知相关的财务法律知识；生产部经理则需有指导他人工作的能力和对质量的控制能力。

3. 能岗匹配的重要性

历史上汉高祖刘邦的成功与西楚霸王项羽的失败更是"能岗匹配"成败的鲜明对照例证。汉高祖刘邦文不能安邦、武不能治国，但他很懂得招募并恰当地使用各类人才，让张良、萧何、韩信等能人志士都能慕名而来、竭尽所能地为他定国安邦，使他成就了千古伟业。而西楚霸王项羽却沽名钓誉、刚愎自用，让许多人才离他而去，最终落得个自刎吴江的下场。再有，中国的古典四大名著《三国演义》大家都拜读过，如果刘备让张飞当军师统率三军并且为刘备治国，而让诸葛亮去当战将与对手阵前对战，那刘备就永远不可能成就自己的伟业而被载入史册，张飞、诸葛亮也同样不可能立功扬名，反而还会另投贤主。也正因为刘备能够任人唯贤，即运用"能岗匹配"的用人原则，才取得了成功。

如果从管理学角度去看，这两个例子都是"能岗匹配"的恰当例证，只是这两个例子都涉及国家的治理，远远高于企业治理。但国家治理与企业治理的道理是一样的。国家的人岗不匹配会造成国家的灭亡；同样，企业的人岗不匹配，也会造成企业的衰亡。如果一个企业的员工，他要么高能低就，要么低能高就，那这个企业就谈不上有高的工作效率，也不会有好的经济效益。实践证明，能岗匹配程度高的企业员工旷工率、离职率都较低，员工的工作满意度高、工作效率高、归属感强，更愿意长久地为该企业服务；其次，能岗匹配水平高的企业能产生高的工作效率和劳动效率，其人工成本支出、与单位的效益匹配也是最合理的，能用相对较低的人工成本实现较高的经济效益；再次，能岗匹配程度高的企业也能产生较高的关联绩效，员工不仅为完成任务付出更多的热情和额外的努力，也愿意主动承担超出工作要求之外的任务，而且还会积极地团结互助，促使企业形成协调顺畅的士气和高昂的组织氛围。

综上所述，提高能岗匹配程度对提高员工工作满意度和积极性、降低人工成本支出、提高企业经济效益具有非常重要的意义。

三、互补增值原理

1. 互补增值原理的含义

互补增值原理指将各种差异的群体,通过个体间取长补短而形成整体优势,以实现组织目标。

2. 互补增值原理的内容

(1)知识互补。每个人在知识的领域、深度和广度上都是不同的,不同知识结构互为补充,整体的知识结构就比较全面。

(2)气质互补。不同气质者之间互补,有助于将事物处理得更完善。

(3)能力互补。在企业的人力资源系统中,各种不同能力的互补可以形成整体的能力优势,以促进系统有效地运行。

(4)性别互补。男女互补,能发挥不同性别的人的长处,形成工作优势。

(5)年龄互补。不同年龄层次的人结合在一起,优势互补,可以将工作做得更好。

(6)关系互补。每个人都有自己特殊的社会关系,如果这些关系重合不多,具有较强的互补性,就可以形成集体的关系优势,增强对外部的适应性。

3. 互补增值原理的应用

这个原理强调人各有所长也各有所短,以己之长补他人之短,从而使每个人的长处得到充分发挥,避免短处对工作的影响,以实现组织目标的最优化。这是因为,当个体与个体之间,个体与群体之间具有相辅相成作用的时候,互补产生的合力要比单个人的能力简单相加而形成的合力大得多,群体的整体功能就会正向放大;反之,整体功能就会反向缩小,个体优势的发挥也受到人为的限制。此外,互补增值高效配置还应当注意以下事项,以确保高效配置目标的真正实现。

(1)选择互补的成员必须具有共同的目标,即实现企业长远发展的目标。

(2)在注意知识、气质、能力、性别、年龄等互补的同时,要注意各成员的道德品质。

(3)互补增值最重要的是"增值",这要求互补的成员之间要相互理解和尊重。

(4)互补增值高效配置应当在动态中进行平衡。

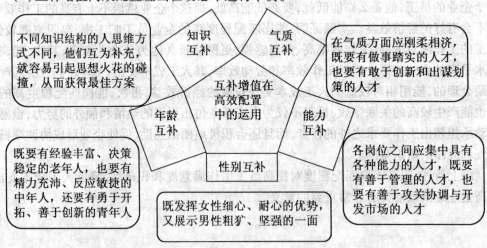

图 3-1 互补增值原理在高效配置中的运用

四、动态适应原理

1. 动态适应原理的含义

动态适应原理是指在人员配备过程中,人与事、人与岗位的适应性是相对的,不适应是绝对的,从不适应到适应是一个动态的过程,因此,人员配备和调整不应是一次性活动,而是一项经常性的工作。

2. 企业用人的动态适应

(1)绝对与相对。

无论是企业经营与发展趋向还是职位(岗位)人员作业态势都处在不断变化的动态过程中,不适应是绝对的,适应是相对的。从不适应到适应是在运动中实现的,随着企业与人的发展,适应又会变为不适应;只有不断调节人与事的关系才能达到重新适应,也就是从静态设计到动态调节,达至阶段性的相对平衡状态,这正是动态适应配置的体现。

(2)匹配岗位的调节。

为了把握在企业中人与事的不适应到适应的过程,应着力的方面为:

从个体岗位的自我调整意向和获得上级的帮助两方面去实现,明确其暂时的适应最终会被新的不适应所暂代;只有不断调整人与事的关系,才能找到适合内外环境和与企业发展相匹配的职位。

从个体岗位的过程管理上升到组织管理层次时,更应重视个体与工作岗位的当前状态;无论是主观还是客观的因素引起或是实际岗位需要,都要求管理者及时地了解人与岗位的适应程度,从而在资源允许的基础上,争取适时合理的调整。

3. 从动态适应原理进行人事调整

从动态适应原理出发,应该把人事调整作为一种经常性的任务抓好,全面地对待人力资源的开发和管理。这包括:

(1)岗位的调整——设岗数、岗位职责的变化。
(2)人员的调整——竞争上岗,招聘干部,平行调动。
(3)弹性工作时间——小时工、半时工、全时工等。
(4)一人多岗、一专多能,有序流动。
(5)优化组合——劳动组织、机构人员的优化。

五、弹性冗余原理

1. 弹性冗余原理的含义

弹性冗余原理是指人力资源开发过程必须留有余地,保持弹性,不能超负荷或带病运行。

"弹性"通常都有一个"弹性度",超过了某个度,弹性就会丧失。人力资源也一样,人们的劳动强度、劳动时间、劳动定额等都有一定的"度",超过这个"度"进行开发,只会使人身心疲惫,精神萎靡不振,造成人力资源的巨大损失。因此,人力资源开发要在充分发挥和调动人力资源的能力、动力和潜力的基础上,主张松紧合理、张弛有度、劳逸结合,使人们更有效、更健康、更有利地开展工作。

2. 弹性冗余原理的内容

弹性冗余原理，包括下列主要内容：

(1) 必须考虑劳动者体质的强弱，使劳动强度具有弹性。

(2) 必须考虑劳动者智力的差异，使劳动分工具有弹性。

(3) 必须考虑劳动者年龄、性别的差异，使劳动时间有适度的弹性。

(4) 必须考虑劳动者性格、气质的差异，使工作定额有适度弹性。

(5) 必须考虑行业的差异，使工作负荷有弹性。

(6) 必须重视对积极弹性的研究，努力创造一个有利于促进劳动者身心健康，提高劳动效能的工作环境，要注意防止和克服管理中的消极弹性。

【本章小结】

本章较为系统地介绍了招聘立法及招聘原理。

首先，介绍了国内企业招聘国内员工的相关法律规定；

其次，介绍了国内企业聘用外国人的相关法律规定；

再次，介绍了内地用人单位聘用台湾、香港、澳门居民的相关法律规定；

最后，介绍了招聘的要素有用原理、能岗匹配原理、互补增值原理、动态适应原理、弹性冗余原理。

第四章
Chapter 4

招聘基础

【引导案例】

某公司是一家实力雄厚的汽车制造企业,根据公司未来五年总体发展规划,企业将达到年产200万辆汽车的生产规模。人力资源部正在讨论2018—2022年度企业人力资源总体规划问题,负责起草该规划的是人力资源部副经理王平,她对规划起草小组成员小章交代:在进行企业人力资源外部供给预测之前,先组织一次全面深入的调查,尽可能多地采集相关的数据资料,为人力资源内部供给预测做好准备。

请根据本案例,回答以下问题:

(1)该公司在进行人力资源内部供给预测时,可以采取哪些方法?

(2)当预测到企业人力资源在未来的几年内可能发生短缺时,可以采取哪些措施解决人力资源供不应求的问题?

上述"引导案例"给出了该汽车企业为了提高产量,进行人力资源规划,对内外部人才做供给预测的问题。如何进行准确的人才预测,该怎么预测,是本章要介绍的主要内容。

【本章主要内容】

1. 人力资源规划的程序及制定方法
2. 工作分析的内容与方法的选择
3. 工作分析的流程及与招聘的关系

员工招聘

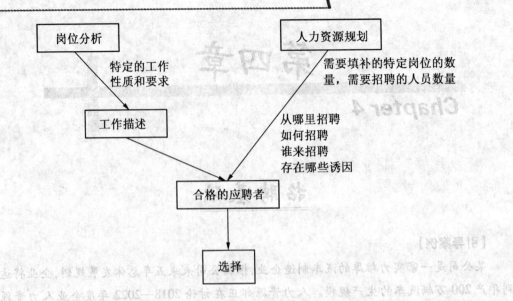

第一节 人力资源规划

一、人力资源规划概述

人力资源规划，是指根据组织发展战略、组织目标及组织内外环境的变化，预测未来的组织任务和环境对组织的要求，为完成这些任务和满足这些要求而提供人力资源的过程。它包括预测组织未来的人力资源供求状况、制订行动计划及控制和评估计划的过程。

组织的人力资源是实现组织目标的基础与根本保证。组织日益需要具有应对各种变化的人才。为了适应组织对未来发展战略的要求，人力资源管理也必然采取相应的对策。管理系统引入人力资源规划，是对组织发展做出的回应。人力资源规划的应用，不仅是现代管理技术的进步，更意味着现代人力资源管理由重视员工数量转向兼而重视员工能力与素质的结构；由重视组织人力资源管理的短期利益转向重视组织长期的发展和战略。人力资源规划是从组织整体和发展的角度出发，立足于组织目标和战略，匹配人力资源与组织工作的需要，将人力资源的不断开发和发展视为组织生存与发展的生命线。

（一）人力资源规划的意义及与招聘管理的关系

1. 人力资源规划的意义

人力资源规划工作对组织的重要意义可归结为以下几个方面：

（1）适应组织发展的需求。人力资源规划主要是根据组织当前及未来发展的需要，通过制订人员补充计划、人员使用计划、人员接替及晋升计划、教育培训计划、绩效评估计划、人员分配计划、工资激励计划、劳动关系计划、退休及招聘计划等，来实现人员的适时、适量、适岗补给，从而适应与确保组织战略目标的达成。

（2）合理、有效地配置人力。通过科学有效的人力资源规划，不仅能分析出现有的人力结构状况，而且还可以分析与归结出影响人力资源有效运用的问题或症结，使组织人力资源系统发挥出更大的效能，减少不必要的人力浪费，降低用人成本。

(3)减少未来的不确定性,配合员工职业生涯发展。合理的人力资源规划,减少了未来的不确定性,配合员工个人职业计划,能将员工个人的发展与组织的发展有效地联结在一起,既降低个人的失业风险性和对组织造成的不稳定程度,又能提高员工的满意度和促进员工的发展。

2. 人力资源规划与招聘管理的关系

人力资源规划与组织招聘管理之间的关系不言而喻,人力资源规划规定了招聘和甄选人才的目的、要求及原则,组织的招聘工作须基于人力资源规划的框架展开。人力资源规划的内容解决了招聘管理中的相关问题,包括岗位的空缺情况、招聘的时间、招聘的数量和质量、招聘的渠道等,人力资源规划是组织实施招聘的前提条件,招聘是人力资源规划的一个具体运用。

(二)人力资源规划的类型

1. 按照期限长短划分

按照人力资源规划的期限长短不同,可将其分为长期规划、中期规划和短期规划。长期规划一般是指五年以上、具有战略意义的规划,内容具有较大的普遍性和灵活性,它为组织的人力资源发展和使用确立了基本的方向、目标和政策,长期规划的制定建立在对组织内外环境变化的分析预测基础之上;中期规划一般指一至五年的规划,其目标、任务的明确与清晰程度介于长期规划和短期规划之间,有承前启后的作用;短期规划是指时间跨度在一年左右的规划,它对各项人事活动的安排往往比较明确、任务具体、目标清晰,是依据长期规划来确定现有绩效的基准点。

2. 按照内容性质划分

按照内容性质的不同,人力资源规划可分为宏观人力资源规划和微观人力资源规划。宏观人力资源规划是从整个组织系统和人员系统出发,在分析组织结构和人员预算状况走势的基础上,确定一个时期内组织人员总体需求状况,以期组织内职位与人员数量、素质结构在总量上达到基本均衡,宏观人力资源规划更具有战略性。微观人力资源规划指组织各部门根据部门的工作岗位需要和部门预算情况及其发展方向,在工作描述和工作分析基础上,确定本部门在一个时期或一个财政年度内对人力资源的需求状况,并制订出其获取与分配的计划。从程序上看,微观人力资源规划作为信息汇总使宏观人力资源规划的建立有了基础;从结果上看,微观人力资源规划所包含信息的准确性关系到宏观人力资源规划预测的准确性。

(三)人力资源规划的层次

一般而言,人力资源规划包括五个层次,每个层次都为人力资源规划设定了不同的标准,这些不同的标准又反映为不同的人力资源规划活动。在每一个层次上都涉及不同的人力资源管理决策。这五个层次分别是:

1. 环境(文化)层次

这一层次的人力资源规划活动主要是对环境进行考察。既要考察宏观环境,也要考察微观环境,考察宏观环境,目的在于人力资源的"输入",而考察微观环境,目的在于组织的"输出"。一个组织的人力资源决策可能在不同程度上影响到组织在社会上的地位和声望,因为组织的人力资源管理决策可以影响到组织活动的安全性、社会关系等许多方面。组织的人力资源的变化及由此引发的组织结构的改变等,完全可能引起组织周围的环境因素做出不同的反应,这些不同的反应对组织的发展既可以带来机会也可以带来威胁。环境层次的人力资源规划的标准可以是组织本身的信誉情况,也可以是政府对组织的评价及社区对组织的态度和看法等。

2. 组织层次

人力资源规划的建立是一个与组织的整体战略相互作用的过程,并且需要按照组织的整体战略来建立标准和进行决策。这是从组织层次上考虑人力资源规划的根本原因。一般来说,组织就是指整个组织,但是在一个大型组织中或者是在分权化的组织中,人力资源规划的组织层次也可以是一个部门、一个地区、一个利润中心或者一个分公司等。组织层次的人力资源规划的标准包括组织的各层结构、组织文化及利润、市场份额和产品质量等各种因素,目的是将这些因素有机地整合起来,使它们相互配合,以利于组织目标的达成。

3. 人力资源部门层次

这一层次的工作实际上是把组织的整体目标落实在人力资源活动上,具体化为人力资源规划。典型的决策包括人力资源管理如何为组织的业务发展服务、人力资源管理将使用多少资源、重点的努力方向等。尽管组织的整体目标与人力资源具有密切的关系,但在某些情况下,即使人力资源管理是成功的,整个组织的目标却仍没能很好地实现。因此,我们也就有必要建立人力资源部门自身的工作目标。这一层次的典型活动是人力资源的战略规划。

4. 人力资源数量层次

这是一个重要的接续性的环节。一旦人力资源部门层次规划制定后,接下来的工作就是考虑组织所使用的人力资源的数量及任用的问题。因此,人们也将这一层次的规划称为任用规划,即把适当数量的适当类型的员工在合适的时间安排到所需的工作岗位上去的具体计划。任用规划需要考虑这样的问题,即分析人力资源的需求、分析人力资源的供给和协调人力资源的供求缺口。这一层次规划所要做出的决策包括人力资源供给和需求预测、需要弥补的缺口大小等。应该指出的是,人力资源规划中的需求分析所描述的是组织未来的人力资源需求。在现代人力资源管理活动中,实际的人力资源需求预测并不是预测未来对员工个体特征的需要,而是预测未来对员工整体特征的需要,这取决于组织所面临的环境特点。

5. 具体的人力资源管理活动层次

这一层次的人力资源规划是把人力资源的任用规划具体化为特定的人力资源管理活动。在这个层次上,规划应该为各种人力资源管理活动的继续、扩展和取消提供非常明确的指导。这一层次的人力资源规划的标准包括相关员工的数量、活动的成本、活动的结果及收益或效用。典型的决策包括应该实施哪些具体的人力资源管理活动、每个活动的影响范围等。

(四)人力资源规划的内容

人力资源规划包括总体规划与业务规划两部分内容。总体规划是在对企业战略与竞争战略进行分析的基础上,提出人力资源管理工作的方向,保证人力资源工作重点与战略导向一致。业务规划是在总体规划的基础上对企业各项人力资源管理与开发工作进行具体的计划。总体规划提出工作方向与工作重点,业务规划则提出具体的实施细则。

1. 人力资源总体规划

人力资源总体规划主要是阐明在计划期内人力资源规划的总原则、总方针、总政策、实施步骤和总预算。制定总规划需要明确企业的发展战略规划、现有的人力资源总体状况、规划期可能出现的组织结构调整与技术条件改变等问题。在这个基础上明确计划期人力资源需求增减的大致数量,在供求平衡的基础上提出计划期人力资源工作的指导思想与总体目标。

2. 人力资源各项业务规划

人力资源各项业务规划是人力资源管理业务的具体展开和人力资源总体规划的具体实施,其目的是保证组织人力资源总体规划目标的实现。具体包括以下六项:

(1)人员补充计划,是指企业根据组织运行情况,通过各种选拔渠道,对企业可能产生的空缺职位进行弥补的计划,以促进人力资源数量、质量、层次结构的改善。

(2)人员配置计划,是指根据岗位素质要求和员工素质水平,根据用人所长、注意潜能、动态平衡等原则,将人员配置到合适的岗位上,使组织人力资源的数量、层次和结构符合组织的目标任务和组织机构设置的要求。

(3)培训开发计划,其目的是使人和工作相适应,为企业准备所需要的人才。

(4)薪资激励计划,可以在预测企业未来发展的基础上,对未来的薪资总额进行预算和推测,并确定未来一段时期内的激励政策。

(5)人员晋升计划,是指根据企业需要和人员分布状况,来制定员工晋升的方案,这对提高员工积极性和提高企业人员利用率是十分必要的。

(6)员工职业计划,是指对员工在企业内的职业发展所做出的系统性安排。

(五)人力资源规划的作用

1. 保证企业适应环境变化

环境是企业生存和发展的土壤,环境的变化直接影响着企业的生存和发展。一方面,外部环境可能为企业提供各种发展机会;另一方面,外部环境的变化也可能随时威胁着企业的生存发展。为了在变幻莫测的市场环境中求得生存和发展,企业必须不断地调整战略,抓住环境变化带来的各种机会,规避变化带来的各种威胁。

企业战略的变化必然带来组织结构和岗位性质及任职要求的各种变化,这就要求企业对人力资源数量和结构做出相应的调整。随着经济社会的不断发展,企业中的专业化程度越来越高,分工也越来越细,如果没有基于预测的人力资源规划,一旦企业遭遇到剧烈变化的外部风险时,将很难在较短的时间内做好充分的人力资源方面的准备,其结果肯定会影响到企业的持续稳定发展。

2. 为企业战略目标提供人力支撑

企业人力资源规划的一个重要内容,就是对企业人力资源的发展进行科学的预测。如预测组织何时补充人员,补充什么样的人员,何时需要何种培训等,并制定相应的招聘晋升、培训等方面的政策和措施。其目的就是要为企业的经营战略提供坚实的人力资源支撑,确保组织在适当的时间和适当的岗位上有足够的、符合要求的各类人力资源,支持企业经营战略目标的实现。

3. 统筹人力资源管理各项活动

人力资源规划是从企业战略高度制定的规划,其统筹兼顾的特点决定了对人力资源管理各项活动都有指导作用,并将人力资源管理的各项工作和活动连成一个完整的、协调一致的系统,保证人力资源管理系统在不断变化的环境下能够有效运行。

4. 提高人力资源使用效能

人力资源的有效组合是人力资源管理的根本任务。每个企业都在不断地创新自己的组织结构和岗位体系,以适应科技进步和经济发展所带来的变化。现实中,很多企业不能迅速适应技术和环境带来的变化,组织结构和岗位设计不合理,又不能及时调整,导致有的岗位工作负荷过重,而有的岗位工作量不足;有的人大材小用,有的人又无法胜任本职工作。这些问题都造成了组织的人力资源使用效能不高。人力资源规划通过对组织工作、人员等的分析,可以找到影响人力资源使用的各种问题,并提出相应的解决方案,从而使人力资源的效能得以充分发挥。

5. 实现企业和员工的共同发展

实践证明,员工的个人目标和企业的发展目标如能达成一致,就能极大地促进组织目标的实现。人力资源规划中关于未来组织结构和岗位结构的规划,能够给员工展示出一个比较清晰的关于企业未来的人力资源需求框架,从而使员工可以看到自己的努力方向,帮助他们根据企业发展的要求,进行个人职业生涯设计。这样就能在员工充分发挥自己的才能并得到发展的同时,为企业提供充足的人力资源支持,实现企业和员工的共同发展。

二、人力资源规划的程序

人力资源规划的程序一般可分为以下几个步骤:信息的收集与整理、人力资源的需求与供给预测、人力资源净需求的确定、人力资源规划的制定、人力资源规划的实施、人力资源规划评估,以及人力资源规划的反馈与修正。

1. 信息的收集与整理

人力资源规划的信息包括组织内部信息和组织外部环境信息。组织内部信息主要包括企业的战略计划、战术计划、行动方案、本企业各部门的计划、人力资源现状等。组织外部环境信息主要包括宏观经济形势和行业经济形势、技术的发展情况、行业的竞争性、劳动力市场、人口和社会发展趋势、政府的有关政策等。对这些信息进行收集与整理是人力资源规划的第一步。

2. 人力资源的需求与供给预测

人力资源需求预测包括短期预测和长期预测,总量预测和各个岗位需求预测。人力资源供给预测包括组织内部供给预测和外部供给预测。将组织内部人力资源供给预测数据和组织外部人力资源供给预测数据汇总,得出组织人力资源供给总体数据。还要根据第一步中收集的信息资料对预测进行比对和调整,使之更符合客观实际。

3. 人力资源净需求的确定

在对员工未来的需求与供给预测数据的基础上,将本组织人力资源需求的预测数与在同期内组织本身可供给的人力资源预测数进行对比分析,从比较分析中可测算出各类人员的净需求数。这里所说的"净需求"既包括人员数量,又包括人员的质量、结构,即既要确定"需要多少人",又要确定"需要什么人",数量和质量要对应起来。这样就可以有针对性地进行招聘或培训,为组织制定有关人力资源的政策和措施提供了依据。

4. 人力资源规划的制定

根据组织战略目标及本组织员工的净需求量,制定人力资源规划,包括总体规划和各项业务计划。同时要注意总体规划和各项业务计划及各项业务计划之间的衔接和平衡,提出调整供给和需求的具体政策和措施。一个典型的人力资源规划应包括:规划的时间段、计划达到的目标、情景分析、具体内容、制定者、制定时间。

5. 人力资源规划的实施

人力资源规划的实施,是人力资源规划的实际操作过程,要注意协调好各部门、各环节之间的关系,在实施过程中必须要有专人负责既定方案的实施,要赋予负责人拥有保证人力资源规划方案实现的权利和资源。同时要有关于实施进展状况的定期报告,以确保规划能够与环境、组织的目标保持一致和按时完成。

6. 人力资源规划的评估与修正

在实施人力资源规划的同时,要进行定期与不定期的评估。将实施的结果与人力资源规划进行比较,通过发现规划与现实之间的差距来指导以后的人力资源规划活动。评估结果出来后,应进行及时的反馈,进而对原规划的内容进行适时的修正,使其更符合客观情况,更好地促进组织目标的实现。

【前沿话题】

以战略为导向制定实用性人力资源规划

人力资源战略是企业整体战略的重要组成部分,需要与公司的总战略目标相适应。应在总战略的前提下,为了保证总战略目标的实现,制定人力资源战略。人力资源战略是人力资源的长远规划和方向。

无战略,则无规划。公司战略的明确是第一步的。人力资源战略是建立在企业的发展战略基础上的,没有企业的发展战略,企业人力资源战略就是个空架子,毫无意义。

现今越来越多的企业已经把人力资源高层管理者纳入企业高层管理团队中,直接参与企业的战略形成和战略执行过程,负责向战略规划者提供企业人力资源方面的信息,来帮助高层管理者做出最佳的战略选择。但仍有许多中小型企业的管理者对人力资源规划不够重视。随着企业自身发展加速,组织职能需要进行调整,企业需要更专业、更精确和流程化的管理。简单陈旧的劳动人事管理制度和方法无法适应企业发展的需要。现代化人力资源管理体系与模式建设是现今社会企业的成功基础。

人力资源战略与人力资源规划的关系即:战略是规划的前提,规划是战略目标实现的保障。人力资源规划需要解决的问题总结为以下三点:现有人员与企业发展所需人员相匹配问题,制度建立与管理执行相统一问题,员工职业发展与企业发展相适应问题。

壳牌中国集团的人力资源总监温大伟曾自豪地说过："我们的全球人才观在中国没遇到过什么'水土不服'的问题。因为壳牌针对每个国家、每个市场评估之后，才确定需要什么技能的人才。而且在中国我们拥有95%的本土员工，所以会针对中国及时做出反应和调整。一个公司最大的优势是员工的能力。我们的员工天赋各不相同，壳牌要把他们最好的一面发挥出来。"

那么如何正确地进行人力资源规划呢？通常情况下，企业需根据内外部环境的分析，确定企业未来的发展方向和目标，同时从人力资源管理的角度，对企业战略及为实现企业发展目标所需具备的能力进行分析和比较，以此制定相适应的人力资源战略规划。

三、人力资源规划的制定

通常在实施人力资源招聘时，往往遵循着系统化的过程或模式。在这一过程中有三个关键的要素，它们分别是人力资源的需求预测、人力资源的供给预测和人力资源供需平衡。在人力资源规划中，通常将这三种要素全面考虑，以确定人力资源规划是否做，以及如何做。如图4-1所示：

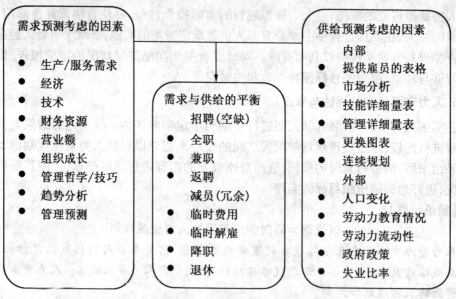

图4-1 人力资源规划的模式

（一）人力资源需求预测

人力资源需求预测是以组织的战略目标、发展规划和工作任务为出发点，综合考虑各种因素的影响，对组织未来人力资源需求的数量、质量和时间等进行估计的活动。人力资源需求预测是人力资源规划的中心内容。

1. 人力资源需求预测的程序

人力资源需求预测的具体操作程序如图4-2所示。

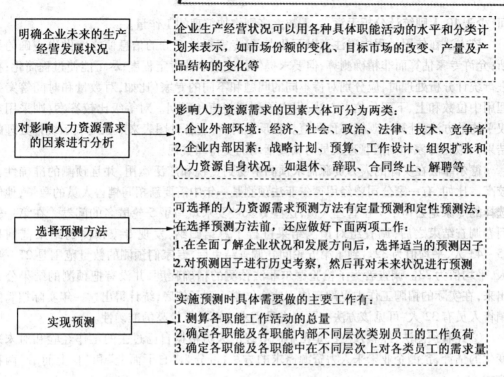

图4-2 人力资源需求预测的程序

在进行需求预测时需考虑如下因素:第一,企业外部环境因素,主要包括宏观经济发展趋势,本行业发展前景与国家产业政策导向的变化,主要竞争对手的动向,相关技术的革新与发展,人力资源市场的变化趋势,人口及其变化趋势,劳动力市场变化趋势等。第二,企业内部因素,包括目标任务、市场与产品组合、经营区域、生产技术、竞争重点、财务及利润指标等企业的战略决策信息、组织结构与岗位位置、管理体制与管理风格、新技术采用等未来影响生产率变化的因素。第三,企业现有人力资源状况,包括人力资源的数量、质量、素质结构、人员流动、晋升和降职、员工价值观、员工需求、现有员工人岗匹配情况等。人力资源需求预测有两方面:数量与质量。组织的需求最终由采用的技术决定。

2. 人力资源需求预测的方法

人力资源需求预测的方法有很多,按其性质特性可以分为定性预测法和定量预测法。

(1)定性预测法。

①德尔菲法。德尔菲法也叫专家评估法,是美国著名的兰德公司科学家在受命研究"如果使美国的国民生产总值削减75%,到底需要多少枚威力相当于投在广岛的原子弹"这一专题时创造的。该方法是在不记名的情况下,向若干专家寄发调查表,分别征询意见,然后将意见收集起来,运用数理统计的方法进行分析归纳,测算出各种数据的平均值和标准差,再把较集中的意见反馈给专家,让专家们慎重地修正自己的意见。

经过多次反馈(3~5轮),使大多数专家的意见趋于集中,从而获得预测结果。专家的选择可以是来自一线的管理人员,也可以是高层经理。一般在预测组织未来劳动力需求时,可选择规划、人事、市场、销售和生产部门的经理作为专家,人数最好在20~30人之间,少于10人则统计分析无意义,人数太多则增加整理的工作量。

该方法在使用过程中需注意以下几点:给专家提供充分的信息使之能做出正确的判断;允许专家估算而非精确测算,但要求提供预测数字的肯定程度;尽可能使过程简化;在进行统计分析处理时,应分别对待不同的问题和不同的专家(比如,对数量和时间答案处理用中位数和上、下四分位点方法,得出预测期望值和区间。对等级比较答案,则采用加权平均的方法,计算主观概率预测值。在反馈时,可用各种图表来形象地表示统计处理的结果);取得专家和高层管理人员对调查活动的支持和重视。

德尔菲法在实际的人力资源需求预测中受到重视和广泛运用,并且预测的准确性也较高。比如,有一家公司曾经用德尔菲法预测某一年中需要新招聘销售人员的数量,他们选择的专家是公司中7位管理人员,这些专家被要求填写了5轮匿名的问卷。在第一轮问卷调查结束之后,调查组对预测结果进行了总结归纳,发现专家预测的结果范围是25~43人,平均值为32。到了第五轮问卷调查结束后,专家们预测的数量范围是27~41人,平均值为33。调查者为了检验德尔菲法预测的精确程度,并没有把预测的结果公布出来,在实际的招聘工作中也没有使用这个结果。到了年底,统计得出这一年实际招聘的销售人员有32人,可见该方法在预测人员需求方面具有较高的准确性。

②经验预测法。经验预测法是由不同等级的人员根据自己过去的工作经验和对未来变化的估计,预测企业未来人力资源需求的方法,可分为"自下而上"和"自上而下"两种方式。

所谓自下而上法,是指由具体的职能部门根据自己部门的需要预测将来某阶段内对各种人员的需求,并向上级主管提出用人需求和建议,最后经过横向和纵向的汇总、分析而获得人员需求预测的总数。

所谓自上而下法,是指由企业的最高管理层拟定出总体的人力资源需求计划,然后再将高层人力资源需求计划逐级下达到各职能部门,各职能部门根据本部门情况,对计划开展讨论、进行修改、提出建议,再将有关意见汇总后反馈给高层管理者,高层管理者据此对总的预测和计划做出最后的修订。

采用本方法有相当的主观因素,还受到各部门自身利益等因素的影响,有可能使预测规划过程转变为部门与组织之间的谈判与审批过程。比较适合短期预测,简单易行,成本低,在中小企业中经常采用。

③零基预测法。零基预测法适用于短期的预测,它假定企业现有人员的数量和结构能够适应未来一段时期内人力资源的需求,管理者只需要安排适当的人员在适当的时间内填补职位空缺即可。

(2)定量预测法。

①趋势分析法。趋势分析法是确定组织中与劳动力数量和构成关系最大的因素,然后找出该因素与人力需求变化的函数关系,由此推测将来人力资源的需求情况。这种方法适合于经营环境比较稳定、人员变动比较有规律的企业使用。具体方法:首先,选择适当的商业要素作为人力资源需求的预测因素,通常会选用销售额和毛利;其次,绘制该商业要素与员工人数关系的历史趋势的图表。其比值可以提供劳动生产率(如人均销售额);第三,计算过去至少五年的生产率;第四,用商业要素的值除以生产率计算出人力资源需求;最后,设定目标年份对员工的需求。这一过程可参见表4-1。

表4-1 人力资源需求的趋势分析范例

年份	商业要素 （销售额 万元）	÷	劳动生产率 （销售额/员工数）	=	人力资源需求 （员工的数量）
2008	2351		14.33		164
2009	2613		11.12		235
2010	2935		8.34		352
2011	3306		10.02		330
2012	3613		11.12		325
2013	3748		11.12		337
2014	3880		12.52		310
2015	4095		12.52		327
2016	4283		12.52		342
2017	4446		12.52		355

②工作负荷法。即按照行业或企业历史数据，先计算出对某一特定工作单位时间（如每天）的每人工作负荷（如产量），再根据未来的目标生产量测算出要完成总的工作量，然后根据前一标准折算出所需要的人力资源数量。如：某生产型企业拟建一条新的生产线，新的生产线设计生产能力为每天3200件产品，每生产一个产品平均需要0.5小时，每天两班（每班8小时），需要多少工人？

每班生产能力为1600件产品，每人每天生产（8÷0.5=）16件产品，每班需要总人数为（1600÷16=）100人，新生产线总共需要（100×2=）200人。

③定员定额分析法。定员定额分析法包括工作定额分析法、岗位定员法、设备看管定额定员法、劳动效率定员法及比例定员法。

·工作定额分析法。通过对作业方法和过程进行观察和详细分析（动作研究、时间研究等），计算某项工作的工时定额和劳动定额，再利用可预测变动因素的修正，确定企业的员工需求，其公式为：

$$N = \frac{W}{Q(1+R)}$$

式中，N 表示人力资源需求量，W 表示企业计划期任务总量，Q 表示企业定额标准，R 表示计划期劳动生产率变动系数。其中，$R = R_1 + R_2 - R_3$，R_1 表示企业技术进步引起的劳动生产率提高系数，R_2 表示经验积累导致的生产率提高系数，R_3 表示由于劳动者及某些因素引起的生产率降低系数。

·岗位定员法。岗位定员法是根据生产工作岗位的多少与岗位工作负荷量的大小计算并确定定员人数的方法。其定员计算公式为：

$$定员人数 = \frac{岗位作业平均体力劳动时间总和}{岗位作业时间标准}$$

其中，岗位作业时间标准是该岗位的一个工人在制度工作时间内给予了必要的宽放时间后可用于完成生产作业的时间。岗位体力劳动时间总和是指用技术测定方法测取的、为完成岗位工作任务量实际消耗的总体力劳动时间，代表完成该岗位工作量所需要的总生产时间。

· 设备看管定额定员法。该方法是一种根据需要开动的设备台数、班次和工人看管定额来计算和确定定员人数的技术方法，其计算公式为：

$$设备看管定额 = \frac{岗位作业时间标准}{看管单台设备班平均耗费的体力劳动时间}$$

$$定员人数 = \frac{计划需要同时开动的设备台数}{设备看管定额}$$

· 劳动效率定员法。劳动效率定员法是一种根据生产任务量和劳动效率计算并确定定员人数的技术方法，其计算公式为：

$$劳动定额 = \frac{测定期班平均工作任务总量 \times 岗位作业时间标准}{班平均体力劳动时间总和}$$

$$定员人数 = \frac{计划期班平均工作任务总量}{劳动定额}$$

· 比例定员法。比例定员法是指以同岗位工作任务量相关的某一代表性标志物（可以是人，也可以是其他）为对象，用该代表性标志物的数量同定员人数的比例关系来体现定员标准的技术方法。其计算公式为：

$$定员比例 = \frac{标志物数量 \times 岗位作业时间标准}{班平均体力劳动时间总和}$$

该计算公式中，标志物数量是指同岗位工作任务相关的代表性工作标志物的完成数量，分母中的体力劳动时间指考核期（测定期）完成以标志物工作任务为对象所消耗总的体力劳动时间，子项和母项工作量所对应的标志物是一致的，但其所对应的时间期限可以是不同的。

（二）人力资源的供给预测

人力资源供给预测即为满足企业未来某个时期内对员工的需求，对企业从其内部和外部所能达到员工的数量、质量等进行预测。在确定人员需求预测后，必须有足够的合适人员满足需求。

1. 人力资源供给预测的程序

供给分析可以从两方面满足人员需求，一个是企业内部供给，另一个是企业外部供给。

人力资源供给预测一般包括以下程序，如图4-3所示。

2. 人力资源供给预测的方法

企业人力资源供给预测可以分为内部供给预测和外部供给预测。

（1）内部供给预测。

①人员储备与技能开发系统法。人员储备与技能开发系统法是指运用"人员储备与开发记录卡"将每位员工的信息加以整理，然后记录在人员储备库中。人员储备库中所储存的信息可用于晋升人员的确定、员工工作调动、职业生涯规划等。其中人员储备与开发记录卡中的信息包括员工的教育水平、职业兴趣、技能水平、参加过的培训课程等。

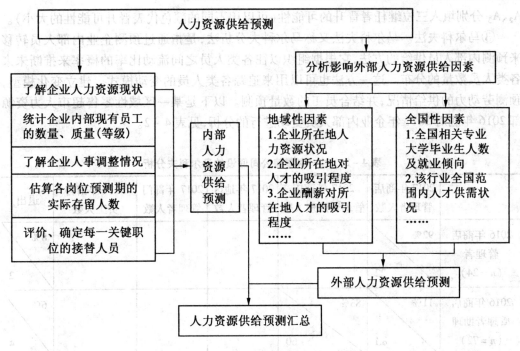

图 4-3 人力资源供给预测程序

②继任卡法。继任卡法是指运用继任卡来分析和设计管理人才的供应状态。继任卡的制定和使用,能够保证企业不会由于某个人的离去而使工作受到太大的影响。典型的继任卡如图 4-4 所示。

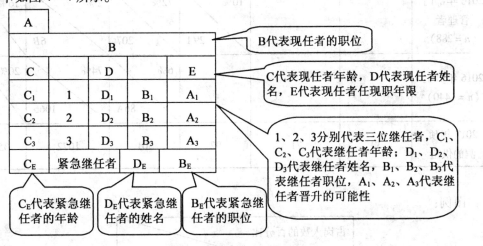

图 4-4 继任卡及其解释

备注:紧急继任者是指在特殊紧急情况下(如现任者突然辞职或意外死亡),担任继任者的人选。

继任图 A 中,B 填入现任者的职务,C 填入现任者的年龄,D 填入现任者的姓名,E 填入现任任职的时间年限,1、2、3 分别代表三位继任者,C_1、C_2、C_3 分别填入三位继任者的年龄。D_1、D_2、D_3 分别填入三位继任者的姓名,B_1、B_2、B_3 分别填入三位继任者的职务,A_1、

第四章 员工招聘

A_2、A_3分别填入三位继任者晋升的可能性(可以用不同的颜色代表晋升可能性的大小)。

③马尔科夫法。马尔科夫法又称马尔科夫分析法,是指通过预测企业内部人员转移来预测内部人员供给的方法,它根据组织以往各类人员之间流动比率的概率来推断未来各类人员数量的分布。这一方法也可以用来追踪各类人员的变动模式。建立变化模型,预测劳动力的供给情况,并结合员工的数量预测。以下是某一区域性零售超市人力资源部2016年底对2017年企业内部人员变动进行的分析,见表4-2。

表4-2 对一家零售公司假设的马尔科夫分析

	2017年商店管理者人数	2017年商店管理者助理人数	2017年地区管理者人数	2017年部门管理者人数	2017年销售员工人数	退出
2016年商店管理者($n=24$)	92% / 22					8% / 2
2016年商店管理者助理($n=72$)	11% / 8A	83% / 60				6% / 4
2016年地区管理者($n=96$)		11% / 11A	66% / 63	8% / 8B		15% / 14
2016年部门管理者($n=288$)			10% / 29A	72% / 207	2% / 6B	16% / 46
2016年员工($n=1440$)				6% / 86A	74% / 1066	20% / 288
2017年预测的供给	30	71	92	301	1072	354

图例:

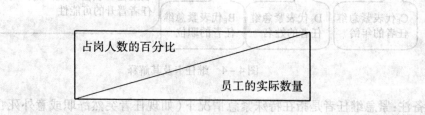

占岗人数的百分比 / 员工的实际数量

④人员置换图解表。人员置换图解表是对各现有岗位人员进行考核评价,分析其可能流动的方向,从而对人员的流动情况实现控制和测量的一种图示法。它是由员工技能量表为基础,显示着每一位员工的教育程度、工作经验、职业兴趣、特殊才能、工资记录和

工作年限，它也可在预测中使用。当然，在建立这种量表时，必须格外关注其机密性。一份优质的最新的技能量表可以使组织迅速找到与空缺职位相匹配的员工。下图是某公司建立的提升人员置换图解表，它提供了现有的工作表现和升职可能性等信息，可以与其他信息一起应用于接班规划——确定、发展、监测关键个人并最终确定高层职位人选的过程见图4-5。

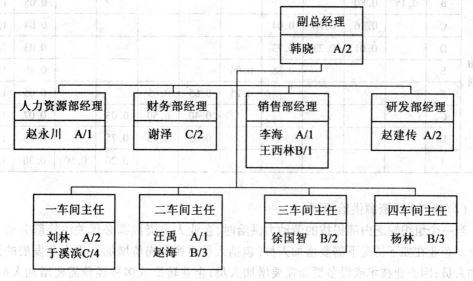

图4-5 副总经理候选名单

A. 目前可能提升；B. 有潜力进一步发展；C. 没有固定的职位

1. 最优业绩；2. 平均业绩之上；3. 认可的业绩；4. 糟糕的业绩

注：所提供的名单是可替换的候选人

⑤技术调查法。主要是对企业现有人力资源状况进行调查分析，利用企业档案资料和人力资源信息库，对人员的数量、知识、技能和需求进行分析，为人员的调配和管理做好准备。结合人力资源需求预测，建立人员配置表，即用图画显示组织的所有工作岗位、每个工作岗位上的现有员工数目及未来员工需求。如果企业建立了人力资源信息系统，这项工作很容易借助计算机来进行。人力资源部每年的人力资源盘点就是运用此种方法。下面是一个典型的人力资源信息系统在进行调查分析时应提供的信息：工作信息，包括职位名称、薪金范围、目前空缺的数目、替代的候选人、所需要的资格、流动比率、职业阶梯中的位置；员工信息；岗位、工作经历、出生年月、职业目标/兴趣、专业技能、教育/培训、入职时间、所受奖励、薪金和福利（历史信息、现在信息）、绩效评价、出勤情况、发展需要、流动原因。

⑥流动可能性矩阵分析。该方法是借助流动可能性矩阵分析图，了解内部员工在一定时间内的流动状况，以便于预测内部人力资源可能的供应量。一种基本的二维矩阵构成了这种模型图，如表4-3所示。该表中，工作级别从A～I，级别逐渐由高到低，数字表示百分比。如AA为1.00，表示在这个工作时间段内最高工作级别的人员没有流动；BB为0.80，表示在这个时间段内，这个级别的人员留住了80%，其中15%晋升到A岗位，5%流出了组织，依此类推。

表4-3 组织内部流动可能性矩阵表

工作级别		终止时间									流出	总量
		A	B	C	D	E	F	G	H	I		
起始时间	A	1.00									—	1.00
	B	0.15	0.80								0.05	1.00
	C		0.16	0.76	0.04						0.04	1.00
	D		0.01	0.23	0.73						0.03	1.00
	E					0.85	0.05				0.10	1.00
	F					0.25	0.65	0.05			0.05	1.00
	G						0.40	0.50	0.03		0.07	1.00
	H						0.02	0.15	0.75		0.08	1.00
	I							0.20	0.50	0.30	1.00	

(2)外部人力资源供给预测。

当一个组织缺乏内部提拔的劳动力供给时,企业人力资源部必须关注外部劳动力的供给。企业在如下情况下需要增加人员(包括人员更换和岗位增加):因企业发展的需要增加人员;因企业技术或设备更新需要增加人员;企业转型或多种经营需要增加人员;因人员自然损耗(退休或死亡等)需要增加人员;因人员的内外流动需要增加人员。

无论是地区性层次的人力资源市场还是全国性的人力资源市场,都会受到经济、社会、教育和法律等因素的影响。一般情况下,影响外部人力资源市场供给的因素主要有:国家和地区经济、劳动力的教育水平、特殊技能的需求、就业观念、招聘范围、人口流动性和政府政策、当地的失业率水平、同种类型劳动力向外地市场的流动量、本地教育系统毕业生数量、交通运输发展状况、与其他地区相比本组织的报酬水平和工作环境、就业量,以及组织在一般公众中的形象等。

目前我国劳动力市场尚未成熟,许多人力资源信息难以准确掌握,这给外部人力资源的供给预测带来很大的难度。

(三)人力资源综合平衡

人力资源规划应该保持预测技术与应用之间、需求与供给之间的适当平衡,需求的考虑建立在商业活动的预测趋势基础之上,供给的考虑包括用恰当的方式找到恰当的人选来填补空缺。如果出现人力资源空缺,我们可以用增加人员或通过培训提高工作效率两种方式满足空缺。为了满足劳动力需求,企业在制定人力资源规划时要注意,招聘会给企业增加营运成本,会对原来的相关岗位形成影响。因此越慎重越好。在一些管理先进的企业里,在评价企业人力资源管理质量时,需评价人力资源数量和产出之间的关系,如人均产值、人均利润率等。因此,在人力决策中增加人力资源的数量是应该尤其慎重的。企业高层管理者和人力资源管理者在考虑招聘岗位时,应该先问一下自己下列问题:

· 设立这个岗位的目的是什么?
· 为了达到这些目的,有没有其他方法?

- 如果这个新岗位要有人来填补,那么未来 5 年的成本是多少?
- 这个岗位对维持或改善销售的影响如何?对维持和改善收入的影响如何?
- 对改善人的使用的影响如何?
- 现在是谁在进行该岗位的工作?
- 现在从事该岗位工作的人超时工作已经多久了?
- 这个"超载"岗位的部分工作职责能否转移到该部门的其他地方进行?
- 在劳动力市场上招聘这个岗位的人员的可能性有多大?
- 该岗位能够维持存在至少两年吗?
- 其他部门和雇员是否都认为这个岗位是必需的?
- 这个新岗位对其他岗位的影响如何?尤其是对那些被它"抢走"了职责的相关岗位的影响如何?
- 如果不设置这个新岗位,最坏会发生什么情况?

在人力资源招聘规划中我们需要注意动态性。在许多对人力资源招聘需求的预测进行评价的研究中,人们关注的焦点是招聘预测的准确性。但令人遗憾的是,这些研究结果都不尽如人意。人力资源招聘预测应该与企业所面临的环境、企业发展战略等相适应,否则就会成为空中楼阁。人力资源预测的假设前提是稳定性,现在市场的不确定性和动荡性特征,使得用各种方法预测的人力需求准确性降低。

(四)人力资源供给与需求的平衡

人力资源规划的最终目的是要实现企业人力资源供给和需求的平衡,因此,企业在预测出人力资源的供给和需求之后,就要对这两者进行比较,并根据比较的结果采取相应的措施。主要会出现的情况有以下三种:当供给和需求总量平衡,结构不匹配时;当供给大于需求时;当供给小于需求时。当上述情况发生时,企业要依据本单位及各部门出现的具体情况进行供需平衡。

(1)供给和需求总量平衡,结构不匹配。

企业人力资源供给和需求完全平衡一般是很难发生的,即使在供需总量上达到了平衡,往往也会在层次和结构上出现不平衡。对于结构性的人力资源供需不平衡,可以采取以下措施实现平衡:

第一,进行人员内部的重新配置,包括晋升、调动、降职等,来弥补那些空缺的职位,满足这部分的人力资源需求。

第二,对人员进行有针对性的专门培训,使他们能够从事空缺职位的工作。

第三,进行人员的置换,释放那些企业不需要的人员,补充企业需要的人员,以调整人员的结构。

(2)供给大于需求。

当预测的供给大于需求时,可以采取以下措施从供给和需求两方面来平衡供需:

第一,企业要扩大经营规模或者开拓新的增长点,以增加对人力资源的需求,如企业可以实施多种经营吸纳过剩的人力资源供给。

第二,缩短员工的工作时间,实行工作分享或者降低员工的工资,通过这种方式也可以减少供给。

第三,对富余员工实施培训,这相当于进行人员储备,为企业将来的发展做准备。

第四,冻结招聘,就是停止从外部招聘人员,通过自然减员来减少供给。

第五,鼓励员工提前退休,就是给那些接近退休年龄的员工以优惠的政策,让他们提前离开企业。

第六,永久性的裁员或者辞退员工,这种方法虽然比较直接,但是由于会给社会带来不安定因素,往往会受到政府的限制。

(3)供给小于需求。

当预测的供给小于需求时,同样可以从供给和需求两个角度来平衡供需,可以采取下列措施:

第一,从外部雇用人员,包括返聘退休人员,这是最为直接的一种方法,可以雇用全职的也可以雇用兼职的,这要根据企业自身的情况来确定。如果需求是长期的,就要雇用全职的;如果是短期需求增加,就可以雇用兼职的或临时的。

第二,提高现有员工的工作效率,这也是增加供给的一种有效方法。提高工作效率的方法有很多,如改进生产技术、增加工资、进行技能培训、调整工作方式等。

第三,延长工作时间,让员工加班加点。

第四,降低员工的离职率,减少员工的流失,同时进行内部调整,增加内部的流动来提高某些职位的供给。

第五,可以将企业的某些业务外包,以减少企业对人力资源的需求。

(五)企业人力资源整体规划与招聘规划的制定

企业根据供需平衡后的数据从人力资源总量和质量上制定本公司的整体人力资源规划,然后再依据各个部门相应的供需平衡数据制定各项具体的业务规划(见表4-4,包括人员补充规划、人员配置规划、人员晋升规划、人员培训开发规划、工资奖励规划、劳资关系计划和退休解聘规划等内容),根据这些内容中显示的信息制定具体的招聘规划,主要需要体现出招聘的总量,包括从企业内部、外部渠道招聘的人员的总量。

表4-4 人力资源规划项目与内容

规划项目	具体内容	规划项目	具体内容
总体规划	● 建立人力资源信息系统 ● 预测人力资源供需状况 ● 采取措施平衡供求	人员晋升规划	● 建立后备人员梯队 ● 规划员工职业发展方向 ● 确定晋升比例、标准
人员补充规划	● 明确需补充人员数量、类型、层次 ● 拟定人员任职资格 ● 拟招募地区、形式、甄选方式	工资奖励规划	● 进行薪资调查 ● 进行内部工作评价 ● 拟定工资制度和奖励制度 ● 进行绩效考核

续表 4-4

规划项目	具体内容	规划项目	具体内容
人员培训开发规划	● 拟重点培训项目 ● 培训时的对象、教师、方式、效果以及工资、奖励、晋升的关系	劳资关系规划	● 提高员工满意度 ● 增进沟通 ● 实现全员参与管理 ● 建立合理化建议制度
人员配置规划	● 规划部门编制 ● 拟定职位人员任职资格,做到人适其位 ● 职位轮换时间、范围及人选	退休解聘规划	● 退休政策 ● 解聘程度 ● 制定退休、解聘规定 ● 拟定退休、解聘人选

(六)通过评价与控制规划对战略进行调整

人力资源规划毕竟是对未来状况的预测,在规划制定与实施过程中可能发生一些与预测不符的状况。因此,最初制定的人力资源战略和规划甚至使组织战略本身都可能无法达到预期的目的。为此,就必须建立一套科学的评价和控制系统。通过对规划的监控及时调整人力资源战略和规划以适应环境的变化。甚至如果环境的变化使组织战略无法按预期的方向开展时,就应根据环境予以调整,并基于新的组织战略进行人力资源规划,保证人力资源规划与组织战略的持续发展。

实施人力资源规划,通过估计未来的人员配置需求,估计未来人员配置的可获得性,并将两者加以比较,确定净需求。在稳定性高、工作需求变化少、人员变动也较少的组织中,实施人力资源规划会更有效些,但是,在今天深具灵活性的组织中,驱动未来人员配置供求的因素是不断变化的,确定未来需求的过程就变成一个根据对变化的不同假设制订方案的过程,管理者可以在这些作为行为依据的备选方案中进行选择。

随着人力资源管理的战略意义日益显著,人力资源规划作为其中的关键环节必然以组织的战略为导向,从而确保人力资源的各项职能活动都能为战略成功创造价值。由于组织战略会对组织的人力资源战略赋予不同的使命,在进行人力资源规划过程中人力资源存量的分析和需求供给预测的关注对象也会有差异,最终必然产生侧重点不同的人力资源规划方案。表 4-5 总结了与波特的三种竞争战略相匹配的人力资源规划方案;表 4-6 表述的是迈尔斯和斯诺将组织战略分为防御者战略、分析者战略、探索者战略,针对每种战略的特殊要求,企业的人力资源规划方案与之协调变化的情况。

表 4-5 与波特的竞争战略相协调的人力资源规划方案

企业战略	组织特点	人力资源战略需求	人力资源规划方案
成本领先战略	结构分明的组织和责任;严格的成本和定量目标控制及员工监督;经常、详细的控制报告	强调员工生产率;以定量目标和绩效评估为基础的薪酬激励;强调与工作有关的培训	周密的总体规划;高生产率员工是人员补充、培训等规划的主体;薪酬规划以低成本、即时激励为导向

员工招聘

续表 4-5

企业战略	组织特点	人力资源战略需求	人力资源规划方案
差异化战略	基础研发能力强；质量或科技领先的企业声誉；强大的生产能力	营造轻松愉悦的工作氛围，吸引创造型人才；强调主观评价和自我激励而非定量指标；基于团队的培训	灵活的总体规划；增强创新能力是人员补充、配置、培训等规划的重点；员工职业生涯规划受到重视
集中化战略	针对某一客户群、某一地区提供更高效的服务，以实现成本领先优势或差异化优势	员工有特定的技术特长；通过长期激励来留住核心员工	适应性的总体规划；专业技术是影响员工补充、培训规划的首要因素；薪酬规划倾向于股权等长期激励；员工的职业生涯受到重视

表 4-6 与迈尔斯和斯诺战略相协调的人力资源规划方案

企业战略	组织特点	人力资源战略需求	人力资源规划方案
防御者战略	维持内部稳定性；有限的环境分析；集中化的控制系统；标准化的运作流程	获取员工最大潜能；通过培训开发员工能力、技能和知识；保持稳定的员工流动水平	稳定的总体规划；人员补充规划以内部流动为主；完善周密的培训计划；员工职业规划受到重视
分析者战略	组织结构弹性大；严密和全盘的规划；低成本的独特产品	重视自我激励动机强的员工；技能和知识的自我发展；人员配备与团队结构灵活运用	周密的总体规划；人员补充、配置和培训规划以自我学习能力和激励能力强的员工为主体；员工职业规划受到重视并尊重个人意愿
探索者战略	组织结构非正式化；广泛的环境分析；灵活的控制系统；资源配置快速	雇用拥有目前需要的技能且能马上使用的员工；员工能力、技能和知识的培养以工作为导向；外部招聘较多	灵活的总体规划；员工补充、配置规划倾向于外部供给；培训规划主要是简单的上岗培训；薪酬规划以多样化为导向

第二节 工作分析

【情境案例】

20世纪初，美国福特汽车公司的产品T型轿车创造了一个奇迹，曾连续生产20年，最高年产量达到200万辆，成为世界上第一种产量最高、销路最广的车型，福特公司也因此成为当时世界上最大的汽车公司。亨利·福特在他的传记《我的生活和工作》一书中揭露了T型轿车的秘密，他详细地叙述了8 000多道工序对工人的要求：

949 道工序需要强壮、灵活、身体各方面都非常好的成年男子;

3338 道工序需要普通身体的男工;

剩下的工序可由女工或年纪稍大的儿童承担,其中:

50 道工序由没有腿的人来完成;

2637 道工序由一条腿的人来完成;

2 道工序由没有手的人来完成;

715 道工序由一只手的人完成;

10 道工序由失明的人完成。

相信任何一个人力资源工作者都会感叹亨利·福特先生对工作内容和任职者的精确分析,正是这些分析有效地帮助福特组建了当时远远领先于同行的严密的工作流程和组织架构。

对于人力资源管理工作的初学者,刚接触人力资源管理工作时,往往是员工招聘、绩效管理、员工培训和薪酬管理等具体工作内容,很少涉及工作分析的内容。那么到底工作分析在人力资源管理工作中处于什么样的地位呢?工作分析是什么呢?

工作分析是人力资源管理的一项重要职能,它专注于收集、分析、整合工作的相关信息,为组织招聘提供具体依据。合理平等的招聘必须以健全的、综合的职位分析为基础,进而建立正确的招聘和挑选标准。倘若对工作没有进行系统的调查,在招聘中,就有可能提出与工作相左的标准。

一、工作分析概述

1. 工作分析的定义

关于工作分析,国内外学者从不同的角度对工作分析进行了定义,但是其定义比较概括和笼统。本书认为,工作岗位分析是通过采用访谈、问卷调查等方法,对各类工作岗位的性质任务、职责权限、岗位关系、劳动条件和工作环境,以及员工承担本岗位任务应具备的资格条件所进行的系统研究,并制定出工作说明书等岗位人事规范的过程。

2. 工作分析能给人力资源工作带来的价值

(1)工作说明书。

工作说明书又称职位描述。工作说明书的编写是在工作信息的收集、比较、分类的基础上进行的,是工作分析的最后一个环节。工作说明书是职位性质类型、工作环境、资格能力、责任权限及工作标准的综合描述,用以表达职务在单位内部的地位及对工作人员的要求。它体现了以"事"为中心的职务管理,是考核、培训、录用及指导员工的基本文件,也是职位评价的重要依据。事实上,表达准确的职位规范一旦编写出来,该职位的能级水平层次就客观地固定下来了。

(2)工作岗位设置。

工作岗位的设置科学与否,将直接影响一个企业的人力资源管理的效率和科学性。在一个组织中设置什么岗位、多少岗位、每个岗位上安排多少人、什么素质的人员,都将直接依赖工作分析的科学结果。一般来说,工作岗位的设置主要考虑以下几点:

①因事设岗原则。设置岗位既要着重于企业现实,又要着眼于企业发展。按照企业

各部门职责范围划定岗位,而不因人设岗,岗位和人应是设置和配置的关系,而不能颠倒。

②规范化原则。岗位名称及职责范围均应规范。对企业脑力劳动岗位规范不宜过细,应强调创新。

③整分合原则。在企业组织整体规划下应实现岗位的明确分工,又在分工基础上有效地综合,使各岗位职责既做到明确清晰又能上下左右之间同步协调,以发挥最大的企业效能。

④最少岗位数原则:既考虑到最大限度地节约人力成本,又尽可能地缩短岗位之间信息传递时间,减少"滤波"效应,提高组织的战斗力和市场竞争力。

⑤人事相宜的原则:根据岗位对人的素质要求,选聘相应的工作人员,并安置到合适的工作岗位上。

(3)通过岗位评价确定岗位等级。

通过工作分析,提炼评价工作岗位的要素指标,形成岗位评价的工具,通过岗位评价确定工作岗位的价值。根据工作岗位的价值,便可以明确求职者的任职实力。根据岗位价值或任职实力发放薪酬、确定培训需求等。

(4)工作再设计。

利用工作分析提供的信息,面对新建组织,要设计工作流程、工作方法、工作环境条件等,而对一个已经在运行的组织而言,可以根据组织发展需要,重新设计组织结构,重新界定工作范围,改进工作方法,提高员工的参与程度,以及员工的积极性、责任感和满意度。前者是工作设计,后者则是工作再设计,改进已有工作是工作再设计的目的之一。工作再设计不仅要考虑组织需要,并且要兼顾个人需要,重新认识并规定某项工作的任务、责任、权力在组织中与其他工作的关系,并认定工作规范。

二、工作分析的内容

工作分析是开展各项人力资源管理工作的基础,只有在客观、准确的工作分析基础上才能进一步建立科学的招聘、培训、绩效考核及薪酬管理体系。工作分析包括了以下三个方面的内容:

1. 界定岗位工作范围和内容

在完成岗位调查并取得相关信息的基础上,要首先对岗位存在的时间、空间、范围做出科学的界定,然后再对岗位内在活动的内容进行系统的分析,即对岗位的名称、性质、任务、权责、程序、工作对象和工作资料,以及本岗位与相关岗位之间的联系和制约方式等因素逐一进行比较、分析和描述,并做出必要的总结与概括。

2. 提出岗位工作人员需具备的资格和条件

在界定了岗位的工作范围和内容以后,应根据岗位自身的特点,明确岗位对员工的素质要求,提出本岗位员工所应具备的,诸如知识水平、工作经验、道德标准、心理品质、身体状况等方面的资格和条件。

3. 撰写相关人事文件

将上述岗位分析的研究成果,按照一定的程序和标准,以文字和图表的形式加以表述,最终撰写工作说明书、岗位规范等人事文件。

三、工作分析与招聘

工作分析在招聘中的应用工作不仅为人力资源规划提供了必要的信息,为人员的培训开发提供了明确的依据,为科学的绩效管理提供了帮助,为制定公平合理的薪酬政策奠定了基础,还为人员的招聘录用提供了明确的标准。通过这些标准,企业可以科学地进行招聘广告、工作说明书的撰写,招聘时段、渠道的分析和简历的筛选工作。

1. 工作分析与招聘的关系

工作分析在组织招聘中发挥着举足轻重的作用:

(1)合理平等的招聘要求必须以健全的、综合的职位分析为基础,进而建立正确的招聘和挑选标准。例如,一家医院要招聘一名医药记录,就需要正确判断具有什么程度的教育背景的人能胜任这工作,而且必须能证明这份工作所需的知识、技能和能力只能通过这种教育水平才能获取,否则就会造成人才的浪费,或是人不适岗。

(2)工作分析在一定程度上可以节约招聘成本,提高员工积极性。企业使用工作分析来确定工作说明是为了计划如何、在哪里能得到适合空缺岗位的人员,究竟是在外部还是在内部招聘。例如,一份小型电器设备制造厂的工作分析显示,过去由具有大专学历的人完成的助理会计一职,受过账簿记录培训、有几年工作经验的高中生就可胜任。于是企业从内部挑选一名人员担任助理会计,而前任助理会计得到了提拔。这样一来,不仅可以节约一笔招聘费用,而且对员工的行为也产生了积极的影响。

(3)依据工作分析做出的招聘广告可以为企业和应聘者带来益处。依据工作分析做出的招聘广告逻辑清晰、表述准确、信息丰富、方向感强烈。它给招聘双方都带来益处:节省双方的时间;降低了招聘和应聘的成本;增加了应聘者的工作满意度,应聘者一旦认定这正是他所要寻找的工作,就会从心底里喜欢这项工作,进而更加珍惜工作机会、更努力地工作。

恰如其分的岗位介绍,可以使敏锐的应聘者清晰地决定是否前来应聘,从而有助于管理者免于面临过量候选人或者不足候选人这两种尴尬局面。

2. 工作分析与招聘配置计划

制订招聘计划是人力资源部门在招聘中的一项核心任务,通过制订计划来分析企业所需要的人才数量、质量、结构等,以避免工作的盲目性。招聘计划的制订除了要根据企业自身的战略规划和发展要求外,还要依靠现有的内部工作分析的相关文件。企业制订招聘配置计划要注意:

(1)借助工作分析系统,加强人员合理配置。

工作分析系统承担对企业内所有有关工作的信息的收集和整理,通过工作分析,企业能够掌握已有各类人员的数量、质量、结构,所需各类人员的数量、质量、结构,这样有利于对人员进行合理的配置和调整。这些内容可以从工作分析的结果文件中获得,比如企业内每个职位的具体描述,从事该职位的人员的素质技能等。

(2)根据工作分析,制订人事安排计划。

与前述的人力资源需求预测相关理论有关。人力资源需求预测主要根据企业目前及未来一定时期内所需要的人才数量、类型及获得的可能性进行预测,制订企业所需要人才的计

员工招聘

划,同时面对内部员工,结合人才计划可以开展人事调动,此时人力资源部门可以依据工作描述书中的职位关系,拟订此工作岗位的人事安排计划。见表4-8。

表4-8 人事安排计划举例

本岗位名称:招聘助理	所属部门:人力资源部	岗位编号:AN-HR-0221
职位关系	职位	相应条件
可晋升岗位	招聘专员	在具备了一定的招聘面试等专业技能之后,能够有一定的管理能力,并且能够对所支持的部门业务有全面了解
可由何岗位转至本岗位	各部门人事助理	通过对部门人力资源事务的处理,掌握相关技能,视工作需要而定
可转至何岗位	各部门人事助理	视工作需要而定,主要负责某一部门的人力资源的全面相关事务
降级	—	—

(3)通过工作分析文件,协助人员招聘配置计划的实施。

企业在人员招聘配置计划制订时,必然会涉及各个部门、各个岗位。无论是新招聘员工还是受到岗位再调整的老员工,都要重新适应新的工作环境和工作关系。

工作分析形成的文件对每个岗位都进行了详细的描述,包括其工作环境、领导关系、协作关系等,这些信息能帮助员工更快进入新的工作角色,更好适应新的工作环境,人员配置计划的有效性因此得到提高。

(4)依照工作分析,实现人员招聘配置计划的效果评估。

招聘与配置效果的衡量,标准就是与岗位的匹配度及所产生的工作绩效,而这些标准都来自工作分析。与此同时,通过比较任职者与岗位要求任职资格之间的差距和实际绩效,不断修正人力资源的招聘配置计划,总结不足,为下一阶段的人力资源招聘和调整积累经验。

组织正是通过人力资源管理的基础性工作——工作分析,提供了职位包含的基础信息,这些信息正是人员招聘和甄选的客观标准和依据。而这里,我们必须意识到只有"人"才是组织发展的真正动因所在,组织成员必须满足特定工作和岗位的需要,也只有员工的能力和岗位相互适应,即人(能)岗匹配,才能充分挖掘员工潜力,发挥其最大效力。随着世界经济一体化及中国加入WTO,对人才的争夺将更加激烈。由于国内不少企业缺少科学的工作分析,使工作职责、任务及岗位对人员的要求不甚清晰,使得招聘工作很难做到个人与岗位的匹配。

【本章小结】

本章较为系统地介绍了招聘的基础人力资源规划与工作分析的内容。

首先,介绍了人力资源规划的程序及制定方法;

其次,介绍了工作分析的内容与方法的选择;

再次,介绍了工作分析的流程;

最后,总结了工作分析与招聘的关系。
【引例分析】
(1)企业人力资源内部供给预测的基本方法。
①人力资源信息库。
人力资源信息库针对企业不同人员,又可以分为:
a. 技能清单。
b. 管理才能清单。
②管理人员接替模型。
③马尔科夫模型。
(2)应对企业人力资源短缺的措施。
①将符合条件,而又处于相对富余状态的人调往空缺职位。
②如果高科技人员出现短缺,应拟订培训和晋升计划,在企业内部无法满足要求时,应拟定外部招聘计划。
③如果短缺现象不严重,且本企业的员工又愿延长工作时间,则可以根据《劳动法》等有关法规,制定延长工时适当增加报酬的计划,这只是一种短期应急措施。
④提高企业资本技术有机构成,提高劳动生产率,形成机器替代人力的格局。
⑤制订聘用非全日制临时工计划,如返聘已退休者,或聘用小时工等。
⑥制订聘用全日制临时工计划。

第五章

Chapter 5

招聘计划

【引导案例】

ABC 科技开发有限公司招聘计划书

1. 招聘目标（需求分析）

职务名称	人员数量	职位要求
软件开发工程师	3	计算机专业本科以上学历，35 岁以下，有 2 年以上独立研究开发经验
销售代表	5	大学本科以上学历，相关工作经验 3 年以上
行政主管	1	经济管理类专业本科以上学历，女性，30 岁以下，熟悉 IT 行业

2. 招聘方式及信息发布时间

（1）×××日报刊登招聘广告：3 月 8 日

（2）×××招聘网站发布信息：3 月 8 日

3. 招聘小组成员名单

组长：×××（人力资源部经理），对招聘活动全面负责

成员：×××（研究开发部经理、销售部经理、行政部经理），具体参与面试、录用工作

×××（人力资源部薪酬管理人员），具体负责应聘人员接待、求职资料整理

×××（人力资源部招聘专员），具体负责招聘信息发布及安排面试、笔试

4. 招聘地区：北京、上海、广州、武汉、西安、成都

5. 招聘选拔方案及时间安排

A. 软件开发工程师

资料筛选	研究开发部经理	截至 3 月 15 日
初试（面试）	研究开发部经理	3 月 17 日
复试（笔试）	研究开发部命题小组	3 月 19 日

B. 销售代表

资料筛选	销售部经理	截至 3 月 15 日
初试（面试）	销售部经理	3 月 17 日
复试（笔试）	分管销售副总经理	3 月 19 日

C. 行政主管

资料筛选	行政部经理	截至3月15日
初试(面试)	行政部经理	3月17日
复试(笔试)	分管行政副总经理	3月19日

D. 选拔录用

总经理及分管副总、人力资源部和有关部门经理　　3月20日

6. 新员工上岗时间:预计在4月1日左右

7. 招聘费用预算

A. ××日报广告刊登费:4×8000+2×6000=44000(元)

B. ××招聘网站信息刊登费:800元

合计:44800元

8. 招聘工作时间表

3月5日:起草招聘广告

3月6日:进行招聘广告版面设计

3月7日:与报社、网站进行联系

3月8日:到报社、网站刊登广告

3月9日—3月15日:接待应聘者、整理应聘资料、对资料进行筛选

3月16日:通知应聘者面试

3月17日:进行面试

3月19日:进行软件开发工程师及行政主管笔试(复试)、销售代表测试(复试)

3月20日:录用决策

3月21日:向通过复试的应聘人员发录用(试用)通知

3月25日—30日:新员工入职教育培训

4月1日:正式录用的新员工上班

9. 招聘人事政策(包括人事配置、薪酬福利等)

总经理(签章)

2017年3月16日

案例思考:

1. 此招聘计划设计得完整、规范吗?

2. 组织中完成招聘任务的人员是如何确定的?

　　上述"引导案例"给出了ABC科技开发有限公司招聘计划书和安排,针对招聘工作,组织该如何做出科学的招聘计划,招到合适的人才?从招聘目标的确定到招聘时间的安排,再到招聘团队的组建,等等,这一系列事件的质量都事关招聘工作的成功,解决这些问题所涉及的理论知识和技能正是本章要讲述的内容。

【本章主要内容】

1. 招聘计划的内容

2. 招聘计划的流程

第一节　招聘计划的内容

招聘计划应在人力资源规划和工作分析的基础上产生。具体内容包括确定本次招聘目的、描述应聘职务和人员的标准与条件、招聘的岗位、人员需求量、岗位的性质及要求等、明确招聘对象的来源、确定传播招聘信息的方式、确定招聘组织人员、确定参与面试人员、确定招聘的时间和新员工进入组织的时间、确定招聘经费预算等。制定招聘计划是一项复杂的工作,大型企业常聘请组织外部的人力资源问题专家制订和执行招聘计划;小型企业通常由人力资源部人员做此工作。一般经主管总经理批准人员需求表,然后列入人力资源部招聘工作计划,人力资源部着手制定招聘方案,明确对应聘人员的资格、要求标准。

一、招聘策略的确定

1. 招聘策略的定义

招聘策略,主要是指组织为了达到一定的战略目标,尤其是为了实现组织对人力资源的需求,而利用资源采取的招聘行动的总计划。组织选人是讲求"实用性"还是为后期发展储备人才?不同的目的有不同的招聘策略。当不同的企业根据环境状况和自身情况确定了不同的发展战略之后,招聘管理就需要随之制定相应的策略了。

2. 常用的招聘策略

(1)人才吸引策略。

为了吸引足够多的应聘者,组织需要分析与研究人才吸引策略。人才吸引策略制定前,应做一些调研工作。首先,分析目前已经在本组织任职的员工,他们最初是出于什么目的来到这里的,现在他们认为本组织有哪些吸引力,还有哪些让他们担忧和犹豫的地方。其次,了解本组织一个时期的招聘情况和效果,如投递简历的应聘者一般来自哪些地方,他们为什么选择本组织,由此基本可以确定本组织在招聘中的优势和劣势。第三,了解优秀组织具有哪些共性特点。通过与优秀组织的比较找出差距,提出改进措施。

(2)人才选聘策略。

保留核心员工,降低人才流失率,是组织人力资源保持与发展的重要关注点。而选聘关没有把握好,就有可能为日后的人才流失留下隐患。

(3)招聘备选策略。

目前,常用的招聘备选策略有人力资源派遣、员工租赁、加班加点、应急工。

二、招募规模

招募规模是指组织准备通过招聘活动吸引多少数量的应聘者。无论组织的规模如何,在进行招聘之前都应明确招聘范围和规模,就是说要明确哪些岗位需要多少人员,以及获得这些人员大致需要招聘到多少应聘者。从总体上说,招聘是根据人力资源规划进行的。就具体程序而言,招聘工作开始于正式签发"人员需求报告单"或"人员需求表"。人员需求报告单是一种具体体现人员规划所确定的人员需求及空缺岗位工作性质、任务、任职者资格和指导人员招聘工作的规范性文件,它可由组织有关业务部门与人力资源管理部门共同签发,也可由组织的高层领导签发,由人力资源管理部门具体执行。人员需求报告单的基本格式如表5-1所示。

表5-1 人员需求报告单

工作编号		职位名称		要求上岗日期	
补充人员的原因 (例如:人员流动导致职位空缺、新设岗位等)					
对任职者的最低资格要求					
主要工作职责和任务					
签发日期		签发部门或签发人签章			

确定招募过程中大致需要招聘到多少应聘者,一般可以借助招聘录用的金字塔模型,即将整个招聘录用过程分为若干个阶段,以每个阶段参与人数和通过的人数比例来确定招聘的规模,见图5-1。

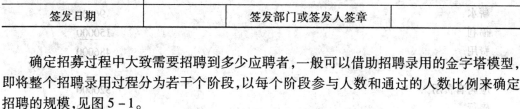

图5-1 招聘录用的金字塔模型

使用这一模型确定招募规模,取决于两个因素:一是企业招聘录用的阶段,阶段越多,招募的规模相应地就越大;二是各个阶段通过的比例,这一比例的确定需要参考企业以往的历史数据和同类企业的经验,每一阶段的比例越高,招聘的规模就越大。

三、招募基准

招聘前的一项重要内容是编制岗位说明和任职资格,尽可能详细地陈述空缺岗位所要求的知识、技术和能力。即确定录用人才的标准。除个人基本情况外(年龄、性别等),录用人才的标准可以归结为以下五个方面,即与工作相关的知识背景、工作技能、工作经验、个性品质、身体素质。这里要明确区分哪些素质是职位要求所必需的,哪些是希望应聘者具有的。

四、招募的预算

招聘过程是组织中人员配置的一个非常昂贵的部分。这些高费用的结果是,目前许多组织在它们的招聘中运用费用控制政策。具体包括减少展示的广告开支、更多地依靠政府雇用机构,以及减少到大学校园的现场招聘次数等。招聘预算的一个例子见表5-2。

表 5-2 雇用 500 名新员工的招聘预算例子

管理费用	32000
人员	45000
供应商	10000
设备	87000
招聘者费用	240000
薪水	96000
福利	150000
费用	486000
应聘者费用	320000
旅行	295000
住宿	50000
小费	150000
重新安置	815000

总招聘费用
87000 + 486000 + 815000 = 1388000
每位新员工雇用的总成本
1388000/500 = 2776

招聘的高额费用同样指出了建立一个结构较好的招聘预算的重要性。在制定招聘预算时,必须提到两个问题。第一,一个自上而下的或自下而上的程序能够用于收集规划预算所需的信息。在自上而下的方式中,招聘活动预算是由高层管理者根据组织的经营计划和收入计划为基础的。在自下而上的方式中,招聘活动预算是根据各个业务部门特定的需求为基础的。当强调控制费用时,前者效果较好。当预算是由业务部门来承担时,后者效果较好。一个比较麻烦但非常有用的方法,就是将这两种方法整合成一个项目导向的预算方案,高层管理者与业务部门负责人同时高度参与到这个预算过程中。

在这里需要提到的第二个问题是,建立一个规划良好的招聘预算以决定是否将招聘费用记入业务部门的使用。也就是说,招聘费用应该向人力资源部门还是使用人力资源服务的业务部门收取呢? 大多数组织会向人力资源部门而不是使用招聘活动的业务部门收取招聘费用。也许这样做能够鼓励每个业务部门使用人力资源部门的招聘服务。然而,必须认识到,不向业务部门收费可能会导致业务部门不关心如何使招聘费用最小化的问题。

五、招聘信息发布的范围

招聘信息发布的时间、方式、渠道与范围是根据招聘计划来确定的。招聘的岗位、数量、任职者要求的不同,招聘对象的来源与范围的不同,以及新员工到位时间和招聘预算的限制,招聘信息的发布时间、方式、渠道与范围也是不同的。

信息发布的范围是由招聘对象的范围来决定的。发布信息的面越广,接收到该信息的人就越多,应聘者也会越多,挑选的余地也就越大,即"人才蓄水池"(talent pool)的容量越大,招聘到合适人选的概率也相应地有保证,只是费用也会相应地增多。这就需要我们根据人才分布规律、求职者活动范围、人力资源供求状况及成本大小等确定招聘区域。通常招聘区域选择的规则是:高级管理人员和专家一般在全国范围内招聘,甚至可以跨国招聘;而专业技术人员可以跨地区招聘;一般办事人员在本地区招聘就可以了。据美国1972年的统计数据,美国有1000万应聘者,在到距所在地100英里以外地区求职的人员中,A类占25%,B类占7%,C类占6%;在到25英里以内应聘的人员中,A类占13%,D类占33%,C类占38%。例如,某家企业在进行不同职位招聘时,招聘的范围是有所区别的,见图5-2。

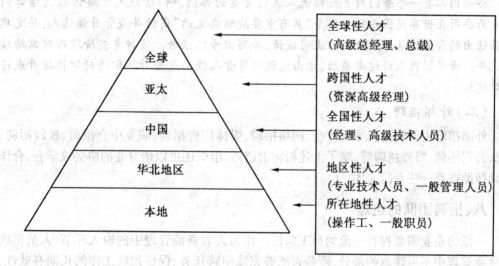

图5-2 招募范围示意图

六、招募工作时间

因为招聘工作的顺利完成需要耗费一定的时间,再加上选拔录用和岗前培训还需要一定的时间,为此,在条件允许的情况下,招聘信息应尽早发布,这样有利于缩短招募进程,有利于使更多的人获取信息,使应聘人数增加。这就需要我们对招募过程中各阶段所需时间有一个比较准确的了解,以此准确估算信息发布的时间,及时进行招募信息的发布。根据各阶段工作时间的安排,计划中应明确制订一张招聘工作时间表,以保证招聘工作能有条不紊地如期进行。

七、招聘渠道的选择

招聘渠道大体上可以分为内部招聘和外部招聘两类。具体采用哪种招聘渠道,要根据组织的实际情况而定。

(一)内部招聘

内部招聘是指在单位出现职务空缺后,从单位内部选择合适的人选来填补这个位置。现代人力资源管理很重视从组织内部寻找、挑选合适的人员。据抽样调查资料显示,在美国有90%的管理职位是由内部招聘来填补的,企业内部员工已成为最大的招聘来源。内部招聘主要有内部晋升、岗位轮换、岗位平调、人员重聘、内部公开招聘、临时人员转正、员工推荐等几种渠道。

西门子充分挖掘内部人才

作为德国知名的私营企业,西门子公司无疑是世界电气界的一颗璀璨明星。而今天的成就,离不开西门子对人才的重视。他们不仅有一整套业界著名的人才培训体系,而且招聘体系也同样可圈可点。拥有40多万名员工的西门子公司在选拔人才时倾向于从内部挖掘优秀人才。

公司内部有一个专门对晋升候选人进行考查的部门,叫"管理人才培训部",该部门负责为公司在世界范围内的160个"具有重要战略意义的"岗位寻找晋升候选人,并定期与筛选出的晋升候选人及他们的上司谈话,并写出专门报告。这种考查阶段有时需持续好几年。晋升候选人经过考查后,才由培训部负责人提出是否对他们进行职位提升或轮岗的建议。

(二)外部招聘

外部招聘主要包括人才交流会、网络招聘、媒体广告招聘、职业中介招聘、校园招聘、猎头公司招聘、海外招聘等,除了上述招聘渠道外,组织还可以请专业的协会或学会、合作伙伴帮助推荐一些专门人才。

八、招聘团队的组建

一流的企业需要拥有一流的员工队伍。作为人力资源管理中的输入环节,人员招聘是企业管理中不可疏忽的部分,而是否能够完成招聘任务、保证招聘工作的长期有效性,则有赖于招聘人员的努力及企业对此的有效管理。同时,招聘是一项繁杂的工作,不是单靠一两个人能完成的,尤其一些重大的招聘事件,关乎企业的生存与发展。为此,我们引入这样一个概念:招聘团队。

(一)招聘团队及其人员分工

首先,招聘团队的人员组合是怎样的呢?各自的分工又是如何的?在现代企业中,组织内部的人力资源管理部门和用人部门都要参加重大的招聘工作。人力资源管理部门主持日常性招聘工作并参与招聘的全过程,招聘团队中,仍以人力资源管理部门为主,并吸收有关部门人员参加,用人部门(业务部门)的意见将在很大程度上起决定性作用。在传统观念中,招聘是人事部门的事,用人部门只要提出用人需求就行了,不用参与到招聘过程中,事实上,只有用人部门最清楚需要什么样的人,招聘进来的人员的素质和能力将直

接关系到本部门的工作绩效。具体说来,用人部门经理人员和人力资源部门招聘人员在此合作过程中分别承担的工作具体为:

招聘中用人部门的工作:负责确定业务发展计划、人力规划及人力需求,负责制订招聘计划和报批;制定招聘职位的工作说明书;对应聘者的专业技术水平进行评判、初选;负责面试和复试人员的确定;参与测试内容的设计和测试工作;做出正式录用决策;参与新员工培训并负责其基本技能的训练辅导;负责录用员工的绩效评估并参与招聘评估;参与人力资源规划的修订。

招聘中人力资源部门的工作:分析人力资源供应的外部环境因素,帮助用人部门分析招聘的必要性和可行性;选择招聘的渠道和方式,设计招聘中选拔、测试评价的方法和工具及测试内容;策划制作招聘广告或招聘网页,并办理相关审批手续,联系信息发布;负责简历等求职资料的登记、筛选和背景调查;通知面试、主持面试、实施人事评价程序;为用人部门的决策提供咨询;负责试用人员个人资料的核查、确定薪酬;寄发通知并帮助录用人员办理体检、档案转移、签订试用或正式劳动协议等手续,并为员工岗前培训服务;负责招聘评估以及人力资源规划的修订。

(二)团队成员素质要求

1. 良好的个人品质

对于应聘者来说,招聘者的形象、行为代表着该组织及该组织的文化,从他们的身上能够反映出组织的风范,所以企业对招聘者的个人品质应该有很高的要求。

首先,要热情、诚恳。招聘者热情、诚恳的态度,让应聘者如沐春风,感受到该组织拥有的良好的亲和力,以及可信赖性,在无形中对应聘者形成带动和示范作用。其次,要公正、认真。招聘者在招聘过程中,须本着公正公平的原则,一切从组织利益出发,避免任人唯亲、结帮拉伙情况的发生。同时,招聘者要有强烈的责任心,能够尽心尽责、踏踏实实做好招聘工作中的每一环节,才能保证招聘工作的有效性。

2. 相关的技能要求

招聘工作可谓千头万绪,复杂而又关键,需要招聘者具备一定的能力和相关的技术。从能力上说,须具备:

(1)人员测评技术。通过掌握人员测评的方法和手段,提高对应聘者的评判能力,从而提高招聘能力和技巧。测评技术包括创造力测验、能力倾向测验、笔试测验、人格测验、兴趣测验、评价中心等测试方式。

(2)面谈技术。这里的面谈不仅仅指面试。它包括同应聘者进行的所有谈话。招聘者只有掌握策略性的谈话技巧,才能突破应聘者的心理防线,使之放松心情,展现真实的自我,从而为获取应聘者真实信息奠定基础。面谈技术的关键是如何找到与交谈者之间的心灵共鸣点或思想交汇点。

(3)观察技术。观察是招聘者评价应聘者常用的方式。有经验的招聘者往往善于通过观察应聘者的不同的体态语言、习惯动作等,帮助他进一步了解应聘者的情况。

(4)招聘环境设计技术。良好的招聘环境既能让应聘者充分发挥自己的才华,亦可使招聘者提高工作效率,即双方都能在这样的环境里,心情愉快、注意力集中、思维敏捷、发挥正常。所以招聘者应有意识地提高自己的环境设计能力。招聘前就要考虑环境布置的简洁整齐、光线的柔和、温度的适中、空间布置的美观等环境因素。

(5)招聘测试题的设计技术。不同的招聘目的需要相适合的测试形式,才能加强人员招聘的有效性。测试形式的演进,从初始多凭现场感觉到经过专业人员特定要求进行科学设计,测评效果有了很大的改变。为准确判断与选择应聘者,就要求招聘者具有较强的对测试题的选择与设计技术。

企业招聘官形象属于谁

生活在当今职场,几乎每个职场人士对求职感想这个话题都能说上几句,笔者前段时间曾对近56名求职者做过表格调查和面谈,对这些调查资料和面谈结果进行了记录、整理,然后进行了分析。从反馈的信息来看,求职者对企业招聘工作人员及招聘人员的做法比较关注,他们认为,是否适合某个工作岗位的早期感觉与三个方面有极大关系,首先是公司的名声和行业特点,其次是受与招聘工作人员接触的影响,再次是受坐在招聘人员身边的工作人员的影响。同时,几乎所有找工作的人员都如此说,由于招聘工作人员及招聘人员的实际做法,或者两者都给他们留下了不好的印象而导致某些岗位对他们不再有吸引力。

在接触招聘官形象前,先了解一下外部招聘渠道。大凡从事企业招聘工作的人员,都会参加现场招聘会、校园招聘、平面媒体(如报刊等)、电子网络招聘、中介机构、猎头招聘。至于采用哪一种渠道,自然需要根据企业现状来确定。作为企业招聘官,既像采购员又像销售员,我更愿认为是采购员。因为,结合企业战略目标将企业的招聘人才需求定好后,就面临着进行劳动力市场的分析,接着针对不同职位层次寻找相应资源所处的位置,只有在你明白了你所需资源处于何处,才会更有的放矢,这就是定位资源的过程,这是最难的一个环节;组织招聘活动就是"采购"环节。这一过程特别要注意招聘官形象问题,前面我们分析了招聘工作人员及招聘人员的做法在招聘过程中的重要性,那么究竟什么是招聘官的形象呢?招聘官不宜采用什么方法?采用什么方法适宜呢?求职人员眼中"美好"的招聘官形象是怎样的呢?

这时,我们需要接触的正题即"形象"。一说到形象,你会马上联想到某人的身高和衣着等,是的,你如果真是这样想的,确实是有道理。但要在招聘过程中谈招聘官形象的话题,只能遗憾地说,你只回答对了一半。

首先要澄清的是,这里谈的"形象"是工作形象。工作形象是人们在工作场所所代表的企业形象,无疑,它将包括有形形象和无形形象两类,一旦从个人形象向工作形象转化,你的形象就已不属于你,而是属于企业。换言之,你的语言需要用工作语言,需要进行包装,需要用企业文化加以包装,否则会对企业形象造成极大的伤害。例如,若你在招聘过程中,一不留神,与求职者发生了争执,虽然求职者不知道你的名字,但他(她)会在不同的场合下谈论你的所为,首先提的是某公司的招聘官怎么样,然后对你的公司大加指责。试想一下,若真如此,岂不可怕?

让我们一起再来看看两类工作形象所包含的内涵。

1. 有形形象

所谓有形形象,是指能用肉眼看得到,能真正用肢体触摸到的事物。例如,招聘官的衣着和发型、招聘海报、约见通知单、现场招聘收简历的姿态、招聘官身边坐着人的行为等。其实,在现场招聘中,招聘官与求职者会面对面交谈,作为招聘官,你的有形特征会一览无余地展现在大众面前,希望给你些具体建议。

(1)招聘海报。一般由招聘单位的组织者帮忙事先打印好,但作为招聘官你首先应认真核对一下是不是按你的要求打印,内容是否需要调整,有无错别字。因为现场求职者是否申请公司的职位是由他(她)对海报上岗位的说明所决定的。

在电子网络招聘时,你会发布每个岗位的说明,要清楚地说明工作职责和能力要求,同时对公司做些介绍,这些在求职者眼中都是有形形象,内容和文字的好坏,都反映了招聘官的水平,从深度上讲,是反映了企业的管理水平。

(2)衣着发型。招聘官在与求职者面试时,要向求职者表明自己是公司招聘官,方法有:递名片、佩戴公司工作牌或组织单位颁发的招聘人员工作证等,衣着以比较整洁正规为原则,可以着工作服也可着套装,但色彩以深色为主调,总而言之,要庄重;若是女性招聘官,化些淡妆是可以的,切勿浓妆,因为是招聘场所不是出席宴会等场合。至于发型,没有什么特别规定,只要理顺就好了,男性给人以精干的感觉,女性给人清新自然感就足够了。

(3)邮件和面试通知单。在面试过程中,若对求职者满意,总免不了要邀请对方复试。这时要注意邮件的使用或《面试通知单》的设计。现场招聘会上一般出示《面试通知单》,不管怎样,要让求职者通过阅读《面试通知单》感到温馨,并知晓如何到公司复试,需做些什么复试准备等。在《面试通知单》上最好留有招聘电话和联系人,以便求职者在有突发事件需要帮助时求助(因为有可能求职者会到异地城市面试)。

只要用心寻人,每个人都会在"细"和"小"处下足功夫,大功夫见于细微处,有竞争优势的政策是由优秀人才制定的,竞争者是无法模仿的。

通过以上分析,我们不难知道,招聘官的有形工作形象在整个人才招聘过程中至关重要。但无形工作形象是绝对不容忽视的,让我们来分析一下有关情形。

2. 无形形象

无形工作形象是招聘工作人员最难管理的,这主要是由其内容所决定的,包括语言、内在气质等。这是由招聘人员的人格所决定,当然,通过培训可以掩盖"真我"而有"假我"出现在求职者的面前,如沟通技巧培训会让你做出一些假象来,虽然你不想笑,但还是由于工作职责所系,装出了笑容来。

(1)语言。语言能够体现一个人的内心世界,从你的语音包括内容、逻辑性、声调、句子长短等均可体现出一二。

在与求职者电话沟通时,要事先设计好沟通提纲,能够将时间进行控制,语速要适当,针对求职者的提问要慎重回答,记住时刻使用"工作语言"。

在以前,我曾做过这样一件事情,公司的招聘专员约一个工程师来公司面试,约了两次没约来。招聘助理自然很委屈,加上对方是一个不错的候选人,于是我决定试试,招聘专员就坐在电话前,拨通了对方的电话,我先说:"您好,冒昧打扰您一下,我是某某公司史先生,可能要耽误您十分钟的时间,可以吗?"对方沉默了一下,说:"你公司曾经给我打过两次电话,她仅说让到贵公司面试,而我对公司又一无所知,问她她也不清楚。"我接着说:"您好,很感谢您对我们提出的意见,我们将会改进。您有什么疑问,希望我能回答……"在8分钟的时候,我们结束了通话,对方接受了我的邀请。招聘专员很激动,从那次开始,我知道她在招聘工作的生涯中成长了起来。

俗话说"话是开心的钥匙"。你认为呢？

（2）内在气质。生活是有原则的，人的思维同样也有原则可遵循。这个原则就是大脑思维定式。埃及已故总统萨达特是20世纪的一位伟人，他曾在自传中如此说："如果一个人无法改变自己的思想构造，就永远无法改变现实，也永远不可能取得进步。"是啊，真正的变革是由内向外实现的，只在态度和行为方面做些表面功夫根本不行，一定要从思想构造上去改变。想做个真我，就必须认真锻炼内心。

招聘官"内在气质"在整个招聘过程中至关重要。内在气质由知识和见识构成，招聘官对企业文化特征和薪资体系要了然于胸，对企业的职位特点要能脱口而出，对职位的不利因素要了解，对招聘知识和理论要掌握，对心理学要有深度认识。

招聘计划方案

概述

为满足企业发展需求，进一步提升云开星力百货城的核心竞争能力，建设独具企业文化特色的人才梯队，同时为了满足云开星力百货城顺利开业，为了能更有效完成企业的招聘任务，综合人事部现制定此招聘计划，并通过不同的渠道将企业招聘信息传达到更多的求职者当中去，为企业带来更多的意向求职者。在众多的选择当中，挑选出更适合企业发展前景的人才。

一、招聘目的

随着商场即将迎来开业时间，由于时间紧迫，需要大量招聘人员，结合公司发展需求及相关计划安排，特制定一套招聘计划。

二、招聘原则

公司招聘员工应以用人所长、容人之短、追求业绩、鼓励进步为宗旨；以面向社会、公开招聘、全面考核、择优录用、相关专业优先为原则；从学识、品德、能力、经验、符合岗位要求等方面进行全面审核，确保为企业吸引到合适的人才。

三、招聘需求与分析

根据公司2016年12月30日开业时间，由公司综合人事部对人员需求进行统计、分析及汇总。招聘需求数据总汇：

序号	部门	岗位	编制核定人数	人员到岗计划（预计开业时间2016-12-30）								备注
				2015年5月	2015年6月	2015年7月	2015年8月	2015年9月	2015年10月	2015年11月	2015年12月	
1	总经办	店长	1	1								
2	财务部	财务经理	1							1		
3	综合人事部	人事经理	1							1		
		人事专员	1									开业后根据工作量需求再定

续表

序号	部门	岗位	编制核定人数	人员到岗计划(预计开业时间 2016-12-30)								备注
				2015年5月	2015年6月	2015年7月	2015年8月	2015年9月	2015年10月	2015年11月	2015年12月	
4	企划部	企划经理	1							1		
		企划专员	1							1		
5	信息部	IT经理	1							1		
		系统维护员	2							2		
6	运营管理部	营运经理	1							1		
		营运主管	4							4		
7	客服部	客户经理	1							1		
		客户专员	4							4		
8	商户	导购员	大约200人							大约200人		

四、招聘方式

1. 招聘广告及公共信息宣传栏等待调查再做决定;针对商场所有员工对外张贴宣传海报。

2. 网络招聘:58同城、智联招聘等网络渠道引才。

3. 现场招聘:在商场外围广场举办一次现场招聘会。

4. 补充招聘渠道:人事社保劳动局、合作方内部员工推荐。

五、招聘费用预算

序号	渠道	分类明细	收费项目	费用(元)	合计(元)
1	网络招聘	58同城	会员1年、简历下载1000、1000条面试邀请信息、3700个精品职位、1000点刷新	4800	4800
2	现场招聘	商场外围广场	广告招聘X展架(2个)	200	200

续表

序号	渠道	分类明细	收费项目	费用(元)	合计(元)
			拱门租用(1个)2天	400	400
			招聘简章海报(20份)	200	200
			招聘宣传单(500份)	150	150
			总计：		5750

六、招聘的实施

1. 坚持每天刷新网络招聘信息及简历筛选与联系，确保人员质量。

2. 在11月10号之前在开业当地宣传栏全面张贴完招聘广告。

3. 在11月15日进行现场招聘活动(所需物资包括桌椅、笔、求职简历表500份，还有以上现场招聘收费项目的物资)。

4. 每周五定期去人事社保局查看是否有合适人选进行入职登记。

七、录用决策

企业根据面试结果，将会在最后一轮面试结束当天或3天内告知应聘者结果，并下发或告知录用者入职办理相关手续。

八、入职培训

1. 新人入职必须证件齐全有效；

2. 新人入职当天，综合人事部应告知基本日常管理规定；

3. 办理好入职手续后，即安排相关培训行程(通常由部门培训)，培训计划要求由各部门提出，并与综合人事部讨论决定；

4. 员工转正时，综合人事部应按照员工试用期间工作情况审核把关，对试用期不理想者或不能胜任者，可以进行沟通延迟转正或解除劳动关系。

第二节 招聘计划的流程

为了使招聘工作高效有序地进行，就要制订招聘计划，也就是说招聘计划是招聘的主要依据，制订招聘计划的目的在于使招聘更趋合理化、科学化。招聘计划是用人部门根据部门的发展要求，根据人力资源规划的人力净需求、工作说明的具体要求，对招聘的岗位、人员数量、时间限制等因素做出详细的计划。

招聘计划应由用人部门制订，然后由人力资源部门对它进行复核，特别是要对人员需求量、费用等项目进行严格复查，签署意见后交上级主管领导审批。编制招聘计划的过程，有招聘需求分析、估算招聘时间与成本、确定招聘人员三个步骤。

一、招聘需求分析

人力资源规划与工作分析是招聘的基础工作，正因为有了这两项工作，企业才能知道应该招聘多少员工、招聘什么类型的员工。人力资源规划的目的，就是在企业发展战略规划的基础上，从数量和质量两方面确定企业的人力资源需求，并将这种需求与现有的人力资源相比较，从而确定需要招聘员工的数量和类型。工作分析就是对企业的某项工作进行全面系统的调查分析，以确定该项工作的任务和性质，从而确定该工作的承担者应该具备的各项素质和任职资格。事实上，这两项工作的最终结果就是企业的招聘需求。

招聘需求既为招聘时间、招聘地点、招聘方法和成本等一系列策略选择提供依据，也为招聘信息的发布提供了具体内容。招聘需求主要包含两个方面的内容：一是需求人员的数量；二是所需人员的素质要求。要明确招聘需求，就要求招聘者对工作分析资料和人力资源规划进行认真分析。

收集招聘需求时，应先关注需求来源。之后，应综合考虑需求内容，常见的需求内容包括需要招聘的岗位、每个岗位所需招聘人数及该岗位要求的到岗时间。

在收集招聘需求时，也需判断招聘需求是否合理。以下为需求来源与合理性的判断：

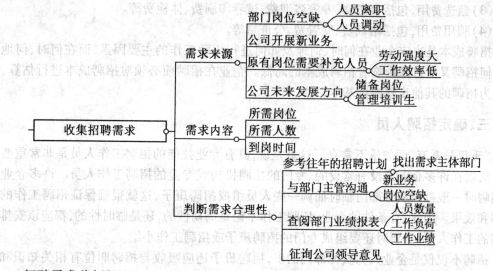

招聘需求分析的主要目的是：通过分析，明确企业对员工的能力要求，从而招聘到适合企业的员工。招聘需求分析的内容：

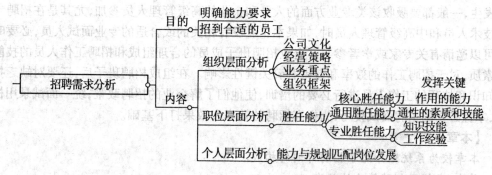

二、估算招聘时间与成本

1. 招聘时间的估算

明确了招聘需求之后，接下来要确定的是招聘时间，主要是确定招聘的开始时间。招聘的开始时间取决于招聘过程需要多长时间及岗位上何时需要人员。招聘的开始时间还需要考虑诸多因素,如招聘对象的性质与招聘难度,招聘中需要面试的人员数量,是否需要岗前培训及岗前培训的时间等。一般情况下,招聘时间可用下面公式估算

$$招聘日期 = 用人日期 - 准备周期$$

$$招聘日期 = 用人日期 - 培训周期 - 招聘周期$$

2. 招聘成本的估算

提前进行招聘成本的估算可以防止招聘工作占用过多的资金,也可以保证招聘工作有足够的活动经费,尤其是异地招聘,不会因为经费短缺而使招聘工作陷入僵局。

招聘的成本主要包括以下一些项目:

(1)人员费用,包括招聘工作人员的工资、福利、加班费等。

(2)招聘费用,包括电话费、差旅费、广告费、办公用品费等。

(3)甄选费用,包括会务费、专家咨询费、试卷印刷费、体检费等。

(4)聘用费用,包括培训费、安置费、公证费等。

招聘成本是决定企业在何时、何地及如何进行招聘工作的主要因素,而在何时、何地和如何招聘又反过来影响着招聘成本的高低。企业在招聘前必须对招聘成本进行估算,才能为招聘的其他步骤提供基本思路。

三、确定招聘人员

"千里马常有,而伯乐不常有。"这就是说,具有专业技能的招聘工作人员是非常重要的。而现在许多企业还没有常设的、专门的招聘机构或专业的招聘工作人员。许多企业在招聘时一般都是从各部门临时抽调一些人员组成招聘班子,这就很难保证招聘工作的效率和效果。因此,有条件的企业,招聘工作不论是周期性的,还是临时性的,都应该安排专门的工作人员,必要时还要组成专门的招聘班子或招聘工作小组。

招聘不仅仅是企业人力资源部门的事,招聘班子还应吸收与招聘职位有相关知识和经验背景的专业人员的参与。招聘班子的组成,一般要根据所招聘人员的专业类型、职位高低等情况确定合适人选。为了防止出现"外行考内行"的情况发生,减少招聘工作失误的发生,一般都要吸收该类专业方面的人员和企业的高级管理人员参加,尤其是在招聘专业技术人员和中高级管理人员时,如果本企业没有相关的或合适的专业面试人员,必要时也可以邀请有关专家或学者参与。企业招聘班子成员的合理组成和招聘工作人员的技能与素质,对于招聘工作的效率和效果有着关键性影响。在组成招聘班子后,还要对缺乏招聘知识和技巧的工作人员进行必要的培训,使他们了解企业的招聘政策,统一面试录用标准,掌握必要的招聘面试技巧,为提高招聘的效率和效果打下基础。

【本章小结】

本章较为系统地介绍了招聘计划的构成。

首先,介绍了招聘策略的确定;

其次,介绍了招聘规模、基准、预算与招聘信息发布的范围;

再次,介绍了招聘工作的时间、招聘渠道的选择及招聘团队的组建;

最后,介绍了招聘计划流程的三个阶段。

【引例分析】

1.此招聘计划设计得不完整、不规范。

(1)应聘者的选拔方案应该包括考核的场所、大体时间、题目设计者姓名。
(2)没有招聘的截止日期。
(3)没有招聘广告样稿。
2.完成招聘任务的人员由人力资源部门与用人部门人员组成。
(1)招聘团队以人力资源管理部门为主,负责主持招聘工作并参与招聘的全过程。
(2)用人部门人员也要参与其中,因为用人部门的意见将在很大程度上起决定性作用。

第六章
Chapter 6

招聘策略

【引导案例】

A公司因业务扩张,需招聘12名生产设备操作人员和1名生产主管。10月10日,该公司人力资源部张经理联系了B学校的相关专业学院,与该学院领导商定了相关事宜,约定10月12日13点在302教室召开宣讲会及面试。10月12日13:10,A公司人力资源部的招聘专员小丁和空缺岗位负责人李主任来到B学校。由于用人单位迟到,302教室里有部分学生已经离开,留在教室的学生也处于讨论状态。很快宣讲会开始了,一张粗糙的PPT页面展现在大屏幕上,宣讲人小丁声音弱小,教室里的大部分学生表示这个公司不是很理想,最后有5名学生投递了简历,所选岗位都是生产设备操作工人,没有申请生产主管的应聘者。由于招聘行程的时间安排很紧张,李主任、小丁的经验不足,未仔细查看学生简历,就对这5名学生进行了短暂的面试环节,提出的问题不连贯,逻辑性差,给学生一种晕晕的感觉,最后5名学生都被录用,但只有1名学生去A公司的生产设备操作人员岗位报到上班。

在此案例中,A公司已提前和B学校的相关部门进行联系,为什么招聘效果仍不好呢?

【本章主要内容】

1. 招聘策略的含义
2. 招聘团队的含义、组建原则
3. 招聘团队的素质能力
4. 招聘过程中人力资源管理部门和用人部门的分工
5. 招聘时间确定策略的任务
6. 确定招聘时机考虑的因素
7. 招聘流程时限的安排
8. 招聘地点选择考虑的因素
9. 招聘地点选择的原则
10. 招聘宣传的含义
11. 招聘宣传的形式和内容

招聘策略(Recruitment Strategy)是解决企业对人力资源的需求而进行的具体行动计划,是招聘工作计划的具体体现,是为了实现招聘计划而采取的具体策略。成功的招聘策略将帮助企业快速找到适合的人才,推动企业持续发展。它包括招聘团队建设、招聘时间、招聘地点、招聘宣传策略、招聘渠道、笔试、面试、录用等方面的策略。本章主要介绍招聘团队建设策略、招聘时间确定策略、招聘地点选择策略、招聘宣传策略等内容,其他内容在以后章节中介绍。

第一节 招聘团队建设策略

招聘在人力资源工作中具有重要的作用,招聘人员的素质能力显得更为重要。招聘团队的组建构成和工作质量直接影响招聘效果。

一、招聘团队的含义

招聘团队是为了完成招聘任务而在一起工作的正式组织,一般都是临时组建,也有的大型企业有常设的招聘机构。招聘团队既是招聘工作的承担者,也是人才质量的检验者,更充当着企业的形象大使。

招聘团队对企业来说,是吸引人才的核心组织,也是引进高素质人才的基础工作,它决定了企业吸引人才的效率和质量,但在实际操作过程中,很多企业忽视了招聘团队的建设。招聘部门是企业文化宣传的窗口,也是雇主品牌传递的窗口,不注重招聘团队的建设,也是企业雇主品牌丧失的一个重要因素。

二、招聘团队的组建原则

招聘团队的组建目的是完成招聘任务,招聘任务既要完成招聘人员的数量,还要保证招聘质量。招聘团队的组建原则是职位互补、知识互补、能力互补、性别互补、年龄互补、气质互补。

(一)职位互补

招聘团队涉及的职位包括人力资源部门的招聘专员、人力主管,用人部门的业务主管和骨干员工,如果招聘的职位重要,可能还会邀请公司高层参加。招聘团队的各个成员根据自身职位不同和着重点不同,各自的分工也不同。招聘专员、人力主管对求职者的基本条件进行筛选,业务主管和骨干员工对求职者的业务水平进行考核,高层管理者对重要岗位求职者进行最后一轮面试。

(二)知识互补

招聘团队中既要有熟悉人力资源招聘知识的人员,又应该有熟悉需要招聘职位的相关业务的人员。其知识结构方面要互补,丰富招聘团队整体的知识深度和广度,更易对不同知识结构的人员进行考评,从而起到互相补充的目的。

(三)能力互补

招聘团队要为企业招聘各个岗位的员工,如果招聘团队中有的人懂生产、有的人精通销售、有的人了解办公室工作,那么各种不同能力的人组合在一起,则便于招聘企业各个不同岗位的员工。

(四)性别互补

不同的性别有不同的长处(例如女性观察细腻),而且性别互补可以避免招聘过程中的性别歧视或性别优势,有利于正确地评价人才。

（五）年龄互补

年龄差别体现了精力、知识、经验、处理问题方式及思维方式等方面的差别。因此,不同年龄的招聘者组合在一起,更能客观地对不同年龄阶段的应聘者进行正确的分析。

（六）气质互补

不同的招聘者具有不同的心理特征和气质,将不同气质的考评者组合在一起,可消除招聘工作中由于某一种气质类型员工的心理偏差或者成见而造成的误差。

三、招聘团队成员的素质能力

（一）良好的个人品格和修养

招聘人员所拥有的品质不仅反映其个人的修养,更代表公司的形象。作为主考官,最重要的应该是尊重他人。穿着要很正式,而且守时。招聘人员必须有公正、公平、客观的品质,能倾听与自己不同的意见,并给予客观评价,使每位应聘者在与他们接触中感受到彼此的价值,使招聘会产生良好的公众效应。这就要求招聘人员必须做到公正、认真、诚实和热情。

（二）具备相关的专业知识

作为招聘人员,要正确评价应聘者的能力和知识,首先自己必须具备必要的专业知识组合。一方面对求职者进行面试提问,并对求职者的回答给予专业评价,运用专业知识也是一种面试的技巧,可以用来排除不合要求的应聘者,为面试节省时间,也为招聘人员节省精力;另一方面招聘团队的学识也会体现公司的业务水平。

（三）拥有丰富的社会工作经验

招聘总体来说是一个非量化评价过程,它的完成质量在很大程度上依赖招聘团队所具有的、丰富的工作经验,借助于工作经验的直觉判断往往能够准确地把握应试者的特征。同时,丰富的社会工作经验也是提高和掌握面试技能的保障之一。

（四）具有良好的自我认知能力

心理学研究表明:人们总是习惯以自我为标准去评价人。作为招聘团队的成员,如果不能够对自我有一个健全、准确的认识,就无法准确地评价他人。

（五）善于处理人际关系

招聘的过程就是人际交往过程。在与求职者的交流中,应该善于利用有关人际关系的知识和自身对人际关系的敏锐感知力去判断应试者处理人际关系的能力。无论录用何种人员,其工作必然会或多或少地与人际交往有关联,因此,对一个人处理人际关系能力的评价成为招聘评价要素中衡量的重要指标。

（六）能够熟练运用各种甄选技巧

招聘是一种技巧性很强的工作,要求招聘人员必须熟练掌握各种面试技巧,达到运用技巧准确、简捷地对求职者做出判断评价的目的。

（七）能有效地控制面试的进程

招聘团队成员应具备某种驾驭人的能力,要有较强的执行能力和控制能力,使招聘的进程和目的免受破坏。

（八）了解企业状况及职位要求

招聘人员对应聘职位和组织状况进行较为深入、全面的了解有助于提高招聘工作的质量，同时，可以帮助选拔出真正需要的人才。

四、人力资源管理部门和用人部门的工作分工

在招聘过程中，人力资源管理部门和用人部门有明确的工作分工，具体职责如下表6-1所示：

表6-1 招聘过程中的人力资源管理部门和用人部门的工作职责

招聘过程	人力资源管理部门的职责	用人部门的职责
招聘前期	拟定招聘计划，确定各类人员的招聘方式，与相关的机构联系（如人才市场、劳动力市场、高校就业部门等），收集整理应聘资料	提供所需人员的岗位名称、数量、任职条件、上岗时间等
招聘中期	根据应聘者的资料，对应聘者进行初步筛选，组织笔试，组织面试及面试前培训，并参加面试	部门负责人或选派业务骨干员工参加面试
招聘后期	进行背景调查，确定录取名单，回复参加招聘者，确定报道时间，总结招聘工作	确定录取者

第二节 招聘时间确定策略

在正确的时间做正确的事，才能得到事半功倍的效果。招聘工作也是一样。人才市场有其固有的规则，在不同的时间，求职的人数、人员结构、人员素质及岗位需求都不相同，这就要求 HR 根据招聘岗位的具体情况，选择恰当的时机，抢夺企业所需的人才。

一、招聘时间确定策略的任务

招聘时间就是要在保证招聘质量的前提下，确定一个科学合理的时间安排，包括两项任务：一是选择招聘工作开始的时间，二是确定整个招聘流程所需的时间。所谓招聘开始的时间，就是选择招聘的时机。有的企业只是在出现职位空缺时才开始招聘，往往不能及时找到合适人选，而确定此时间需要考虑的因素有很多。

二、确定招聘时机考虑的因素

（一）公司所处的行业

行业不同，选择的招聘时间也不同。特殊行业要做好自己的行业区分。暑期用工行业在5、6月招聘最佳；酒店类行业等则要做好随机招聘，随时补人的准备，紧跟装修工程进度，待大堂、客房、餐厅等装修工程进展到二分之一（或四分之三）以后，开始招聘服务

人员是较适宜的时机;房地产、商场类企业可考虑秋日开始的消费高峰因素,在9、10月进行招聘;外包公司需做好全年长期招聘的计划。

(二)公司的影响力

企业自身影响力直接影响招聘效果。中小企业尤其要注意,由于自身影响力不足,要合理选择招聘时间,避免和大企业同场招聘。

(三)公司的业务情况

公司业务情况决定了公司什么时候需要人才,决定了公司什么时候要做招聘。HR需跟踪公司的业务运营,了解业务情况,才能使招聘和业务需求有机结合。如在每年圣诞节前后,哈尔滨的冰雪大世界将用最大的热情迎接来自世界各地的游客,各个景点需要在11月招聘大量的兼职,以满足业务量突增的情况。

(四)公司的人员流失情况

人员流失情况也是选择招聘时间时需要考虑的因素。参照往年各时间段的人员流失及高低峰情况,提前做好规划;结合当前公司发展情况,估计今年需补充人员的数量;在流失严重的阶段之前,就要做好人才储备与补充。如:生产企业、餐饮业在春节前后会出现"用工荒",为了不影响企业运营,企业需提前做好工作人员的安排。

(五)人才市场情况

考虑人才市场变化,招聘时间也会有很大的区别。企业招聘应在人才供应高峰期进入,可节约成本,提高招聘效率。每年1~2月,因春节回家、高校学生未出现大批量毕业,故属于人才供应低谷期;3~4月,春节归来,应届毕业生开始找工作,故属于招聘的大高潮,被称为"金三银四";6~7月则是大部分劳动合同到期或年初招聘遗留人才参与应聘,求职者人数较高;9~10月也是跳槽旺季,同时更是校园招聘的旺季;年底11月至12月,则是猎头高峰,HR可与猎头做好对接,在高级人才的争夺上占得先机。

(六)上岗时间

用人部门向公司人力资源部门提出用人申请时,标注了上岗时间,为了不影响用人部门的业务工作,需要按照上岗时间倒推开展招聘的时间。一般来说,招聘日期等于上岗时间减去准备时间,准备时间包括培训周期和招聘周期。

招聘日期 = 用人日期 - 准备日期 = 用人日期 - 培训周期 - 招聘周期

其中培训周期是指新入职员工进行上岗培训的时间,招聘周期是指从开始报名,确定候选人名单,面试,直到最后录用的全部时间。

例如:某公司业务部门的用人时间是2018年12月1日,培训周期是半个月,招聘周期是一个月,那么按上述公司计算,应从2018年10月15日开始招聘。

三、招聘流程时限安排

一般企业的招聘流程包括招聘需求申请、审核、发布招聘信息、初试、复试、背景调查、入职审批、通知入职、试用期、转正等,各流程的时间节点如表6-2所示:

表6-2 招聘流程节点表

序号	工作流程项目	工作完成要求	工作完成时间	责任人
1	招聘需求申请	用人部门按要求提报《招聘需求申请表》，人事行政部接到《招聘需求申请表》后与用人部门负责人确认招聘岗位的工作职责、要求及其他信息	接到《招聘需求申请表》2个工作日内	人事行政部负责人
2	招聘需求审核	总经理根据公司整体规划审核确认招聘需求	接到《招聘需求申请表》3个工作日内	总经理
3	发布招聘信息	人事行政部根据用人部门的要求编写招聘信息，根据实际情况选择、开辟合适的招聘渠道，并在各招聘渠道上发布招聘信息	2个工作日内发布招聘信息	人事行政部
4	初试	根据招聘职位的高低及个别职位的特殊性，确定是由人力资源部门个别人员或者是会同公司其他人员进行初试。至少提前1天确认好面试官及可面试时间	面试前1个工作日	人事行政部、用人部门
5	复试	通过初试的人员，根据其应聘职位及个别岗位的特殊性，确定是由部门领导、公司领导进行复试。最迟面试后1周内确认复试面试官及面试时间	面试日后1周内	人事行政部、用人部门、总经理
6	背景调查	中层及以上人员通过复试后需进行背景调查	复试通过后2日内	人事行政部
7	入职审批	总经理根据应聘者相关资料进行入职审批	复试或背景调查后3日内	总经理
8	通知入职	电话准确告知新员工其薪酬待遇、入职时间及入职需提交的资料(相片、学历证明、身份证明、体检、发放工资银行卡等)并准确回答入职员工提出的问题并发放《入职通知书》	入职审批后2个工作日内	人事行政部
9	入职	新员工报到后，为新员工办理入职手续，进行入职培训，并由用人部门安排新员工工作内容	报到当天完成入职手续办理及入职培训	人事行政部、用人部门
10	试用期	考核确认新员工与公司的匹配度	试用期第1周、第2周结束前1天，首月结束前3天分别进行考核	人事行政部、用人部门
11	转正	由用人部门和人事部共同对新员工进行转正考核，由总经理对新员工进行转正审批	试用期结束前1周进行转正考核，转正考核通过后1周内完成转正审批	人事行政部、用人部门、总经理

员工招聘

招聘流程时限不是一成不变的，一定要根据企业对人力资源需求的缓急程度、招聘岗位的易获取程度等因素，来调整招聘流程时限的安排。下面以大中型企业的校园招聘为例，其招聘的对象是大批量应届毕业生，其整体流程及时间安排如下：

——参加各地的校园招聘会或全国网络发布招聘信息(2周)
——简历投递(1个月)
——资格审查(1周)
——统一笔试或网络答题(3天分批次进行)
——面试(笔试后一个月发布面试通知)
——体检及录用(2周)
——岗前培训(1个月)

第三节 招聘地点选择策略

招聘地点的选择关系到企业能否招聘到一定数量和质量的员工的重点因素。企业在选择招聘地点时，应对本公司的状况和所需人员的类型分析清楚。

一、招聘地点选择考虑的因素

招聘地点的选择，要根据人才分布规律、求职者的活动范围及招聘成本大小等因素确定。

(一)人才分布规律

一般来说，区域经济越发达的地区，人才地域分布越密集，二者成正相关。人才地域分布随着区域自然环境、人文环境发展变化和人才系统运动，而不停地变化运动，人才地域分布的形成决定于区域经济因素，特别是生产力的分布。我国人才地域分布首先在北上广深及沿海、陆地交通枢纽处产生的经济中心城市相对集中，人才供给充裕。

各个地区具有不同的生活文化习惯，人才分布也会存在一定的规律。例如，黑龙江紧邻俄罗斯，如果企业招聘俄语人才，首选黑龙江省内的高校；招聘朝鲜语人才，首选东北与朝韩相近的城市；茶业企业多在南方产茶的地市招聘生产、销售、技术等各类人才。

(二)求职者的活动范围

现在的求职者大多选择专业招聘网站、公共区域的网站方式海投简历，等待就业的机会。除关注网络招聘信息外，求职者也参加现场招聘。其中，高校的应届毕业生多在校园招聘会上求职，往届毕业生多在当地的人才市场寻找新的工作。

(三)企业的招聘成本

企业的招聘成本直接影响到招聘地点的选择。招聘成本低，招聘地点基本就是在企业所在地，只能招聘到普通员工；反之，招聘成本高，可选的招聘地点广泛，招聘的数量和质量也会大大增加。

二、招聘地点选择策略的原则

（一）分等级招聘原则

如果是校园招聘,可选择高等院校比较集中的地区,也可以选择专业对口的院校。需要关注的是:高等院校的专业设置及名声;高等院校与企业的距离;企业过去在该院校招聘的成功率(章前案例,该企业下次需要重新考虑与那个学校的合作)。

如果采用人才市场的招聘方法,则需要根据所要招聘的人员类型来确定选择何地的何种人才市场。

如果招聘企业的高级管理人才或专家教授,既要扩大招聘范围,选择全国性或省市级,乃至世界范围的人才市场进行招聘。一般的招聘方法已不能满足,需要专业的猎头公司协助。

如果招聘中级管理人员和专业技术人员,需要在跨地区的人才市场上寻找。例如,为了引进高精尖的人才,深圳市政府曾组团赴美各大城市招聘中国留学生(已取得博士学位的作为重点招聘对象),取得了圆满的成功;

如果招聘普通的工作人员和专业技术员工,在企业所在地区的人才市场或技工学校就可以达到招聘目的,且招聘成本较低。如果所在地区较小,人力资源分布少,供给小于需求,需要到上一级城市的人才市场进行招聘。

如果招聘一线流水线工人,可以选择到农村招工。现在农业现代化越来越普及,农村劳动力闲置,可以充分发挥此类人群的作用。

（二）就近取材原则

企业采用就近取材原则进行招聘,一方面可以降低招聘成本,减少去远方招聘的差旅费用、招聘占用的时间成本;另一方面,有利于企业的管理。临近企业所在地区的求职者熟悉本地的人文文化,能较快速地融入到企业中,还可以对企业文化有更深刻的理解,更容易接受管理者的指令。

（三）同一地区招聘原则

这样有利于形成固定的员工供应渠道,而且员工的无形宣传也为企业起到打广告的效果。但是因为企业每年的招聘类型、数量都有所不同,因此还要根据企业的实际情况,灵活地选择劳动力市场开展招聘工作。比如,富士康采用熟人推荐法,鼓励老员工回家乡招聘新员工,并给予奖励。

第四节 招聘宣传策略

宣传是推广的必要手段,而今,人才市场竞争越来越激烈,企业想要招到真正适合的人才,既要保证吸引人才关注企业,又要能够充分展示企业优势,在与竞争对手的招聘竞争中取得优势。招聘宣传,就成了 HR 必须掌握的技能。

一、招聘宣传的含义

招聘宣传是指针对招聘活动进行的宣传,以吸引求职者关注用人企业,投递简历。招聘宣传越有吸引力,吸引来的求职者的简历越多,筛选简历的质量越好,招聘质量越高。

二、招聘宣传的形式和内容

（一）现场宣讲

1. 现场招聘会宣讲

现场招聘会的宣讲时,需要的宣传载体是宣传海报或易拉宝、宣传册、宣传片。

无论使用宣传海报还是易拉宝,都是现场招聘会宣讲必不可少的宣传片之一。其形式上,宣传海报要有一定的尺寸,并符合企业色;内容上,宣传海报的主题要有吸引力,主要是企业文化和内涵的展示。

在宣传手册的设计上,首先,要以招聘岗位为核心内容及宣传重点进行设计。要做到吸引求职者眼球,企业需要在排版上对这些职位信息进行突出显示,如放大职位需求信息、加"急聘"二字等,要使这些职位信息能够达到个性化、差异化的效果。第二,简要明了。求职者看宣传手册是一种手段而不是一种目的,大多半求职者是被动地接受手册上传递的信息,越容易被知觉器官吸收的信息也就越容易侵入他们的潜意识。第三,要将创意文字化和视觉化。

宣传片的设计在片长、制作技巧及内容上,严格控制。宣传片的时间一般控制在10~15分钟,不宜过长。宣传片的时间越长,阐述的内容可以更多,但冗长的信息往往形成视觉疲劳,结果适得其反,要从求职者关注企业的角度出发,来合理安排时间,不必面面俱到。宣传片无须强调特效及声效,重点展示企业的形象,而非展示岗位。宣传片的内容主要是企业文化、发展历史、功绩成就、所处行业内的地位、未来的发展蓝图、丰富多彩的员工活动等。

2. 做好校园宣传活动

校园宣传包括招聘当天宣传及校园日常宣传两种方式。

招聘当天宣传主要包括路演和宣讲会。路演时,主要包含特色宣传片的播放、派发宣传品及小游戏环节。同时,也会请公司人员进行宣讲、沟通,比如,可请企业领导参与互动,并请已入职的师哥师姐谈感想。

而在校园宣讲会的时候,除了宣传片的播放、企业领导致辞及师哥师姐谈感想以外;在员工互动及学生问答方面应做得更深入,并由HR做专门的答疑。

校园日常宣传要做得出彩,不能局限于应届毕业生。对于低年级的学生,企业可冠名各类活动,并推广活动进程;对大三、大四的学生,我们则可组织毕业生举办就业指导活动,打响企业品牌,提供实习岗位;我们也要与相关老师建立良好的合作关系,向老师做宣传,提供课题调研的机会。

3. 社区宣讲

相对于传统的招聘会,社区宣讲成本较低,一般能在没有竞争、轻松和谐的条件下完成招聘宣传;且人才定位比专场招聘会还要精准。

社区宣讲能在中高端社区或外来人才集中地直接"落地"。对于这些人来说,场地就在家门口,买菜、购物时就能路过,完全不会浪费时间。进行社区宣讲时,可在小区内布置独立的摊位;公示有吸引力的薪资;并利用高档社区的LED屏幕上,发布岗位信息,做简单的职位描述,公布某公司的高级人才招聘将在何时某大型的社区进行,也可以在楼道内直接张贴相关海报,给中高端人才一个直观的感受。

此外,如果公司处在特殊产业园区,我们也可以做另类的社区宣传。我们可以在园区的空地或者上下班的必经之路拉出海报,进行宣传,突出岗位名称,略写具体内容,上下班的中高端人才天天都看得到,这样的宣传效果绝对好过社会招聘宣传会。

(二)网络宣讲

网络宣讲,即采用视频播放、非互动宣讲等方式,利用互联网的多媒体技术向全世界直播宣讲过程。

网络宣讲有不受地域限制、图文并茂、可保存及无限复制传播等优点,被越来越多的企业接受。可以像看大片那样观看企业宣传片,获得对企业的直观印象;可以看到现场直播的校园招聘宣讲会,从多方面了解企业;可以足不出户,在场外互动中与企业高层对话;最最关键的是,可以把所有这些打包下载,在任何需要的时候打开。

从2005年开始,很多企业就与各类网站合作举行在线宣讲会,大多数都是问答形式,由于互动效果较好且结果还能保留,所以在线宣讲会已成为多数企业校招采用的方式。2008年以后,随着校招企业越来越多,学生人数也直线上升,一些企业开始尝试在线视频宣讲会,通过视频宣传片、在线直播宣讲会等形式来扩大自己校园招聘的影响。

另一方面,传统校园招聘会的做法导致时间和成本居高不下。由此网络宣讲会肯定会成为未来校园招聘的重要手段,一些企业可能很快就会全部采用网络校园招聘的形式。同时网络视频宣讲之所以越来越受到各大企业的运用,并不是着眼于降低校招成本,而是更关心实际效果。新时代的求职者已习惯于网络沟通,习惯于接受这种更便捷且随时可用的信息。

【本章小结】

本章较为系统地介绍了招聘策略的相关内容,主要包括招聘团队建设策略、确定招聘时间策略、招聘地点选择策略、招聘宣传策略等内容。首先,从介绍招聘团队的含义、组建原则入手,接着重点介绍了招聘团队成员的素质能力及招聘过程中人力资源管理部门和用人部门的分工。其次,介绍了招聘时间确定策略的任务,重点分析了确定招聘时机考虑的因素,然后介绍了一般企业招聘流程时限的安排;再次,重点介绍了招聘地点选择考虑的因素及招聘地点选择的原则;最后,介绍了招聘宣传的含义,重点分析了招聘宣传的形式和内容。

【引例分析】

在章首引导案例中可知本次招聘属于校园招聘的专场招聘会,不适合招聘生产主管。又因用人单位不遵守时间而迟到,导致部分学生离开宣讲现场。在宣讲过程中,宣讲者使用粗糙的PPT、宣讲声音小,给学生留下的印象不尽人意。在面试过程中,由于用人单位的招聘时间安排过于紧凑,导致缺乏提前对简历熟悉的时间,此外,用人单位的面试官面试经验不足,提出的问题没有逻辑性,使得学生抓不住面试提问的重点,导致最终只有1人赴用人单位报到。虽然该企业提前和学校进行沟通,但招聘团队缺乏专业经验、招聘时间安排不当、招聘宣传不到位,导致本次招聘失败。这样,既浪费了招聘成本,又不能招聘到合适的人才。可见,企业应重视各种招聘策略的实施,完善招聘渠道,加强对招聘团队的招聘业务培训,合理安排招聘流程时限,提高招聘宣传的质量,才能达到招聘效果的提高。

第七章
Chapter 7

招聘渠道

【引导案例】

W公司的内部招聘为什么失败？

小赵和小张同在W公司的销售部门工作。小赵比小张先来公司工作三年。当小张刚开始进入W公司工作时，小赵处于销售团队建设的考虑，给予了小张无微不至的关怀和帮助。尤其是当小张初来乍到，客户资源很少，销售业绩欠佳时，小赵主动帮助小张介绍客户并告诉其一些实战方面的营销技巧。对此，小张对小赵感激不尽，经常请小赵吃饭。一来二去，两个人就成了非常要好的朋友。随着小张的不断努力和小赵的帮助，很快二人的销售业绩基本旗鼓相当，而且小张的业绩发展趋势有超过小赵的迹象，但由于两人关系密切，对此小张并无防范和嫉妒之心。

然而，一件意想不到的事情打破了这个美妙的局面。公司的销售主管突然高薪被人挖走了。公司高层震惊不已，要求销售经理尽快在销售队伍中采取内部招聘的方式招聘一名销售主管，人力资源部门负责协助工作。于是，销售经理和招聘主管马上发布了此消息。小张和小赵由于近些年来出色的业绩，通过层层选拔成了此次招聘的热门人选。销售经理通过对两人的档案和近三年的销售业绩进行全面衡量，认为小张的发展潜力更大，决定将小张升为销售主管。在得知这一消息后，小张显得非常高兴，而小赵却感到很沮丧。在接下来的一个月里，小赵就一直在这种沮丧与压抑中度过，最后决定离开公司，寻求新的发展。小张同样也过得并不快活，由于其并未具备管理能力，资历又浅，很难管理好整支销售队伍，每天只能身心疲惫地工作着。

请讨论分析这次内部招聘失败的原因，并提出解决的办法。

【本章主要内容】

1. 内部招聘的含义、方式、方法、优缺点
2. 工作轮换与工作调换的区别
3. 外部招聘的含义、方法、优缺点
4. 利用中介进行招聘的主要方式
5. 校园招聘的种类和方式
6. 校园招聘的注意事项
7. 网络招聘的优缺点
8. 猎头招聘的流程
9. 选择好的招聘渠道的特征

10. 选择招聘渠道需要考虑的因素
11. 选择招聘渠道的步骤

在人力资源管理工作中,招聘渠道的宽度和深度,决定了人力资源从业者获得的简历量和候选人数量的多少。作为人才入口,如何建立并维护招聘渠道,以达到适时、适量地为企业做好人才供给,是做好招聘工作的基础。

第一节　内部招聘

一、内部招聘的含义

内部招聘是指在单位出现职务空缺后,从单位内部选择合适的人选来填补这个位置。内部招聘的含义可以分为广义和狭义两种理解。广义上的内部招聘是公司内部员工自荐或推荐亲朋好友及子女到公司工作;狭义上的内部招聘是招聘范围仅限于公司内部在岗员工,相当于人员内部调动,出现空缺岗位时必须及时补充以免缺失。内部招聘的做法通常是企业在内部公开空缺职位,吸引员工来应聘。内部招聘一方面可以填补空缺岗位,另一方面可以使员工有一种公平合理、公开竞争的平等感觉,它会使员工更加努力奋斗,为自己的发展增加积极的因素。

随着外部招聘风险和招聘成本越来越大,现在很多企业已开始青睐于内部招聘,尤其是那些身处经济欠发达地区、人才资源匮乏、知名度较低、招聘资金预算有限的企业更是如此。甚至有些著名的大公司也通过人才培养和储备的形式为高层次职位谋求合适人选。

二、内部招聘的方式

内部招聘的方式有很多,这里主要介绍内部提拔、工作调换、工作轮换、重新聘用、内部公开招聘等。

(一) 内部提拔

内部提拔,即内部晋升,让企业内部符合条件的员工从一个较低的级别晋升到较高的一个级别。

1. 内部提拔的优点

(1) 给员工以升职的机会,会使员工感到有希望、有发展的机会,对于激励员工非常有利。

(2) 内部提拔的人员对本单位的业务工作比较熟悉,能够较快适应新的工作。

2. 内部提拔的不利之处

(1) 内部提拔的员工不一定是最优秀的。

(2) 还有可能在少部分员工心理上产生"不服众"的思想,导致部分员工心理嫉妒与不平。

(二) 工作调换

工作调换也叫作"平调",是指员工被调动到公司内部的另外一个岗位或者不同领域

员工招聘

中去接受某种工作安排。

工作调换的优点是费用低廉,手续简便;人员熟悉,员工对新岗位容易熟悉,可缩短适应期;较易形成企业文化;使员工得到更多的锻炼机会,了解企业更多的业务,增加更多的技能,是培养人才的一种有效手段,是内部提升前的准备。

工作调换的主要缺点与内部提升的缺点相似。对于安于现状或者接受能力差的员工来说,工作调换后的压力很大,可能影响员工的工作积极性。

(三)工作轮换

工作轮换是一种短期的工作调动,是指在组织的几种不同职能领域中为员工做出一系列的工作任务安排,或者在某个单一的职能领域或部门中为员工提供在各种不同工作岗位之间流动的机会。

工作轮换是短期的,有时间界限的,而工作调换是长期的;工作轮换往往是两人以上、有计划地进行的,而调换往往是单独的、临时的;工作轮换是同级间进行的,而工作调换可以是平调也可以是下调。

1. 工作轮换的优点

(1)丰富员工的工作活动内容,减少工作中的枯燥感,提高员工的积极性。

(2)扩大员工所掌握的技能范围,使员工能够很好地适应环境的变化,也为员工在内部的提升打下基础。不少大的公司内部提升的管理人员都要求有在几个不同部门或职位工作的经验。

(3)减少员工的离职率。很多员工离职都是由于对目前的工作感到厌倦,希望尝试新的有挑战性的工作。如果能够在公司内部给员工提供流动的机会,让他们有机会从事自己喜欢的有挑战性的工作,他们也许就不到公司外部寻求机会了。

2. 工作轮换的缺点

(1)员工到了一个新的职位,需要时间重新熟悉工作,因此在员工轮换到新的职位的最初一段时间,生产力水平会有所下降。

(2)需要给员工提供各种培训以使他们掌握多种技能,适应不同的工作,因此所需要的培训费用较高。

(3)工作职位的轮换是牵一发动全局的,因为变动一个员工的工作职位就意味着其他相关职位随之变动,增加了管理人员的工作量和工作难度。

(四)重新聘用

重新聘用,即离职员工回聘,是指在本公司任一部门或门店工作过,离职之后重新应聘回公司。

随着人才竞争的加剧,从20世纪90年代开始,国外一些企业更加关注前雇员,这在咨询行业表现得尤为突出,很多咨询企业发现前雇员能为他们带来更多的信息、资源和利益,于是把离职员工的事情做统一规划和考虑,并鼓励离职员工回来。古语道"好马不吃回头草",但当今职场,"吃回头草"的"好马"却不在少数,越来越多的企业也鼓励离职员工回来。

很多知名外企都制定了规章制度,鼓励离职员工回来。比如一些公司建立"回聘"制度,如果前雇员在离职6个月之内被重新聘用,该雇员以前的服务年限可以累计计算,离职前是正式员工的还可免除试用期;还有一些公司制定了"复聘管理"制度:岗位招聘时会优先考虑离职员工。

重新聘用的最大优点是前雇员对企业的认知度比新人高,可以降低培训成本,而且离职员工再回来说明他对企业有着很强的认同感。由公司主动要求或实际解除或终止劳动关系的人员不予复聘,被其他公司解除劳动关系的人员不予复聘。复聘的离职员工之前在公司要有良好的综合表现,能够符合或超出岗位要求。简言之,能吃回头草的必须是"好马"。

(五)内部公开招聘

所谓内部公开招聘是指企业向企业内的人员公开宣布招聘计划,提供一个公平竞争的机会,择优录用合格的人员担任企业内部岗位的过程。

由于企业某业务模块顺应时代变化需要增加人员,或者企业旨在提高员工的积极性,充分发挥内部员工对企业了解及忠诚的优势,在不影响现有部门正常运行的前提下,企业在内部实施公开招聘。企业一般会采取以下步骤:

1. 企业通过公司内网、公告栏等渠道发布内部招聘信息,尽可能传达到每一名员工;
2. 有意向的员工(仅限于正式合同的员工)在征得上级主管同意的情况下,都可以到人力部门报名,填写《内部公开招聘报名表》,见表7-1;
3. 人力部门会同用人部门根据岗位说明书及其他工作标准对所有报名人员进行初审、现场评审等环节;
4. 人力部门对经评审合格员工的现所在部门、空缺岗位部门及员工本人发放录用通知;
5. 被录用员工做好工作移交后,到人力部门办理内部调动手续,到新部门报道。

内部公开招聘可以给员工提供公平、公正、自由选择的机会,使员工的工作更符合自身发展,更加努力奋斗,能大大降低员工的离职率。但这种方式可能使某些部门主管出现两难的境地,既希望下属把握机会,拥有更好的发展空间,又担心因优秀人员调岗,导致部门内的工作质量下降。

表7-1 某公司内部招聘报名表

某公司内部招聘报名表					
				年 月 日	
应聘岗位			□单位推荐	□个人自荐	
姓名		性别	年龄		民族
最高学历		专业1		专业2	
参加工作时间			现岗位		现岗位任职时间
主要学习经历(高中以上)					
起止时间		学校名称			所学专业

续表 7-1

主要工作经历		
起止时间	工作单位	部门/岗位

获得专业资格证书情况	
你的专长和主要工作业绩	
你的个人发展方向、其他方面的要求	
其他需要补充的情况及希望了解的事宜	

资料来源：https://wenku.baidu.com

三、内部招聘的方法

（一）推荐法

推荐法可用于内部招聘，也可用于外部招聘。它是由本企业员工根据企业的需要推荐其熟悉的合适人员，供用人部门和人力资源部门进行选择和考核。由于推荐人对用人单位与被推荐者比较了解，使得被推荐者更容易获得企业与岗位的信息，便于其决策，也使企业更容易了解被推荐者。推荐法大多都是主管推荐，其优点在于主管一般比较了解潜在候选人的能力。由主管提名的人选具有一定的可靠性，更能体现主管的决定权，满意度比较高。它的缺点在于比较主观，容易受个人因素的影响，主管们可能提拔自己的亲信而不是一个胜任的人选。有时候，主管们并不希望自己的得力下属被调到其他部门，这样会影响本部门的工作实力。

（二）布告法

布告法是在确定了空缺岗位的性质、职责及其所要求的条件等情况后，将这些信息以布告的形式，公布在企业中一切可利用的墙报、布告栏、内部报刊上，尽可能使全体员工都能获得信息，所有对此岗位感兴趣并具有此岗位任职能力的员工均可申请此岗位。布告法的目的在于企业中的全体人员都能了解到哪些职务空缺、需要补充人员，使员工感到企业在招聘人员方面的透明度与公平性，并有利于提高员工士气。目前在很多成熟的企业中，张榜的形式由原来的海报形式改为在企业的内部网上发布，这种方法特别适合于普通职员的招聘。布告法的优点在于让企业更为广泛的人员了解到此类信息，为企业员工职业生涯的发展提供了更多的机会，可以使员工脱离原本不满意的工作环境，也促使主管更加有效地管理员工,以防本部门员工的流失。它的缺点在于这种方法花费的时间比较长,可能导致岗位较长时间的空缺,影响企业的正常运营。员工也可能由于盲目的变换工作而丧失原有的工作机会。2018年国家能源集团国华能源投资有限公司内部招聘公告如下:

2018国家能源集团国华能源投资有限公司内部招聘5人公告

国华能源投资有限公司成立于1998年,公司主营业务是以风力发电为主的可再生能源开发、管理及生产运营,并开展投资及资产管理、置业与物业管理等业务,公司现拥有独资、控股子公司72家,年营业收入达68.8亿元,管理总资产超过800亿元,在册员工3600余人。

根据工作需要,经集团公司批准,国华能源投资有限公司现面向集团公司内部进行公开招聘。有关事项公告如下:

一、招聘岗位、人数及任职要求

计划招聘5名财务人员。其中,国华新疆分公司2人、国华吉黑分公司1人、国华巴盟分公司1人、国华河北分公司1人。具体岗位及任职要求见附件1。

二、基本条件和任职资格

(一)基本条件

1. 遵纪守法、诚实守信,具有良好的个人品质和职业道德,无不良记录。
2. 综合素质较高,爱岗敬业,具有较强的工作学习能力、沟通表达能力和团队合作意识。
3. 具有履行岗位职责所必需的专业知识。
4. 具备良好的心理素质及与工作要求相适应的身体条件。

(二)任职资格

1. 应聘人员为国家能源集团在职员工。
2. 年龄40周岁以下(年龄、工作经验计算截止时间为2018年5月20日)。
3. 应聘人员除应具备上述基本条件、任职资格外,还应符合各招聘岗位中所列出的具体要求。

三、招聘程序

招聘工作按照自愿报名、资格审查、考试考核、择优录用的程序进行。各环节的具体安排将另行通知。

四、报名安排

1. 报名时间:

2018年5月17日—2018年6月8日。

2. 报名方式:

应聘人员请登录国家能源集团人力资源招聘信息系统http://zhaopin.shenhua.cc报名。原国电员工可在该网站注册报名;原神华员工可在该网站使用统一身份平台认证的工号及相应密码登录报名。报名后请持续关注国家能源集团人力资源招聘信息系统,招聘公告、招聘岗位、简历填写、岗位申请、准考证打印、笔试、面试环节均在该系统发布。系统使用手册详见附件2。

请应聘人员于报名截止前完成报名。在浏览网页时,推荐您使用IE8及以上浏览器或360浏览器。如果显示不完整,请按照如下方法设置IE:单击菜单"工具→兼容性视图设置",在打开的窗口中勾选"在兼容性视图中显示所有网站"选项,保存设置即可。

3. 报名要求:

应聘人员应准确、完整填写简历信息,并对所提供信息的真实性负责,凡弄虚作假者,一经查实,取消应聘资格。不接受来电、来访、信函等方式报名。

资料来源:http://zhaopin.shenhua.cc

(三) 档案法

人力资源部门都有员工档案,从中可以了解到员工在教育、培训、经验、技能、绩效等方面的信息,帮助用人部门与人力资源部门寻找合适的人员补充岗位空缺。公司的员工档案形式分为两种:一种是纸质档案,另一种是电子档案,体现形式是基于网络的人才数据库。

比较传统的纸质档案对办公环境要求不高,只需档案袋即可,档案袋里面的资料大致可以分为以下几个模块进行分类管理:招聘、入职、试用期、在职、离职,具体包括:员工简历、面试评估表、入职登记表、劳动合同、员工身份证复印件/照片、离职证明(非应届毕业生)、毕业证书等相关证书复印件,还包括入职时间、合同期限、社保办理情况、试用期考核表、试用期访谈表、转正审批表、岗位和职位的变动、培训情况、绩效结果等等。这些资料需要装在一个档案袋里,内容繁杂,人力人员或者行政人员要善于总结方法,如果条件允许可以制作相应的电子档,便于以后查阅,还需要有一份实时更新的表格,把员工的档案按照工号编号,制定编号的缩印就能查询表格和相关信息的位置,纸质档案袋上也要有相关内容的概括,严格按照既定的顺序进行排序,这样找起来会方便很多。

电子档案比较方便,要求企业内部具备人力资源管理系统,形成人才数据库。需要员工档案对员工晋升、培训、发展有着重要的作用,因此员工档案应力求准确、完备,对员工在岗位、技能、培训、绩效等方面信息的变化及时做好记录,为人员选择与配备做好准备。

四、内部招聘的优缺点

(一) 内部招聘的优势

1. 准确性高

从招聘的有效性和可信性来看,由于对内部员工有较充分的了解,如对该员工过去的业绩评价资料是较容易获得的,管理者对内部员工的性格、工作动机及发展潜能等方面也有比较客观、准确的认识,使得内部员工的全面了解更加可靠,提高了人事决策的成功率。

2. 适应较快

从运作模式看,现有的员工更了解本组织的运营模式,与从外部招聘的新员工相比,他们能更快地适应新的工作。

3. 激励性强

从激励方面来分析,内部招聘能够给员工提供发展的机会,强化员工为组织工作的动机,也增强了员工对组织的责任感。尤其是各级管理层人员的招聘,这种晋升式的招聘往往会带动一批人晋升,从而能鼓舞员工士气。同时,也有利于在组织内部树立榜样。通过这种相互之间的良性互动影响,可以在组织中形成积极进取、追求成功的氛围。

4. 费用较低

内部招聘可以节约大量的费用,如广告费用、招聘人员与应聘人员的差旅费等,同时还可以省去一些不必要的培训项目,减少组织因岗位空缺而造成的间接损失,此外,从组织文化角度来分析,员工在组织中工作了较长一段时间后,已基本融入了本组织的文化,对本组织的价值观有了一定的认同,因而对组织的忠诚度较高、离职率低,避免了招聘不当造成的间接损失。

(二) 内部招聘的不足

尽管内部选拔有如上所述的许多优势,但其本身也存在着明显的不足,主要表现在以下几个方面:

1. 激发内部矛盾,不利于团队协作

因处理不公、方法不当或员工个人的原因,可能会在组织中造成一些矛盾,产生不利的影响。内部招聘需要竞争,而竞争的结果必然有成功与失败,并且失败者占多数。竞争失败的员工可能会心灰意冷、士气低下、不利于组织的内部团结。内部选拔还可能导致部门之间"挖人才"现象,不利于部门之间的团队协作。

2. 选拔标准不当,导致人员流失

在内部招聘过程中,如果按资历而非能力进行选择,将会诱发员工养成"不求有功,但求无过"的心理,也给有能力的员工的职业生涯发展设置障碍,导致优秀人才外流或被埋没,削弱企业竞争力。

3. 容易造成"近亲繁殖",不利于创新

同一组织内的员工有相同的文化背景,可能会产生"团体思维"现象,抑制了个体创新,尤其是当组织内部重要岗位主要由基层员工逐级升任,就可能因缺乏信任与新概念的输入,而逐渐产生一种趋于僵化的思维意识,这将不利于组织的长期发展。

4. 容易出现"彼得效应"

彼得效应是指每一个职工由于在原有职位上表现好,就将被提升到更高一级职位,如果继续胜任则将进一步被提升,直至到达他所不能胜任的职位。采用内部招聘的方法,尤其是管理者的内部提拔,有可能产生一种把人晋升到他所不能胜任的职位的倾向。此外,由于是从基层逐步晋升,组织的高层管理者多数年龄偏大,不利于冒险和创新精神的发扬。而冒险和创新则是处于新经济环境下组织发展至关重要的两个因素。要弥补或消除内部招聘的不足,需要人力资源部门选择外部招聘寻找优秀人才。

第二节 外部招聘

一、外部招聘的含义

外部招聘亦称社会招聘,在内部招聘不能满足企业需要的情况下,企业为了发展的需要,根据人力资源规划和工作分析的要求,寻找、吸引外部有能力又有兴趣到本企业任职的人员,并从中选出适宜人员予以录用的过程。

外部招聘在企业人力资源管理活动中具有重要的意义:

第一,企业获得高质量人才的关口。

在竞争环境中,人力资源在组织的所有资源中堪称"第一资源"。所以,对人才的吸引、选拔、保持、发展、评价、开发和培养构成了组织人力资源管理的基本职责。其中,外部招聘可以说是企业获得人才的第一关。如果在这个首要环节,组织没有能够获取充足的适合于企业的人才,日后就需要花费大量的人力、物力和财力去培养和开发人力资源,这会给企业造成巨大的损失,不论企业将来花费多大的精力去减少这种损失,企业所失去的发展机会都是无法弥补的。

第二,是人力资源输入的重要环节。

组织犹如一个生命体,生命的生存和繁衍需要有旺盛的新陈代谢,而这取决于构成组织生命体的每一位员工。组织的人才流动是一种动态的过程,外部招聘就像是为组织注入新鲜血液,在这个输入环节,如果能充分吸收外部的氧气,就可以加强组织自身的生命力。

第三,为组织带来创新。

组织作为一个有机体,其思维方式和思想精华是由组织成员的思维方式和思想精华所构成的。每当一个外部的人才进入组织,他的思维方式就会迅速注入组织并影响组织中的每一个成员,可能就此促成了组织的某种创新。组织要适应不断变化的环境、要不断焕发出勃勃生机就必须不断接受新的思想、获得新的理念,外部招聘在一定程度上有利于组织进行更新。

第四,有助于扩大企业的知名度。

外部招聘的招聘信息在市场上总是以很快的速度传播,这种招聘信息促进了组织知名度的扩展。一方面,发布外部招聘信息可以让社会了解企业,在吸引人才的同时扩大企业的影响;另一方面,企业发布外部招聘信息也是在向社会传达一种信息,即企业正处于扩张发展时期,这是企业蓬勃向上的信号,无形之中增加了社会对企业的信任感。

二、外部招聘的方法

(一)发布广告法

发布广告是单位外部招聘人员最常用的方法之一。通常的做法是在一些大众媒体上刊登出组织岗位空缺的消息,吸引对这些空缺岗位感兴趣的潜在人选应聘。采用广告的形式进行招聘,工作空缺的信息可以迅速发布,能够在一两天内传达给外界,同时有广泛的宣传效果,可以展示单位实力。

发布广告有两个关键性问题:其一是广告媒体如何选择,其二是广告内容如何设计。一般来说,单位可选择的广告媒体有很多,传统媒体如广播电视,报纸杂志、社区告示栏等,现代媒体如网站、微信等,其总体特点是信息传播范围广,速度快,应聘人员数量大、层次丰富、单位的选择余地大。

在决定广告内容时企业必须要注意维护和提升其对外形象。广告内容不仅应明确单位能够提供什么岗位、应聘者的条件要求,而且广告应有吸引力,能够激起大众对组织岗位的兴趣,达到"吸引眼球、引起兴趣、应聘欲望、留下记忆"的效果,另外,广告还应告诉应聘者申请的方式,包括联系人、联系方式,这些内容都应该在确定广告内容时予以充分的注意。

吸引眼球:企业招聘广告可以采用独特的、与众不同的招聘标题,确保对应聘者产生足够的吸引力。

引起兴趣:企业在设计招聘内容时,岗位招聘语言的表达要生动形象,通俗易懂,必要时加入一些当期流行元素或者话题,比如,甄嬛体"臣妾做不到啊"等等。

应聘欲望:一则好的招聘广告能让应聘者产生浓厚的兴趣,有极大的投递简历的欲望,珍惜招聘机会、马上付出行动、投递简历。比如:"名额有限,先到先得。"

留下记忆:通过展现招聘广告独特的内容、形式、色彩,让应聘者留下深刻的印象。不管应聘者是否采取了行动,一条好的招聘广告都能停留在应聘者的记忆中,增加对企业的好感。比如,某岛屿招聘守岛人,某地城管局招聘专科及以上的清洁工人。

(二)借助中介

随着人才流动的日益普遍,各类人才交流中心、职业介绍所、劳动力就业服务中心等就业中介机构应运而生。这些机构承受着双重角色:既为单位择人,也为求职者择业。借助这些机构,单位与求职者均可获得大量的信息,同时也可传播各自的信息。这些机构通过定期或不定期举行交流会,使得供需双方面对面地进行交谈,缩短了招聘与应聘的时间。利用中介进行招聘的主要方式有人才交流中心、招聘洽谈会、猎头公司。

1. 人才交流中心

在全国各大中城市,一般都有人才交流服务机构。这些机构常年为单位服务。他们一般建有人才资料库。用人单位可以很方便地在资料库中查询条件基本相符的人员资料。通过人才交流中心选择人员,有针对性强、费用低廉等优点,但对于如计算机、通信等专业的热门人才或高级人才的招聘效果不太理想。

2. 招聘洽谈会

人才交流中心或其他人才机构每年都要举办多场招聘洽谈会。在洽谈会中,单位和应聘者可以直接进行接洽和交流,节省了单位和应聘者的时间。随着人才交流市场的日益完善,洽谈会呈现出向专业化方向发展的趋势,比如有中高级人才洽谈会、应届生双向选择会、信息技术人才交流会等。通过参加招聘洽谈会,单位招聘人员不仅可以了解当地人力资源素质和走向,还可以了解同行业其他单位的人力资源政策和人力需求情况。虽然这种方法应聘者集中,单位选择的余地较大,但是难以招聘到合适的高级人才。

由于招聘会的参展单位和应聘者众多,必须事先做好充分的准备。否则,没有营销策略,甚至不懂营销原则,很难将单位推销出去。参加招聘会的主要步骤分为六部分。

(1) 与协作方的沟通联系。在招聘会开始之前,一定要与协作方进行沟通。这些协作方包括招聘会的组织者、负责后勤事务的单位,还可能会有学校的负责部门等。在沟通中一方面了解招聘会的档次、吸引的求职者种类等信息,另一方面提出需要协作方帮助安排有利展位的事项,以便提前做准备。

(2) 准备展位。为了吸引求职者,参加招聘会的关键是在会场设立一个有吸引力的展位。如果有条件的话,可以选择一个尽量好的位置,并且有一个比较大的空间。在制作展台方面,最好请专业公司帮助设计,并且要留出充裕的时间,以便可以对设计不满意的地方进行修改。在展台上可以利用 VR 或计算机投影等方式放映公司的宣传片。在展位的一角可以设计一个相对安静的区域,以便单位的人员可以和一些相关人员交谈。

(3) 准备资料和设备。在招聘会上,通常可以发放一些宣传品和应聘登记表,这些资料需要事先印制,而且准备充足的数量,以免很快发完。有时在招聘会的现场需要用到电脑、投影仪、电视机、录像机、照相机等设备,这些都应该事先准备好,并且要注意现场有无合适的电源设备。其他特定设备也要在会前妥善准备。

(4) 招聘人员的准备。参加招聘会的现场人员一般就是人力资源部的人员,如果是外地企业,需要出差参加招聘会,收简历后直接组织面试,也要有用人部门的人员,所有现场人员都应该做好充分的准备。这些准备包括对求职者可能会问到的问题了如指掌、对答如流,并且所有人在回答问题时口径要一致。另外,招聘人员在招聘会上要着正装,服装服饰要整洁大方。

(5) 招聘会的宣传工作。如果是专场招聘会,会前要做好宣传工作,可以考虑利用报纸、广告等媒体,或者在自己的网站上发布招聘会信息,或者通过微信等发布。如果是在校园里举行招聘会,一定要在校园里张贴海报。这样才能保证有足够的人员参加招聘会。

(6) 招聘会后的工作。招聘会结束后,一定要用最快的速度将收集到的简历整理一下,通过电话或电子邮件方式与应聘者取得联系。因为很多应聘者都在招聘会上给多家公司递了简历,反应速度比较快的公司会给应聘者留下公司管理效率较高的印象。

3. 猎头公司

(1) 猎头公司的含义。猎头公司是英语 head hunter 直译的名称,在我国是近年来为适应单位对高层次人才的需求与高级人才的需求而发展起来的。在国外,猎头服务早已成为企业获取高级人才的主要渠道之一,我国的猎头服务近些年来发展迅速,有越来越多的单位逐渐接受了这一招聘方式。

对于高级人才和尖端人才,用传统的渠道往往很难获取,但这类人才对单位的作用却非常重大。因此,猎头服务的最大特点是推荐的人才素质高。猎头公司一般都会建立自己的人才库。优质高效的人才是猎头公司最重要的资源之一,对人才库的管理和更新也是他们日常的工作之一,而搜寻手段和渠道则是猎头公司专业服务最直接的体现。

当然,要通过猎头公司招聘到高素质人才,需要支付昂贵的服务费。目前,猎头公司的收费通常能达到所有推荐人才年薪的 20%～35%。用人单位在与猎头公司签署合同时预付一部分佣金,在求职者入职时或入职后三个月支付尾款,具体的预付款、尾款的比例及付费时间由双方协商。但是,如果把单位自己招聘人才的时间成本、人才素质差异等隐性成本计算进去,猎头服务或许不失为一种经济、高效的方式。

2. 猎头招聘的具体流程

（1）分析、评估客户需求。对客户的企业文化、历史、产品、管理风格有透彻的了解，与客户进行充分、有效的沟通，并与客户共同对空缺岗位进行分析，总结该岗位的职责、任职资格及相应的薪酬水准。

（2）制订并实施猎寻方案。根据猎头对客户所处行业的认识，结合岗位的具体要求，为每一空缺岗位制订详细的搜寻方案。依据所搜寻方案，利用人才数据库、与各行业有关机构及人士的网络关系，凭借专门的技巧，对每一位潜在的候选人进行接触。

（3）筛选候选人。对所有接触到的候选人信息进行分析、过滤，包括候选人的岗位现状、沟通能力、离职可能性与动机、薪酬水准等。筛选出基本符合要求的候选人，并安排面试。

（4）面试、评估候选人。依据专为此岗位编制的测评指标对候选人进行面试，主要评测候选人的性格、管理能力、专业知识与技巧、工作成就、长处与不足、离职原因等。在测评的基础上，撰写评估报告，对候选人进行综合评价。

（5）推荐候选人并安排面试。将评估过的候选人综合信息提供给企业，根据企业的要求安排候选人与客户面谈，协助双方就具体聘用条件进行有效沟通。

（6）咨询与跟踪服务。向被录用的候选人提供辞职方面的人事咨询与帮助，与客户保持不间断联系，协助双方解决试用期间可能遇到的困难与障碍，确保候选人试用成功，双方都觉得非常满意。猎头对企业的保证期一般在三个月，如果三个月之内，被录用的候选人离职或者企业不满意，猎头要重新为企业寻找候选人。

思考：通过查阅网络或其他资料，统计一下国内外的猎头公司有哪些。

（三）校园招聘

1. 校园招聘的种类和方式

校园招聘也称上门招聘，即由企业单位的招聘人员通过到学校、参加毕业生交流会等形式直接招募人员。对学校毕业生最常用的招募方法是一年一次或两次的人才供需洽谈会，供需双方直接见面，双向选择。除此之外，有的单位组织专场招聘会、在学校中散发招聘广告等。有的则通过定向培养、委托培养等方式直接从学校获得所需要的人才。

应届生和暑期临时工的招聘也可以在校园直接进行，主要方式有招聘张贴、招聘讲座（宣讲会）和毕业分配办公室推荐三种。校园招聘通常用来选拔销售人员、会计、工程、计算机、法律及管理等领域的专业化初级水平人员。一般来说，工作经验少于3年的专业人员约有50%是在校园中招聘到的。

校园宣讲在校园招聘中的作用不容忽视，校园宣讲会一般是指企事业单位在校园的报告厅、教室等场所开设与宣传、拓展及招聘相关的主题讲座。讲座内容主要包括向招聘对象传达相关组织、团体或企业的情况、文化价值观、人力资源政策、校园招聘的程序和职位介绍等信息。校园宣讲达到最佳效果，必须做到以下几点：

（1）宣讲过程需要一个精心制作的PPT；

（2）宣讲嘉宾声音洪亮，有吸引力；

（3）一段精彩的企业宣传片；

（4）现场布置和前期宣传所需的物料，例如海报（室外张贴）、折页（现场发放）、易拉宝(现场摆放)、横幅(室外宣传)、背景喷绘(会场布置)、工作证(工作人员佩戴)等。通常在企业里,人力资源部门可向市场部门(或宣传部门)提出需求,由市场部门(或宣传部门)负责制作。

2. 校园招聘时应关注的问题

(1)要注意了解大学生在就业方面的一些政策和规定。国家对大学生就业有一些相应的政策,各个学校的毕业分配也有相应的规定,比如有些偏远地县为留住人才,在一些师范院校定向培养师范生,当地政府供给学费,并签订定向合同,学生在毕业后必须回生源地进行就业,用人单位一定要事先了解这些规定,以免选中了的人才由于各种手续上的限制而无法到单位工作。

(2)一部分大学生在就业中有脚踩两只船或几只船的现象。例如有的大学生同时与几家单位签署意向;有的大学生一边复习考研或考公务员,一边找工作,一旦考研或考公务员成功,他们将放弃工作,这些现象一定要引起重视。因此用人单位应该有一定的思想准备,并且留有备选名单,以便替换。

(3)学生往往对走上社会的工作有不切实际的估计,对自己的能力也缺乏准确的评价。因此,用人单位在与学生交流的过程中,应该注意对学生的职业指导,注意纠正他们的错误认识。

(4)对学生感兴趣的问题做好准备。在学校招聘毕业生,学生常常问一些他们关心的问题,对这些问题一定要提前做好准备,并保证所有工作人员在回答问题上口径一致,有的单位在向学生发放宣传品时就将常见的问题体现在上面,或者在招聘的网页上回答学生提出的问题。

(四)网络招聘

20世纪70年代后,互联网的出现给人类社会的经济发展,以及人们的生产、生活、文化等方面带来了革命性的变化。从企业管理的角度看,不仅出现了e-HR(即信息化人力资源管理)的新理念和新模式,也使企业人员招聘方式发生了深刻的变化。

目前,越来越多的企业借助互联网承担起公司人力资源管理与开发的多项职能。美国一家咨询公司目前公布的一项追踪研究报告指出,《财富》全球500强中使用网上招募的已占88%。北美地区有93%,欧洲有83%,亚太地区有88%的大公司都采用了网上招募方式。根据美国一家招募服务公司所做的调查,绝大多数公司希望求职者通过电子邮件而不是通过邮寄传送个人简历。对于那些与计算机打交道的技术人员,经常会利用互联网寻找工作机会,或者公司想要找个技术岗位的候选人,也多从网上寻找。

用尽可能少的成本找到尽可能称职的应聘者已经成为企业人员招聘主要追求的目标。采用互联网招聘的方式,可以从某种程度上满足企业的要求。

1. 网络招聘具有的优点

(1)选择的幅度大,涉及的范围广。由于网络招聘上的招聘公司和岗位可以随时增加、更新,跨区域及全国范围内的网上招聘会的信息量大,涉及的岗位种类和数量更大。

(2)不受地点和时间的限制,方便快捷。

网络招聘的双方通过交互式的网上登陆和查询完成信息的交流,这种方式与传统招聘方式不同,它不强求时间和空间上的绝对一致,方便了双方时间的选择。互联网本身不受时间、地域限制,也不受服务周期和发行渠道限制。它不仅可以迅速、快捷地传递信息,而且还可以瞬间更新信息。这种基于招聘双方主动性的网上交流,于无声无息之间,完成了及时、迅捷的互动。互联网不但有助于在世界各地广招贤才,还可以在网上帮助公司完成应聘人员的背景调查审核,能力素质评估及笔试面试。

(3)成本较低。网络招聘的大部分工作都在电脑上,不产生差旅费、出差的时间成本、招聘广告等的印刷费用,等等。

(4)针对性强。网络招聘是一个跨时空的互动过程,对供求双方而言都是主动行为,无论是用人单位还是个人,都能根据自己的条件在网上进行选择。这种积极的互动,具有较强的针对性,减少了招聘和应聘过程中的盲目行为。

(5)资料易于保存。使应聘者求职申请书、简历等重要资料的存储、分类、处理和检索更加便捷化和规范化。

2. 网络招聘的缺点

(1)网络招聘的信息真实度低。网络招聘面临着和传统招聘同样的问题,即信息的真实性问题。求职者的信息不能实名审核,需要再次审查;用人单位已招聘到人员,但未及时撤销网上的招聘信息,误导了求职者,有的招聘单位甚至故意抬高职位薪水,以吸引求职者。

(2)填写信息过于死板。专业的网络招聘网站的运作模式基本相同,即将招聘信息和求职者信息陈列在网页上,缺乏丰富多彩的内容,不能为求职者提供多样化的选择,满足不了求职者对个性化的需求。

(3)互动性差。目前人力资源信息网站的经营情况来看,多数仍侧重于招聘信息的单向发布,缺乏与用户的互动式交流,尤其在提供适应不同用户需求的个性化服务方面存在很大差距,网上招聘的特殊优势并未真正得以体现。而且由于对求职者的投递信息反馈较慢,求职者的简历登录到简历库之后往往再无反馈消息,使得网上招聘成为空谈,这反映出国内人力资源信息网站开发技术上的不完善。很多应届毕业生选择传统招聘是因为在选择网络招聘时,他们的简历往往石沉大海,毫无音信或者等待回复的时间过长,太浪费时间和精力,这极大地影响了他们对网站的信任度及网络求职的热情。

对于用人单位来说,使用网络招聘的注意事项:

(1)确保招聘广告必须有足够的吸引力,把专业性用语转化为网络用语,待遇好的可强化薪酬福利待遇,用"语言"吸引人,用"待遇"留人,而不只是复制职位要求这么简单;

(2)不要一发布完招聘信息就关掉网页,以为简历会自动送上门,HR需要不断刷新网站,保证招聘信息的置顶,让信息被更多人看到。

(3)有针对性地探索一些行业性网站发送招聘信息。现在招聘网站种类繁多,具体包括不同行业、不同地域、不同层次的招聘网站。用人单位应根据本公司所处的行业和地市选择相应的招聘网站,还应按照招聘对象的特点选择不同层次的招聘网站。比如某公司属于建筑行业,除了可以选择专业的招聘网站之外,还可以在建筑行业人才网上发布招聘信息,也可以在该公司所在城市的人才网站上公布招聘岗位信息。

思考:专业的招聘网站有哪些?行业招聘网站有哪些?区域性招聘网站有哪些?高级人才的招聘网站有哪些?应届毕业生的招聘网站有哪些?针对有经验往届生的招聘网站有哪些?针对蓝领、白领、金领的招聘网站有哪些?

(4)科学使用新兴的网络APP载体进行宣传招聘信息。包括微信、微博、QQ等。通过一些受众相近的公众号或自家公众号(有一定体量的)发帖,多适用于新媒体、互联网等新兴行业。通过朋友圈、微信群、QQ 群发招聘信息:利用自身人脉发朋友圈招聘,或者通过相关行业交流群、求职信息交流群等发布信息来获取简历。这种相当于熟人推荐的方式简单直接、可信度和岗位匹配度较高。

3. 常见的招聘网站

现行的招聘网站很多,主要分为综合性、行业性和地方性网站。

表7-3 常见的招聘网站

招聘网站	网站地址	主要招聘对象
前程无忧	www.51job.com	综合性
智联招聘	www.zhaopin.com	综合性
中华英才网(属于58同城)	www.chinahr.com	综合性
中国人才热线	www.cjol.com	综合性
猎聘网	www.liepin.com	个性化的高端人才
应届生求职网	www.yingjiesheng.com	应届毕业生
实习僧	www.shixiseng.com	大学生实习岗位
BOSS直聘	www.zhipin.com	互联网行业招聘
上啥班	www.shangshaban.com	基础岗位求职者,移动端
大街网	www.dajie.com	互联网人才、实习生招聘,年轻人居多
拉勾网	www.lagou.com	互联网人才为主
看准网	www.kanzhun.com	应届毕业生
领英	www.linkedin.com	社交平台
海投网	www.haitou.cc	校园招聘
闪聘、打工邦、工多多、找工雷达	手机app	蓝领

(五)熟人推荐

通过单位的员工、客户、合作伙伴等熟人推荐人选,也是单位招募人员的重要来源。据有关资料显示,在我国珠江三角洲、长江三角洲的广大地区,也有大量中资或外资企业,在招聘一般员工时,采用"老乡介绍老乡"的推荐方式。

熟人推荐的招聘方式,其长处是对候选人的了解比较准确;候选人一旦被录用,顾及介绍人的关系,工作也会更加努力,招募成本也很低。问题在于可能在组织中形成裙带关系,不利于公司各项方针、政策和管理制度的落实。

熟人推荐方式适用的范围比较广,既适用于一般人员的招聘,也适用于企业单位专业人才的招聘。采用该方式不仅可以节约招聘成本,而且也在一定程度上保证了应聘人员的专业素质和可信任度。有些公司为了鼓励员工积极推荐人才,还专门设立推荐人才奖,以此奖励那些为企业推荐优秀人才的员工。

三、外部招聘的优缺点

(一)外部招聘的优势

外部招聘是到组织外部寻找符合岗位要求的合适人选的过程。这种招聘渠道往往出现在组织没有足够符合要求的内部候选人来满足出现的职位空缺,或出现对任职资格有特殊要求的岗位,或寻求给组织带来新技术和新思想的时候使用。外部招聘的优势有以下几点。

1. 带来新思想、新方法、新技术,有利于组织创新和管理革新。从外部招来的员工对现有的组织文化有一种崭新的、大胆的视角,由于他们刚加入组织,与其他人没有历史上的个人恩怨关系,从而在工作中可以很少顾忌复杂的人情网络。通过从外部招聘优秀的技术人员和管理专家,就可以在无形中给组织原有的员工施加压力,形成危机意识,激发斗志和潜能,从而产生"鲶鱼效应"。

2. 外部招聘的人员来源广,选择余地很大,在外部众多候选者中,能招聘到许多优秀的人才,尤其是一些奇缺的复合型人才。特别是在组织初创和快速发展时期,更需要从外部大量招聘各类员工。

3. 可以平息内部竞争者之间的紧张关系。内部同事之间的互相竞争,会产生矛盾,不利于企业的运作和管理。外部员工的引入可能对于此种情况产生平衡的作用,避免了组织成员间的不团结。

4. 树立良好的的企业形象。外部招聘也是一种很有效的交流方式,组织可以借此在其员工、客户和其他外界人士中树立良好的形象。招聘过程是企业代表与应聘者面对面最直接的接触过程,在这一过程中,招聘人员的工作能力、招聘过程中对企业的介绍、散发的材料、面试小组的性别组成、面试的程序及招聘结果等都会成为应聘者评价企业形象的依据。招聘过程既可能帮助企业树立良好的形象、吸引更多的应聘者,也可能损害企业形象、使应聘者对企业失望。

(二)外部招聘的不足

1. 筛选难度大、时间长

企业需要针对不同岗位,设置不同的笔试、面试等形式,力求比较准确地测试应聘者的能力、性格、态度、兴趣等素质,而依靠这些测试结果来进行科学的录用决策是比较困难的。这就使得录用决策耗费的时间较长。

2. 进入角色慢

外聘员工刚进入组织,很可能会出现"水土不服"的现象,很难融入企业文化中,影响了工作的开展和创造力的发挥,需要花费较长的时间进行磨合和定位,才能了解组织的工作流程和运作方式。

3. 招聘成本大

外部招聘需要在媒体发布信息或者通过中介机构招聘时,一般需要支付一笔费用,而且由于外界应聘人员相对较多,后续的挑选过程也非常烦琐与复杂,不仅耗费了很多的人力、财力,还占用了很多的时间,所以外部招聘的成本较大。

4. 决策风险大

外部招聘只能通过几次短时间的接触,就必须判断候选人是否符合本组织空缺岗位的要求,而不像内部招聘那样经过的长期的接触和考察,所以,很可能因为一些外部因素(例如应聘者为了得到这份工作而夸大自己的实际能力等)而做出不准确的判断,进而增加了决策的风险。尤其招聘管理人员时,如果招聘不当,那么会给企业带来更大的损失。

5. 影响内部员工的积极性

如果组织中有胜任招聘岗位的人未被选用或提拔,即内部员工得不到相应的晋升和发展机会,内部员工的积极性会受到影响,容易导致"招来女婿,气走儿子"的现象发生。因此,外部招聘一定要慎重,应在内部不能挑选出合适人才时使用。

四、各种招聘渠道的优缺点比较

各种招聘渠道各有优缺点,详见表7-4,企业应视自身的实际情况加以选择应用。

表7-4 各种招聘渠道优缺点比较

招聘渠道	优点	缺点
内部招聘 (布告法等)	1. 鼓舞员工士气,提高员工工作热情 2. 降低招聘成本 3. 候选人了解组织和工作要求 4. 组织对候选人的能力有清晰认识	1. 易导致"近亲繁殖" 2. 会导致为了提升的"政治性行为" 3. 缺乏创新 4. 因操作不公导致内部矛盾
人才交流会	1. 双方可以直接见面,可信程度较高 2. 简化招聘程序 3. 节省招聘费用	1. 应聘者众多,洽谈环境差 2. 难以招到高级人才
网络招聘	1. 速度快、效率高 2. 成本低、费用省 3. 覆盖面广且具有互动性 4. 比较公平、公正	1. 人才层次的局限性 2. 信息处理的复杂性 3. 虚假信息的大量存在
媒体广告招聘	1. 信息传播范围广,选择余地大 2. 招聘广告保存时间长 3. 可附带宣传企业形象	1. 初选双方不直接见面,信息易失真 2. 广告费用支出大 3. 录取成功率低
职业中介招聘	1. 针对性强,费用低廉 2. 招聘的方法比较科学,效率较高,可以为企业节省时间	服务质量普遍不高
校园招聘	1. 双方了解较充分 2. 挑选范围和方向集中,效率较高	1. 应聘者流动性大 2. 有时需支付求职者的路费和实习费

续表7-4

招聘渠道	优点	缺点
猎头公司招聘	1. 能招到合适人才 2. 招聘过程隐秘 3. 效率高	1. 招聘过程较长,各方须反复洽谈 2. 费用高昂
海外招聘	候选人数量多、质量高	1. 难以对候选人背景资料进行调查 2. 录用手续烦琐

五、外部招聘渠道的招聘人员情况分析

中国人力资源开发网曾开展过一次关于企业外部招聘渠道使用情况的大型调查,调查发现企业外部招聘中,网络招聘、人才交流会占多数,具体结果见表7-5。

表7-5 各种招聘渠道招聘人员比例表

招聘渠道	高层管理/专业人员	中层管理/专业人员	一般员工
猎头公司招聘	45.11%	14.89%	2.77%
网络招聘	54.47%	74.04%	59.79%
报纸广告招聘	29.57%	38.09%	39.15%
杂志广告招聘	3.40%	5.96%	4.89%
人才交流会	36.17%	57.23%	66.17%
校园招聘	5.32%	8.94%	37.87%
其他招聘渠道	6.17%	3.40%	6.38%

从表7-5中可以看出,目前我国企业中,各层级员工的招聘以网络招聘这种形式为主。猎头公司主要是为企业寻觅高层管理者。虽然目前还有不少企业选择用报纸广告招聘的方式招聘人才,但由于费用、效果、反馈结果等因素,越来越多的企业不再选择此种方式。由于杂志媒体特定的发行周期,以及广告费用较高、刊登位置不够明显等客观因素,大部分企业都不会选择在杂志上刊登招聘广告。人才交流会也较受企业的欢迎。每年各色的校园招聘会为应届大学毕业生提供了很多基础工作职位。

第三节 如何选择招聘渠道

一、招聘渠道的特征

一个好的招聘渠道应该具备以下特征:

1. 招聘渠道的目的性

即招聘渠道的选择是否能够达到招聘的要求。外部招聘的目的主要是补充初级岗位、获取现有员工不具备的技术、获得能够提供新思想的并具有不同背景的员工、解决组

织现有人力资源的不足、为组织发展储备人才。内部招聘的目的既包括补充空缺岗位,又包括开拓个人发展空间以提高内部员工的工作积极性。

2. 招聘渠道的经济性

它是旨在确保招聘到合适人才的情况下,要选择招聘成本最低、性价比最高的渠道,替企业降低招聘成本。一般企业招聘费用都是由总部或者老板进行统一采购,每笔费用都得有明确的事由和产生成果推算,所以对于招聘 HR 来说,渠道成本也是重要考虑因素之一。

当空缺职位比较重要,现有人员中没有合适人选,可以先培养对象,但培训所需成本较高,可以采用外部招聘。在选择外部招聘渠道时,根据招聘人员的数量、质量,选择恰当的外部渠道,已达到招聘成本最低,比如食堂招聘兼职工,只需在食堂档口张贴招聘广告即可。又如招聘大批量的工人、电话客服之类的员工,可以考虑直接找中介,或者低端的人力资源公司(收费不算贵)。因为量大,他们直接可以给公司一次性提供大量人员来集中面试,平均成本较低。

若现有人员中有培养对象,且培养对象成本不高,则可采用内部招聘来填补空缺,这是最经济的招聘方式。

除了考虑招聘成本最低之外,还应达到性价比最高。具体来说,招聘渠道的投入成本高低,要和吸引来的简历数量、简历质量、岗位匹配度、人员稳定性等相对应。

3. 招聘渠道的时效性

企业招聘渠道必须能确保企业快速满足招聘需求,特别是满足急需关键岗位人才的招聘时限要求。一般每个部门提交用人申请时,都会标注到岗时间,说明对招聘组是有时效考核要求的,HR 最注重的因素就是"快",能否快速出现自投,缩短找简历的时间,这也是选择招聘渠道的关键所在。

4. 招聘渠道的技巧性

每个招聘渠道产品类型是有区别的,在产品技巧使用方面会决定招聘效果好与坏,真正做到事半功倍。具体分析不同招聘渠道的受众人群,才能使招聘广告投放做到有的放矢。

二、选择招聘渠道需要考虑的因素

每个企业在每年开始的时候都要招募一批新的员工,不仅是为了满足企业流动性的需求,引进人才也是提升企业竞争力的一种方式,那么针对不同的招聘对象要选择不同的招聘渠道,选择招聘渠道时应考虑企业发展阶段、企业所处的外部环境、招聘目的、企业用人的风格、待聘岗位的特点,等等。

(一)企业发展阶段

一般来讲,如何选择招聘渠道与企业的发展阶段紧密相关。

1. 创业期企业的特点和招聘渠道

创业期的企业还没有得到社会承认,实力也很弱,公司规模小、人员少,但极富灵活性和成长性。各方面均不成熟,制度基本没有,企业文化也未形成,由老板直接管理,企业发展战略的目标是求得生存与发展。企业的发展与业务的开展主要依靠老板的个人能力，大家高度团结，效率高，品牌知名度差，市场占有率低，面对的主要问题是市场开拓和产品创新。创业期高层团队依靠创业精神维系比较稳定，中层相对稳定，但由于企业管理制度不完善，保障体系不健全，工资待遇低等因素的影响，人员流动率通常较高。

对外部人才的需求不突出，数量少，以一般员工尤其是销售人员的招聘为主，招聘极少的中层，基本没有高层招聘。对人员的要求较高，丰富的工作经验和工作业绩是重点选择标准，最好是多面手；尤其是一些对企业发展方向和目标比较认同、年纪较轻的人员。吸引人才的手段主要依靠良好的职业前景、工作的挑战性和领导者的个人魅力。薪酬虽然较低，但弹性相对要高，最好有较大的增长空间；也可采取股票期权的激励方式。由于企业资金不充裕，招聘费用较低，多采用朋友介绍、网络招聘和招聘会等招聘渠道。企业还没有形成人力资源的专业部门，甄选主要依赖老板的个人判断力。用人的灵活性较强，一人多岗和因人设岗的现象明显，对招聘时间和招聘效率没有明确的要求。

2. 成长期企业的特点和招聘渠道

企业逐步走向正规化，经营规模不断扩大并快速增长，人员迅速膨胀，品牌知名度急剧上升，机构和规章制度不断建立和健全，企业的经营思想、理念和企业文化逐渐形成；跨部门的协调越来越多，并越来越复杂和困难；企业面临的主要问题是组织均衡成长和跨部门协同。高层之间开始出现分歧，跟不上企业发展步伐的员工主动辞职，员工流动性相对较大。

人才需求量大，外部招聘数量多，高层、中层、一般员工等各层级均有。对专业技术人才和中层管理人才的需求大幅度增加。要求人员具备相同职位的工作经验，能直接上手，具备一定的发展潜力，同时对变化的适应速度快。吸引人才的手段主要依靠较大的晋升空间、良好的发展前景和与行业平均水平接近或以上的薪酬。有一定的招聘费用，由于招聘需求急迫，因此采用以招聘会为主，网络招聘为辅，在专业人才的招聘上开始引入猎头招聘，建立广泛而灵活的招聘渠道。企业已经设置了人力资源部，但专业性不强，甄选主要依赖用人部门的部门经理进行评判。要推测业务的发展进行人力资源需求预测，用人开始有一定的计划性，对招聘时间和招聘效率的要求高。

3. 成熟期企业的特点和招聘渠道

成熟阶段的企业是企业发展的巅峰时期，在这个阶段规模大，业绩优秀，资金充盈，制度和结构也很完善，决策能得到有效实施，企业非常重视顾客需求、注意顾客满意度，一切以顾客至上为原则，重视市场和公司形象，要求计划能得到不折不扣的执行，而如何使繁荣期延长并力争使企业进入到一个新的增长期成为制定企业发展战略的关键。在企业的成熟期，晋升困难，各层面人员的流动率低，在人员规模上相对稳定。企业的发展，主要是靠企业的整体实力和规范化的机制，企业内部的创新意识可能开始下降，企业活力开始衰退。

人才需求不多，外部招聘数量少，只在公司开拓新业务和新市场时才会产生大量的外部人才需求。人员要求高，强调综合能力素质，尤其是创新意识、执行力和明确的职业发展方向。吸引人才的手段主要依靠企业实力、形象和领先于行业平均水平的薪酬。招聘费用充裕，高级人才的招聘以猎头为主，辅以内部推荐、专场招聘会、网络招聘、校园招聘、平面媒体等丰富多样的招聘渠道。人力资源部具备较好的专业性,开始使用评价中心技术对人才的能力素质进行评价,业务水平则由用人部门的部门经理进行评判。规范的招聘计划,对招聘时间和招聘效率有明确的规定。

4. 衰退期企业的特点和招聘渠道

这是企业生命周期的最后阶段,企业市场占有率下降,整体竞争能力和获利能力全面下降,赢利能力全面下降,资金紧张,危机开始出现,企业战略管理的核心是寻求企业重整和再造,使企业获得新生。企业内部官僚风气浓厚,人浮于事,制度多却缺乏有效执行,员工做事越来越拘泥于传统、注重于形式,只想维持现状,求得稳定。人心涣散,核心人才流失严重,一般人员严重过剩,高层更替频繁,并波及中层。

对外部人才的需求集中在一把手上,其他层级基本以内部竞聘为主,无对外招聘。要求高管具备改革意识、大局观、决策能力、战略眼光和驾驭企业的整体能力,尤其是同行业类似企业的运营经验,有扭亏为盈的经历最好。吸引人才的手段主要依靠利益分享机制和操作权限。招聘经费锐减,但由于招聘时间短,而且还是高级、稀缺人才,因此仍然以猎头为主要渠道。一把手的招聘由董事会直接进行评价,并引入专业的人才评价机构辅助。

(二)企业所处的外部环境

外部环境包括人才市场建立与完善的情况、行业薪酬水平、就业政策与保障法规、区域人才供给状况、人才信用状况,等等。这些因素决定了企业能否从外部招聘到合适的人选。若企业的人才市场发达、政策与法规健全、有充足的人才供给、人才信用良好,则外部招聘可以获得理想人选且方便快捷。若企业所处的外部环境与上述相反,则采用内部选拔培养,这样既可以节约成本,又可避免外部招聘风险。

(三)招聘目的

当招聘的目的是找到合适的人来填补空缺,首先考虑内部招聘,但如果不仅仅是补充空缺岗位,还需要对企业进行宣传,更重要的是出于改变公司现有的管理理念的考虑,通过招聘增加新鲜血液,带来新思想、新观点,激发现有员工队伍的活力,为老员工带来新的竞争,来达到提高员工的积极性,转变经营观念和经营方式的目的,则可采用外部招聘的方式。

(四)企业用人风格

企业的用人风格对企业的招聘渠道的选择具有决定作用。有些企业喜欢从外部引进人才,而有些企业则对内部招聘感兴趣。

(五)待聘岗位的特点

由于待聘岗位不同、人力需求数量与人员要求不同、新员工到位时间和招聘费用的限制条件不同,决定了招聘对象的来源与范围,从而也决定了招聘信息的发布方式、时间与范围,因而也决定了招聘渠道的不同。

三、选择招聘渠道的步骤

1. 了解行业大势,明确企业定位

比如生产企业,其在同行业中处于高中低的位置,就决定了该企业的竞争战略。如果处于行业中低端,就会选用低成本战略,应选择价格低廉的招聘渠道;如果处于行业高端,选用差异化战略,需要选用猎头招聘等。比如高科技的企业,一般都是对稀缺人才的获取,招聘渠道一定选择相关专业的优秀高校或者猎头招聘。

2. 分析待聘岗位的招聘要求,如经验、学历、年龄等

根据企业所处的行业特点和工作说明书来分析待聘岗位的条件。

3. 分析招聘对象的特点

不同求职者会考虑自身条件,在不同的招聘渠道出现,用人单位必须分析求职者的特点,结合求职者的想法,安排招聘渠道。

4. 确定拟招对象的来源

按照招聘计划中岗位需求数量和资格要求,根据成本收益计算来选择效率最高的招聘来源,是内部还是外部,是学校还是社会等。

5. 选择恰当的招聘渠道

按照招聘计划中岗位需求数量和资格要求,选择效率最好的招聘方法,是发布广告、上门招聘,还是借助中介等。

【本章小结】

本章主要介绍的是招聘渠道的相关知识。首先介绍了内部招聘和外部招聘的含义、方法、优缺点,重点介绍了招聘中介进行招聘的主要方式、校园招聘的种类和方式、注意事项、网络招聘的优缺点,以及猎头招聘的流程;然后分析了一个好的招聘渠道的特征,以及选择招聘渠道需要考虑的因素,最后介绍了选择招聘渠道的步骤。

【引例分析】

在章首引导案例中可知,内部招聘可以通过晋升优秀员工,以激励鼓舞其士气,使员工忠诚度大大提高。该案例中小赵在本公司的工作经历早于小张,且愿意帮助同事,具备团队建设的能力,说明有一定的管理能力,可以胜任销售主管。而小张的业务能力强,业务发展势头高于小赵,属于较好的骨干员工培养对象,但他在公司的资历浅、管理能力略低,不能胜任销售主管。公司的决定是提拔小张,忽略小赵,导致小赵离职,小张因欠缺管理能力且资历尚浅,而疲于销售主管的工作。

可见,内部晋升的对象固然需要考虑业务能力,但更要考虑提升候选者的管理能力和在公司的贡献持久度。

第八章
Chapter 8

简历的制作与筛选

【引导案例】

招聘时,如何快速筛选有效简历?

国内知名的房地产企业 M,因公司业务规模扩大,急需在全国各地招聘一批销售代表。公司通过招聘网站发布招聘信息,人力资源部每天能够收到近 2000 份简历。招聘人员每天筛选简历的工作量很大,工作效果却不是很好,用人部门对不少简历都不认可。请结合本案例分析,招聘时,如何快速筛选有效简历?

【本章主要内容】

1. 简历的含义、种类
2. 简历的内容
3. 简历的编写原则
4. 书写简历的注意事项
5. 投递简历的注意事项
6. 应聘登记表的含义、内容
7. 应聘登记表与简历的优缺点比较
8. 筛选应聘登记表的要点
9. 筛选简历的要点

第一节 简历的书写与投递

初步筛选方法是对求职者是否符合岗位基本要求的一种资格审查,目的是筛选出那些背景和潜质都与职务规范所需条件相当的候选人,并从合格的求职者中选出参加后续选拔的人员。最初的资格审查和初选是人力资源部门通过审阅求职者的个人简历或应聘登记表进行的。

一、简历的含义

简历(英语:resume),是求职者给用人单位发的一份简要介绍。简历包含个人的基本信息:姓名、民族、籍贯、政治面貌、学历、联系方式,以及自我评价、工作经历、学习经历、荣誉与成就、求职愿望、对这份工作的简要理解等等。简历是有针对性的自我介绍的一种规范化、逻辑化的书面表达,以简洁重点为最佳标准。

二、简历的作用

个人简历对于每一个在职人员来说都很熟悉,大部分求职过的在职人员都做过个人简历。现在的个人简历很容易书写,在网络上有各种类型的个人简历模板,直接下载,稍加修改之后便可以使用。另外,网络上还有个人简历写作技巧的辅导,一篇优秀的个人简历在求职中能够起到关键性作用。

(一)个人简历是个人的说明书

个人简历也就是个人的自荐信,从某种角度来说,个人简历也是个人的说明书。在个人简历中,有个人的基本信息、教育状况、兴趣爱好、个人能力、工作经验、求职意向,还有对自我的评价。这些是对自己的介绍,也是对自己能力的说明。因此,勿让简历在递交后显现出劣势的一面,所显示出来的优势越多,则对自己的"推销"就越有利。

(二)个人简历在求职中起到敲门砖的作用

个人简历在求职中,能够起到敲门砖的作用。一般来说用人单位招聘员工都会先收取个人简历,然后在个人简历中筛选出有资格参加面试的候选者。如果个人简历这个敲门砖的力度不够大,则将直接被拒绝在门外,个人简历在面试之前是获得机会的有效方式,这也说明了个人简历的重要性。

(三)个人简历是进入企业后的个人档案

个人简历是一份员工个人的初始档案。面试时,个人简历作为一份参考材料,可以使自己的面试思路更清楚。而在进入企业之后,个人简历也是员工职业生涯上的第一份档案,入职后公司会根据简历里的实践经历和个性特点,妥善进行员工配置,在调换部门或晋升后,也会写进员工档案里,成为再次更换工作时新的简历内容,对以后的职业发展很有影响力。

三、简历的种类

(一)按简历格式分

1. 时序型简历

时序型简历是最普通也是最直接的个人简历表格的类型,即从求职者最近的经历开始,逆着时间顺序逐条列举个人信息。这种简历清晰、简洁,便于阅读。时序型简历强调的是求职者的工作经历,能够演示出持续和向上的职业成长全过程。

按时间顺序写的简历一般适用于以下情况:(1)求职者的工作经历能很好地反映出相关工作技能不断提高;(2)求职者有一段可靠的工作记录来表明获得不断的调动与提升。因此,对于缺少实践经历的应届毕业生不适合。

区分时序型格式与其他类型格式的一个特点是罗列出的每一项职位下,说明工作中的责任、该职位所需要的技能及最关键的、最突出的成就。关注的焦点在于时间、工作持续期、成长与进步及成就。

2. 功能型简历

功能型简历强调的是个人资历与能力,并对其专长和优势加以一定的分析和说明。

工作技能与专长是功能型简历的核心内容。它强调的是求职者的能力和特长,不注重工作经历,因此对应届毕业生来说是比较理想的简历类型。

3. 综合型简历

综合型简历,也称复合型简历,这种格式既介绍求职者的市场价值(功能型格式),又能列出求职者的工作经历(时序型格式)。这种强有力的表达方式首先迎合了招聘的准则和要求,并且通过专门凸现能够满足潜在行业和用人单位需要的工作经历来加以支持。而随后的工作经历部分则提供了曾就职的每项职位的准确信息,它直接支持了功能部分的内容。

该类型简历是时间型和功能型的结合运用。求职者可以按时间顺序列举个人信息,同时刻意突出求职者的成绩与优势。

综合型简历能最直接地体现求职者的求职目的。它一般适用于:求职者是一个应届毕业生、退伍军人或者求职者正想改行;求职者曾有过事业的巅峰;求职者既想突出成就与能力,又想突出求职者的个人经历。

4. 业绩型简历

业绩型简历强调的是求职者在以前的工作中取得过什么成就、业绩,对于没有工作经历的应届毕业生来说,这种类型不适合。业绩型简历的表格以突出成绩为主,因此一般将"成绩"栏直接提到"就职意向"栏后。

5. 创意型简历

这种类型的简历强调的是与众不同的个性和标新立异,目的是表现求职者的创造力和想象力。这种类型的简历不是每个人都适用的,它适合于广告策划、文案、美术设计、从事方向性研究的研发人员等职位。

(二)按简历的介质分

1. 纸质简历

纸质简历是最传统、最常见的简历,大部分纸质简历均使用 A4 纸打印,最好将简历内容控制在 1~2 页。有的是使用 WORD 写好、打印输出的形式,还有的是打印空表,手动填写的形式。纸质简历的内容简练、清晰,可以直接传递到面试官手中,一目了然地了解求职者的基本信息。

2. 视频简历

视频简历是把求职者的形象与职业能力表述通过数码设备录制下来,经过对录制后的影像编辑及播放格式转换,再通过播放器播放的一种可以观看求职者影音形象的简历形式。视频简历凭借客观的影音效果及丰富信息量,快速拉近了求职者和用人单位的距离,使用人单位在较短的时间内全面了解求职者。

优点:是一种求职者利用录制的视频在互联网上展示自己的方式,有着传统的纸质简历不能比拟的能力。视频简历让人力资源专员看到、听到并体会到求职者的实际表现及内心感受,接近了求职者和人力资源专员的距离。

缺点:很多公司的人力资源部门负责人表示,观看视频简历可能需要 3—5 分钟或更长时间,但是浏览纸质简历只需要 1—2 分钟,所以不能作为简历的主要部分。

3. 博客和网站式简历

网页版的电子简历即 HTML 格式的电子简历(个人网站式),是由 HTML 语言编写而成,展示的方式灵活,多样。比传统简历更易于网上传播,国外有大量在线多媒体简历在线生成网站,可以更生动形象地描述自己,也可以通过电子邮件传递,方便,快捷,高效,年轻人比较喜欢使用个性化简历。

运用多媒体进行求职,形式新颖而引人注目。职场专家提醒,同学们在制作多媒体简历时,一定要有形式也有内容,在展现自己特长的同时,要表明求职意向及个人要求。另外,由于网络的公开性,同学们在上传多媒体简历时,一定要保护好自己的隐私,如家庭情况、身份证号码等。

4. 信息图表简历

多种数据穿插的表格型简历。打破传统模板,使信息扁平化。

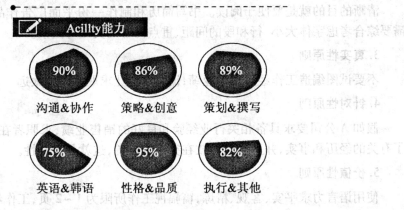

四、简历的书写内容

一份简历,一般可以分为六个部分,具体内容分别是:

第一部分:个人基本情况,应列出自己的姓名、出生年月、籍贯、族别、政治面貌、学校、专业、培养方式、健康状况、身高、爱好与兴趣、家庭住址、电话号码、邮箱等,以及一张一寸或二寸照片。

第二部分:求职意向。即求职目标或个人期望的工作职位,表明求职者通过求职希望得到什么样的工种、职位,以及求职者的奋斗目标,可以和个人特长等写在一起。

第三部分:学历情况。应写明曾在某某学校、某某专业或学科学习,以及起止时间,并列出所学主要课程及学习成绩,在学校和班级所担任的职务,在校期间所获得的各种奖励和荣誉。

第四部分:资格认证。应写出应聘岗位所需的各种资格证书,比如应聘会计岗位,需要写出初级会计证书;应聘人力专员,需要写出助理人力资源管理师证书;应聘教师,需要写出教师资格证等。除了对应岗位的资格证书外,还应填写英语四六级证书、国家计算机等级证书、驾驶证,等等。

第五部分:工作资历。若有工作经验,最好详细列明,首先列出最近的资料,后详述曾工作单位、工作的起止时间、职位、工作内容。

第六部分:自我评价。此部分内容是整个简历中唯一的主观内容,求职者应围绕所应聘岗位的任职资格,书写对自己的主观评价,最好以短句陈述,言简意赅。

前五部分都属于客观内容,第六部分属于主观内容。用人单位会重点关注客观内容,并参照主观内容对其进行审核,在面试环节来考核主客观内容的真实性。为体现不同人群的特点,六部分的排序及组合会根据实际情况略有出入。

五、简历的书写原则

1. 十秒钟原则

就业专家认为,一般情况下,简历的长度以 A4 纸 1 页为限,简历越长,被认真阅读的可能性越小。高端人才有时可准备 2 页以上的简历,但也需要在简历的开头部分有资历概述。

2. 清晰原则

清晰的目的就是要便于阅读。书写简历和制作一份平面广告作品一样,简历排版时需要综合考虑字体大小、行和段的间距、重点内容的突出等因素。

3. 真实性原则

不要试图编造工作经历或者业绩,谎言不会让求职者走得太远。

4. 针对性原则

假如 A 公司要求具备相关行业经验和良好的销售业绩,求职者在简历中清楚地陈述了有关的经历和事实,并且把它们放在突出的位置,这就是针对性。

5. 价值性原则

使用语言力求平实、客观、精炼,篇幅视工作所限为 1~2 页,工作年限 5 年以下,通常以 1 页为宜;工作年限在 5 年以上,通常为 2 页。注意提供能够证明工作业绩的量化数据,同时提供能够提高职业含金量的成功经历。独有经历一定要保留,如著名公司从业、参与著名培训会议论坛、与著名人物接触的经历,将最闪光的部分单列出即可。

6. 条理性原则

要将公司可能雇用自己理由,用自己过去的经历有条理地表达出来。个人基本资料、工作经历,包括职责和业绩、教育与培训这三大块为重点内容,其次重要的是职业目标、核心技能、语言与计算机能力、奖励和荣誉,等等。

7. 客观性原则

简历上应提供客观的证明或者佐证资历、能力的事实和数据。另外,简历要避免使用第一人称"我"。

六、书写简历的注意事项

1. 撰写简历前,尽可能通过各种途径了解职位所需的经验、素质和技能,并据此有针对性地制作相应的简历,只有这样才能让 HR 在浏览简历的过程中,发现求职者和职位的匹配点,从而帮助他们找到面试求职者的理由。

2. 简历纸张。简历以一页 A4 为佳,不需封皮(艺术等专业除外)。如果内容特别多,可使用双面打印或 A3 打印,折叠为 2 页。这样避免简历丢页,尤其将最重要的后页丢失。如果所获证书很多,简历后附相关证书的复印件等材料,可以选择素色的拉杆夹或者其他方式装订成册。

3. 简历结构。按上面介绍的简历内容进行安排。最好将实践经历的书写比例占三分之一以上。

4. 个人基本信息。需要注意的是,应分清出生年月和出生日期的区别;政治面貌应以党员为填写标准,如不是党员,请去掉此项目,不能书写团员,甚至群众;联系方式中邮箱最好用正式邮箱;相片位置应粘贴打印好的求职照片,最好不要直接打印,容易模糊,影响个人形象。

5. 学习经历。如果具有两个学历,请将更贴近应聘职位的学历写在前面;如果只有一个学历,而且应聘职位就是本专业的相关工作,应将体现该工作岗位的专业课程写在前面,一般在简历上不必体现英语、政治、数学等公共课程。

6. 实践经历。实践分为校内和校外。校内实践主要阐述担任学生干部,需要写明任职时间、职位名称、组织策划或参与的活动;校外实践内容需按照时间顺序书写,每次工作经历应体现:工作起止时间、公司名称、工作职位及工作职责和工作收获的具体内容,不能只写时间、职位等基本信息,还要写工作职责等细节,以便体现这些工作经历对应聘职位的支撑作用。务必将自己的实践内容及锻炼和提高的能力进行较详细地描述。同时,描写中要注重采用量化的指标强调成功经验。

7. 自我评价。此内容主观性很强,要言简意赅,以短语为主,不要写啰唆的句子,还要结合应聘职位来表述胜任的能力。比如,性格开朗,具有较强的组织能力、沟通能力等。

8. 整个简历要做到层次清晰,仔细检查每个字和标点符号,一定不能出现错别字,这些细节往往是 HR 判断候选人是否细致、有责任心、思路清晰的依据,可能是成败的关键。

9. 在各个项目中,对时间的排列顺序建议采用倒叙,即最新发生的事情写在最前面。

七、简历投递的注意事项

(一)纸质版简历投递

一般来说纸质版简历应用于校园招聘、人才市场等现场招聘,求职者自己带简历参加招聘会,根据自己的求职意向和企业提供的工作岗位、工作条件等信息,选择符合自己要求的企业投递简历。需要注意以下内容:

1. 保持简历的整洁,可以用一个文件袋收纳简历等相关文件。

2. 如果求职者多,一定以最短的时间、最清楚地简述自己的优势,必须保证企业招聘人员获知你的信息。

(二)电子版简历投递

随着网络技术的发展,各个企业都有自己的官网,招聘信息可以选择官网公布,也可以在专业的招聘网站公布。如果在接收到招聘信息后,我们需要给企业发送电子版简历,大部分的投递方式都是电子邮件。在投递过程中,需要注意的事项有:

1. 注册一个正式的邮箱,方便给企业发送简历等信息。

2. 电子版简历文件需要重命名,格式内容可以选择"姓名+应聘职位",比如"张三应聘招聘专员岗位"。

3.邮件里除了简历附件,还需写一封简短的求职信或自荐信。

自荐信

尊敬的公司领导:

感谢百忙之中的垂阅!为一位满腔热情的大学生开启一扇希望之门,给我一个迈向成功的机会。通过对贵公司的了解,得知贵公司正在招聘施工员一名,我相信以我的能力能够胜任该职位,怀着真诚的心情向贵公司提交我的求职信,相信我一定不会让你们失望。我愿到贵公司,为公司尽一份力。

大学我选择的是土木工程专业,大学四年的理论学习使我养成了严谨的学习态度、严密的思维方式,良好的学习习惯,我在校期间能够熟练操作 Word 等办公软件及 AutoCAD 工程绘图和广联达工程造价预算通及钢筋软件。我现在能独立编制工程量清单、套用定额对工程量清单组价(笔算、软件均可)、能编制招投标文件、编制工程结算。我为人诚信开朗,勤奋务实,有一定的组织管理能力,有较强的适应能力和开拓精神,有良好的职业形象和素养,责任感强,恪守以大局为重的原则,愿意服从集体利益的需要,具备奉献精神。

我今年从学校毕业,但在大学三年期间,每个暑假都在本行业实习,加起来一共八个月的时间,实习内容分别有设计、监理、勘测和施工。在实习期间,我见识和体会到了很多学校里无法学到的东西,最重要的是提高了我分析问题、解决问题的能力,尤其是在工作中实践操作的积累,让我能熟悉自主地完成各项检验项目,熟练地掌握了从操作到运用,到对检测结果的分析。也让我明白,在施工中必须认真学习施工图纸和施工规范以确保施工质量,严格按照 PVCA 方案实施,在学习同时把施工重点、施工方法和处罚条例都记录下来,以便技术交底中不遗漏,尽量做到事先预料,事前解决,针对有些重点问题在每个阶段施工初期都要向施工队长提出具体要求,特别强调问题的严重性并耐心向他们讲清规范中的要求。

"万丈高楼平地起",为期不长的实习期也让我对于工程造价和施工技术的基本技能尤为重视,在施工实习中,我要求自己做到"五心"——多留心、能虚心、要细心、勤操心、具匠心,我的付出得到了领导和同事的认可,也给了我前行的动力和自信。

几年的大学生活也锻炼了我顽强拼搏的精神和坚韧不拔的意志,在校期间,我努力学习各门课程,学校优良的校风和严谨的学风,深深感染了我,塑造了我稳重、认真、知行统一、志存高远的办事风格和做人态度。在校期间的学习和生活,使我懂得求实、创新、团结、进取是职业生涯的第一要义。另外,我积极参加学校组织的各种社团活动,在活动的组织过程中对于人与人之间的沟通,各部门的协调,对于突发事件的应对解决能力,我都得到了很好的锻炼,提高了交际能力,也使我认识到了团队精神的重要性,增强了自己的集体主义责任感和荣誉感,克服各种困难,赢得了老师和同学的一致好评。

自学能力强是我的另外一个优点,施工技术日新月异,只有不断的升级自己的知识才能在激烈的竞争中立于不败之地。在学校的课余时间里,我还通过书刊网络等媒介汲取各方面的知识,不断扩充我的知识面和眼界,对于从事工程施工和造价工作必须掌握的相关知识有了相当程度的理解和掌握,同时对国家政策能做到及时关注并理解深层含义,可以让公司在国家政策中占得先机。

强烈的拼搏意识让我想通过担任贵公司的施工员,更好的充实自我,展示自我。当然我自身也有一些不足之处,我会通过不断的改进,来提高自身的综合素质,我相信自己可以胜任施工员这一职务。

　　过去的成功与失败只能代表过去，我的未来还是一块需要描绘的画板，等待我用五彩的颜色去描绘灿烂的图画。一直以来，贵公司深厚的文化底蕴、良好的企业形象、优秀的员工队伍，深深吸引了我，我诚挚地希望能成为贵公司施工队伍中的一员。我将尽我所能，不断学习、尽心尽力、尽职尽责、兢兢业业、踏踏实实地工作，在实践中不断学习，发挥自己的主动性、创造性，与贵公司工作人员共创美好未来，为贵公司贡献自己的一份力量。最后，祝贵公司的发展蒸蒸日上！如有机会与您面谈，我将十分感谢。不管怎样我也将一如既往地关注贵公司的发展，并在此致以最诚挚的祝愿。

　　恳请接纳，回函是盼！
　　此致
敬礼！

××××大学 土木工程系
张小鱼

求职信

尊敬的公司领导：

　　感谢百忙之中的垂阅！我对贵公司良好的工作氛围和高效的运营模式早就有所耳闻，得知贵公司正在招聘××一职，我相信以我的能力能够胜任该职位，怀着真诚的心情向贵公司提交我的求职信。

　　通过大学四年的理论学习我养成了严谨的学习态度，严密的思维方式。在国外的几次学习，与不同文化背景的人沟通和工作，提高了我的交际能力，认识到了团队精神的重要性，同时也使我的英语水平得到提升，我工作认真、高效，能够很好地管理时间；在oxyme从事网络媒体分析师期间，充分地锻炼了我的逻辑分析能力；在餐馆打工的经历使我学会了如何和顾客去沟通交流；在中石油工作期间，我的学习能力、洞察和分析问题的能力都得到了很大的提高。几年的工作实践还锻炼了我顽强拼搏的精神和坚韧不拔的意志，正是通过不断的成长和努力，让我更有勇气和信心来应聘××一职，我更愿意从基层干起，以此了解公司业务，脚踏实地地做好自己的工作。当然我自身也有一些不足之处，我会通过不断的改进，来提高自身的综合素质。

　　我诚挚地希望能成为贵公司的一名员工，如有机会与您面谈，我将十分感谢。最后，祝贵公司事业蒸蒸日上！即使贵公司认为我还不符合你们的条件，我也将一如既往地关注贵公司的发展，并在此致以最诚挚的祝愿。

　　此致
敬礼！

张小鱼
2018年5月15日

资料来源：https://wenku.baidu.com

第二节 筛选应聘登记表与简历

求职者在应聘岗位时,除了将个人简历递交给用人单位外,很多用人单位为求职者准备了一个表格,这个表格就是应聘登记表。

一、应聘登记表的含义

应聘登记表,也称为应聘表,是由用人单位设计,包含了职位所需基本的信息并用标准化的格式表示出来的一种初级筛选表,其目的是筛选出那些背景和潜质与职务规范所需的条件相当的候选人,并从合格的应聘者中选出参加后续选拔的人员。

二、应聘登记表的内容

应聘登记表的内容一般包括以下几个方面:

个人基本情况:年龄、性别、电话、身体状况、联系方式、婚姻状况。求职岗位情况:应聘岗位,求职要求(收入待遇、时间、交通、住房)。工作经历和经验:以往工作单位、职务、工作年限、薪资、离职原因、证明人等。教育与培训情况:学历、所获的学位、四六级等相应岗位所需证书、接受的培训。生活和家庭情况:家庭成员姓名、关系、个性、态度。其他:获奖情况、能力证明、是否接受倒班、转岗等,注明申请人应按真实情况填写,并签字。

某公司应聘人员登记表

应聘部门及职位:_____   可到职日期:_____
一、个人概况   本表所有内容为您个人信息,我们将为您严格保密。

姓 名		性别		出生日期		身份证号码		
婚姻状况	未婚□	已婚未育□	已婚已育□	其他□	籍贯		政治面貌	
户口所在地					血型		民族	
联系方式	家庭住址							
	固定电话				紧急联系电话			
	手 机				E-mail 地址			
兴趣爱好					来往路程			
语言能力	语种	熟练程度		计算机水平	软件应用			
					文字录入		中文:__字/分 英文:__字/分	
				驾驶执照				
视力、身体情况,是否有过重病或传染病史				有无重大奖、惩记录				

二、教育经历(请从最高学历起倒推至高中)

起止时间	学校名称	专业	学习成果
年 月至 年 月			
年 月至 年 月			

三、工作经历(请从现在倒推至参加工作时)

起止时间	就职单位名称	职务	薪金	证明人及联系方式	离职原因
年 月至 年 月					
年 月至 年 月					
年 月至 年 月					
年 月至 年 月					

四、其他

简述您的最大优点:	
在什么岗位上能最大限度地发挥您的才能	
您对本企业的印象如何	
简述您的工作态度	

您应聘本公司的主要目的:□ 职位　　□ 收入　　□ 交通环境　　□ 其他(请注明)_____

目前的收入	年收入:	期望的收入	年收入:
	固定工资:　　奖金:		固定工资:　　奖金:

填表人声明:本表所填事项均真实可靠,决无虚假隐瞒,如有不实愿接受公司任何解雇处理。

　　　　　　　　　　　　填表人签名:　　　　填表日期:　　年　月　日

三、应聘登记表与简历的优缺点比较

用人单位收取了个人简历,为什么还需要填写应聘登记表呢?这是因为简历主要是应聘者想告诉企业的内容,应聘登记表则主要是企业想了解的内容,二者内容既有重叠,又有区别,对企业各有利弊,配合使用可以互为补充。

(一)应聘登记表的优缺点

1. 应聘登记表的优点

(1)填写过程中吸引其他求职者

在招聘现场,求职者也具有从众心理,停留填写应聘登记表的求职者,可以引起其他求职者的注意,从而吸引更多的求职者关注该企业,被吸引来的求职者越多,该企业的招聘质量越好。

(2)信息结构完整

很多求职者的简历内容非常复杂,格式各不相同,使得企业在筛选简历时耗费大量的时间,且不能直观的观测到求职者是否符合应聘条件。应聘登记表是由用人单位设计的,其内容结构完整,能够快速显现出用人单位需要了解的内容。比如有的求职者在简历上不会写籍贯或者婚姻状态,可以在登记表上显现出来。此外,有的求职者会刻意隐瞒自己的学习经历,比如只写某大学本科毕业,但其实是专升本或者自考学历;未通过英语四六级考试,在简历上不设置英语等级的内容;因应聘岗位与所学岗位不相同也不相近,简历上不体现自己的专业,等等。既然在简历上不能看到这些完整的内容,就需要在应聘登记表上专门设置有针对性的登记项目,来确认求职者的具体信息。

(3)与简历对照使用以辨认信息真假

应聘登记表和个人简历在筛选求职者时是互相对照使用的。有些求职者的简历是美化过的,但美化后往往自己也不记得改了哪里,通过比对应聘登记表和简历是否一致可以判断其是否作假。特别是观察有关离职日期、工作经历等细节。

(4)直观观测填写态度

用人单位可以通过应聘登记表的填写情况初步判断求职者的性格特点。比如观察填写的字迹是否工整、是否认真、是否有错别字、是否自带笔等情况,由此来判断其工作态度是否认真、是否细心,是否适合某些要求精细的岗位,比如财务、办公室文员等。事实证明,表格填写认真的求职者,其在后续的面试中表现也很优秀,而表格填写内容非常简单的求职者,其对这份工作的求职动机是不清晰的,甚至是不屑的。

(5)设置工作经历证明人的填写信息以方便背景调查

设计应聘登记表时,在工作经历模块设置工作证明人的填写内容,以供后续的背景调查使用。尤其是招聘中高层管理者、跳槽者或应聘者是学生会主席等高级学生干部时,背景调查显得更为重要。

(6)设置信息核对签字以减少招聘风险

设计应聘登记表时,专门设置一行为信息核对并签字,告知求职者需认真、准确地填写应聘登记表,必须对自己填写的内容负责。此外,在应聘登记表的最末一行,加以注释"上述信息如有虚假信息,签署的劳动合同立即解除"。若在求职者入职工作之后,发现其有不真实的填写内容,用人单位可以随时解除合同。

2. 应聘登记表的缺点

(1)封闭式,限制创造性。因应聘登记表是用人单位设计的表格,其内容是公司需要重点了解的内容,但对于有特点的求职者来说,表格内容过于封闭,不能给求职者展示自身优势的机会,限制了求职者创造性的发挥。

(2)制作和分发费用较高。用人单位需利用专门的时间设计并制作应聘登记表,还需对印刷和分发流程进行预算,增加了招聘成本。

(二)简历的优缺点

1. 简历的优点

(1)开放式,有助于创新。简历是求职者自己设计的,不受企业限制,书写内容广泛,在很大程度上给求职者提供创新的机会。

(2)能凸显求职者的优势。求职者根据求职岗位和自身特点,撰写简历内容,将自己认为最佳的内容凸显出来,以在众多竞聘者立于不败之地。

(3)允许申请人点缀自己。每个求职者可以根据自身的条件,在内容和形式上,制作精美的个人简历,并将简历内容以自己的特色展现给用人单位,由此来判断求职者的创新能力和个人业务水平。

(4)费用低。求职者打印输出简历的费用较低,用人单位在收取简历方面无须产生招聘成本。

2. 简历的缺点

(1)掩饰缺点。有部分求职者未获得英语四级等资格证书,在简历中无体现,使招聘人员筛选简历过程中浪费了不少时间。

(2)个性化的简历格式不易横向比较。每个求职者根据自己的优势书写简历,内容、结构、书写顺序不一,导致招聘人员在多个求职者的简历筛选中,较难比较。

四、筛选应聘登记表的要点

对应聘登记表的初审及评价是招聘录用系统的重要组成部分。初审的目的是迅速地从应聘者信息库中排除明显不合格者,以挑选出符合招聘条件、有希望被聘用的应聘者。因应聘登记表的筛选过程中并未对应聘者有直接的接触,所以评价标准往往以招聘条件的硬性指标为主,如工作经验、学历、年龄等。应聘登记表的筛选过程中,筛选的要点有:

(一)判断应聘者的态度

在筛选应聘登记表时,首先要筛选出那些填写不完整和字迹难以辨认的材料。对那些态度不认真的应聘者安排面试,纯粹是在浪费时间,可以将其淘汰掉。

(二)关注与职业相关的问题

在审查应聘登记表时,要估计背景材料的可信程度,要注意应聘者以往经历中所任职务、技能、知识与应聘岗位之间的联系。如应聘者是否标明了过去单位的名称,过去的工作经历与现在申请的工作是否相符,工作经历和教育是否符合申请条件,是否经常变换工作而这种变换却缺少合理的解释等。在筛选时要注意分析其离职的原因、求职的动机,对那些频繁离职人员加以关注。

(三)注明可疑之处

很多应聘登记表存在内容上的虚假。在筛选材料时,应该用铅笔标明这些疑点,在面试时作为重点提问的内容之一加以询问。如在审查应聘登记表时,通过分析求职岗位与原工作岗位的情况,要求对高薪低就、低薪高就的应聘者加以注意。为了提高应聘材料的可信度,必要时应检验应聘者的各类证明身份及能力的证件。

五、筛选简历的要点

对于如何筛选应聘简历,实际上并没有统一的标准来对应聘简历进行评估,因为简历的筛选涉及很多方面的问题。常见的简历筛选要点有以下几个内容:

(一)分析简历结构

简历的结构在很大程度上反映了求职者的组织和沟通能力。结构合理的简历都比较简练,一般不超过两页,重点内容集中在社会实践。通常求职者为了强调自己近期的工作,书写教育背景和工作经历时,可以采取从现在到过去的时间排列方式,相关经历常被突出表述,书写简历并没有一定格式,只要通俗易懂即可。

(二)审查简历的主客观内容

简历的内容大体上可以分为两部分,主观内容和客观内容。在筛选简历时注意力应放在客观内容上。客观内容主要分为个人信息、受教育经历、工作经历和个人成绩等四个方面。个人信息包括学校、工作单位的各种奖励等。主观内容主要包括求职者对自己的描述,例如本人开朗乐观、勤学好问等对自己的评价与描述性内容,判断此主观内容是否与应聘岗位贴切。在审查简历的过程中,要对照应聘登记表,如有矛盾之处,或者直接淘汰,或者进行明确的标注,并在面试过程中加以询问。

(三)判断是否符合岗位技术和经验要求

在客观内容中,首先要注意个人信息和受教育经历,判断求职者的资格和经历是否与空缺岗位要求符合。如果不符合要求,就没必要再浏览其他内容,可以直接筛选掉、例在受教育经历中,要特别注意求职者是否用了一些含糊的字眼,比如没有注明大学教育的起止时间和类别。这样做很可能是在混淆专科和本科的区别,或者是统分、委培、定向等区别。

(四)审查简历中的逻辑性

在工作经历和个人成绩方面,要注意简历的描述是否有条理,是否有逻辑性。比如一份简历在描述自己的工作经历时,列举了一些著名的单位的高级岗位,而他所应聘的却是一个普通岗位,这时就需要引起注意,比如另一份简历称自己在许多领域取得了成绩,获得了很多证书,但是从他的工作经历中分析,很难有这样的条件和机会,这样的简历也要引起注意。如果能够断定简历中有虚假成分存在,就可以直接将这类应聘者淘汰掉。

(五)对简历的整体印象

通过阅读简历,判断求职者简历留下的第一印象。如果简历出现褶皱、油污、内容只有半页、排版问题严重等情况,可知此应聘者的求职态度不认真,根据所聘岗位特点,酌情考虑直接淘汰还是直接下发面试通知。另外,标出简历中感觉不可信的地方,以及感兴趣的地方,面试时可询问求职者。

值得注意的是,在筛选应聘登记表和简历的过程中,由于求职者的个人资料所反映的信息不够全面,决策人员往往凭个人的经验与主观臆断来决定参加复试的人员,带有一定的盲目性,经常产生漏选的现象,因此,初选工作在费用和实践允许的情况下应坚持面广的原则,应尽量让更多的人员参加复试。

【本章小结】

本章较为系统地介绍了简历的制作与筛选的相关内容。在简历书写和投递方面,首先,从介绍简历的含义及其作用入手,接着介绍了简历的种类;其次,重点介绍了简历的内容和编写原则,以及书写简历和投递简历的注意事项;在筛选简历和应聘登记表方面,首先介绍了应聘登记表的含义、内容;然后重点介绍了应聘登记表与简历的优缺点比较;最后重点分析了筛选简历和应聘登记表的要点。

【引例分析】

在章首引导案例中可知该公司在筛选简历过程中出现了问题,简历众多,筛选的工作量大,应抓住筛选简历的要点,提高筛选简历的效率,才能发挥筛选简历的作用。

在面试初期,通过严格筛选简历,确保面试的有效性。简历筛选主要考虑:投递简历人员的学历(教育背景),工作经验,行业相关性,过往公司规模,产品的相似性等。在简历筛选的过程中,要重点筛除不符合公司岗位要求的简历。有效的简历,主要是保证简历的匹配性,让符合公司要求的人员进入面试环节,提高面试的效率。

简历的快速有效的筛选,主要关注以下几个方面:1.简历结构。简历是否全面介绍个人的受教育背景,工作背景(服务行业,公司名称,工作岗位等)。2.简历内容。是否有实际的工作内容,数据,工作和职位的匹配性。3.职位技术和经验要求。考虑工作公司的行业相关性,技术能力的水平,管理经验的层级。4.逻辑性。简历是否有逻辑性,是否有工作经历的"空档期",是否符合一般性的职业发展规律。

除了以上的常规方法之外,对重点的岗位,还需要通过面试、背景调查来进行甄别。

第九章
Chapter 9

笔 试

【引导案例】

笔试淘汰了谁？

M公司因业务拓展，现招聘2个文员。招聘通知一经发出，22名求职者投来了简历。人力资源部认为文员工作不局限于对口专业，应根据候选者能力而定。通过简历筛选，16名候选者收到了下一轮的笔试通知。笔试定于10月12日9:00在M公司的会议室进行，临近笔试时，发现试卷上的内容因打印机墨少导致试卷模糊不清，再次进行打印，笔试开始的时间已经9:45，公司规定笔试时间30分钟，笔试题量为120道选择题，而且均为公务员行测题，公司人力资源部规定按成绩高低取前8名，进入下轮面试。因题量大，时间短，所有的笔试应聘者几乎都未在规定时间内完成此份笔试问卷，而且行政管理专业和文秘专业的4名同学因对行测题并不熟悉，考试成绩不理想，均被淘汰，余下的12名求职者分别是历史专业、药学专业、电子专业、园艺专业的应届毕业生，取前八名发送面试通知书。3天后，面试如期举行，面试各位求职者在文员工作方面具备的能力时，只有1名园艺专业的同学勉强过关，最后本次招聘以录取1名求职者结束。

在本案例中，M公司笔试存在哪些问题？为什么笔试题将相关专业的候选者淘汰了呢？

【本章主要内容】

1. 笔试的内涵
2. 笔试的优缺点
3. 笔试题目种类
4. 笔试题目的来源
5. 笔试题目设计的原则
6. 笔试命题存在的问题与对策
7. 笔试设计与应用的过程
8. 笔试实施过程中的关键事项

第一节 笔试概述

笔试是一种最古老而又最基本的选择方法。自古以来，笔试未曾间断过。从唐朝盛行的科举制度到现在的中考、高考，以及研究生考试和公务员考试的初试等等，均属于笔试,本章主要探讨的是企业员工招聘中的笔试。笔试在员工招聘中有相当大的作用,尤其是在大规模的员工招聘中,它可以高效地把员工的基本能力了解清楚,然后可以划分出一个基本符合需要的界限。

一、笔试的作用

(一)测试应聘者的书写能力和书写态度
笔试是用人单位对求职者的专业知识及文字表达能力和书写态度等综合能力的一次有据可查的测试。

(二)提供公平选择的平台
笔试对求职者来说是一次公平的竞争,对用人单位来说是检查和核实求职者真才实学的办法。

(三)提高招聘的客观性
笔试可以防止任人唯亲的不正之风,也可以作为求职者能力的留档记录。

(四)初步筛选的工具
笔试可以进行大批应聘者的测试,初步筛选合格的应聘者,为后续招聘环节节约成本。

二、笔试的内涵

笔试是一种常用的考核方法,它是用人单位采用书面形式对求职者所掌握的基本知识、专业知识、文化素质和心理健康等综合素质进行的考察和评估,通过测试应聘者的基础知识和素质能力的差异,判断该应聘者对招聘岗位的适应性。笔试是让应聘者在试卷上笔答事先拟好的试题,然后根据应聘者解答的正确程度予以评定成绩的一种选拔方式。

笔试是采用笔试测验的方法对应聘人员进行初次选拔的活动过程。笔试亦称纸笔测试,或纸笔测试法。从广义上看,它是以书面形式测量、考核应试者的知识水平、分析力、判断力、想象力、记忆力及文字表达、逻辑推理等项能力素质的一种重要工具,它的应用范围十分广泛。从狭义上看,笔试主要是指对应试者知识水平的测量和检验。它是由主考部门根据工作岗位的需要,事先拟定好笔试试题,让应试者以书面的形式作答,从而对应试者的基础知识、专业知识、管理知识、技术知识、生产知识,以及其他专业知识水平的差异程度进行检测评判的一种测试工具。

笔试一般包括两个层次:第一个层次是一般知识和能力,包括社会文化知识、智商、语言理解能力、数字才能、记忆力、推理能力、理解速度等;第二个层次是专业知识和能力,包括与应聘岗位相关的知识能力,如财务会计知识、汽车销售知识、电气工程知识,以及管理知识、人际关系能力、观察能力等。除此之外,有些企业通过笔试来测试应聘者的性格和兴趣,但性格与兴趣通常要运用心理测试的专门技术来测试,仅仅靠笔试中的一部分题目很难得出准确的结论。

三、笔试的优缺点

（一）笔试优点

笔试以纸笔、文字为介质，让应聘者动手、动脑回答提问，这正是它与面试等其他测试方法的最重要区别之一。这就使它具有其他方法所无法替代的一些优点，具体表现在：一是经济性。笔试可以同时对大批应聘者进行测试，这样成本低，费时少，效率高；二是广博性。笔试的试卷内容涵盖面广，容量大，一份笔试试卷常常可以出几十道乃至上百道不同类型的试题，因而通过笔试可以测试出应聘者的基本知识、技能和能力的深度和广度，测试的信度和效度都比较高。三是客观性。这是它最显著的优点。考卷可以密封，主考人与被测者不必直接接触，评卷又有可记录的客观的尺度，考试材料可以保存备查，这较好地体现了客观、公平、公正原则。总之，采用笔试的方法，机会均等而且相对客观，这是其他方法难以替代的。

（二）笔试缺点

由于笔试是通过答卷的形式完成，因此笔试也存在一些局限性。一是无法考查应聘者的工作态度、品德修养，以及组织管理能力、口头表达能力和操作技能等；二是可能出现"高分低能"现象，可能使组织真正需要的人才被剔除，而使一些不完全符合条件的应聘者进入下一个阶段的测试；三是一些应聘者可能由于猜题、押题或依靠欺骗、舞弊等不法手段而获得高分；四是不能对应聘者表达含糊的问题直接进行追问，进而掌握其真实的水平。因此，笔试虽然有效，但还必须采用其他测评方法相结合，如面对面提问、行为模拟法、心理测验法等，以补其短。一般来说，在企业组织的招聘中，笔试作为应聘者的初次竞争，成绩合格者才能继续参加面试或下一轮测试。

第二节　笔试题目类型及来源

一、笔试题目类型

（一）笔试题目按表现形式分类

从表现形式上看，笔试可以采用多种选择题、判断题、匹配题、填空题、简答题、综合分析题、案例分析题及撰写论文等多种试题形式。

笔试的每一种特定形式都有它的优缺点。例如，选择题、判断题、匹配题、填空题、简答题等类型的试题，适合测试应聘者的一般和专业知识水平；综合分析题可以测试应聘者某种职业能力；案例分析题能够检测应聘者的认知力、理解力、分析力、判断力、思辨力等方面的能力；撰写论文能使应聘者以文字形式表达对某一类问题的看法，既可以展示其聪明才智，也能反映其价值观、世界观、人生观等方面的认识水平。

（二）笔试题目按试题内容与岗位相关分类

企业人员招聘中，笔试是为了衡量和检测应聘者对其应聘的岗位所应具备的基础和专业知识实际掌握的程度。因此，其笔试的内容主要与岗位资格条件等方面的要求有关。按笔试内容与岗位相关分类，一般包括以下三个方面：

基础知识测验。主要检测应聘者最基本常识、相关知识实际掌握的程度或知识面的宽度。例如，公务员考试通常包括一般知识能力、法律知识、行政管理、宏观经济、公文写作、时间管理知识等；外交人员的招聘考试可能涉及对当前国内、国际重大事件的看法，当地的文化、民俗等内容；公共关系人员的招聘考试可能涉及心理学、公关礼仪、人文知识等。

专业知识测验。主要检测应聘者对应聘岗位所要求的专业知识实际掌握的程度。例如，招聘人事经理，专业知识测验的内容通常包括企业管理、人力资源管理、劳动法学、劳动人事心理学、劳动定额学等方面内容。而招聘营销经理，专业知识测验的内容，通常包括市场营销、企业管理、财务管理、广告学、消费心理学、公共关系等方面内容。

外语考试。外语考试的目的是要检测应聘者对某一门外语实际掌握的程度。随着我国对外交流的增多，近几年实施外语考试的企业逐渐增多，不仅是外资企业，即便是国有或民营企业，为了拓展业务或是学习吸收国外的先进技术、管理经验，也经常派人出国参观、学习、考察。因此，企业对应聘者外语水平的要求也越来越高。

（三）笔试题目按主客观分类

1. 客观题

客观题的答案是唯一的、封闭的，试题就某一个知识点要求应聘者做出精准的回答，试卷或是给出了每道题的固定答案，或是让应聘者补充完整唯一的内容，回答有偏差就不能得分。客观性的试题有明确的参照答案不需要批阅人的主观判断，而且批阅起来也很方便，可以大大提高批阅的效率。现在很多的大型考试采用计算机批阅客观题的形式，节省了很多批阅时间。客观题的主要优点是：①题目的分值小，适宜大量出题，考点覆盖面广；②评分依据唯一的答案，评判更科学、客观。③方便采用电脑阅卷等现代化的批阅工具，大大提高了效率。但客观题也有一定的局限性：①编写的试卷难度大，如编写单项选择题，每个题目需要找出3~4个干扰项，且每个干扰项不能对答案具有导向、指向性或明显可辨别性，因此，需要反复比较才能确定；②不易对人的综合分析、运用能力和文字表达能力进行测试；③容易存在一定的漏洞，使应聘者猜测答案，降低了考试的信度；④考试的耗费比较大，组织一次考试需要耗费大量的人力、物力和时间。

设计客观试题时，可以采用填空题、选择题、判断题、改错题等多种形式。

（1）选择题的设计。选择题由两部分构成：题干和选项。题干是问题的陈述部分，选项包括了正确答案和干扰信息。选择题分为单选题和多选题，选项一般为4~5个。相对而言，多选题的难度大一些。选择题的答案固定，批阅和统计都比较容易，因此被广泛使用。

（2）填空题的设计。填空题由未完成的陈述句构成，要求考生填写其中空出的关键词。填空题旨在考察应聘者对知识的认识和记忆，而不是理解和应用。需要注意的是，填空题的填入内容应该是知识核心词，没有异议，而且空白之处不能太多，便于考生理解。同时，答案必须是唯一的，便于最后使用统一的评分标准。

2. 主观题

主观题的答案往往是开放性、非唯一的，给应聘者很大的自由度，能够看出应聘者的综合能力和思维深度。题目的判断由批阅人结合答案参考要点和自己的主观经验给分，因此会受到批阅人的个人认识、判断力的影响。主观题的主要优点是：①试题的内容综合度高；②具有一定的发散性，鼓励应聘者自由发挥，有利于考查知识的运用能力、深层次的认识思维能力；③主观试题命题量少，题干比较简单。但主观题也有一定的局限性：①测试的内容范围有局限性，分数占的比重大，考生一道题目的得失对结果的影响偏大；②主观题没有统一的答案，容易受到批阅人自身的知识及其专业水平，以及评判标准等主客观因素的制约和影响；③批阅主要靠人工完成，效率比较低，不能用现代化的评分手段替代。

设计主观题时，可以采用简答题、论述题、作文题、案例分析题、方案设计题等多种形式。

（1）简答题的设计。简答题是主观型题目，针对某一明确的知识点进行发问，答案也比较明确。简答题能够考查应聘者对知识点的理解，题目编制容易，不受猜测影响，也比较容易批阅。

（2）论述题的设计。论述题是非常典型的主观题目，题目要求应聘者对某一个现象或者问题进行深入的分析，并能够有说服力地说明自己的观点。论述题不要求有统一的答案，有一定的灵活性，鼓励应聘者自由发挥。这种考试方式能够测评出应聘者组织材料的能力、综合分析能力和文字表达能力，有时还能测评出创造力。但是，由于没有非常统一的答案，因此评分时会受到一些主观因素的影响。

二、笔试题目的来源

（一）一般理论知识题目的来源

在笔试题目中，理论知识是用来考核应聘者的基本素质、基本能力的，其内容主要来源于公务员考试的行政能力测试题等。

1. 数量关系题

数量关系主要测试应聘者理解、把握事物间量化关系和解决数量关系问题的能力，主要涉及数据关系的分析、推理、判断、运算等。常见的题型有：数字推理、数学运算等。

比如：现在要在马路的一侧种树，马路长50米，每隔5米种一棵树，那么请问，一共需要种植多少棵树？

2. 判断推理题

判断推理主要测试应聘者对各种事物关系的分析推理能力，涉及对图形、语词概念、事物关系和文字材料的理解、比较、组合、演绎和归纳等。常见的题型有：图形推理、定义判断、类比推理、逻辑判断等。

比如：甲乙丙丁4个小孩在外面玩耍，其中一个小孩不小心打碎了邻居家的一块玻璃，邻居家的主人过来，想问问是谁打破的玻璃。

甲说："是丙打碎的。"

乙说："不是我打碎的。"

丙说："甲在说谎。"

丁说："是甲打碎的。"

他们4个人只有一个人说的是真话，其余三个都是假话。

请问：是谁打碎的玻璃？

3. 资料分析题

资料分析主要测试求职者对各种形式的文字、图表等资料的综合理解与分析加工能力，这部分内容通常由统计性的图表、数字及文字材料构成。主要考查概念有增长量、增长率、百分数与百分点、比重、倍数和翻番、指数、比重和百分点，等等。

4. 常识判断题

常识判断主要测试求职者应知应会的基本知识及运用这些知识分析判断的基本能力，重点测查对国情社情的了解程度、综合管理基本素质等，涉及政治、经济、法律、历史、文化、地理、环境、自然、科技等方面。

5. 言语理解题

言语理解与表达主要测试求职者运用语言文字进行思考和交流、迅速准确地理解和把握文字材料内涵的能力，包括根据材料查找主要信息及重要细节；正确理解阅读材料中指定词语、语句的含义；概括归纳阅读材料的中心、主旨；判断新组成的语句与阅读材料原意是否一致；根据上下文内容合理推断阅读材料中的隐含信息；判断作者的态度、意图、倾向、目的；准确、得体地遣词用字等。常见的题型有：阅读理解、逻辑填空、语句表达等。

比如：小林认为自己的领导从来不会认为他在日常工作中不是一个兢兢业业的员工。请问，小林的领导认为小林是不是一个兢兢业业的员工？

（二）岗位专业知识题目的来源

1. 专业知识的理论教材

无论什么岗位，工作实践中一定需要相关的理论知识，这就要求应聘者熟知本岗位的理论知识，笔试题目可以从相关书籍上编写一些题目对应聘者进行考核，来考查应聘者对各项专业知识的掌握程度。

2. 公司的工作说明书

针对公司的工作说明书进行分析，来确定该岗位所需的专业知识。例如，文秘一职要求应聘者具备应用文写作的能力，笔试内容可以设置为书写一份"十一放假通知"；培训专员一职要求应聘者熟悉培训工作的流程，笔试内容可以设置为草拟一份培训服务协议，等等。

3. 岗位相关的法律法规

除考查求职者岗位知识外，还需要了解该岗位涉及的条例、法律、法规。比如，人力岗位除了熟悉招聘、培训、绩效、薪酬外，还需要深研《劳动法》《劳动合同法》等劳动法相关法律法规。

（三）心理测试题的来源

1. 聘请专家编写心理测试题

针对空缺岗位设置心理测试题，最有效、最有针对性的心理测试题一定出自心理学专家之手，心理测试题与应聘岗位所需能力越接近，测试结果的可信度越大。但是这种测试方法成本高，企业只有在招聘高层管理者或者骨干员工时才会使用。

2. 购买

根据公司命题要求和岗位要求，为了节省时间，公司向专业的管理咨询公司等机构购买心理测试题。

3. 寻找网页或其他公共渠道

规模较小、经济紧张的企业，通过各种免费渠道搜索心理测试题，直接下载，成本低，但专业性和测试有效性大大降低。

三、笔试题目设计的原则

（一）目标明确

笔试试题设计必须有明确的目标。不管是面试还是笔试，目标明确是考核应聘者是否能够胜任拟招聘岗位的基础，因此笔试试题设计必须能够准确地反映拟招聘岗位的任职资格。

（二）题量、难度适中

为了让应聘者充分展示自己的能力，招聘人员在设计笔试题目时，应该遵循题量和难度适中的原则。

（三）题型恰当

笔试的题型一般包括选择题、填空题、判断题、简答题、计算题、论述题和写作题等，按照试题的评分是否客观、答案是否唯一，将这些试题分为主观题与客观题两大类。招聘人员在设计笔试题目的时候必须根据考核的目的，选择恰当的题型。

四、笔试命题存在的问题与对策

笔试命题经常出现重知识而轻能力，重结果而轻过程，重识记而轻应用等问题。其实，这些弊端并非来自笔试测验形式本身，而是主要来源于笔试测验中试题的编制水平。

因此，为了扬长避短，提高选拔应聘者笔试测验的有效性，充分发挥笔试测验的优势，必须确立科学规范的笔试命题机制。从笔试命题机制的流程与程序上讲，必须加强以下几个方面的建设，才能保证笔试试题的针对性与科学性。

（一）建立笔试的命题研究团队

建立专业、高水平的命题研究团队是笔试命题的人员保障。在应聘者笔试测验的实施过程中，无论是采用第三方命题或实施单位自己组织命题，都必须严格考查命题人员是否具备相应的专业知识与实践经验背景。从笔试命题的实践来看，命题的研究团队主要由三个方面的人员组成：一是各个专业、学科长期从事教学、科研工作的专家学者；二是长期从事人员选拔工作，具有丰富的组织出题、考试经验的人力工作者；三是具有相应知识水平和实践经验的用人部门人员。除此之外，在命制试题前，对命题人员进行系统培训，使他们明确命题原则和标准，掌握科学的命题方法，并进行合理分工，防止重复出题和漏题。

（二）针对招聘岗位的级别及选拔对象进行岗位的匹配能力分析

做好岗位的能力匹配分析是人员选拔笔试测验命题的出发点与立足点。在应聘者笔试过程中,对人员选拔的各级岗位进行分类,并从各类岗位中选取有代表性的岗位,进行职能、职权、职责等方面的系统分析,明确各岗位类别的任职资格条件,即任职者应具备的知识结构、能力素质条件。从而,为有针对性的试题提供命题的方向重点。

（三）根据岗位的级别与分类实施针对性命题

笔试一般包括公共科目和专业科目两大类考试。在这两种类型的考试中,命题的重点与方向不同,虽然考试的类别有所不同,但是它们存在着共同的趋势,即岗位层级越高,主观性题目越强,测试能力水平的目的越明确,试题命题的复杂程度与难度就越高。因此,在实施命题的过程中一定要加强命题的针对性研究。主要包括两方面措施:①借助专家匿名命题与现有题库相结合,减少现有题库试题的使用比例。②通过调查研究,从工作实践领域中,把握专业试题的前沿与发展中面临的问题。

行政文员笔试试题样例

一、单项选择题

1. 以下哪个接打电话的行为是不正确的？（　　）。
   A. 受到通话对方极大的责难,应针锋相对回击
   B. 给上司的留言下面朝下放在他的办公桌上
   C. 做记录时可以在便笺下垫一张复写纸,以防遗失后备用
   D. 中途因有事需放下电话请对方等待时,应把听筒朝下放置

2. 办公室布置要注意（　　）。
   A. 上司单独用的办公桌椅靠墙放
   B. 一般办公室桌椅最好面对面放置
   C. 打字、复印间离上司办公室近些
   D. 各种沟通、保密

3. 文员在进行办公室布置时,以下哪些行为是不适宜的？（　　）。
   A. 准备一些敞开的文件夹,贴上相应的标识条
   B. 办公桌抽屉物品要摆放整齐,不要放得太满且要经常清理
   C. 较大的物品放在稍高于视线的层面上,用标签贴在各种物品的下方
   D. 下班前要整理好自己的办公桌,把文件、资料收藏好以免丢失和泄密

4. 以下关于文员对办公室布置的情况,哪一个是错误的？（　　）。
   A. 伸直双臂再合拢,在高于桌面15厘米左右画弧形,手臂所能覆盖的桌子面积,比较适合摆放与工作有关的物品
   B. 办公桌抽屉里的物品要放置整齐,东西可放得满一些
   C. 各种类型的文件柜要分门别类安放文件、资料和物品,并贴上标识
   D. 纸张和较重的东西放在架子下面几层,较小的物品先放入盒中,再放在稍高于视线的层面上,用标签贴在各种物品的下方

5. 在办公室里,（　　）的位置是上座。
   A. 离入口最远　　　　　　　　　B. 离入口最近
   C. 靠近门口　　　　　　　　　　D. 靠近窗户

6. 传真机的使用哪一项是不对的？（　　）。
   A. 发送前检查原稿质量　　　　　　B. 随时随地可向对方发送
   C. 不宜发送礼仪性文本　　　　　　D. 不宜发送私人、保密文本

7. 在使用复印机的过程中，以下哪项内容是不恰当的？（　　）。
   A. 接通电源可立即复印操作　　　　B. 选定复印纸后要抖松消除静电
   C. 选择复印倍率来决定复印纸尺寸　D. 复印完毕应取下复印品和原稿

8. 以下关于录音机的使用哪一项是不适宜的？（　　）。
   A. 录音时需将监听开关置于"ON"位置
   B. 想保存录制好的内容，可将磁带盒两侧的防抹片除掉
   C. 机内话筒录音，注意最佳录音距离为30～150厘米
   D. 录音时要防止杂音混入，可采用传输线录音

9. 以下关于投影机的使用哪一项是不适宜的？（　　）。
   A. 安置窗帘遮挡室外光线
   B. 与其他设备正确连接
   C. 投影机要远离热源
   D. 应设置电脑的桌面屏幕保护功能

10. 以下接打电话的行为中，哪一项是不适宜的？（　　）。
    A. 电话机旁随时放着电话记录单或便笺和笔，一有留言就能立即记录
    B. 文员离开办公室时，要安排别人替你接电话
    C. 应随时使用手机在飞机上、饭店里、大剧院等进行联系
    D. 如果已经回电，但没打通，切记要再联系

11. 以下文员应遵守的参加宴会的礼仪中，哪一项是不适宜的？（　　）。
    A. 应选择轻软而富有光泽的衣料，用黑、红、白等纯色为宜
    B. 白天赴宴应选用香味较浓的香水，夜晚则应选用香味优雅的香水
    C. 未用完一道菜时，应将刀叉平行摆放在盘子上右侧，叉尖向上，刀刃向内
    D. 文员应在上司之后与对方碰杯，碰杯时应目视对方以示敬意

12. 上司参加各种应酬和会议，有时需要更换服装，文员应（　　）。
    A. 通知上司家人把衣服送达　　　　B. 自己到上司家里去拿
    C. 让上司自己去家里更换　　　　　D. 去买新的服装

13. 文员所做的完整的会议记录应该包括哪些事项？

14. 文员所做的口头报告的基本方法是怎样的，有什么要求？

15. 文秘人员经常要代替上司选择礼品，向他人赠送礼品，在处理这些事情应考虑什么，怎样做？

16. 某公司成立三周年，准备举行大型宴会，办公室人员应该如何做好准备，要做哪些工作？

17. 小李是刚到公司的文员，公司办公室内有各种文件柜、储物架、书报架，办公室主任给她配置了带锁的办公桌、电脑、电话机，还给了她新的文件架、文具用品盒、各种笔、胶水、剪刀、参考书、需要翻译的资料、公司印章、印盒、墨水、复印纸（2刀），要求小李整理好办公桌，把东西分门别类放置在适当的位置。小李应该怎么做？

18. 请拟一份关于国庆节放假的通知。

参考答案：

15. (1)在赠礼前必须搞清赠礼目的,如是为周年庆典、生日、结婚、荣升、乔迁,或是圣诞节、中秋节等。

(2)还要清楚赠礼对象的身份、爱好、文化背景、性格习惯等。

(3)在日历上应该清楚地标明节日活动安排以引起上司的注意。

(4)还应熟知以下规则:除非上司有特殊的要求,不必送太昂贵的礼物,只要用心为对方选择适当的礼物即可。

(5)要看对方的实际情况选择礼品,做到恰如其分,适合对方。

(6)赠送的礼物应去掉包装上的标价,并应请商店用精美包装纸重新包装一下。

(7)如果不是亲自送礼,应该在礼物的外包装上写上赠送者的姓名或附上名片、贺卡。

(8)文秘人员应准备一张节日礼物名单,上司可以在上面做一些增减,表示是否同意你提的建议或者提出一些其他意见及标明价格范围。

(9)为了避免所送礼物的重复,文秘人员应该为所有接受上司礼物的人做一张卡片记录。

16. (1)客人的选择。确定名单,再请上司核定。

(2)确定时间。如果是涉外宴请,宴请时间应按国际惯例,征询客人的意见,要避免选择对方的重大节假日。

(3)会场的选择。要考虑宴会的性质、客人的数目、交通是否方便、场地大小是否合适、菜式、有无停车场。

(4)拟订菜单。应符合对方的饮食习惯,从宾客的身份、宴请次数、目的等方面去考虑,至少要提供2份菜单,供上司挑选。

(5)寄发请柬。宴请需要发请柬,请柬上应写明邀请人姓名、宴请的目的、方式、时间、地点、着装要求、要求回函及其他说明等。请柬一般要提前1—2周发出。

(6)席次的排列。以社会地位与年龄作优先考虑来安排,在请柬上应注明席次号。

席次的排列原则是:

男女主人对坐桌椅的两端;男女宾客间隔而坐;夫妇分开坐;男主宾坐在女主人的右边,女主宾坐在男主人的右边。主人方面的陪客,应插在客人中间坐,以便同客人接触。

17. (1)电话放在办公桌左边,便于左手摘机,右手做记录,电脑放在右边。

(2)新文件夹放需要翻译的资料,在文件夹上贴上相应的标识条。

(3)各种笔、胶水、剪刀、印盒等文具分门别类放在文具用品盒内,参考书应该放在桌子上面或伸手可以拿得到的抽屉里。

(4)公司印章放入办公桌带锁的抽屉内。

(5)墨水放置在储物架底层,复印纸放在下面几层。

18. 关于中秋节放假的通知

公司各部门：

根据国家办公厅的文件通知,我公司确定中秋节放假3天,时间为9月22日至24日。其中24日为法定假日,9月25日正常上班。

节日前各部门要做好节前清洁、安全工作;节日期间,各部门人员注意个人安全。

最后祝各部门人员节日快乐！

×××××有限公司
二〇一八年九月十八日

试题的整合与审核是高质量试卷命题的最后一道防线，它决定着试卷整体的布局与知识点的分布，能有效地避免相关内容的重复，并能及时更正试卷中有争议的试题与文字错误。因此，实施依靠专家的试卷整合与多次审核，是保障试卷命题有效性的必不可少的重要步骤。专家试卷整合与审核的重点主要在于试题的内容结构合理性、有争议的试题规避、试题内容同测试要求的紧密性、试题内容的前沿性及时代性等。

第三节 笔试设计与应用过程及关键事项

一、笔试设计与应用的过程

为了使笔试达到初次筛选的目的，笔试过程需要周密的设计和安排。笔试一般应包括以下几个基本步骤：

（一）成立考务小组

笔试过程中有大量的工作要进行准备，通过笔试考务小组可以有效推进整个过程的实施，具体包括计划的制订，试题的编制，考务的组织等工作。

（二）制订笔试计划

为了使笔试能有序进行，需要制订周密详细的实施计划，计划的具体内容主要包括：①笔试的目的和科目确定，试题的设计。试卷的审定、印制与保管。②笔试的组织与安排。包括笔试的负责机构或负责人的确定；对考试规模的预计，即将有多少人员报名参加考试；考试时间和地点；监考人员和阅卷人员的组织与安排等。③笔试试卷的装订、收存及阅卷的组织与管理。④笔试的经费预算与效果预测。

（三）根据笔试测验《考试大纲》设计笔试试题

根据企业计划招聘岗位的要求，明确笔试的目的，确定需要测试的主要内容和目标，编制笔试测验《考试大纲》，并以此为基础确定试题的内容、项目、类型、难易程度、题量、计分方法、标准答案或参考答案等。针对人员需求数量大、招聘周期长、重复性强的岗位，企业可考虑建立笔试试题题库系统。通过试题题库的建立，可以避免大量人力物力的重复投入和占用，也能提高考试的公平性和公正性。同时，经过一定周期的循环之后，还需要不断补充、更新、修订和完善笔试的试题题库。构建一个健全完善的笔试体系，不但能够提高测试的效率，保障人员选拔的质量，也可以为员工以后的培训与开发提供必要的素材。

在试题编制完成之后，可以选择一部分相关人员进行测试，在此基础上对试题进行审核与修订，以确保试题的信度和效度。

（四）监控笔试过程

为了保障测试的质量，应当加强对笔试实施全过程的监督和控制。笔试过程包括考前通知、考场管理和考卷保管等项内容。考前通知是根据考试计划的时间、地点通知应聘者和安排培训监考人员;考场管理是考试现场的布置、考务的组织、监考等工作;考卷保管是考试结束后的考卷回收和存放管理。

（五）笔试阅卷评分

对回收的试卷,安排阅卷人员进行阅卷评分,安排工作人员审核分数,最终形成笔试成绩报告。为了保证阅卷评分的质量,应当围绕试题的评分标准和参考答案等内容,对阅卷人员进行一次系统的培训,力求使每一个阅卷人员都能理解并掌握评分的标准和要求。

一般来说,应首先抽取一定数量的试卷进行初评,然后请设计试题的专家进行讲评,以提高阅读的正确性和准确性。

（六）笔试结果运用

对于笔试的最终成绩,一般有两种筛选方法:一种是淘汰法,即按照分数从高到低的原则选取一定数量的人员进行下一轮的甄选,这种筛选方法,体现了优胜劣汰的原则;另一种方法是达到一定分数的人员,可以进入下一轮的测试,分数线一般是根据人员招聘计划和应聘者的人数、素质状况事先划定好的,给更多的应聘者进入下一轮测试的机会,从而体现了公平性和公正性。这种方式在一定程度上避免了唯分数论导致的高分低能的风险。

目前,有些企业已经建立了笔试的在线考试系统,事先将测验的试题导入考试系统,安排应聘者在线测验。采用这种网络系统的笔试方式,一方面提高了客观性试题的批阅效率,更有利于对各类测试信息进行统计分析和比较研究;另一方面,还有效地防止试题库内容的外泄,一定程度上杜绝了一些中介机构、人员猜题、押题等不良行为的出现。

二、笔试实施过程中的关键事项

（一）笔试测验《考试大纲》的编制

一般来说,为了提高笔试试题的系统性、全面性、科学性、有效性和正确性,必须根据企业人员的招聘规划编制技术类、管理类和技能操作类岗位的《考试大纲》。

设计《考试大纲》的基本思路是:在工作岗位分析和构建岗位胜任特征模型的基础上,并清晰界定各类岗位人员任职资格条件及知识,能力素质标准的前提下,解决好通过笔试要检测应聘者哪些方面的知识,哪些方面能力素质的问题,即对人员招聘的选拔笔试,要对"考什么、怎么考"这两个基本问题做出正确的回答,包括考试的功能、测评要素（项目、指标和标准）,以及考试测评的方式方法等内容。

根据人员招聘选拔要求,编制笔试的《考试大纲》的目的是非常明确的,就是要增强应聘笔试的科学性、针对性和有效性。因此,笔试命题必须以《考试大纲》为依据。笔试试题的设计必须符合《考试大纲》的各项具体规定,既不能太浅,又不宜太深奥;既不能重知识轻能力,不能过分强调应用,更不能漫无边际,海阔天空,脱离大纲的要求,不能"为了考试而考试"。

总而言之,组织应聘笔试的目的是要检测考查应聘者的知识水平和能力素质,因此,笔试试题设计自始至终是按照《考试大纲》的要求,围绕着招聘岗位人员应知应会的内容展开的。

（二）建立规范的阅卷制度

阅卷是笔试测验的重要环节。目前,在笔试测验的阅卷中有时会发生一些不规范的现象,影响了阅卷的客观与公平。例如,笔试阅卷流程不够规范,阅卷人员组成不够科学、素质差别较大,阅卷评分缺乏客观性,阅卷人根据个人观点和喜好评价应聘者答案等现象。

要提高人员选拔笔试测验的有效性,必须实施细化规范的阅卷制度。实施规范细化的阅卷制度,主要包括:

1. 制定详细准确的评分标准与答案

考试一般都要专门制定评分标准,包括标准答案或有关评分要点及各解答步骤的分数分配方案等。评分标准是阅卷者评分的依据,阅卷者必须按评分标准严格评分,以保证评分的一致性。在类似申论、材料作文等主观题评分标准制定中,一定要考虑到试题的主题,确定基本的评分标准,包括主题的确定、逻辑思路的清晰与否、语言文字的书写要求、字数的要求等方面。除此之外,还要考虑到应聘者的多元性及思维的发散性,对一些相对偏离但阐述较好的答题要进行一定的讨论或有一定灵活的评判空间。

2. 阅卷方式的多样化与针对性

多样化与针对性的阅卷方式是笔试测验的必然趋势。目前,应聘者考试的试题类型主要有客观性试题和主观性试题两类。由于题型的不同,阅卷方式可以灵活运用。例如,对于客观性试题的阅卷可以采用计算机阅卷,减少人为的误差;对于主观性试题的阅卷,为减少阅卷者自身的差异性所造成试卷结果的差异性,可采用专家阅卷的方式,即三个或以上专家对同一份试卷的判定,有异议的进行集体讨论,在较高级别的人员选拔笔试中,基本以主观性试题为主,因而专家集体问卷,就成为规避阅卷者个人评价差异的最好方式,从而更好地保证笔试结果的客观公正性。

3. 对笔试试卷的结果进行二次或三次审稿

对笔试试卷结果进行二次或三次的审核是规范化阅卷的必要环节与程序。进行笔试试卷结果的多次审核的主要内容包括:试卷的得分点与失分点的评判、试卷各测试题的得分及整体分数的重新核算、阅卷责任人的核对等,只有对笔试试卷结果的再次审核,才能杜绝阅卷过程中的误差与错误,更好地体现对人员选拔制度与应聘者的尊重。

(三)试卷分析报告的撰写

在笔试中,无论是何种科目考试,最终呈现的仅仅是一个分数而已,并不能体现笔试所要求的整体素质,而这种成绩在人员选拔的过程中仅仅作为一个参考,而不能对应聘者整体素质做一概括的评价。因此,寻求一种合理化的方式,展现考试的整体情况及应聘者的素质,是提高人员选拔笔试测评有效性的一种必要手段,撰写试卷分析报告则是提供这一特质手段与方法的最好选择。试卷分析报告的内容主要包括:

1. 进行试卷信度、效度、难度与区分度的分析

增强应聘笔试科学性不仅要以《考试大纲》为基本依据,而且要以笔试试卷和试题的信度、效度、难度和区分度为内在依据。

笔试的信度就是笔试成绩的真实性程度、稳定性的程度和一致性程度。试题应该具有足够的代表性和覆盖面,涵盖各测评要素中的知识结构,代表各知识点的典型性,才能有效刺激应试者,使其做出的行为反应符合测评要素的要求。笔试的信度不仅来源于高质量的试题,还来源于高水平的组织管理、高素质的考官队伍等因素。

同时,要使选拔出来的应聘者符合选拔的目标和标准,还必须保证笔试的效度。笔试的效度包括两层含义:一是笔试实际测试了它所有测试项目的精确程度;二是所要测试的项目反映笔试目标的准确程度。科学的设计必需的内容和方法,合理的取舍、利用笔试的成绩,使笔试结果与目标更具有相关性,更趋于一致,才能达到笔试的效度要求。

此外,笔试还必须具有一定的难度和区分度。命题时在把握好广度、深度的同时,必须考虑试题的难度,并把难度分为若干等级。只有这样,才能把众多的应聘者拉开档次,区分出素质和能力的优劣,选拔出符合岗位要求的优秀应聘者。

2. 进行考试情况整体分析来了解应聘者整体状况

考试情况的整体分析是试卷分析的重要组成部分,以便了解应聘者的总体知识能力水平,以及个体应聘者在参与人数中所处的位置。考试情况整体分析的手段与工具可以借助统计方法及信息技术,以便正确地把握笔试的整体状况,整体笔试情况分析的内容,包括应聘者年龄、性别、文化程度等结构性分析,应聘者的成绩分布及平均成绩,测试试题正确地分析的内容。

3. 根据选拔的需要进行应聘者个人的试卷分析

人员选拔的岗位越高,所被赋予的功能与功能作用就越大,因此,针对应聘者个人的试卷分析,是未来人员选拔应聘者的笔试测试的发展趋势。针对应聘者个人的试卷分析主要包括应聘者对试卷的各个知识点及测试能力的应答状况的一种描述,以及应聘者通过笔试所写出来的逻辑推理、分析归纳及理论联系实际的能力。未来这类应聘者个人的试卷分析将成为人员选拔的笔试与面试,相互结合的必要依据与参考。

(四)笔试结果深层次的开发与应用

在选拔应聘者的过程中,企业在多数的情况下,将笔试结果作为面试门槛分数线,没有对比,使结果进行更深层次开发与应用,因此可以从以下两个方面提高其被开发与利用的程度:

1. 改进选拔录用方式

目前,企业人员的选拔录用主要有两种方式:淘汰法和分数线法可以将二者有机结合起来,深层次开发应聘者笔试测验所体现的岗位能力素质,并通过专家领导集体讨论与审核加以确定,不以分数作为唯一的界限,从而为具有岗位能力的应聘者提供了更大的空间。

2. 多种手段密切结合

测验的结果同其他选拔手段密切结合是提高应聘笔试测验有效性的重要途径之一。

首先,将笔试结果同面试结果结合起来,借助必需的分析报告及面试情况分析进行具体能力的匹配与一致性的验证,确定应聘者综合素质能力的状况,在选拔决策的过程中,建立笔试试卷档案查阅分析机制。

其次,将笔试分析结果同考核与背景调查结合起来。笔试所体现的不仅是应聘者所具备的基础知识与专业知识,更重要的是体现应聘者所具备的逻辑思维能力,解决问题思路及研究分析能力,应聘者的这些主观能力的测定,还需要工作考核与背景调查的验证。因此,笔试结果的深层次的运用需要同工作考核与背景调查结合起来,使二者互为补充,

员工招聘

互相验证,从而提高选拔应聘者的准确性与有效性。

【本章小结】

本章较为系统地介绍了笔试的相关内容。首先,从介绍笔试的内涵入手,接着重点分析了笔试的优缺点;其次,介绍了笔试题目种类和来源,以及笔试题目设计的原则;再次,重点分析了笔试命题存在的问题与对策;最后,阐述了笔试设计与应用的过程,以及笔试实施过程中的关键事项。

【引例分析】

在章首引导案例中可知本次笔试是失败的,主要原因有三:一是题量大、时间短。这种笔试试卷不能真正体现求职者的能力;二是笔试内容单一,笔试内容只有公务员行测题,能够考核求职者的一般能力,但不能体现专业理论知识的掌握情况和应用能力,而将相关专业的求职者淘汰;三是笔试前准备不充分,笔试时间拖延,笔试试卷有印刷问题,这些情况都不应该出现在公司的招聘现场,直接影响公司在求职者心中的印象。可见,企业应重视各个招聘环节的实施,笔试题量和答题时间应适当,笔试内容应扩展专业能力题,笔试前应做好充分准备,才能为后续的面试及录用环节提供科学的依据。

第十章
Chapter 10

面 试

【引导案例】

某电子公司急需招聘一位财务总监,公司两年内要在新三板上市,对财务总监提出了以下要求:

注册会计师;本科以上学历,最好是厦门大学的毕业生;能规范企业财务运作,最好有财务管理和审计管理两方面的经历和经验。老板提出厦门大学会计本科的资格条件,原因有两方面:一是厦门大学的会计专业毕业生确实有实力;二是在厦门当地有许多同学、同乡和朋友,办事比较方便。公司的人力资源总监老沈按图索骥,找到了一个符合要求的候选人苏某。经面试,公司老板对苏某很满意,但在薪酬上双方未达成共识,公司老板对对方要求的薪资不予认同,认为比市场价值高出不少,双方不欢而散。人力资源总监老沈劝老板:"你的企业马上就要在新三板上市,不如给些股份以留住这位人才。老沈又劝苏某,公司要在新三板上市,你来做财务总监,让老板给你一些原始股岂不比多些薪资更划算。"双方都表示同意。苏某走上财务总监的岗位后工作努力,表现突出,与公司上下关系融洽。

问题:

(1)你是否同意老板指定招聘对象的毕业院校的做法,这种指定是否对完成岗位职责有所帮助?你认为完成岗位职责有哪些因素最重要?

(2)当招聘方与应聘方就薪酬发生矛盾时,你认为谁应主动提出调解方案?有哪些方法可以调解双方的矛盾?

(3)民营企业在招聘企业主管时,薪酬矛盾常常是最突出的矛盾。请你描述你在应聘过程中或你在过去的工作中发现哪些薪酬矛盾是难以调和的,哪些薪酬矛盾是可以解决的?

上述"引导案例"给出了某电子公司招聘财务总监的过程,面试过程中经常会出现双方意见不统一的情况,如何去解决这样的问题,如何能够为企业觅到合适的人才?解决这些问题所涉及的理论知识和技能正是本章要讲述的内容。

【本章主要内容】

1. 面试的含义、种类
2. 面试的题目类型
3. 面试过程
4. 面试偏见
5. 面试技巧

第一节 面试概述

面试是指通过与应聘者进行面对面的有效沟通来甄选人员的方式,是大多数人力资源部及业务部门负责人最常使用的甄选方式。面试的主要目的包括:评估应聘者工作经历、能力是否符合职位要求;与应聘者就公司、职位要求等进行充分沟通;宣传公司。通过面试应了解应聘者的个人信息、个人行业工作经历、个人基本素质、个人专业技术掌握情况、个人能力(基础能力、管理能力、项目执行能力等)、个人动机等。

一、面试的含义

面试是人员甄选中最为传统也最为常用的一种方法。它是精心设计的,通过考官和应聘者在特定场景下的双向互动,来考查和评估应聘者基本素质、发展潜力、实际技能及与岗位匹配性的一种招聘甄选方法。有效的面试可以使应聘者充分展示其潜能,并为人员招聘提供重要的依据。

面试根据场景的不同可以分为广义的面试和狭义的面试。狭义的面试指的是考官和应聘者面对面直接以问答形式为主的面试。整个过程中考官处于主导地位,应聘者处于被动地位。广义的面试指的是通过基于情景模拟测验的评估形式,包括小组讨论、管理游戏、角色扮演等评价中心技术,整个过程中考官处于观察的角度,应聘者处于主动展示的角度,情景性高,模拟性强,考查的内容更加全面有效。本章主要介绍狭义的面试。

迪波耶1992年的一项研究显示,70%的企业在招聘和筛选过程中使用了某种形式的面试技术或方法。相对于纸笔考试、心理测验、工作模拟等其他测评技术而言,面试的特点主要表现为:

(1)以观察和谈话为主要工具,实行面对面的交流和沟通。有利于评估那些通常只能通过面对面相互作用才能测量的因素,如外表、口才、自信度、人际交往能力等。

(2)面试内容灵活,适应性强。面试内容可以因组织、工作或岗位、申请者的不同而灵活安排、设计,能填补其他测评手段中的信息空白。

(3)双向沟通、互通有无。通过面试既可以使招聘者观察和评估应聘者的素质、技能等情况,也可以让应聘者有机会直接了解招聘组织的相关信息,进一步体现招聘中的双向选择原则。

二、面试种类

面试的分类方法很多,可以根据不同标准或从不同角度进行分类,现将常见的一些面试类型陈述如下:

(一)单独面试与集体面试

根据面试对象的多少,可将面试分为单独面试和集体面试。

1. 单独面试

单独面试指考官个别地与应聘者单独面谈。这是最普遍、最基本的一种面试方式。单独面试的优点是能提供一个面对面的机会,让面试双方较深入地交流。单独面试又有两种类型：一种是一个主考官负责整个面试过程，这种面试大多在较小规模的单位录用较低职位人员时采用；另一种是由多位考官分工负责面试的整个过程，但每次只由一位考官与一位应聘者交谈。第二种类型又包含两种情形：一是由多位考官在同一场地在同一段时间内依次向应聘者提问；二是将面试考官按照由低到高的顺序排列，依次对同一位应聘者进行面试。

2. 集体面试

集体面试又称为小组面试，指多位应聘者同时面对多位面试考官的情况。各位面试考官同时围绕面试的重点内容，依据拟定的基本面试问题及应聘者的回答情况，对应聘者进行提问或续问。这种面试中并非每一位考官都要提问，但是每一位考官都要依据面试情况进行打分。这种面试一般会对每一位应聘者提相同或相似的问题，也可以提不相关的一些问题。这种方法主要用于考察应聘者的人际沟通能力、思考与创新能力、适度与他人竞争的能力、口头表达能力等。

（二）结构化面试、非结构化面试、半结构化面试

根据面试的结构化（标准化）程度，可将面试分为结构化面试、非结构化面试和半结构化面试等三种。

1. 结构化面试

结构化面试是指面试题目、面试的评分方法和评分标准、面试实施程序、考官构成等方面都有统一、明确规定的面试。结构化面试对所有应聘者提的问题大致相当，所以能够对不同应聘者的回答进行比较，因而这种面试具有一定的客观公正性。

结构化面试具有三个方面的含义：一是面试程序的结构化——在面试的起始阶段、核心阶段、结束阶段，考官需要做些什么、注意些什么、要达到什么目的，这些都会在面试前相应策划；二是面试试题的结构化——在面试过程中，考官要考察应聘者哪些方面的素质，围绕这些考察角度提哪些问题、在什么时候提出、怎样提，从哪些角度来评判应聘者的面试表现、等级如何区分，甚至如何打分等，这些也都会在面试前有相应规定，并会在多位考官间统一尺度。

2. 非结构化面试

非结构化面试是对与面试有关的因素不做任何限定的面试。面试时由考官根据具体情况随时提问，鼓励应聘者多谈，再根据应聘者对问题的反应进一步提问，以考察应聘者是否具备某一职务的任职条件。考官在这种面试中提的问题不会显得前后没有关系和唐突，考官和应聘者在面试中都会比较自然。但是，由于对每一位应聘者提的问题不同，评价的标准也会不同，因而面谈的效度与信度都会受到影响。非结构化面试一般耗时较长，有时还会把最关键的问题遗漏掉。

非结构化面试类似于人们日常非正式的交谈。除非面试考官的个人素质极高，否则很难保证非结构化面试的效果。目前，非结构化的面试愈来愈少。

3. 半结构化面试

半结构化面试是将结构化面试与非结构化面试结合起来运用的面试，它往往只对面试的部分因素有统一要求，如规定有统一的程序和评价标准，但面试题目可以根据面试对

象而随意变化。半结构化面试对全面了解应聘者的情况有一定的实际意义。

(三)压力面试与非压力面试

根据面试目的的不同,可将面试分为压力面试和非压力面试。

1.压力面试

压力面试是将应聘者置于一种人为的紧张气氛中,让应聘者接受诸如挑衅性、非议性、刁难性的刺激,以考察其应变能力、压力承受能力、情绪稳定性等。典型的压力面试,是以考官穷究不舍的方式连续就某事向应聘者发问,且问题刁钻棘手,甚至逼得应聘者穷于应付,考官以此种"压力发问"方式逼迫应聘者充分表现出对待难题的机智灵活性、应变能力、思考判断能力、气质性格和修养等方面的素质。

2.非压力面试

非压力面试是在没有压力的情境下考察应聘者有关方面的素质,主要是询问应聘者过去的工作方面的情况。

(四)一次性面试与分阶段面试

根据面试的进程来分,可将面试分为一次性面试和分阶段面试。

1.一次性面试

一次性面试是指用人单位对应聘者的面试集中于一次进行。在一次性面试中,面试考官的阵容一般都比较"强大",通常由用人单位人事部门负责人、业务部门负责人及人事测评专家组成。在一次性面试情况下,应聘者是否能面试过关,甚至是否被最终录用,就取决于这一次面试的表现。

2.分阶段面试

分阶段面试又可分为两种类型:一种叫"依序面试",一种叫"逐步面试"。依序面试一般分为初试、复试与综合评定三步。初试的目的在于从众多应聘者中筛选出较好的人选。初试一般由用人单位的人事部门主持,主要考察应聘者的仪表风度、工作态度、上进心、进取精神等,将明显不合格者予以淘汰。初试合格者则进入复试,复试一般由用人部门主管主持,以考察应聘者的专业知识和业务技能为主,衡量应聘者对拟任工作岗位是否合适。复试结束后再由人事部门会同用人部门综合评定每位应聘者的成绩,确定最终合格人选。

逐步面试,一般是由用人岗位的直接主管、间接主管及一般工作人员组成面试小组,按照小组成员的层次,由低到高,依次对应聘者进行面试。面试的内容依层次各有侧重,低层一般以考察专业及业务知识为主,中层以考察能力为主,高层则实施全面考察与最终把关。实行逐层淘汰筛选,越来越严。

(五)常规面试、情境面试与综合性面试

根据面试内容设计的重点不同,可将面试分为常规面试、情境面试和综合性面试等三类面试。

1.常规面试

常规面试就是我们日常见到的考官和应聘者面对面以问答形式为主的面试。在这种

面试条件下,考官处于积极主动的位置,应聘者一般是被动应答的姿态。考官提出问题,应聘者根据考官的提问做出回答,展示自己的知识、能力和经验。考官根据应聘者对问题的回答及应聘者的仪表仪态、身体语言、在面试过程中的情绪反应等对应聘者的综合素质状况做出评价。

2. 情境面试

情境面试突破了常规面试考官和应聘者那种一问一答的模式,引入了无领导小组讨论、公文筐处理、角色扮演、演讲、答辩、案例分析、管理游戏等人员甄选中的情境模拟方法。情境面试是面试形式发展的新趋势,在这种面试形式下,面试的具体方法灵活多样,面试的模拟性、逼真性强,应聘者的才华能得到更充分、更全面的展现,考官对应聘者的素质也能做出更全面、更深入、更准确的评价。

3. 综合性面试

综合性面试是常规面试与情境面试的综合运用,兼有前两种面试的特点,而且是结构化的,内容主要集中在与工作职位相关的知识、技能和其他素质上。

(六)初步面试和诊断面试

从面试所达到的效果来看,可将面试分为初步面试和诊断面试。

1. 初步面试

这种面试用来增进用人单位与应聘者的相互了解,在这个过程中应聘者对其书面材料进行补充(如对技能、经历等进行说明),组织对其求职动机进行了解,并向应聘者介绍组织情况,解释岗位招募的原因及要求。初步面试类似于面谈,比较简单、随意。

2. 诊断面试

这种面试是对经过初步面试筛选合格的应聘者进行实际能力与潜力的面试,它的目的在于招聘单位与应聘者双方补充深层次的信息,如应聘者的表达能力、交际能力、应变能力、思维能力、个人工作兴趣与期望等,以及组织的发展前景、个人的发展机遇、培训机会等。这种面试由用人部门负责,人力资源部门参与,它更像正规的考试。对于高级管理人员的招聘,则组织的高层领导也将参加。这种面试对组织的录用决策及应聘者是否加入组织的决策至关重要。

【知识链接】

世界500强公司的特殊面试

- 日产公司——请你吃饭

日产公司认为,那些吃饭迅速的人,一方面说明其肠胃功能好,身强力壮,另一方面他们往往干事风风火火,富有魄力,而这正是公司所需要的。因此对每位来应聘的员工,日产公司都要进行一项专门的"用餐速度"考试——招待应聘者一顿难以下咽的饭菜,一般主考官会"好心"叮嘱你慢慢吃,吃好后再到办公室接受面试,那些慢腾腾吃完饭者得到的都是离开通知单。

- 壳牌石油——开鸡尾酒会

壳牌公司组织应聘者参加一个鸡尾酒会,公司高级员工都来参加,酒会上由这些应聘者与公司员工自由交谈。酒会后,由公司高级员工根据自己的观察和判断,推荐合适的应聘者参加下一轮面试。一般那些现场表现抢眼、气度不凡、有组织能力者会得到下一轮面试机会。

- 假日酒店——你会打篮球吗

假日酒店认为,那些喜爱打篮球的人,性格外向、身体健康,而且充满活力、富有激情。假日酒店作为以服务至上的公司,员工要有亲和力、饱满的干劲,一个兴趣缺乏、死气沉沉的员工既是对公司的不负责,也是对客人的不尊重。

- 美电报电话公司——整理文件筐

先给应聘者一个文件筐,要求应聘者将所有杂乱无章的文件存放于文件筐中,规定在10分钟内完成,一般情况下不可能完成,公司只是借此观察员工是否具有应变处理能力,是否分得清轻重缓急,以及在办理具体事务时是否条理分明,那些临危不乱、作风干练者自然能获高分。

- 统一公司——先去扫厕所

统一公司要求员工有吃苦精神及脚踏实地的作风,凡来公司应聘者公司会先给你一个拖把叫你去扫厕所,不接受此项工作或只把表面洗干净者均不予录用。他们认为一切利润都是从艰苦劳动中得来的,不敬业的员工就是隐藏在公司内部的"敌人"。

三、面试的题目类型

1. 自我认知型题目

自我认知型题目包含两大类题型:第一类是求职动机类,主要是对求职者为什么投递这个岗位简历的提问;第二类是个性匹配类,具体来说,是指对求职者是否符合要求的提问。

例:求职动机:你为什么想做××岗位的工作?

个性匹配:你觉得自己适合做××岗位吗?为什么?

对待这类问题,求职者可以从三个层次进行回答。首先,要对自我进行梳理,包括梳理过往的学习经历、实践或工作经历,总结自身的性格特征、特长、爱好等。其次,了解该岗位的职业特征,从素质、知识、技能等角度回答。最后,是在自我和职业之间寻找匹配性。

答题时要做到:

(1)自信,谦逊,同时又保持着充分的敬业精神,和顽强的进取意志。

(2)选取好回答问题的角度,尽可能从小处着眼,逐步升华。

(3)尽可能有适当的例证。

(4)少谈自我价值的实现,可以适当地多谈社会价值。

(5)一般不要空喊口号,如果一定要说大话,必须要有一个自然的铺垫和升华的过程。

(6)如果谈缺点,一定不能说自己的态度和价值观有问题。

这类题目的本质就是让面试官判断该求职者是否适合这个岗位,所以求职者要尽可能地寻找"论据"去说服面试官。但也要注意,回答这类问题时,切忌不要夸夸其谈,导致不必要的扣分。

例:你到一个新环境,怎样开展工作?

【参考答案】如果我到了一个新的工作环境,我主要从以下三个方面着手,逐步开展工作:首先,在熟悉环境方面,我会在较短的时间内,对新的工作环境多加了解和熟悉。不但要了解自身的工作职责和工作内容,还要了解和熟悉相关部门和周围同事的工作,以及相关工作流程。其次,在人际沟通方面,我会多向领导请教,多和同事交流,树立主动积极的意识,以感恩、包容、分享、结缘的良好心态与他人交往,促进和谐人际关系的形成。最后,在学习提升方面,我会继续加强学习,在做人中学习,在做事中学习。树立正确的工作作风,努力做好本职工作,力争实现工作能力的全面提升。我会继续加强自身理论学习并不断总结经验,推进自身素质的不断提升。

2. 岗位认知型题目

这样的题目主要是想考核求职者对申请岗位的认知与适合度的问题。面试不仅是要把最优秀的人吸纳到企业中来,更是要把最合适的人挑选出来,比如有的求职者虽然思维灵活,专业功底深厚,但是性格上棱角明显,不够成熟,不适合岗位工作需要。

例如:你为什么选择这个岗位?工作任务繁重,工资低,你选择这份工作的意义和价值在哪里?

这种题型很多考生颇为头痛,认为很难把这类面试题答好,要么回答得像流水账,没有任何特色,要么短短几句话,表达不出中心思想,找不到得分点。

首先,尽量全方位地了解所申请的职位,包括业务范围、日常工作、部门设置,这方面的内容很好搜集,既可以通过向身边有相关工作经验的亲朋好友请教,也可以浏览、学习企业的网站,了解其动态。

其次,认真回顾梳理过往经历,包括工作经历、生活经历和学习经历。有一些求职者是应届毕业生,人生阅历并不复杂,而且一直在学校里,经历很简单,这时切忌记流水账,而应该把那些突出你能力的事情列举出来,重点不在于讲述事情本身,而在于从中你学到了哪些东西,哪方面的能力得到了提高或者说体现你的一种什么精神,而这些又恰恰是该岗位工作中所必备的。

第三,总结自己的性格、爱好、优缺点等。同样,讲这些东西的时候重点在于"讲什么",但更重要的在于"怎么讲"。符合岗位需求的我们就讲,否则就不讲。无关紧要的缺点可以讲,否则就不要讲。

这类题的答题技巧:

(1)岗位认知要清晰、准确。
(2)能联系实际对职业进行分析。
(3)既要有工作理想,又要脚踏实地。
(4)可以适当结合区域特征。
(5)暗暗地说明你非常适合这个岗位。

3. 人际关系协调性题目

人际沟通能力的核心环节是要善于理解他人的立场观点,并善于说服别人。人际理解能力是沟通能力的基础。要想理解他人,必须有换位思考能力,站在对话者的角度,认真思考他的立场和观点的合理性。对不同立场和观点,有包容能力,能够允许求同存异。

在这样的理解基础上展开的说服工作,才容易让人接受。只从一个角度看问题,观点往往是片面的,这样的立场和观点难以形成有效的说服力。所以,理解他人是说服他人的基础。

这类题的答题原则:

①集体利益至上,个人应尊重领导,服从大局。

②坚持组织原则,下级服从上级,但不是盲从,可以在工作实践中加强沟通和交流。

③把集体的利益放在首位。

④一定要把组织目标的最终实现和凝聚力、战斗力、向心力,摆在非常重要的位置。

例:你感觉在单位里和同事们易相处吗?你与单位领导合得来吗?

【解析】提出这类问题,面试官是想考察求职者的人际倾向,人际相处的技巧与能力,并判断求职者的一般社会角色、社会形象。另外求职者在社会交往中的责任归属也是一个主要测评内容,即求职者将交往成功或失败的原因归结到自己还是别人身上。

求职者回答这类倾向性测评的问题,语言表达都是次要的,关键是态度,求职者应该采取积极肯定的态度。这一方面体现了求职者的集体观念、团队合作精神,另一方面也体现了求职者不管是处理人际关系还是处理其他事务都应具备的宽容、豁达的品质。

求职者应注意的要点有:

①不能仅简单地表明态度,应以生动、真实的事例具体说明,这样你的善于与人相处、严以律己、宽以待人的品质就形象地表达出来了。②绝对不要以否定的语言挑剔学校或过去单位的不足之处,以及批评同学、同事、领导的人格缺陷。③尽管这种类型的问题主要考察求职者的人际倾向,但从心理学的角度分析,人际倾向与人际交往能力是密切相关的。因此如果求职者承认自己的人际交往关系有问题,也就承认了自己的人际交往能力和协调能力等在能力结构上的缺点。

4. 矛盾冲突型题目

很少有人独立工作,因此,人际关系的好坏是评价某位应聘者是否胜任的重要条件之一。在工作压力下,人际关系通常会变得紧张,并且很难使好的关系能顺利保持下去。面试中,你应该弄清,求职者是否能和他人友好相处。而矛盾冲突型题目就是考察求职者这方面能力的题目。

例:请讲一个你和其他部门因部门间工作协调而发生冲突的经历。问题是怎样解决的?在解决这个问题中你起了什么作用?

假设你是7人工作团队中的一员,7人中,有3人相处不好,如果这种局面正在危及部门的工作效率,你能想出什么方法来解决这个问题呢?为什么?

你在解决矛盾方面有哪些经验?这些经验和技巧对你的管理水平的提高有什么作用?

求职者在答题时既要显示礼节支撑,即建立友善氛围,遇到冲突的时候,突出当事人要多一点心平气和,少一点暴戾之气,多一点协商处理,少一点拳头思维,这样团队才能更友善。其次要准确全面的分析矛盾,把握矛盾的本质,寻找解决矛盾的方法,用制度或法律思维解决冲突。再次解决矛盾要把当前问题的解决和长远问题的解决有机结合。最后,要善于用情商解决矛盾冲突,控制情绪,别让自己成为情绪的奴隶,别让情绪冲破法律的框架,拥有敬畏之心,尽可能系统的、完整的处理问题,防止新的、更大的矛盾产生。

5. 情绪控制型题目

我们在工作中,不可避免地要产生令人不快的情绪,比如愤怒、怨恨、急躁、不满、忧郁、痛苦、失意、焦虑、恐惧、嫉妒、羞愧、内疚等。如果负面情绪经常出现而且持续不断,就会对个人职业前途产生不良影响,如影响身心健康、人际关系和职业前途等。

这类型的题目考察的是求职者的情绪管理能力,虽然情绪是与生俱来的,但是,恰当地管理好自己的情绪却是后天学习的结果。只有善于控制自己的情绪,才能客观、理性地处理问题。而这一点也是一名职场人员所应有的基本素质。

例:你亲身经历过的哪一件事令你最为愤怒?你当时是如何表现的?现在看来,你认为当时的表现方式与处理方式是否合适?

出题思路:行为型问题,考察考生的自我情绪控制。一个人的情绪特征具有一贯性,能自我反省与认识情绪是进行情绪自我控制的条件之一,通过了解考生当时的情绪反应以及事后对情绪反应的认识,来预测其情绪控制能力。考官应注意对事件细节的追问。

回答这类问题时的注意事项:

(1)情绪要稳定。

(2)冷静地分析问题,做出解答,能化不利情境为有利情境。

(3)巧妙地回避焦点性问题,反应自然、合理、语言幽默。

(4)准确地展现心理冲突的过程。

(5)在心理冲突的过程中,体现情感发展的自然逻辑,并找到合理的解决问题的方法。

(6)既不蓄意隐瞒,也不刻意渲染,对过去的反应有清醒的认识与深刻的思考。

回答问题时,切忌情绪激动或紧张慌乱,极力辩解,语无伦次,语言空洞乏味,表现出不能应付,或做出单一的是与非的判断。有的求职者仅强调当时的表现反应,事后未做过多的思考,或回答没有什么值得愤怒的事,隐瞒真实情况,这种行为也是不可取的。

6. 突发事件处置型题目

所谓突发事件处理能力,是指面对意外事件,能迅速地做出反应,寻求合适的方法,使事件得以妥善解决的能力。人一生中常常会遇到各种各样的,有时微不足道,有时则会对其产生巨大影响。无论是大事还是小事,关键在于如何处理,即是否能正确判断,迅速反应,及时行动。这类问题考察的是求职者处理突发事件与棘手问题的能力。要求求职者面对意外事件的压力,能迅速地做出反应,并寻求合适的方法,使事件得以妥善解决的能力。

提问的方式一般是"怎么办""怎么做""怎么处理"等。

例:你不小心把企业内部文件泄漏到网上了,这时你怎么办?

回答这类问题时,有三个方面需要注意:

(1)分析情况,确定任务,明确思路。

认真思考问题,找出题目中的关键词,一定要尽可能多地提出解决方法,即"穷尽一切对策"。既新颖又有可操作性的对策较受考官喜欢。注意突发事件的轻重缓急。

(2)语言方面。

语言需要用一些显示及时性、紧迫性的词语,如:"迅速、立即、马上、第一时间"等。

(3) 总结提高。

解决问题是主体，总结提高是亮点。

切忌分析情况时定位不清，以致无法权衡利弊，处理时不分轻重缓急；总结提高部分的重点是避免再犯，这是答题的亮点，还有一些求职者只会总结，却不提升，答题的高度无法体现。

第二节　面试过程

面试尽管是最常用的甄选方式，但同样也是操作难度较高的测评方式，在招聘组织评价应聘者的同时，也是应聘者进一步综合了解招聘组织的机会，整个面试准备工作做得如何、面试官和面试流程如何等，都将直接影响应聘者对招聘组织的印象，甚至影响其获取职位的愿望强度。选择有效的面试方法，遵循规范的面试实施规范，可以大大提高面试的有效性。

一般而言，在进行了初步甄选后，面试的整个管理过程主要有三个阶段。

一、面试准备阶段

(一) 确定面试方式

面试方法的选择是基于不同的招聘需求确定的，从结构化程度、组织形式、目的、经济效率等因素出发，确定具体的面试方式。

1. 普通职位招聘

普通职位招聘的特点是职位相对较低，对应聘者要求不高。这类招聘可以采用两轮面试，即初试和复试，是一种非压力面试，有些甚至是一对一的面试，即只有一名主面试官。初试可由人力资源部负责，复试则由用人部门的直线经理负责。整个过程相对简单，时间较短。这种方式可以降低成本，提高效率。

2. 管理职位或关键职位招聘

管理职位或关键职位的特点在于职位在组织中的级别或重要程度较高，对组织起关键的作用，对组织发展影响大。这类职位的招聘需要更高的精确性，因此，要进行多轮面试，某些诸如市场总监等职位要选用压力面试，是一种团体面试的形式。整个过程相对复杂，时间较长，甚至还要结合其他甄选方式。

涉及多轮面试的，针对招聘职位的不同，应确定由不同职务的人主持面试，如主持面试，如表10-1所示。

表10-1　面试责权划分表

招聘职位	第一轮面试	第二轮面试
普通职员	人力资源部和用人主管	人力资源部经理和用人主管
初级主管	人力资源部经理和用人主管	人力资源部经理和副总经理
中层经理以上	人力资源部经理和用人主管	人力资源部经理和总经理

(二)组建面试考官团队

面试一般需要多名考官参与,其中一名为主考官。面试考官团队可以根据不同的面试方法来确定,完整的面试考官团队构成可由 5—7 人组成,包括组织高层领导、人力资源经理、直线经理、外部专家等,在确保基本考官团队的基础上可在不同面试阶段有不同组合。

面试考官的选择是面试成败的关键,考官的工作能力、个性特征及各方面的素质将直接影响面试的质量。面试过程中,面试考官对应聘者的评价是录用与否的重要参考指标。当这些人只是以个人的好恶或不公正的标准去评判应聘者时,给招聘与录用工作带来的损失是不可估量的。因此,由什么人做面试考官就显得尤为重要。

以人力资源部及用人部门人员为主组成基本的招聘面试小组。另外,作为面试考官代表着组织的形象,是公司文化的象征,又担负着甄选人才的重任,所以需要特别挑选并进行一定的培训。

(三)阅读职位说明书

招聘时你将发现,如果没有清楚了解提供的工作要求,那么建立起一套精确的体系来评价应聘者就很难。面试的准备工作从阅读职位说明书开始,即首先要了解所招聘职位的职责任务、素质技能要求、工作关系、环境特点、工资福利等。对职位的描述和说明是在面试中判断应聘者能否胜任该职位的依据,因此招聘者在进行面试之前必须对职位说明信息了如指掌。

(四)设计面试提纲与试题

面试的主要目的是根据应聘岗位的要求对应聘者进行评价,以确定哪些人选可以胜任。面试评价指标的确定通常基于工作分析或胜任力模型分析,考查招聘职位所需要的 KSAO,即知识、技能和其他特点。面试提纲一般包括评价指标和面试试题,其中试题可分为通用试题和重点试题。

通用试题适用于所有应聘者,主要是为了从广泛的问题中了解应聘者的情况,从中获取评价信息。通用问话提纲涉及的问题很多,不可能在相对较短的时间内全部提出,这就要求面试考官根据应聘者的具体情况,选择提问。

重点试题是针对具体应聘者提出的。面试前,每位应聘者都必须填写《应聘人员登记表》,同时,每位面试者都有相关的应聘材料。从中发现问题,以便面试中进行提问,深入了解应聘者。重点试题有则多,无则少,视具体情况而定。详见表 10-2 面试问话提纲示例。

表 10-2 面试问话提纲示例

应聘职位:人力资源部经理助理		应聘者姓名:_____	面试时间:_____
注意事项: 审阅应聘者的材料,包括简历和面试申请表,找出需要进一步了解的内容; 回顾招聘职位所需的胜任特征,以及各项胜任特征的行为指标; 对问题的提问方式做适当的修订,使之更能贴近招聘职位的特点和应聘者的经验; 计划好面试时间。			
开始面试: 与应聘者热情地打招呼,做自我介绍; 告诉应聘者面试所需的时间; 告知应聘者你将会在面试过程中做一些记录。			
询问背景情况:			
教育背景	学校:	时间:	学历及专业:
	学校:	时间:	学历及专业:
	学校:	时间:	学历及专业:
为什么选择该专业?			
在学校最喜欢的学科是什么?为什么?最不喜欢的学科是什么?			
学校生活中最大的成就感是什么?			
从学校获得的最大收获是什么?			
工作背景	工作单位: 职位与职责: 满意的与不满意的: 离职原因:		时间:
	工作单位: 职位与职责: 满意的与不满意的: 离职原因:		时间:

续表 10-2

关键胜任能力考察（部分）	● 客户服务精神 问题： 1. 并不是所有的客户都是友善的。请告诉我你以前是如何处理那些你曾遇到的最让人生气的客户的？ 2. 请评述你与一个客户长期维持合作关系的例子。
	● 团队合作精神 问题： 1. 讲述一个你在团队中与他人共同解决的事情？你在团队中的角色是怎样的？解决问题的过程是怎样的？ 2. 请讲述一个你的意见与小组中其他人意见发生冲突或者产生不同意见的例子，你是怎样处理这样的情况的？
	● 自制与自控能力 问题： 1. 最近一个月（或半年或一年），你是否与同事发生过争执？争执的原因是什么？ 2. 请分析你的优点与缺点。
	● 专业技能与兴趣 问题： 1. 描述一下你至今所遇到过的最有意义的招聘经历。对于那些特别难以找到合适人员的职位空缺，你过去每隔多长时间进行一次招聘？请说说该职位空缺的情况。 2. 有位求职者已经开始工作后，你收到了有关他的不利证明，说说当时的情形。后来的情况如何？ 3. 说说你曾经有过的，能使岗前培训对新员工更有意义的、更有帮助的一些想法。 4. 描述一下你是如何为撰写工作说明书收集信息的。

（五）拟订面试的评价表

面试的评价表由若干的评价指标所组成，设计时还应注意到评价等级的确定，一般可采用五级或七级。面试评价表有两种形式：一种是等级评价表，一种是附有行为描述的评价表，分别如表 10-3 和表 10-4 所示。

表 10-3 面试评价表——等级式

姓　　名		性　　别		编　　号	
年　　龄		应聘职位		所属部门	
评价指标	评　价　等　级				
	5 优秀	4 良好	3 中等	2 较差	1 很差
仪表气质					
求职动机					
语言表达能力					

续表10-3

人际沟通能力						
应变能力						
进取心						
专业知识						
总体评价						

考官：　　　　　　　　　　　日期：

表10-4　面试评价表—行为描述式

应聘者姓名：　　　　　　　　　　　　应聘职位：

评价指标	观察要点	权重	评价等级					评分
			优秀	良好	中等	较差	很差	
举止仪表	衣着打扮得体；言行举止随和，有一般的礼节；无多余的动作	5	5	4	3	2	1	
言语理解和表达能力	理解他人意思，口齿清楚，语言流畅，内容有条理、富有逻辑性；他人能理解并具有一定说服力，用词准确、恰当、有分寸	15	5	4	3	2	1	
综合分析能力	对事物既能从宏观总体考察，又能从微观方面考虑其各个组成部分；能注意整体和部分之间的关系和各个部分间的有机协调组合	15	5	4	3	2	1	
动机匹配度	兴趣与岗位情况匹配；成就动机（认知需要、自我提高、自我实现、服务他人的需要等）与岗位情况匹配，认同组织文化	10	5	4	3	2	1	
人际协调能力	人际合作主动；理解组织中的权属关系（包括权限、服从纪律等意识）；能与他人进行有效沟通（传递信息）；处理人际关系时原则性与灵活性相结合	15	5	4	3	2	1	
计划、组织、协调能力	依据部门目标预见未来的要求、机会和不利因素并做出计划；看清冲突各方向关系；根据现实需要和长远效果做适当选择，及时做决策、调配、安置	15	5	4	3	2	1	
应变能力	压力状况下思维反应敏捷，情绪稳定；考虑问题周到	10	5	4	3	2	1	
情绪稳定性	在较强刺激情境中表情和言语自然；在受到有意挑战甚至侮辱的场合，能保持冷静，为长远或更高目标，抑制当前欲望	5	5	4	3	2	1	

续表 10-4

评价指标	观察要点	权重	评价等级					评分
			优秀	良好	中等	较差	很差	
专业知识和技能	针对不同职务考查专业知识；考查一般性技能，包括计算机水平、英语水平	10	5	4	3	2	1	
个人考查要点	离开原来公司的原因，个人目标如何；本公司职位的吸引力何在；具体谈谈对销售、市场方面工作的想法，有何业绩，是否适应经常出差		记录					
总分								
考官评语			考官签字 年　月　日					

设计面试评价表时，要明确评分具有一个确定的计分幅度和评价标准，明确评价指标的权重，把每个测评要素根据应聘者的表现分成若干等级，或者用不同的分值表现出来，最终产生一个总分。

（六）安排面试场所

面试前的最后一个工作是面试场所的选取和环境控制。

（1）确保面试场所的独立性。面试要有单独的场所，如会议室等，并在面试期间在门上标识"请勿打扰"，以免受到干扰。面试场所一般不宜选在办公室，以免受到电话和工作方面的影响。

（2）确保面试场所的合适性。面试场所的大小选取应根据面试的方式确定，面试场所的布置应既严肃又有人情味，既紧张又不失温馨。应聘者与考官的桌面布置应基本相同，并互相都有明确的标记，场记安排在考官席的左边或右边，如有听众，则听众席应在考官席后面，不要摆在考官席的左右两侧，以免对应聘者形成包围之势。

面试中考官与应聘者的位置安排也需要考虑，一般有这样几种安排方法，具体如图 10-1 所示。

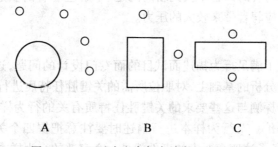

图 10-1　面试中考官与应聘者的位置安排

保持合适距离的斜向座位形式既避免了目光直视，又有利于观察，是较好的座位形式，如 A、B 的形式。A 是一种圆桌会议的形式，是多个面试考官面对一个应聘者的形式，这种位置安排令应聘者不会有太大的心理压力,同时气氛又较为严肃。B是一对一形式,面试考官与应聘者成一定角度而坐,避免了目光直视,可缓解心理紧张,避免心理冲突,也有利于对应聘者进行观察。C是一对一的相对而坐的面试位置安排。因位置较近,适合于压力面试。

(七)准备面试资料与道具

具体面试的资料和道具准备包括以下内容:

(1)应聘者的简历或申请表。用以了解应聘者的基本信息,并作为面试过程中审核其真实性的基础。

(2)心理测验报告。如果做过心理测验,其报告可作为考官面试时的参考,可结合甄选内容,对关键特征进行追问以确认评价结果的有效性。

(3)其他诸如笔试等的结果资料。

(4)面试问题、面试记录表、面试评价表。有时,也可以将以上资料整合成一份考官手册,供考官在面试过程中使用。

(5)面试结果汇总表。用以收集和汇总考官的评分结果。

(6)其他面试所需道具。如录音设备、录像设备、考官台卡、计时器等。

(八)提问方式选择

面试之前,还要确定你的基本提问方式,以使面试过程更有利于你的目标实现。因为任何想法都可以用不同的言语或非言语方式表达,你的表述方式会决定你最终所获得的信息及这些信息对于你的有效性。你可能会提一些华而不实的问题、提些多项选择题和强迫性选择题,而提出这些问题很可能会使你获得一些毫无意义或误导性的信息;你也有可能采用一些目前看来相当有效或者比较有效的提问方式,比如开放式问题、行为性问题、探究性问题等。下面我们具体探讨一下这些提问方式,以便你做出选择。

1. 开放性问题

开放性问题是一种要求给予应聘者较大回答空间、在回答中提供较多信息的面试题目。这种面试题目不是让应聘者简单地回答一个"是"或"否",而是要求应聘者用相对完整、较多的语言做出回答。开放性问题往往能鼓励应聘者说话,即使他是一个内向羞怯的人,并且能引发双方进一步探讨有关问题。

面试者可以从应聘者的回答中找到新的问题、了解应聘者的表达能力、沟通技巧,况且这类问题也不会给应聘者带来较大的压力。

2. 行为性问题

行为性问题即为了满足行为描述面试目的而专门设计的问题,这些问题是在对空缺职位进行充分深入的分析基础上,对职位所需的关键胜任特质进行清晰的界定,然后在应聘者过去的经历中探测与这些要求的关键胜任特质有关的行为样本,在胜任特质的层次上对应聘者做出评价。对行为样本进行描述时要注意把握四个关键要素,即情境、目标、行动和结果。具备了这四个要素的事件就是一个完整的行为样本,才可以有效地考察应聘者对拟任岗位的胜任力。基于四要素的行为性面试要求应聘者对行为事件做详细的描述,要追问很多细节,因此可以避免考官的个人印象对评价的影响,减少应聘者说谎的机会。

3. 探究性问题

探究性问题一般是在其他类型的问题后面所做的继续追问,是考官希望进一步挖掘某些信息、更深入地了解情况时使用的。探究性问题通常运用一些简短的问题提问,例如"为什么?""如何?""何时?""多长时间一次?""什么人?"等,要求应聘者进一步回答,从而得到有关这些内容的信息。一般而言,那些难以完整回答问题的应聘者往往较欢迎探究性问题为他们提供的额外帮助。同时,应聘者还会认为你对他的话感兴趣而想了解更多的情况。但是考官也要注意不能连续使用过多的探究性问题,因为这类问题往往会引起应聘者的戒心。

(九)培训面试考官

培训面试考官是为了改变传统面试中凭经验和直觉评价的问题,提高面试的准确性。面试培训一般包括理论知识和实践技巧两大部分。

理论方面的培训主要是使面试考官掌握与面试有关的人力资源资讯,诸如面试的概念、优劣、类型等。实践技巧的培训则主要是通过模拟的方式练习面试过程中经常用到的各种技巧,诸如改善提问技巧、了解面试的组织、提供支持、建立和谐的相互关系、倾听技巧、记录技巧、掌握采集相关资料的技巧、评分技巧等。

(十)制订面试的实施计划和进行面试通知

面试其他准备工作完成后,首先需要制订面试的实施计划,包括时间、地点、考官名单、应聘者名单等。在确定具体面试计划时,要先与考官确认面试时间,确保考官有时间参与;确认面试地点可用,避免临时调换等现象,从而给应聘者留下不良印象。其次,对于通过初步甄选进入面试阶段的应聘者,在确定好面试时间后需要进行面试通知,通知的方式包括电话通知、信件通知、邮件通知、短信通知等方式。在通知中要明确以下内容:一是告知具体的面试时间、地点、联系人、联系电话、交通方式;二是告知应聘者需要准备的具体事项等。

二、面试实施阶段

面试实施阶段是面试的核心阶段,指的是具体面试的实现过程。事实上,从应聘者进入招聘组织、未进入面试室之前,就已经可以对其进行一些观察了,通过在候考过程中的一些行为表现也可以对应聘者进行了解。

从招聘组织方来讲,也要做好接待工作,事先协调好大楼保安、门卫和前台服务人员,方便应聘者顺利到达候考室;运用事先准备的签到表进行签到,并安排好候考,包括提供一些诸如公司介绍等阅读材料和茶水;在规定的时间将应聘者引入面试室,并由考官确认身份后正式开始面试。

正式面试包括五个阶段:

1. 建立融洽关系阶段

该阶段占整个面试时间的2%左右,考官通过简洁的欢迎词和一些与工作无关的开场白,为应聘者创造轻松、友好的氛围,主要使应聘者放松心情,逐步进入到面试状态。这一阶段的问题可以涉及比较熟悉的事情,诸如交通、天气等主题,如:"路上过来多长时间?""我们这里容易找到吗?"这些问题不仅与关键胜任力没有什么关系,而且是随意而封闭式的,旨在建立融洽的关系。其次,考官通过面试指导语的介绍,使应聘者了解面试的基本意图、规则、时间和流程安排,做到心中有数。

2. 导入阶段

该阶段约占整个面试时间的8%。这一阶段的主要任务是帮助应聘者放松心情并给予他们对自我能力及情况的介绍与评价的机会。在此阶段提出的问题,一方面选择应聘者熟悉的话题,以开放式的、宽泛的问话方式,可以缓解应聘者依然有点紧张的情绪,让他有较大的自由发挥空间;另一方面也为考官后面的提问做些准备。这些问题一般包括让应聘者介绍一下自己的经历、介绍自己过去的工作等。如:"请你介绍一下你的工作经历,好吗?""你能大致谈一下你在薪酬管理方面的工作经历吗?""让我们从你最近的一份工作谈起,说说你在这家公司主要负责哪些工作?"

3. 核心阶段

该阶段是整个面试过程中最重要的阶段,占整个面试时间的80%左右,其中用于关键胜任能力的考察时间为65%左右。在此阶段,应聘者将被要求讲述一些关于关键胜任能力的事例,考官将着重收集关于应聘者关键胜任能力的信息,主要需要明确三个方面的信息:一是确认某些模糊的背景信息;二是评估其既往的教育专长和工作成就;三是根据其对问题的回答及观察,推断其与组织、工作岗位的适合度。因此,这一阶段使用的面试问题也主要是关于关键胜任能力的行为性问题,并配合使用其他问题,以便能够基于这些信息或事实做出客观的评价和判断,考官也是主要依据这一阶段的信息在面试结束后对应聘者做出录用与否的决定。一般情况下,在此阶段,你可以先用一个开放性的问题引出一个话题,随后用行为性问题将该话题聚焦在一个关键的行为事件上,接着可能会不断地使用探究性问题进行追问。

4. 确认阶段

确认阶段占整个面试时间的5%左右,主要任务是进一步对核心阶段所获得的对应聘者关键胜任能力的判断的确认和核实。

在完成常规问题提问之后,可以提出一些有深度的、敏感的或尖锐的问题,包括对初步甄选中的疑点、本次面试过程中的不足进行深入探究,以期获得应聘者更为全面的信息。这一阶段的问题如:"刚才讨论的实例中你提到人力资源规划,具体你会怎么做?"

在此阶段一般不再引入任何新话题,可以将前面提及的内容请应聘者概括或再次深入地阐述。这一阶段所使用的问题以开放式为主,穿插一些封闭式和行为性问题。这些问题可能相对比较敏感、尖锐,因为许多应聘者都有丰富的求职面试经验,常规问题常常难以发现其深层次的心理特征,我们根据组织、工作(岗位)的特点设计一些有针对性的特色问题,既不能伤及应聘者的人格和隐私权,又能使应聘者不为人知的一面凸显出来。

5. 面试结束阶段

结束阶段占整个面试时间的5%左右,主要任务是检查是否遗漏了关于那些关键胜任能力的问题,是考官加以追问的最后机会。也是给予应聘者一个补充和修正面试过程中回答内容和向考官提问的机会。在这个阶段,可以适当采用一些基于关键胜任能力的行为性问题或开放性问题。如:

"你能否再举一些在薪酬设计方面较难处理的环节及你是如何解决的例子?"

"你能否再举一些例子来说明你具有良好的与同事合作的能力以便于帮助我们做出聘任决策?"

当应聘者认为自己已经得到了充分、全面的展示自己工作适应能力的机会,满意地离开你的办公室时,说明你已经获得了决定对方是否合适担任此空缺职位所需的信息。

总之,根据结构化面试的要求,面试中所提的问题应该有一个比较清晰的脉络,考官需将问题分类归纳,避免重复提问、杂乱无章,让应聘者晕头转向。以上几个阶段的划分,并不是固定的模式,仅仅是一种指导,组织运用过程中,应根据实际情况灵活掌握,使面试过程既具有连续性又能显出阶段性,保证面试过程的流畅、有效。

三、面试结果汇总

面试结果的处理是面试流程中最后一个重要环节。面试结果处理工作包括三方面内容:综合面试结果、面试结果的反馈和面试结果的存档。

(一)综合面试结果

在面试中,不同的考官对应聘者会有不同的考察重点,面试结束后每位主考官根据自己的面试记录形成了一份独立的面试评价结果,需要将各位主考官的评价结果进行综合,形成对应聘者的统一而客观完整的认识。这个工作可以通过写出书面的面试综合评价表来完成。综合评价表是将多位考官的评价结果汇总得出,有时根据需要还要将所有应聘者的面试结果综合排序(见表10-5,表10-6和表10-7)。

表10-5 面试结果综合评价表

评委会组成单位及人员:					
考号	姓名	性别	评委人数	面试总分	平均分
综合评语:					
				印章: 评委会主任(签字): 年 月 日	

表10-6 面试结果汇总单(1)

应聘人:　　　　　　　　　　　面试日期:
应聘职位:　　　　　　　　　　主考官:

职位资料	应聘人情况
1.职责	

续表10-6

职位资料	应聘人情况
2.应有技能	
3.应具教育程度	
● 类别	
● 等级	
4.其他职位资料	

表10-7 面试结果汇总单(2)

测试项目		评分			
		1	2	3	4
个人特点	仪表风度				
	沉着、自信及礼仪				
	语言表达能力				
	与面试官的配合能力				
	自制力、自控力				
与工作有关特征	有关工作经验				
	有关知识水平				
	人际关系处理				
	工作能力				
	工作态度				
面试官评语					
总体评价	1.优秀（完全胜任）		2.中上等（可以胜任）	3.中下等（勉强胜任）	4.不合格

注：面试官的评分分四个等级，一级为最高评价，四级为最低评价

面试官（签名）： 日期：

上述表10-5、表10-6，都是面试结果评价表的示例。表10-5是一种简单地以最终得分作为结果进行汇总表述的评价表。表10-6将汇总表平分为左右两栏，左栏为该职位应具备的条件，可从该职位的职位规范和职位说明中将有关资料摘要填入；右栏则填

写主考官在面试时所获得的应聘者的实际情况,即相应的评价结果。表 10-7 则是国内常用的一种面试结果汇总表。面试结果汇总单是在全部面试结束后再填写,考官在填写总评一档时,注意不能仅以某一应聘者的印象为基础,而应是在全部应聘者比较后的结论,尤其需要将之和任职条件中的关键胜任能力联系起来评价。总之,评价应是客观公正的,评价应从组织本身和岗位本身的要求出发。主考官如果不止一人,每位考官的评判可能不一致,这时可先请每一位考官根据面试评价表评分,再将所有考官的分数加在一起后求平均分,或者采用去掉最高分和最低分再相加取平均值的办法,或者根据不同考官的考察侧重点,选取考官对侧重点的评分结果,再以不同侧重点的权重进行综合评分。

(二)面试结果的反馈

所谓面试结果的反馈,主要是将面试的评价建议通知给用人部门,经协商后,做出录用与否的决定,随后再通知应聘者。当组织确定了录用人选后,一般还要再邀请被录用人进行一次"录用面试",这样的面试可以说是一次录用"面谈",有关录用的各项事项,可在面谈中解释说明清楚,应聘者有什么问题也可在面谈中澄清。

1. 说明与了解有关录用的具体事项

(1)薪酬和福利情况。录用后的薪酬待遇应在面谈中明确说明,并将本组织的具体福利项目清单交给应聘者。如应聘者还有其他特殊福利,可一并加以说明。

(2)录用条件。组织明确录用员工的意向后,有时还要附加一些条件,如需要应聘者进行体检,或者须拥有某项执照,或需要交学历证明文件等,这也需要在面谈时一一加以说明。

(3)关于工作地点问题。应聘者经组织录用后,如有更换工作地点的要求,或目前是在当地服务,但将来可能更换工作地点等,均应在录用面谈时先行说明,取得双方达成一致的意见。

(4)差旅问题。如果该职位需要较多的出差,也需要在面谈中加以提及说明。

(5)接受录用的期限。组织通知应聘者已被录用,但应聘者是否接受,要有一个答复。另外应聘者还可能同时被其他组织录用,可能需要一段时间考虑,因此,需要给对方一个合适的时间期限做出决定。

(6)报到日期的确定。

(7)其他。例如工作后是否需要加班、值班,工作条件是否比较特殊等。

2. 合约的签订

组织录用员工后须与之签订劳动合同,明确双方的权利与责任。

3. 对未录用者的信息反馈

面试结果处理过程中,不应忽略对未被录用者的致谢,要同时发送辞谢通知。

(三)面试结果的存档

以上工作全部结束之后,需将有关面试的资料存档备案。一方面是作为组织的人事档案资料,另一方面针对被录用的人,面试评价结果也是组织对这些新进员工的第一次全面评价,事实上组织对新进员工系统考核正是从这里开始的。至此,面试招聘的工作告一段落。

第三节 面试偏见

面试的评价标准与笔试不同，往往带有较强的主观性。面试官的评价往往受个人主观印象、情感、知识和经验等许多因素的影响，不同的考官对同一位应聘者的评价往往会有差异，而且各有各的评价依据。所以，面试评价的主观性是面试的一大弱点。但另一方面，由于人的素质评价是一项十分复杂的工作，考官可以把自己长期积累的经验运用到面试评价中。如何才能突破上司主管的主观偏见局限，提高面试的信度与效度，就要重视面试偏见。

一、产生面试偏见的原因

面试的偏见取决于实施面试过程中的诸多环节，包括由于面试官认知活动的方式等导致面试效率降低的问题，这些问题与影响因素主要有：

1. 缺少整体结构

未能按照岗位说明书中的任职资格说明制定出完整、详细的面试提纲，面试过程变得随意而无目的。

2. 以图式或原型进行信息加工

人们往往习惯于利用头脑中已有的图式或原型进行判断，进行自动"过滤"外部信息，以至于可能习惯于按照某些特征对他人进行分类化的信息加工。面试中的很多评价偏差都是分类化的信息加工的结果。一旦得知其属于某一类别，就认为对方必定具有所属类别的所有特征。例如，人们通常会认为来自国企的人具有某些共同的特点，来自外企的人具有另一些特点。

3. 以认知启发进行信息加工

人们在缺乏资源或信息加工的动力时，倾向于采取一些简捷的信息加工方式，在社会认知中遵循"图形—背景"的原则。有些信息不需要人们付出太多认知努力就会被注意到，它们就好似"图形"被凸显出来。比如第一印象、最初印象，一般来说，对面试者的第一印象或者是最近得到的信息是最容易获得的信息。考官通常在面试开始几分钟就凭借对应聘者的第一印象做出判断，并在之后的面试过程中通常不能改变这一判断。另外面试官的判断也很容易受到无关因素，如面试者的性别、年龄、生理特征、服饰等的影响。仪容仪表影响面试有下述规律：仪容较好者比仪容平平者评价高；体形瘦者比体形肥胖者评价高；衣着得体保守者要比衣着时髦者评价高，等等。再比如，在没有其他参照对象时，面试官会对面试者做出是否与自己相似的判断，此时与自己有较多相似的面试者就可能获得更高的评价，这被称为类我效应。研究显示，如果应聘者在个性、态度、性别、种族等方面与考官相近，则其通常会获得较高的面试分数，即面试者会倾向于忽略与自己相似的应聘者的缺点，而夸大与自己不同的应聘者的缺点。

4. 锚定效应

面试中可以发现有些面试官比较苛刻，打分普遍较低，而另一些面试官则可能打分宽松些。这是因为他们在评价中，心理锚定点不同。例如，在1~5分的分数域中，有人认为

3分就很不错,而有人就认为4分才不错。另外,对比效应也是一种锚定的结果。如面试次序的安排影响评定结果的现象就是这样一种效应的体现。在一项研究中,考官在面试了数位"不合格"的应聘者后,被安排面试一位"仅仅是一般"的应聘者,结果考官对其评价均高于他实际能得到的评价。相反当他被安排到一些优秀的应聘者之中进行面试时,结果就有很大的差异了。可以认为次序问题是影响面试结果的一个突出问题。这种情况也常常发生在无领导小组讨论的群体面试中。

5. 归因误差

面试官常常需要对面试者的行为进行归因,也就是判断其某一行为到底源于情境因素还是个体因素。如果因前者造成,则该行为就是暂时的,否则就可能是相对稳定的,难免以后会重复出现。人们在归因活动中有一种"基本归因谬误",即容易高估他人的个体因素而低估外部环境因素。这反映在面试官容易忽视自己行为对面试者造成的影响,尤其是非语言行为。研究表明,表现出更大量眼神接触、头移动、微笑,以及其他非语言行为的应聘者得到的评价更高,但同时没有任何证据表明非语言行为和能力、素质有任何程度的相关性。为此,考官在面试中应尽量避免非语言行为对评判结果的影响。

6. 缺乏提问的有效性

研究表明,考官常问的问题如"为什么我要雇用你?""你认为从现在起5年内你将做什么?"等,并不与某个特定的工作有关,对那些问题的回答如何才算是适宜并无可靠的实践数据支撑。鲍里斯(Bolles)1995年的研究指出,不同的人事经理对这些问题的答案会有不同的偏好,但偏好并不意味着做出该回答的个体就一定能在将来的工作中表现卓越。

7. 欠缺追问技巧

应聘者情况复杂,回答问题时的思路、经验的多寡、表述能力的高低等都会有差别,需要考官循循善诱,不断进行有效的追问,才能更多地了解其真实的能力状况。

8. 认知判断受到情感和动机的影响

近年来,研究者们越来越重视动机和情感过程对认知过程的影响,认知可以分冷热。"冷认知"是指理性的、具有信息导向的认知;"热认知"是在认知活动中考虑到动机和情感的因素,比如以偏概全、晕轮效应、首因效应等。在面试中,面试官的认知判断很容易受到情感因素的影响,例如喜欢面试者就会给予过多积极评价,不喜欢面试者某一方面就会否定其他诸多方面。另外,动机因素也不容忽视。当面试官的评价目标是"快速完成任务",那么可能会进行匆忙、表面化的信息加工;有时候若动机是维持与他人良好的关系,那么其往往会做出与大多数人一致的评价,这就是趋中倾向。

以上种种因素,都有可能影响到面试的信度和效度,需要引起招聘者的注意。

二、常见的面试偏见

1. 因相似引起的偏见

因相似引起的偏见,又称类比效应。在这里也可以称为反复性行为。很多企业在面对空缺职位从而去寻找合适人选时,常常关注和寻找与前任者拥有相似个性和有效能力的人,或者对与自己相似的应聘者忽略他的缺点,而对与自己不同的应聘者夸大他的缺点,进行一种简单的类比。而不是根据这个职位的工作要求去衡量与挑选。事实上,没有人能够完全像他或她的前任那样,而且也不应如此要求,所以面试时应该避免类比效应。

2. 最初印象倾向

对应聘者的初次印象(发型、口音、衣着)会导致对工作相关方面判断上的偏见,大多数招聘者认识不到他们受这种偏见的影响有多深。

3. 以偏概全

大多数岗位要求 8~14 种独立的才能。应聘者某一个方面的能力优秀,一般不能代表他在所有才能上都优秀。

4. 负面印象加重倾向

对应聘者的负面信息比正面信息更容易在招聘者心中留下印象,而且要把他们的坏印象转为好印象是很困难的。

5. 对职位缺乏认识

招聘者对于正在招聘人员的职位缺乏基本了解,也不了解什么样的应聘者才真正适合该职位,这时他们对应聘者的判断常常是建立在自己不正确的想象之上的。

6. 招聘压力

出于招聘压力,降低人员选拔标准会导致组织浪费大量人力物力财力。

7. 应聘者顺序不当

对应聘者相互比较会使你对他们的期望值忽高忽低,结果常常聘用了一个在正常情况下不会被聘用的人。

8. 非语言行为造成的错误

应聘者的眼神交流、头部运动、微笑等非语言行为及吸引力和性别都会影响招聘者做最后的决定。

9. 暗示

招聘者由于急于填补职位空缺,在招聘面试中暗示应聘者,让他们有机会正确回答问题。

10. 讲话过多或者过少

招聘者在面试过程中讲话过多或者过少,引起的面试错误效应。

三、克服面试偏见的做法

1. 因相似引起的偏见

要认识到如果比较自己与应聘者有何相似或不相似,就会影响你的判断;不要把重要的时间花在讨论与工作无关的问题上。

2. 最初印象倾向

应认识到在面试的最初两分钟内,对应聘者形成的印象会对面试结果产生明显影响。

在面试的最初五分钟里是无法准确发现你喜欢或不喜欢这个应聘者的。你要认识到你对应聘者产生的感觉,而不要使它影响到你对工作相关的方面做出的判断。

3. 以偏概全

也称晕轮效应,这是在面试官中普遍存在的评价偏差,使之不能对面试者的行为给予不同方面的评价。面试官应单独逐一评价每一个岗位才能,注意不要让对某一个才能的评价影响到其他才能的评价。

4. 负面印象加重倾向

在进行下一方面谈话之前的全部印象,注意不要花过多的精力在之前谈话的印象中。

5. 对职位缺乏认识

在招聘前首先对所聘职位做一个全面系统的了解,并明确筛选的理性标准,避免研发的一意孤行的行为。

6. 招聘压力

使招聘部门减少因急于招聘而造成的浪费,沿用现有的招聘策略,以保证招聘到正确的人。

7. 应聘者顺序不当

对你评估的每项要求建立招聘标准努力把每个应聘者与标准相比较,而不是与其他应聘者相比较。

8. 非语言行为造成的错误

建立招聘标准,紧密遵照该标准行事,对不同招聘者要做到统一标准,一视同仁。

9. 暗示

招聘前做好招聘计划,避免提出用是否来作为答案的问题控制自己,不让应聘者通过自己的表情或举止窥视出答案。

10. 讲话过多或者过少

控制面试节奏,避免冷场,提出问题后让应聘者充分发言,发言过程中可适当打断,提出附加问题。

第四节 面试技巧

一、面试中的倾听技巧

面试中倾听的目的是有效地收集提问后应聘者反馈的信息,通过倾听来识别有效信息,为评价奠定基础。优秀的面试考官不仅是一个优秀的谈话者,同时还是一个优秀的倾听者,因为不论考官口才如何,若不懂得倾听,就很难采集到全面的、客观的、有效的信息。"听",并非简单地用耳朵就行了,必须同时用心去体会理解,并积极地做出反应。因此,面试考官在面试的过程中除了有效地运用各种问题之外,还必须做一个好听众。如何有效地倾听呢?

1. 积极地倾听

考官在面试过程中所犯的一个最大错误就是讲得太多。事实上，在面试中，考官讲话的时间应该不超过30%。倾听时要仔细、认真，表情自然，不能不自然地俯视、斜视，或者盯着对方不动；以免给应聘者造成过大的心理压力，使其不能正常发挥。使用一些带有倾向性的形体语言，如点头或者摇头，以免给应试者造成误导。

2. 客观地倾听

作为一名面试考官，最忌讳的就是在面试的时候带有个人偏见，避免夸大、低估、添加、省略、抢先、滞后、分析和机械重复错误倾向等。例如，不喜欢应聘者的发型，或者觉得应聘者的观点和自己的理解不同等。这些个人偏见都会影响对所得信息进行加工，因此要抱着友善和体谅人的心情进行倾听，体现出对应聘者的关怀和启迪。

3. 反馈式倾听

如果考官一时没有听懂对方的话或有疑问，不妨提出一些富有启发性或针对性的问题，这样不但使考官的思路更明确，对问题的了解更全面，而且让应聘者在心理上觉得考官听得很专心，对他的话很重视。

4. 思考着倾听

在应聘者讲话的时候，面试考官有足够的时间进行思考。比如可以将应聘者现在所说的话和前面所说的话相互联系起来等。此外，注意从应聘者的语调、音高、言辞等方面区分应聘者内在的素质水平，如讲话常用"嗯""啊"等间歇语的人往往自我感觉良好，要求他人对其地位的重视。

5. 归纳性倾听

具备足够的敏感性，善于从应聘者的话语中挖掘出没有直接表达出的意思，善于听出与工作相关的信息。特别是有的应聘者语言表达能力不是很强，回答问题总是不能切中要害，这就更需要从其回答中提取出与问题有关的内容。

6. 总结性倾听

由于应聘者常常不能一次性地提供一个问题的全部答案，或者经常从一个问题跳到另一个问题，因此考官要想得到一个问题的完整信息，就必须善于对应聘者的回答进行总结和确认。通常，考官可以用重复或总结的方式对应聘者的回答进行确认。例如："刚才你讲到你的主要工作职责有三项：一是对公司的一些上传下达的文件进行管理，二是帮助总经理撰写一些文件，那么还有一项是什么？"

二、面试中的提问技巧

提问是面试实施过程中的核心技术，提问的目的是获取应聘者与应聘岗位匹配性的信息。结构化的面试试题事前已经设计好，形成了题本，可直接运用于面试过程中，但要有效的获取信息还需要考官的有效提问。主要的提问技巧一般有以下几种形式：

1. 提问应该是有组织、有计划的

考官在面试考场上，要充分考虑好提问的整体结构，做到既全面又重点深入，既灵活多样又有条不紊。做到这些，一方面需要事先设计和协商分工，另一方面需要考官之间在

现场互相"关照""意会"。

2. 提问应遵照由易到难的原则

考官提问要循循善诱、由浅入深、由表及里、由简到繁、逐步深入，使面谈在融洽的气氛中进行，以避免应聘者因紧张而不能展示全面素质。

3. 话题数量要适度

在短短的几十分钟内，必须提问的话题本身就很多，有深有浅、有宽有窄。所以，要控制话题数量，保证最要紧的话题的回答时间，话题与话题之间要相互联系、层层递进。

4. 注意关联提问

考官要多问"为什么""究竟怎么样"，特别要抓住应聘者回答含糊、有意回避的地方，深究穷追，当然，也应注意不在枝节问题上纠缠，该止则止，更不要故意刁难应聘者。

5. 牢牢记住提问意图

每提一个问题，都要有针对性，有明确的测评意图。

6. 提问时要诚恳、友善、不卖弄、不欺侮人，切忌提侵犯应聘者隐私的问题。

三、面试中的观察技巧

面试中观察的目的是在语言信息的基础上，结合对非语言信息的采集，来挖掘应聘者的内在反应，是语言信息的重要补充。研究表明，在面对面的沟通中，约有55%的信息都是靠非语言信息来传达的。面试过程中需要考官在很短的时间内迅速地、尽可能多地从应聘者身上获得所需的信息，并进行判断。因而，这种观察除具有一般性观察的特点外，还有其特殊性。

1. 较强的目的性

观察的目的就是更多地了解应聘者，进而为做出是否合格、能否任用的判断提供依据。

2. 可采用现代化的记录手段

比如录像、录音等手段，可以大大地帮助考官在面试过程中全面准确地观察应聘者，并为以后的分析工作提供有利条件。

3. 尽量有系统性

观察必须具有系统性，只有这样，才能排除由于偶然性获得的不能反映应聘者本质的材料，达到对应聘者的本质的真实认识。

倾听的内容主要是语言信息，观察的内容主要是非语言信息。非语言信息不仅能够起到补充作用，某种程度上甚至能更真实地表现应聘者的内心。这里非语言信息主要是指面部表情、身体动作和手势及说话中的停顿、语速、声调、声高和清晰程度等。

从双方接触起，所有这些因素都会一同向面试考官发布信息。我们需要重视的不是手势、姿态本身有多么重大的意义，而是需要结合到具体环境中，这些手势和姿态表达了什么意义。

非语言交际研究专家保罗·艾克曼曾经在他的面部影响得分技术（Facial Affect Scoring Technique）中提出可观察到六种用以评估面部非语言表述的不变模式：厌恶主要表现在鼻子、脸颊和嘴上，恐惧主要显示在眼里；悲伤主要表现在眉上、嘴上和眼里；气愤主要表现在额上、眉上;惊讶表现在脸部的任何区域。在面试的时候,面试考官不能单纯地根据非语言信息的变化得出结论,但是应聘者在面试过程中一些突然非语言信息的变化将会提供值得思考的信息。例如,应聘者在面试的前20分钟内都是非常放松的,后背靠着椅子坐着,但当考官问到他为什么要离开现在的工作岗位时,他的背部忽然离开了椅背,身体挺直,移坐在椅子的前部。尽管他所讲的离职原因听起来是可以接受的,而且他在讲的时候也没有任何迟疑,但是他的身体语言的变化不得不让我们感到这其中一定有什么问题。因此,对于他所讲的话的真实性就会打一个折扣,在评价中就不能作为有效信息,而需要其他的信息印证。常见的非语言信息所表达的意义如表10-8所示。

表10-8 常见的非语言信息所表达的意义

非语言信息	典型含义
目光接触	友好、真诚、自信、果断
无目光接触	冷淡、紧张、害怕、说谎、缺乏安全感
摇头	不赞同、不相信、震惊
打哈欠	厌倦
搔头	迷惑不解、不相信
微笑	满意、理解、鼓励
咬嘴唇	紧张、害怕、焦虑
踏脚	紧张、不耐烦、自负
双臂交叉在胸前	生气、不同意、防卫、进攻
抬一下眉毛	怀疑、吃惊
眯眼睛	不同意、反感、生气
鼻孔张大	生气、受挫
手抖	紧张、焦虑、恐惧
身体前倾	感兴趣、注意
懒散地坐在椅子上	厌倦、放松
坐在椅子边缘上	焦虑、紧张、有理解力
摇椅子	厌倦、自以为是、紧张
驼背坐着	缺乏安全感、消极
坐得笔直	自信、果断

四、面试中的引导技巧

面试中引导的目的是为有效采集不同类型应聘者的信息提供的一些针对性的方法。大多数应聘者都会努力在面试考官面前留下良好的印象,他们会尽量清晰而完整地回答考官提出的所有问题,彬彬有礼、举止大方,向面试考官提出的问题也比较适宜。但并非所有的应聘者都表现得那么理想。在面试中,需要对不同类型的应聘者进行引导,以使其在面试中能充分展示自己,从而获取有效的应聘者信息。

1. 过分羞怯或紧张的应聘者

在面试刚开始的时候,就可以感觉到这个应聘者过于羞怯或紧张。这样的应聘者仿佛不太擅长言辞,对问题的回答总是很短,声音也不够自信。对待这些应聘者,考官可以尝试采取以下的方法:一是注意提问的方式。可首先问一些比较简单的问题,或是一些封闭性的问题。二是善于使用重复、总结等方式加强与应聘者的沟通。可重复应聘者讲话的某些要点引导其继续讲话,并且在一定的时间后要对谈话的内容进行总结,以获得更加充分的信息。三是使用带鼓励性的语言和非语言信息。如"慢慢来,别急"等。在音调方面则注意使用比较温和轻柔的声音。也可以使用一些带有鼓励性的身体语言,包括点头、微笑、直接的目光接触、身体前倾等。

2. 过分健谈的应聘者

有些应聘者似乎能无休无止地讲下去,他们不仅回答了考官提出的问题,而且还会主动说一些考官未要求回答且毫无价值的内容。这种健谈的应聘者可以让考官得到大量的信息,但同时也会浪费一些时间,因此有的时候,不得不阻止他们。对这类应聘者可以尝试用以下的方法:一是直接打断他们的话,将谈话引导到考官所关心的问题上来;二是在提问的时候要求他们做出简短的回答,以暗示他们不要讲得太多;三是当他们讲得偏离主题的时候,考官可以表现出没有兴趣听的表情或动作。

3. 生气或失望的应聘者

有时候作为考官你可能要面对那些生气或失望的应聘者。他们可能会由于各种原因而导致这种情绪产生,例如,可能他已经寄来简历有一个多月的时间了,但直到现在才让他来面试,或者负责接待他们的人态度不好等。但无论什么原因,考官应对能够解释清楚的原因进行解释,并对应聘者的意见表示感谢,表示会通知有关人员解决。最重要的是,应该告诉应聘者,既然已经来面试了,就说明对组织所提供的职位感兴趣,那么就开始讨论一下这方面的问题。接下去可以聊一些有利于缓和气氛的话题,然后就可以进入正常面试了。

4. 支配性过强的应聘者

有的应聘者在面试的过程中可能会反客为主,通常表现为不正面回答考官提出的问题,而是咄咄逼人地问考官问题。这些应聘者或者是过于自负,对工作比较挑剔,因此总是试图了解更多的组织情况,以便判断这份工作能否满足自己的意愿;或者由于想要掩饰自己某些方面的能力不足,顾左右而言他。考官应该尽快扭转这种局面,一般来说可以比较有礼貌而坚决地告诉应聘者:"对不起,你想了解的这些问题我们在后面会有机会讨论,现在我所关心的是……"

5. 情绪化或非常敏感的应聘者

有些应聘者当被问到某些问题的时候,会突然情绪激动起来,例如哭泣。遇到这种情况的时候,考官应表示理解和关心,给应聘者倒杯水,递张纸巾,尽量使其平静下来。必要的时候,也可以让其单独待一会儿,等其情绪恢复了再继续进行面试。往往在这种情况下,应聘者会与考官真正分享内心的感受。值得注意的是,如果一个职位需要的是有稳定的情绪和良好的自控能力的人,那么这样的应聘者要慎重考虑。

五、面试中的记录技巧

面试中记录的目的是有效记忆应聘者的表现,并为之后的评价提供直接的依据,也是进行应聘者之间比较的信息基础。考官可以在面试期间先记下关键词和想法,随后马上扩展笔记,能确保记住那些重要的事实。记录应遵循以下原则:

1. 避免主观性语言

避免使用主观性哪怕是赞赏性的语言是获得有效的面试后记录的重要前提。换句话说,考官记下的所有评论都应当是客观的。例如,说某位应聘者有魅力就是一种主观的描述;相反,记下"应聘者的外表与其在组织所担任的职位的形象相符"就很客观。

2. 避免记录无事实根据的意见

考官要注意不要记录没有充分与工作相关的事实依据的意见。孤零零的、没有具体根据的意见意味着考官虽然得出了某种结论,却没有找出支持这些结论的依据。

3. 做具体描述

在面试量很大的情况下可以采用此项技巧。见了那么多人之后,考官很难重新审阅每个人的申请表或简历,并将他们彼此区分开来。要解决这一问题,可考虑偶尔使用一下描述性语言,帮助考官回忆起那场具体的面试。

4. 为面试录音录像

有些考官觉得做记录涉及的问题太多,要花费不少时间,而将整个面试过程录下来要容易一些,这也有利于在对应聘者评价有争议时进行复核。

此外,要注意考官与应聘者之间不要靠得太近,以免记录时会使双方感到不便,防止应聘者看到或影响应聘者的注意力,可以考虑将记录纸前端稍立起与桌面成一定角度。

六、面试中的评分技巧

面试中评分的目的是对面试采集的应聘者信息的梳理和认定,最终给出正确的评估意见。由于评分带有一定的主观性,因此,统一评分标准,提高评分技巧,对于客观评价应聘者尤为重要。这个过程要注意以下方面:

1. 不要过快做出判断

有时考官会根据简历的材料对应聘者进行初步判断,并通过面试进一步了解应聘者,为了节约评分时间,有时甚至会在面试过程中就对应聘者完成评分。这样的操作过程由于信息采集不完整,影响评分的有效性。因此,遵循面试规则,按照面试流程进行评分,可以避免过快做出判断,使评分更加准确。

2. 不要受面试次序的干扰

接见应聘者的次序,也会影响面谈考官的评定结果。有一项研究发现:一位"中等"水平的应聘者在好几位"不理想"的应聘者之后进行面试,结果考官对他的评价大大高出他实际的水平。这就是受到面试次序影响的结果。

3. 不要被应聘者表情所迷惑

有好几项研究指出，应聘者若有较多的眼神凝注、点头、微笑，或其他类似的形体动作表现，则得分较高，而且通常这些因素占总评分的80%以上。如其中一项研究中，将52位人事专家平均分成两组，然后以播放录像带的方式，由他们来分别评估屏幕中出现的同一应聘者。该应聘者所陈述的工作经历大同小异。不过，第一组人事专家所看到的应聘者，其脸部表情较古板、声音较低沉，而且没有什么笑容；第二组人事专家所看到的应聘者，其脸部表情较丰富，声音较富变化，而且脸上常带着微笑。研究结果指出，在第二组26位人事专家当中有23位愿意邀请这位应聘者再来做第二次面谈，而第一组的考官则很少愿意与这位应聘者再做第二次面谈。另外的研究表明，应聘者回答问题的语气、观点等方面有意讨好考官的话，也会提高考官的评价。

4. 评价标准把握要宽严适当

在面试实践中，因评价标准把握不当而形成的误差，在对所有应聘者的评分方面主要有三种表现：一是考官有"老好人"倾向，标准把握过宽，对所有应聘者的评定结论普遍偏高，出现宽大化倾向；二是标准把握过严，对所有应聘者的评定结论普遍偏低，出现严格化倾向；三是标准宽严不定，对所有应聘者的评定结论集中在中等，区分不出优劣，出现中间化倾向。在对单个应聘者的评定方面，由于把握标准失当造成的误差，主要是使用不当，如把"能力强"的评定为"一般"，把"一般"的评定为"强"，等等。

为了得出较为准确的评定结论，面试考官要注意以下各原则和方法。

(1) 严格遵循"面试评分表"的要求。只有按照表中的规定来掌握，不任意增减、删除或变更要求，才能实现评价的一致性，确保评分的有效性。

(2) 认真分析应聘者提供的信息。有些应聘者能言善辩，有些应聘者善察言观色，能博取考官欢心；有些应聘者则由于缺乏经验、自卑等原因，表现得很谦卑，不会给考官留下一个较好的第一印象。因此，面试考官只有在认真分析的基础上，才能去粗取精、去伪存真、由表及里地进行判断，得出正确的结论。

(3) 依据要充分。考官掌握的应聘者信息越充足，评定结论的可信性就越大。只根据只言片语就下结论，是应该避免的。例如，根据应聘者只说过一句"我当过销售部的经理"，就得出"该应聘者有领导才能"的结论，就很危险、很不科学。因为有种种原因使他当上"经理"，并非当过经理就一定有领导才能。因此，对面试过程进行有效记录，依据记录比照评分标准进行评分，可以防止考官的主观偏差。

(4) 独立自主评定。面试中，只有在不得已的情况下才能让一名考官主持。因为一人主持面试并做结论，使得因考官个人原因出现误差的可能性大大增加，而且难以及时纠正。所以，为了把考官个人原因引起的误差降低到最小限度，对应聘者各个方面的情况做出更客观的判定，由数名面试考官组成"评价小组"是非常必要的。在小组中，各个考官应先独立自主地做出评定结论，然后进行集体讨论。

(5) 比较综合。单个考官的评定，往往会存在偏差局限。为了减少误差，力求客观准确，就要对各个考官独立自主做出的结论进行讨论比较，纠正不合理的，得出较为一致的准确结论。如去掉最高分、最低分的做法，就是一种剔除异常数字的综合处理方法。当然，比较的准则应该是"测评标准"，而不是某个权威者的评定结果。

微软经典面试题

- 在不使用天平的情况下，怎样称出一架喷气式飞机的重量？
- 为什么镜子里的影像左右颠倒而不是上下颠倒？
- 为什么你在宾馆里一打开热水龙头就有热水流出来？
- M&M 巧克力是怎样做出来的？
- 你在船上，把一只箱子抛起来，水平面会升高还是下降？
- 世界上有多少钢琴调音师？
- 美国有多少加油站？
- 每小时有多少密西西比河水流过新奥尔良？
- 一个曲棍球场里的冰有多重？
- 如果你能够撤走美国 50 个州中的任何一个，你会撤走哪一个？
- 地球上方多少个这样的点：往南走 1 千米，往东走 1 千米，再往北走 1 千米，你能回到原来的出发点？
- 一天中钟表的指针重叠多少次？
- 迈克和托德两人一共有 21 美元。迈克的钱比托德多 20 美元，每个人各有多少钱？在你的答案中不能有分数。
- 一般来说，将曼哈顿的电话册翻多少次，才能找到你想要找的人名？
- 你会怎样设计比尔·盖茨的浴室？
- 你怎样设计一个由计算机控制的微波炉？

面试考官的十大"臭招"

如果把面试比作考官与应聘者之间的比武，那么面试题目就是考官的一个个招式。如果这些招式不移稳、准、狠，就不能检验出"接招"的应聘者的实力。在十分有限的"过招"时间里，一般的考官常会出很多"臭招"，不但不能检验出应聘者的水平，反而会被一些"职业应聘者"弄得晕头转向。下面就来介绍一下。

第一招："谈谈你自己吧！""请先做一下自我介绍。"

这似乎是一个必考题目，通常也是面试时的第一个问题。但对应聘者来说，这个问题缺乏明确的指向性。如果想用这个问题来搜集应聘者的信息，无异于大海捞针。即使搜集到了一些信息，也很可能是不完全的或片面的，有时甚至会误导考官的决策。通常，很多考官想通过这个问题测试应聘者的口头表达能力。但对不同的应聘者而言，有人认为只用 30 秒钟介绍一下自己的姓名、籍贯、学历、工作经历就够了，这样可以给考官留下一个雷厉风行的印象，而另一些人则认为应该用 10 分钟的时间把自己的经历、性格、兴趣、优势全部说出来，这样会使考官看到自己的坦诚和优秀。对考官而言，用前一种方式回答的应聘者会显得口头表达能力较差，而事实上他唯一的过失就是没有成为考官"肚子里的蛔虫"，没有领会他设计这个题目的目的。

往往有些经验不足的应聘者不知道这个题目的要点：需要把个人的特质、技能、经验、经历与应聘岗位所需要的素质结合起来谈。不少应聘者的自我介绍很可能显得笨拙而且不着边际。在这种情况下，考官往往会打断他的话。这就产生了一个负面结果：应聘者得到了一个"演砸了"的信号，再往下往往很难发挥出正常水平。

要了解应聘者的情况,考官通过阅读简历就可以做到,而这个不具有指向性的问题只会带来不必要的误差,考官提这个问题,一般是想用一个导入性的问题来缓和应聘者在面试开始阶段的紧张情绪,营造适于交流的融洽氛围,其实,只要考官向应聘者微笑一下或做一个得体的手势,就能达到这个目的,也可在面试前先介绍一下面试小组的成员、题目构成、考官阅读简历情况等,这些都会给应聘者留下一种专业、权威而又不失温和的印象。

当然,有些考官提这个问题是想知道应聘者的实际情况与个人简历上的内容是否相符,进而探查应聘者的个人诚信问题。但是,几乎所有的应聘者都会在面试前精心准备,即便是事实情况和简历不相符合,他也会按个人简历上所写的内容编造故事。多次重复的演练会提高撒谎者的演技,考官面对这种"炉火纯青"的演员往往难辨真假,注定要大上其当。

第二招:"你的缺点是什么?"

这个问题出于考官的一个假设:他认为应聘者能够准确而真实地描述自己。但事实上,这种假设根本站不住脚。

当考官问及这个问题时,应聘者一般不太可能回答:"我没有缺点。""我的缺点就是懒。""我会辱骂下属。"

对"职业应聘者"来说,这个问题是很受欢迎的,因为他们有非常巧妙的应对策略,能够假借反思自责来展示自己的优点。典型的回答可能包括:"我是个工作狂。""只要我开始工作就无法停止。""我太注意质量了。""我这个人对工作的完美程度要求太高了。"

即使应聘者讲的都是实话,这些实话也未必能反映实际情况。为什么要假设应聘者真正地了解自己并有准确描述的能力呢?即使应聘者心甘情愿地袒露真实的自我,他对自身的认识就一定是清醒而客观的吗?例如,一位应聘者说,他认为自己最大的优势在于"具备优秀的人际交往能力和公关技巧,能和各种人建立良好的关系。"可是,通过背景调查,考官们得出的结论是:他周围的大多数同事表示很不喜欢与他共事。人贵有自知之明,不难看出,应聘者的自我评价与其实际表现并不构成必然联系。

多数情况是,应聘者描述了他们的优点或缺点,但考官对这些评价的真实性无从知晓。也许,考官是希望应聘者从心理学的角度对自己进行分析,但遗憾的是,应聘者是否具有正确的自我分析能力,也无从知晓。

通常的情况是,应聘者可以设计出对自己最有利的对答,大玩文字游戏,投考官所好。这个问题常常演变成考官们给自己设计的圈套。

第三招:"为什么你认为自己是这个工作岗位的最佳人选?""为什么选择我们公司?""您对我们有什么了解?"

对这个问题,应聘者的回答各有千秋。考官们常常被一些态度积极、精力充沛的应聘者打动,认为他们会成为优秀的员工。事实上考官们经常忘记,应聘者充满激情的沟通风格并不意味着他们未来的工作态度一定是热情积极的。

考官们还有一个常犯的错误,如果应聘者表示他对公司非常关注并对公司有相当程度的了解,考官就肯定他有潜力做好这份工作。

事实上,这个问题根本不能看出应聘者的真正水平。确切说,这时真正反映出的是他面试的准备程度,而不是他对这份工作的专业程度。每一个"职业应聘者"都知道如何表现对工作的热情和对公司的关注,这类问题只能更好地考核他们的面试技巧,而不能考核

员工招聘

他们实现预期业绩的能力。

这类问题给有的应聘者吹捧企业、进而间接吹捧考官一个大好机会。他可以表现出对企业的崇拜敬仰，可以表白成为考官同事的热切渴望。他的回答会让考官深切地认同，获得成就感和满足感，但是，这种回答能在多大程度上说明应聘者符合工作岗位的要求呢？

总之，这个问题考核的是面试技巧而不是工作能力。

第四招："对你而言，什么是最理想的工作？""您在前一个工作中特别喜欢哪些部分？"

这类问题基于这样一个假设：员工只能在理想的工作条件下才能获得成功，假如应聘者所描述的理想工作与某个空缺岗位的情况不符，考官就会认为这位应聘者将不会喜欢这个工作，未来的业绩也不会好。

应聘者一般会有两种策略对付这类问题，一是冠冕堂皇地强调诸如具有挑战性、良好的人际关系、广阔的发展前景、公平公正的工作氛围等，这些都是考官希望听到的措辞；二是避而不答，迂回婉转地阐述自己的看法。例如，本来就没有最理想的工作，任何工作都有其价值，就看我们抱着何种态度。

事实上，很少有人认为自己的工作非常理想，大多数人都在自认为不理想的环境下工作着。而在不理想的环境下工作就一定不能取得非凡的成绩吗？这也不能一概而论。如果员工留在这样的工作岗位上还能干好，那就不应该把喜欢不喜欢当作评估的标准。

第五招："成功对你来说是什么？"

考官总是希望应聘者回答这个问题时涉及专业和个人目标，希望应聘者的个人生活就是专业的延伸。考官们还希望在谈到对钱的看法时，应聘者不要把它看得太重。

事实上，追求财富是很多人的合理需求。财富是提升生活水准、实现梦想的重要手段，因而把财富作为成功的标准绝不是什么可耻的事情。

但考官一般不喜欢那些以金钱和享受作为成功目标的应聘者。实际上，对财富的追求恰恰是很多人奋斗的动力。既然如此，这样的问题就没有多大意义。

第六招："你最崇拜的人是谁？""您的榜样是谁？为什么？"

许多考官认为应当多提一些开放式的问题，没有必要追求一定正确或一定错误的答案。"您的榜样是谁？"就是这样一种谁也判断不出对错的问题，谁能是错误的榜样呢？

更为重要的是，应聘者的答案对说明自己的工作能力有什么意义吗？也许，应聘者会提到一个考官不知道的人名。考官这时会很尴尬，对方的回答等于给了他一个毫无意义的无效信号。

考官想从应聘者崇拜的人身上判断其价值观。但是这个题目存在很大的不确定性因素。应聘者知道他不宜说"谁也不崇拜"，也不宜说"崇拜自己"，更不宜说崇拜一个具有负面形象的人，至于说崇拜一个虚幻的或是不知名的人物，也是不宜。那么崇拜谁好呢？这个人最好与自己应聘的工作能搭上关系。于是应聘销售岗位就说崇拜乔·吉拉德，应聘管理岗位就说崇拜杰克·韦尔奇。但是也许真正让应聘者五体投地的是一个电视明星。面试的特殊性决定了大多数应聘者不会在这儿跟你说实话，他会按照工作岗位的需要临时找来一位榜样，随便崇拜一下。

这道面试题给应聘者提供了一个便利条件，他可以借榜样对自己的深刻影响形成一个似乎合理的逻辑联系:榜样的力量是无穷的。榜样所具有的优点最后会变成应聘者的优点。这个逻辑让应聘者不遗余力地美化榜样,并杜撰榜样对自己的影响。考官呢,对于这样的回答只能一头雾水,虚实难辨。

第七招:"您是否具有本岗位的工作经验?"

"您是否有从事市场营销的经验?""您是否担任过大型企业的副总?"这种谬误在于将经验等同于技能。

考官们之所以对这个问题乐此不疲,原因很简单:经验是比较易于衡量的。一般而言,工作经验会被简单化为从事某项工作的时间。考官对于应聘者实现预期业绩的胜任能力没有把握,就转而去考核他们从事相关岗位的工作时间。这对于刚从大学校门走出来的毕业生是一个致命的问题。但有远见的考官会发现:如果一个人有相关专业背景却无相关经验,对未来的工作并不是一个障碍。可以说,教育或培训的经历就是一种经验,而且是一种更为全面的经验。

第八招:"请用一两句话谈谈您的人生观。"

提出这些问题时,考官实际上把自己当作心理学家,试图深入地了解应聘者的个性。他以为通过应聘者的回答能够了解更多的信息。他甚至自信可以通过观察对方的肢体语言,特别是目光交流和语音语调,就能判别谁在讲真话,谁在撒谎。但事实上,这种心理推断方法在未经专业训练的人手里常常是一种失灵的工具,得出的结果也必然是感性的、随机的和不真实的。

运用与工作无关的问题来评估工作行为,不是一件简单的事。大多数考官很难从应聘者对人生观的口头描述上推测出他将来在具体工作岗位上的表现。

这种问题还会给应聘者留下令人不愉快的负面印象,因为它与工作能力的要求毫不相干,简直有些莫名其妙。

第九招:"假如我请您的前任主管来描述您,他会想说吗?"

这个问题基于这样一个假设:应聘者能准确而真实地描述自己在别人眼中的形象。实际上,进行这种假设的考官往往过分乐观地估计了应聘者的能力。并且,应聘者的回答也必将查无实证。例如,应聘者说:"我们不能友好相处。"考官怎么能知道究竟是谁难以相处——是应聘者,还是那个主管?

很多时候考官会得到"不知道"的回答。不要认为这是应聘者的搪塞——一个人对自己都可能认识不清楚,何况要揣测别人对他的态度呢?

但有些考官会究根问底,一定要让应聘者说明一下主管对他的评价。在这种情况下,应聘者一般会回避自己和主管之间的关系,尤其是当后者对自己的工作不满意或双方关系不够融洽时。考官这时得到的答案只会是:以前的主管对他多么器重,对他的工作多么欣赏,对他的不满多么同情,而且,如果他离职的话,会多么惋惜。这些话唯一的目的就是让考官明白:眼前的这个人是多么优秀,多么值得认可。

第十招:"假如你未被录用,你会怎么想?"

考官的本意是想通过这个问题考察应聘者的自信心和意志力,看看他们在面对困难、遭遇挫折时能否保持理智、镇定、从容的心态。但是这道题目设置了一个假设性的前提,告诉应聘者"未被录用""只是假如"而已。在这种模拟的情景下,考察结果的可信度是很低的,除非在面试现场郑重其事地告知他已被淘汰,否则根本看不出应聘者的真实反应。

面对这个问题，大多数应聘者会回答得很得体，会向考官表达一种诚恳、克制和进取的愿望，凸显充满自信、执着追求的精神。典型的回答是："如果这次我没有被录用，说明自己条件尚不具备，今后我会加倍努力。我相信通过自己的勤奋努力，一定会达到成功的目标。如果将来还有机会到贵公司应聘，希望那时候您能看出我的突飞猛进。"

以上十种常见的失败问题有一个共同特点：不能获得真实有效的信息。面试题应当有的放矢，让考官顺利搜集到应聘者工作能力的信息。回答这些问题，不应依赖于应聘者对面试过程的熟悉与老练，而要测出他们对应聘岗位的适应与胜任能力。这些问题应当让那些实际上不具备工作能力的"职业应聘者"大吃一惊，破绽百出，望风而逃。最有效的面试题目的标准是：即使应聘者了解面试题应如何回答，也不可能编造，考官可以很容易通过这些问题探明真伪。

可以说，面试中考的不仅是应聘者，它还是对考官的考试——他是否有能力预测到应聘者上任后的工作业绩。如果经招聘录用的某个员工成绩出色，考官就通过了这一考试。反之，如果聘用的人业绩很差，就是不及格了。"工欲善其事，必先利其器"，考官必须在面试交锋之前设计好精良的招式，练好内功，让每一招、每一式都能击中要害、抓住关键才行。

【本章小结】

本章较为系统地介绍了招聘面试的过程、偏见和技巧。

首先，介绍了面试的种类和面试题目的类型；

其次，介绍了面试准备阶段和面试实施阶段的步骤；

再次，介绍了面试可能出现的偏见；

最后，全面地总结了面试中的各种技巧。

【引例分析】

(1) 当招聘方和应聘方在人才需求与岗位职责上达成共识，只在薪酬上发生矛盾时，招聘方应主动提出调解方案，方案可以包括股权激励、奖金激励和其他激励，以弥补对方对薪酬的要求。

(2) 如果应聘方执意要求达到某薪酬水平，通常可能有其他因素在起作用，例如应聘诚意（应聘方可能同时应聘几家公司，正在挑选中）、有其他选择等。此时，招聘方应与应聘方多沟通，了解他内心真实的想法，有的放矢地消除其心头的疑虑。

(3) 在招聘企业主管时，最好能对两方面进行充分了解：一是主要候选人原先的薪酬状况，二是当地相同行业相当职务的薪酬水平。在充分了解这两方面信息后，就能有效地与应聘方平心静气地谈判，必要时做一些小的让步通常就可能成功。

第十一章
Chapter 11

其他选拔方法

【引导案例】

某公司是本地区规模最大的航空票务服务提供商,随着业务的不断发展和市场的快速扩张,公司希望有更多、更优秀的人才加盟,尤其是需要引进一些中层管理人员。为此,公司想组织一次人才招聘活动,并在招聘过程中采用评价中心的无领导小组讨论形式。新来的招聘主管郭兴虽然知道评价中心是一套以测评管理者素质为主的测评工具,即有无领导小组讨论、公文筐测试、案例分析、角色扮演、管理游戏等,但是郭兴没有接触过评价中心技术,更没有实施过无领导小组讨论方法,而公司这次决定采用无领导小组讨论方法来选拔管理人员,他应该如何解决这个问题呢?

以上案例告诉我们,评价中心技术也是招聘中常用的一种选拔方式。因此,我们应了解该方法,并善于应用它,这有利于企业的发展。解决这些问题所涉及的理论知识和技能正是本章要讲述的内容。

【本章主要内容】
1. 心理测验的特性、类型和心理测验的科学原理
2. 心理测验的方法
3. 评价中心技术中的无领导小组讨论方法
4. 评价中心技术中的公文处理的方法
5. 招聘选拔方法

第一节 心理测试概述

科学的心理测试开始于20世纪初,最初人们的兴趣集中在智力测量上。1905年,法国心理学家比奈和医生西蒙,以斯皮尔曼的智力理论为依据,制定出世界上第一个智力测验。从此,心理测试运动开始蓬勃发展,各种各样的测试层出不穷,被广泛用于社会各个领域,也很快成为人才招聘的主要技术和工具。

一、心理测试及其相关概念

心理测试是指在控制的情境下,通过一系列手段,向应试者提供一组标准化的刺激,以所引起的反应作为代表行为的样本,将人的某些心理特征数量化,来衡量应聘者的智力水平和个性方面差异的一种科学测量方法,其结果是对应聘者的能力特征和发展潜力的

一种评定的方法。这种测试与前面提到的笔试、面试相比,是一种比较先进、更加规范化的测试方式。

(一)心理测试的特性

1. 间接性

物体的物理特征是看得见、摸得着的,比如人的高矮胖瘦、物的长短轻重等。因此,物理测量可以直接以某种测量工具测出人或物的物理特征水平。然而,人的心理特质却是内在的,看不见也摸不着,更不可能用某种工具直接进行测量。因此心理测试往往是通过人们在面对问题情境时所表现出来的外显行为来推论其心理特质,比如,智力高的人往往在涉及智力的任务中表现得既快又准确;气质外向的人往往表现出活泼、热情、善于社交、合作性高等行为特点。所以,心理测试可以通过人的外在行为模式推知其内在的心理特质水平,它具有间接性。

2. 相对性

任何测量都必须有参照点这一测量要素,即把事物及其属性数量化时,必须有一个计算的起点。现有测量中存在两种参照点,一是绝对零点,二是相对零点。在心理测验中,没有理想的绝对零点,而只有相对零点。学习成绩为0,表明在一次考试中全部没有做对,却并不表明在所测的能力上一点水平都没有。因此,一般情况下,每个人的心理测验结果都在一个连续体上占据一个位置,我们只是从人与人之间的相对位置上,对一个人的某种心理特质水平做出判断,所以说,心理测试是相对的。

3. 客观性

对于任何测量,客观性是最基本的要求。然而,任何测量都不可能是百分之百的客观准确,因为任何测量都有误差,心理测量更不例外。如何尽可能地控制和减少误差,使测量结果尽可能地客观可靠,是心理学家长期努力的目标。

(二)心理测试的类型

心理测试类型众多,根据不同的分类标准可以划分为不同的测试种类。图11-1列出了六种常用的划分方法及对应的各种心理测试类型。

1. 按测试的内容分

(1)认知能力的测试,是指对一个人的认知行为进行测试。如成就测试、智力测试、能力倾向测试。

①成就测试

又称为成绩测试,它通过笔试的方式测量应试者的受教育效果,衡量其知识广度、深度及运用水平,从而衡量其实际工作能力。

成就测试包括:专业知识考试、综合知识考试和外语水平考试。

②智力测试

智力是指人们认识问题、理解问题和解决问题的基本能力,实质就是一个人的智力与其同龄人相比所处的位置。根据美国心理学家瑟斯顿提出的因素分析法,人的智力基本由言语理解能力、数字能力、空间知觉能力、知觉速度能力、语言流畅能力、记忆能力及推理这七种能力要素构成。

第十一章 其他选拔方法

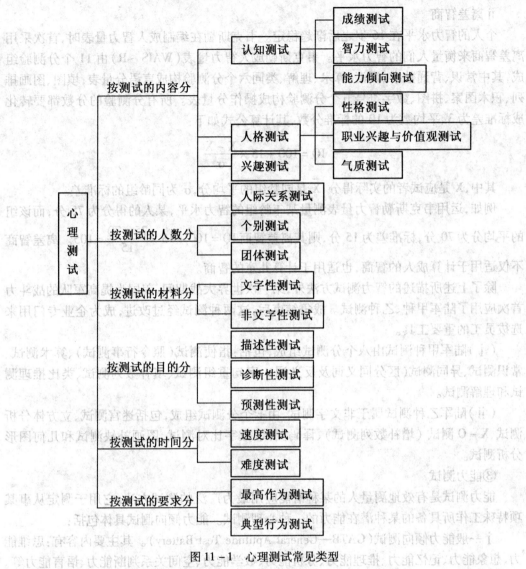

图 11-1 心理测试常见类型

智力测试主要测量应试者智力的高低,测试的结果用智商(IQ)表示,即人们在智力测试中获得的分数,它衡量应试者在工作中较为稳定的行为特征。通常有两种计算方法用来衡量智商,一种为比率智商,另一种为离差智商。

i 比率智商

个人在16岁之前,智力水平随着年龄的增长而提高,呈上升趋势。其智力水平可用比率智商来表示,即其心理年龄(Mental Age, MA)与实足年龄(Chronological Age, CA)的比值,计算公式如下:$IQ = \dfrac{MA}{CA} \times 100\%$

例如,运用比纳—西蒙智力量表测量小孩的智力水平,若一个8岁的小孩完成了10岁组的题目,说明其心理年龄是10岁,则其智力水平可用比率智商衡量如下:

$$IQ = \dfrac{10}{8} \times 100 = 125$$

ⅱ 离差智商

个人的智力水平在16岁之后渐趋稳定。韦克斯勒在编制成人智力量表时,首次采用离差智商来衡量人们的智力水平。韦克斯勒成人智力量表(WAIS-R)由11个分测验组成,其中常识、背诵数字、词汇、算术、理解、类同六个分测验构成言语分量表;填图、图画排列、积木图案、拼图、数字符号五个分测验构成操作分量表。所有分测验的分数都要转化成标准差为3、平均数为10的标准分数,其计算公式如下:

$$IQ = 100 + 15 \times \frac{X - \overline{X}}{\sigma}$$

其中,X是应试者的实际得分,$\overline{X}$是同龄组的平均分,σ为同龄组的标准差。

例如,运用韦克斯勒智力量表测量某年龄组的智力水平,某人的得分为75分,而该组的平均分为70分,标准差为15分,则其离差智商$IQ = 100 + 15 \times \frac{75 - 70}{15} = 105$。离差智商不仅适用于计算成人的智商,也适用于计算儿童的智商。

除了上述所描述的智力测试方法外,第一次世界大战期间,美国为提高军队的战斗力首次应用了陆军甲种、乙种测试。战争结束后,这两种测试经过改进,成为企业专门用来选拔员工的重要工具。

（ⅰ）陆军甲种测试由八个分测试组成,包括:指使测试(照令行事测试)、算术测试、常识测试、异同测试(区分同义词及反义词)、字句重组测试、填补数列测试、类比推理测试和理解测试。

（ⅱ）陆军乙种测试属于非文字测试,由七个分测试组成,包括迷宫测试、立方体分析测试、X-O测试(增补数列测试)、译码测试、数字比对测试、图画补缺测试和几何图形分析测试。

③能力测试

能力测试是有效地测量人的某种潜能应用最为广泛的测试方法,它用于测定从事某项特殊工作所具备的某种潜在能力的一种心理测试。能力倾向测试具体包括:

ⅰ 一般能力倾向测试(GATB—General Aptitude Test Battery)。其主要内容有:思维能力、想象能力、记忆能力、推理能力、分析能力、数学能力、空间关系判断能力、语言能力等。

ⅱ 特殊职业能力测试。指那些特殊的职业或职业群的能力。测试职业能力的目的在于:测量已具备工作经验或受过有关培训的人员在某些职业领域中现有的熟练水平;选拔那些具有从事某项职业的特殊潜能,并且能经过很少或不经特殊培训就能从事某种职业的人才。

ⅲ 心理运动机能测试。在人员选拔中,对这部分能力的测试一方面可通过体检进行,包括:身体能力动态强度、爆发力、广度灵活性、动态灵活性、身体协调性与平衡性等。另一方面可借助于各种测试仪器或工具进行。包括:选择反应时间、肢体运动速度、四肢协调、手指灵巧、手臂稳定、速度控制等。

(2)人格能力测试又称个性测试。

所谓人格,是一个人区别于其他人且相对稳定的非智力性心理特征和行为倾向的总和,在心理学上又称为个性,并具有差异性、独特性、相对稳定性、整体性、功能性等特点。

人格可划分为个性倾向性和个性心理特征,个性倾向性是人格的动力系统,包括:人的需求、动机、兴趣、态度、价值观等多种要素;个性心理特征,是人格中较稳定的部分,包括:社会态度、气质、性格、风格、意志等一些要素。人格对工作成就的影响是极为重要的,不同气质、性格的人适合于不同种类的工作。对于一些重要的工作岗位,为选择合适的人才,则需进行人格测试。

所谓人格测试是指通过一定的方法和特定的工具定量分析对人的行为起稳定调节作用的心理特征和个性倾向,以便预测个人未来的行为和发展方向。人格测试的目的是了解应试者的人格特质。根据心理学家对人格的划分不同,测试的类型也不同。一般可以将人格分为16类:乐观型、聪慧型、稳定型、恃强型、兴奋型、持久型、敢为型、敏感型、怀疑型、幻想型、世故型、忧虑型、实验型、独立型、自律型和紧张型。

常用的人格测试工具包括:自陈量表、投射测试、心理实验法。

①自陈量表。自陈量表法多以自我报告的形式呈现,即对拟测评个性特征事先编制好人格量表,由应聘者逐项选出适合于描写自身人格特质的书面答案,然后从量表的分数上判断和评估应聘者的人格类型。有代表性的自陈量表包括:

i 卡特尔16种性格因素测评量表

卡特尔16种性格因素测评量表(16PF量表)是有关性格的测量表之一,是美国伊利诺伊州立大学人格及能力研究所卡特尔教授编制。该量表主要测评个人的乐群性(A)、聪慧性(B)、稳定性(C)、恃强性(E)、兴奋性(F)、有恒性(G)、敢为性(H)、敏感性(I)、怀疑性(L)、幻想性(M)、世故性(N)、忧虑性(O)、实验性(Q_1)、独立性(Q_2)、自律性(Q_3)、紧张性(Q_4)16种性格特征。16种因素的测试题采取按序轮流排列,以便于计分,并保持受试者做答时的兴趣,每一测试题有三个备选答案。

在人事管理中,16PF能够预测应试者的工作稳定性、工作效率和压力承受能力等。可广泛应用于心理咨询、人员选拔和职业指导的各个环节,为人事决策和人事诊断提供个人心理素质的参考依据。该测评业可以用于教育及教育辅导,心理障碍、心身疾病的预防、诊断、治疗,以及用于人才的选拔和培养。具体内容如表11-1所示。

表11-1 16PF在人员素质测评中的组合及应用

应用项目	组合要素	推算公式
测评性格内外向性	乐群性(A),恃强性(E),兴奋性(高F),敢为性(高H),独立性(Q_2)	见Y_1公式
测评心理健康状态	稳定性(高C),兴奋性(高F),忧虑性(低O),心平气和性(低Q_4)	见Y_2公式
测评学习或适应新环境的成长能力	聪慧性(高B),有恒负责(高G),知己知彼且自律严谨(高Q_3),严肃审慎(低F)	见Y_3公式
测评专业有成就的性格因素	知己知彼且自律严谨(高Q_3),有恒负责(高G),情绪稳定(高C),好强固执(高E),精明能干且世故(高N),自立且当机立断(高Q_2),自由批评且激进(高Q_1)	见Y_4公式

续表 11-1

应用项目	组合要素	推算公式
测评创造能力的性格因素	缄默孤立(低 A),聪慧而富有知识(高 B),好强固执(高 E),严肃审慎(低 F),冒险敢为(高 H),敏感、感情用事(高 I),幻想、独立(M),坦白直率(低 M),自由、激进(高 Q_1),自立、当机立断(高 Q_2)	见 Y_5 公式

$Y_1 = [(2A + 3E + 4F + 5H) - (AQ_2 + 11)] \div 10$,低于 4.5 分者属于内向型,高于 6.5 分者属于外向型,4.5~6.5 分则为中性。

$Y_2 = C + F + (11 - O) + (11 - Q_4)$,低分者属于心理健康状态较差者,高分者属于心理健康状态较好者。此要素总分可介于 4~40 分之间,平均值为 22 分。

$Y_3 = B + G + Q_3 + (11 - F)$,低分者属于学习成长能力较差者,高分者属于学习成长能力较强者。此要素总分可介于 4~40 分之间,平均值为 22 分,25 分以上者成功希望较大。

$Y_4 = 2Q_3 + 2G + 2C + E + N + Q_2 + Q_1$,低分者为成就较低的人才,高分者为成就较高的人才。要素总分可介于 10~100 分之间,平均值为 55 分,67 分以上者成功希望较大。

$Y_5 = 2(11 - A) + 2B + E + 2(11 - F) + H + 2I + M + (11 - N) + Q_1 + 2Q_2$,低分者为创造能力较弱者,高分者为创造能力较强者。标准分高于 7 分或者实际得分高于 88 分者创造能力较强,应有所成就。

ⅱ 艾森克人格测试问卷

艾森克人格测试问卷(EPQ)由英国的艾森克(H. J. Eysenck)夫妇编制的一个专用于人格测量的心理测验工具,主要用来测量人们在内外倾向,神经质(情绪性),心理变态倾向这三个方面的表现程度。现已成为心理门诊、精神病院、教育、人才、职业、交通等各个行业都有广泛应用的心理测验工具之一。

人格测验属于标准化心理测验采用是非题的形式,由精神质(P)、情绪稳定性(N)、内外向(E)和效度量表(L)四个量表组成,对个性特质和心理健康都能较好地测查,应试者的问答与所述情形一致计 1 分,否则计 0 分,由于只有 88 道测试题,操作简便,易于评分。因此时间成本小,可靠性高,信度和效度都好,该测验能够较为全面科学地反映出一个人的个性特点和心理健康水平,因而深受心理门诊、心理咨询等心理学专业工作者的喜爱,由于能够比 MMPI 节省可观的时间成本,因而在临床心理学中的应用比 MMPI 还要普遍。

ⅲ 明尼苏达多项人格测评

明尼苏达多项人格测评(MMPI)。是由明尼苏达大学教授哈撒韦(S. R. Hathaway)和麦金利(J. C. McKinley)于 20 世纪 40 年代制定的,也是迄今应用极广、颇富权威的一种纸—笔式人格测评。该测试的问世是人格测验发展史上的一个重要里程碑,对人格测验的研究进程产生了巨大影响。到目前为止,它已经被翻译成各种文字版本达 100 余种,广泛应用于人类学、心理学和医学领域,是世界上最常引证的人格自称量表。我国对 MMPI 进行了研究和修订,从 20 世纪 70 年代末开始,已形成了一个中国版本和常模。

MMPI 的目的是对人的人格特点提供客观的评价。测验一共有 566 个条目,包括 14 个分量表,其中 10 个为临床量表,4 个为效度量表。选用中国 MMPI 量表协作组的中国常模,主要确定 10 个与临床有关的指标及 5 个研究量表指标。

10 个与临床有关的指标具体包括:Hs(hypochondriasis,疑病)、D(depression,抑郁)、Hy(hysteria,痛症)、Pd(psychopathic deviate,心理变态)、Mf(masculinity - femininity,男性化～女性化)、Pa(paranoia,偏执)、Psy(psychasthenia,精神衰弱)、Sc(schizophrenia,精神分裂)、Hyp(hypomania,轻躁症)、S(social introversion,社会内向)。

5 个研究量表指标具体包括:外显性焦虑(Mas)、依赖性(Dy)、支配性(Do)、社会责任(Re)、控制力(Cn)。

MMPI 采用的是自我评估形式的题目适用于年满 16 岁、初中以上文化水平及没有什么影响测验结果的生理缺陷的人群。共 550 题,因为加了 16 个重复内容的题,所以变成 566 题。题目的内容范围很广,包括身体各方面的情况(如神经系统、心血管系统、消化系统、生殖系统等情况)、精神状态及对家庭、婚姻、宗教、政治、法律、社会等的态度。MMPI 实施时要求被测验者根据自己的真实情况对所有题目做出"是""否"的回答。考官能够根据应聘者的回答对其人格特征做出评价。

②投射测试

投射是指个人把自己的思想,态度,愿望,情绪,性格等个性特征不自觉地反映于外界事物或他人的一种心理作用过程。

投射测试(Projective Test)是指应聘者通过一定的媒介,建立起一个想象的世界,以便能够在无拘束的情境中,表现出其个性特征的测评方法。通过考察不同应聘者的回答和反应,考官能够对不同人的性格进行了解。

投射测评的优点在于考官的意图不会被应聘者知晓,能够营造一个较为客观的条件,使测评结果较为真实。但与此同时,进行投射测评的分析较为困难,考官需要经过专门的培训。

投射测评主要包括:联想法(如罗夏克墨迹测试法),构造法(如主题统觉测试法),完成法、表露法(如画人测验,画树测验和逆境对话测验等)四种类型。

ⅰ 罗夏克墨迹测试的实施

罗夏克墨迹测试有两个实施阶段,一是自由联想阶段,它要求应试者根据所看到的说出所想的,根据其反应记录;二是询问阶段,由测评人员按图片的顺序逐一询问应试者。

ⅱ 主题统觉测试法的实施

主题统觉测试法要求应试者根据所呈现的图片自由联想编造故事,解释图形中是什么情景,图中情景发生是何原因,说明演变下去是什么结果及对情景的感想。

ⅲ 完成句子测试法的实施

罗特(J. B. Rotter)编制的完成句子测验(The Rotter Incomplete Sentence Blank)有 40 个未完成的句子,根据应试者的反应,将其情感、态度、观念等投射出来。例如,我喜欢(   ),读书,(   ),我恨(   ),大部分女孩子(   )等。

一般来说,应试者的反应分类有三种:一是 C 反应,代表冲突或不健康的反应;二是 P 反应,代表积极的或健全的反应;三是 N 反应,代表缺乏情调的中性反应,凡不属于 C、P 反应的都属于 N 反应。

此外，还有兴趣测试，人际关系测试等。

职业兴趣是指个人对某类职业或工作所持的态度和积极性，揭示了人们想做什么和他们喜欢做什么，从中可以发现应聘者最感兴趣并从中得到最大满足的工作是什么。人们总是寻找能够施展其能力与技能、反映其兴趣爱好和价值观的职业。如果当前所从事的工作与其兴趣不符合，那么就无法保证他会尽职尽责，全力以赴地去完成本职工作。然而，一个有强烈兴趣并积极投身本职工作的人与一个对其职业毫无兴趣的人相比，二者的工作态度与工作绩效是截然不同的。

职业兴趣测试主要包括：霍兰德职业兴趣测试、MBTI 职业倾向测试。

i 霍兰德职业兴趣测试

霍兰德职业兴趣测试由美国著名职业指导专家霍兰德编制，主要用于确定应试者的职业兴趣倾向，进而用于指导应试者选择适合自身职业兴趣的专业发展方向和职业发展方向。霍兰德认为人的职业兴趣可分为六种基本职业类型：现实型（R）、研究型（I）、艺术型（A）、社会型（S）、企业型（E）、常规型（C）。这六种人格类型的特征分别是：

现实型（R）：其基本的倾向是喜欢以物件、机械、动物、工作等为对象，从事有规则的、明确的、有序的、系统的活动。因此，这类人偏好的是以机械和物件为对象的技能性和技术性职业。为了胜任，他们需要具备与机械、电气技术等有关的能力。他们的性格往往是顺应、具体、朴实的，社交能力则比较缺乏。

研究型（I）：其基本的倾向是分析型的、智慧的、有探究心的和内省的，喜欢根据观察而对物理的、生物的、文化的现象进行抽象的、创造性的研究活动。因此，这类人偏好的是智力的、抽象的、分析的、独立的、带有研究性质的职业活动，诸如科学家、医生、工程师等。

艺术型（A）：其基本的倾向是具有想象、冲动、直觉、无秩序、情绪化、理想化、有创意、不重实际等特点，他们喜欢艺术性的职业环境，也具备语言、美术、音乐、演艺等方面的艺术能力，擅长以形态和语言来创作艺术作品，而对事务性的工作则难以胜任。文学创作、音乐、美术、演艺等职业特别适合于他们。

社会型（S）：其基本的倾向是合作、友善、助人、负责任、圆滑、善于社交言谈、善解人意等。他们喜欢社会交往，关心社会问题，具有教育能力和善意与人相处等人际关系方面的能力，适合这一类人的典型的职业有教师、公务员、咨询员、社会工作者等以与人接触为中心的社会服务型的工作。

企业型（E）：其基本的倾向是喜欢冒险、精力充沛、善于社交、自信心强。他们强烈关注目标的追求，喜欢从事为获得利益而操纵、驱动他人的活动。由于具备优秀的主导性和对人说服、接触的能力，这一类型的人特别适合从事领导工作或企业经营管理的职业。

常规型（C）：其基本的倾向是顺从、谨慎、保守、实际、稳重、有效率、善于自我控制。他们喜欢从事记录、整理档案资料、操作办公机械、处理数据资料等有系统有条理的活动，具备文书、算术等能力，适合他们从事的典型职业包括事务员、会计师、银行职员等。

人们通常倾向选择与自我兴趣类型匹配的职业环境，如具有现实型兴趣的人希望在现实型的职业环境中工作，这样可以最好地发挥个人的潜能。但在具体职业选择中，个体并非一定要选择与自己兴趣完全对应的职业环境，这主要是因为个体本身通常是多种兴趣类型的综合体，出现单一类型显著突出的情况不多，因此评价个体的兴趣类型时也时常以其在六大类型中得分居前三位的类型组合而成，组合时根据每个类型得分高低依次排列字母,构成其兴趣组型,如 EIS、AIS 等。

ii MBTI(Myers – Briggs Type Indicator)职业倾向测试

MBIT 是一份性格自测问卷。它由美国的心理学家 Katherine Cook Briggs(1875—1968)和她的心理学家女儿 Isabel Briggs Myers 根据瑞士著名的心理分析学家 Carl G. Jung(荣格)的心理类型理论和她们对于人类性格差异的长期观察和研究而著成。经过了长达 50 多年的研究和发展,MBTI 已经成了当今全球最为著名和权威的性格测试。

它的应用领域包括:自我了解和发展、职业发展和规划、组织发展、团队建设、管理和领导能力培训、解决问题能力、情感问题咨询、教育和学校科目的发展、多样性和多元文化性培训、学术咨询。

MBTI 通过四项二元轴来测量人在性格和行为方面的喜好和差异。这四项轴分别为:人的注意力集中所在和精力的来源(外向和内向);人获取信息的方式(感知和直觉);人做决策的方式(思考和感觉);人对待外界和处世的方式(计划性和情绪型)。

这四个轴的二元通过排列组合形成了 16 种性格类型,每一种性格特征都有其价值和优点,也有缺点和需要注意的地方。清楚了解自己的性格优劣势,有利于更好地发挥自己的特长,而尽可能在为人处世中避免自己性格中的劣势,更好地和他人相处,更好地做重要的决策。清楚了解他人(家人、同事等)的性格特征,有利于减少冲突,使家庭和睦,使团队合作更有效。

2. 按测试的人数分

个人测试和团体测试。个人测试的长处是考官对应聘者的行为反应有较多的观察与控制机会;缺点是费时,不易大量施测,而且对主试训练要求高,一般人不易在短期内掌握。团体测验的优点是省时省钱,便于大量施测,但考官对应聘者的行为不易控制,易产生测量误差。

3. 按测试的材料分

文字测试(纸笔测试)和非文字测试。文字测试长处是实施方便,但易受被试文化水平的影响。非文字测试的题目多是图形,实物,工具,模型的辨认和操作,因而受文化水平影响不高,但其费时费钱,不利于大量的团体施测。

4. 按测试的目的分

描述性测试,目的在于描述个人或团体的心理特征。诊断性测试,目的是诊断个人或团体的某一心理问题。预测性测试,目的是从测验得分来预测个人将来的表现及能达到的水平。

5. 按测试的时间分

速度测试和难度测试。速度测试限定时间,看在特定时间段里完成任务的速度,因而题目并没有超过被试的能力水平,测的是反应速度。难度测试是不限时间,即一般每一题目都有时间去做,但有些题目不见得能做出来,测的是解题的最高能力。

6. 按测试的要求分

最高作为测试和典型行为测试。最高作为测试要求被试尽可能做出最好的回答,而且有正确答案。能力测试,学绩测试属此类。典型行为测试要求被试按日常习惯回答,无标准答案,所有人格测验均可称为典型行为测试。

(三)心理测试的应用伦理与标准化

1. 心理测试的应用伦理

一般的心理测验都会涉及5个基本问题,只有全面地考虑并解决了如下5个问题,心理测试才看作是合乎伦理规范的:

(1)必须重视每一个被测者的唯一性,在每次测验任务和评估程序中都必须充分考虑到被测者的独特个性。

(2)在心理测试的过程中必须要充分考虑到不同被测者之间的差异性及被测者自身的个性变化,只有这样才能充分尊重被测者,也才能确保心理测试的准确性。

(3)有效的评估程序必然要求施测者和被测者都直接参与其中,不过这种参与活动会对参与者造成一定的影响。

(4)施测者和测试工具会影响到评价的准确性,即使是设计很完善的心理测试也会受到一定的影响。因此,施测者根据测试数据做出评价之前,他们必须要考虑到测试数据中可能的误差。

(5)如果测试本身带有明显的积极或消极暗示,那么,施测者还必须要深入地考虑到数据的复合污染源问题。

2. 心理测试的标准化

心理测试标准化是使测试结果客观、公正的前提。标准化工作主要体现在以下五个方面:

(1)统一测试指导语。测试的指导语是对测评的目的、内容、作答方法与要求等测评细节的解释。在纸笔测试中,指导语会出现在问卷的开头,一般由应试者自行阅读。指导语的内容应当简单明确,最好举出例题或答题示范,以帮助应试者正确理解题意,并以正确的方式答题。在其他类型测试中,一般由测试主持人严格按照指导语向应试者宣读。每个应试者的指导语应该完全相同。测试主持人在宣读指导语时,对所有应试者的态度和语气应力求一致。应试者也应严格按照指导语的要求完成测试。

下面是一个心理测试指导语的范例。

本测试包括一些有关生活情形的问题,此类问题的答案不存在"对"与"不对"之分,只是表明个人对这些问题的态度。所以,请您不要过多地思考每个题目的细微意义,而应凭自己的第一印象和真实感觉作答,不要有所顾忌。

每一个问题都有三个备选答案,但您只能选择其中的一个答案,并用铅笔在标准答题纸上相应的小方格内涂黑。请尽量少选中性答案。

请注意:每个问题都需要您来回答,不要有遗漏;本测试虽然没有时间限制,但请您尽可能以较快的速度完成,越快越好。

(2)统一测试题目和情景。标准化的心理测试一般要事先制定,准备好统一的测试题目及材料,安排一个相同的环境去实施测试,测试过程中还应进行监控,从而保证测试的准确性、可靠性及有效性。

(3)统一测试时间限制。一般来说,心理测试是兼顾难度和速度的测试,通常会有时间限制,应试者需要在规定的时间内结束测试。对于单纯的速度测试,应试者更应严格遵守时间限制,任何人都不能例外。

(4)统一评分标准。评分的客观和公平是测评结果可靠与否的重要保证。一个完整的测试方案必须准确,清楚地设立统一详尽的评分标准,其客观公平性直接决定测试的结果是否可靠。在实施测试的时候,测试人员应完整,准确地记录测试的情况及结果,并将结果与评分标准进行严格对照,做到评分客观。

(5)建立常模。所谓常模,是指对测评分数进行分析和解释的参照标准,是一组被试样本的测验成绩的分布结构。它是一种可以用来同其他测验结果进行比较的标准。

常模通常用集中趋势和离散程度来表示。集中趋势通常用平均数(mean)来表示,公式为:$\overline{X} = \frac{\sum_{i=1}^{n} X_i}{n}$。其中:$\overline{X}$ 为平均数;X_i 为各数据值;n 为数据个数。离散程度通常用标准差(standard deviation)来表示,公式为:$S = \sqrt{\frac{\sum_{i=1}^{n}(X_i - \overline{X})^2}{n}}$。其中:$S$ 为标准差;$\overline{X}$ 为平均数;X_i 为第 i 个数据值;n 为数据个数。标准差越大,说明数值分散的程度越大,离散度就越大。

测验分数的解释

①原始分数(raw score)。原始分数是被试者的反应与标准答案比较所得结果。它只是一个具体的数值,没有可比性,不能直接用于评价,需要通过一个标准差转换成为一个标准的分数才可以进行比较。这时候常模就起到了关键的作用。

②标准分数(standard score,又称 z-score)。标准分数是转换分数的一种特例,它是将原始分数通过与常模的比较,转换成等值的导出分数。通过对测验总体的分数分布特征进行分析,可以建立常模,求出标准差 s 和平均数 $\overline{X}$,然后用公式 $z = \frac{X_i - \overline{X}}{s}$ 将原始分数值转化成标准分数 Z。

一般来说,测评的原始分数的意义是不明确的,例如,某考生参加某次公开招考的笔试成绩是 90 分。90 分表明什么?含义是不确定的,可能是全体考生中的最高分,也可能是最低分,或者中等水平。如果我们知道全体考生的平均分是 75 分,那么 90 分的含义就明确一些了,它表明比中等要好的成绩。但是好到什么程度?也不能确定。如果我们又知道全体考生的分数分布的标准差是 5 分,那么就意味着 90 分几乎是最高分,因此该考生的水平处于全体考生的最高位置。

可见,一个测评的原始分数是难以解释的,只有将此分数与相应团体的平均水平和分数分布作比较,明确它在相应团体中的相对位置,才可以对它做出明确解释。而得到被试团体的平均水平和分数分布的过程,就是建立测评的常模的过程。一个标准化的测评,必须建立常模,否则,测评分数的含义无法明确。测评的原始分数参照常模而得到的新的分数,称作标准分。

以上这种通过对测量原始分数与常模进行比较,然后导出标准分数的过程,称为测量分数的常模参照解释(norm-referenced explanation);另外一种解释方式是根据外在的效标作为比较标准来进行解释,称为效标参照解释(criterion-referenced explanation)。二者的区别在于:常模参照解释是根据内部参照测量的群体中的其他人的成绩作为标准进行比较,而效标参照解释是依据外在效标作为标准。

常模样本选取的注意事项:

常模作为一个参照的标准,其解释分数往往是与某个参照团体的分数做比较,称之为常模团体(norm group)。常模团体是对测量总体的抽样,因此也可以称作为常模样本(norm sample)。对常模样本的选择非常重要,如果抽样方法不得当,会直接降低常模的准确性和可靠性。因此在常模选取的过程中,要注意以下几点:

①群体的构成必须界定明确。在选取常模样本的过程中,要保证被试者的同质性和可比性,也就是说群体的构成必须清晰明确,要按照一定的标准,例如,按年龄段、技术等级来划分。

②常模群体必须是所要测量的群体的一个代表性取样。常模群体必须能够代表整体水平,也就是说,常模群体的分数分布应该同总体的分数分布相吻合。如果一个大学中文科、理科和工科的学生数比例为1:3:2,那么在常模样本抽样的过程中就要将样本文科、理科和工科的学生数比例控制为1:3:2,这样才能保证常模的代表性。

③取样的过程必须详尽地描述。在测验指导手册中要描述清楚总体特征、常模样本抽样的方法以及常模样本的构成特征。

④样本的大小要适当。常模样本的大小取决于三个方面:一是总体的性质。如果总体性质复杂,那么样本的数量相应要增加;反之,如果总体性质单一,那么只需要较少的样本就能代表总体。二是总体的规模。如果总体规模很大,那么样本也要相应增大;如果总体的规模较小,那么样本的规模就相应减小。三是对测量结果的信度和效度要求。如果测量对信度和效度要求很高,那么就要相应地增加样本数量来减少误差。

⑤注意常模的时间性。常模总体一般会因为时间的推移而改变,所以常模的有效性是像食品一样有"保质期"的,一个"过期"常模是不能用于比较的。所以在编制常模的过程中,要明确说明常模的有效期限,并且要定期修订常模。

⑥将一般常模与特殊常模结合起来。由于一般常模所代表的总体范围会比较大,有时候要对相对范围较小的群体进行研究,那么就需要建立特殊常模来满足测量要求。比较典型的是地方性常模,它的优点是使得个体与所处地区的人作比较。我国幅员辽阔,地区差异较为明显,因此建立地方性常模并结合全国性的常模来使用,测量的效果就会更好。

二、心理测验的科学原理

"工欲善其事,必先利其器。"要做好人才素质测评工作,就必须编制出科学有效的测评工具。要保证心理测验的科学性和客观性,首先必须保证测评工具即心理测试的质量。对心理测验的质量评估,一般从三个方面着手,即项目分析,信度评估和效度评估。本节主要阐述的是项目分析,而信度评估与效度评估会在后续章节中阐述。

1.项目分析的定义

测验编制过程中,为了改善和提高测验的信度和效度,在编制测验之前,应对每个测题进行分析,这就是项目分析(或称测题分析)。项目分析就是指对组成测验的每个测题进行分析,评估试题的难易程度及与测量目标的契合性,从而进行优选。

项目分析可分为质的分析和量的分析。所谓质的分析是指测题的内容和形式的适宜性分析。量的分析则采用统计方法来分析试题的品质,主要包括难度分析和区分度分析、效度分析、组间相关分析及多重选择题的选项分析等,以作为筛选和修改测题的依据。

2. 项目的难度分析

难度即指测评题目的难易程度,难度通常是以全部被试团体中正确回答的人数比例来表示,比如难度为1,表明题目非常容易,所有人均回答正确;难度为0,表明题目极难,没有人能够正确回答;而难度为0.5,说明题目的难度中等,有一半的人通过。

一般来说,一道题目的难度是否适宜,取决于测评的目的、内容和形式。如果测评目的在于考察被试者对某些方面的知识技能的掌握程度,比如知识测评,那么只要是有关知识中认为重要的内容就可以编为测评试题,对难度并无特别要求。如果测评的目的在于选拔人才,那么显然题目过难或过易均不合适,一般情况下难度值接近0.5是比较理想的,但这时的0.5是指整个测评的平均难度,而并不要求每道题目的难度均为0.5。

由于人的素质水平基本上是呈正态分布的,即处于中间水平的人多,而高水平或低水平的人少,因此为了对人群做最大程度的区分,题目的难度最好也呈正态分布,即难题和基础题少,中等难度的题目多。如果题目形式是选择题,那么题目难度一般应高于随机答对的概率值。比如四选一的选择题,随机猜对的概率是0.25,如果某题实际得到的难度值居然不到0.25,则说明该题目有问题或者题目太难,这样的题目一般都要删除。

难度水平的确定。进行难度分析的主要目的是筛选项目,项目的难度水平多高合适,取决于测验的目的、项目形式及测验的性质。在教育工作或者其他有关实际工作中,若测验的目的是了解被试者在某方面知识技能的掌握情况,可以不必过多地考虑难度,只要教育者认为重要的内容就可以选用,甚至那些100%通过或者通过率为0的项目都可以采用。大多数测验希望能较准确地测量个体之间的差异,在回答某题时,如果被试者全对或全错,则该题就无法提供个别差异的信息。因此,为了使测验具有更大的区分能力,以选择接近中等难度的项目为好。当测验用于选拔录取人员时,就应该将项目的难度控制在接近录取率左右,即较多地采用那些难度值接近录取率的项目。

3. 项目区分度

所谓区分度,就是指项目把具有不同素质水平的被测者适当区分开来的鉴别能力。确定项目区分度的指标和估计方法,一般以被试的测评结果与效标测量间的关系为基础。所谓效标,是指与测评所测特质有关的可以直接而独立地测量的行为。在测试中,区分度高的项目往往可以很明显地把素质优秀的人员与一般的人员区分开来。比如,管理能力测评可以用民主评议的等级为效标,若通过某测评题目人数随着民主评议的不同评定等级而发生变化,那么该题目便有区分度,否则不予保留。当测评项目的外在效标难以得到时,通常以测评总分来代替,这种做法的理论基础是:测评项目作为一个总体是对欲测的素质特征的一个适当测量,因为个别题目易受随机误差的影响,但当题目足够多时,全部题目上的误差作用方向不同,互相抵消,所以可假定全部题目组成的测评考察结果是有效的。

由于一般情况下题目的区分度是以题目得分和效标分数之间的相关系数来表示的,因此,计算得到的区分度(D)会在$-1 \sim +1$之间变化。

当区分度为+1时,说明题目具有相当理想的区分度,或者说被试在测评题目上反应的水平与在效标上反应的水平完全一致,在测评题目上反应为高水平的被试在效标上也一定是高水平的;若区分度为0,说明题目对于不同水平高低的被试不具有任何区分度,而当区分度小于0时,则表明被试在题目上反应的水平与效标上反应的水平一致性很低,或者出现在题目上反应为低水平的被试,在效标上反应反而是高水平的反常现象,这时意味着题目出现问题,应予以检查,或者修改后保留,或者干脆删除。

在项目分析过程中应注意,题目的难度和区分度均是针对某一被试团体而言的。比方说同一道题目,对于高水平的被试其难度显得小些,而对于低水平的被试则显然难度要大一些;难度大的题目对于高水平的区分度好一些,而难度小的题目则对低水平的被试的区分度更好一些。因此,做项目分析时必须保证预测的被试团体对于将来正式施测团体的代表性。此外,值得指出的是,项目分析过程对每道题目的难度和区分度都不是孤立看待的,而是二者结合起来考虑题目的删或留的问题。例如一个难度适中的题目,若其区分度很低或出现负值,则应考虑删除;而一道区分度可接受的题目,其难度过低或过高,那么也应考虑修改或删除。

对于二值性计分的项目(要么满分要么零分),可以采取点双列相关系数公式来计算:

$$D = \frac{\overline{X_p} - \overline{X_q}}{S_t} \sqrt{pq}$$

式中,D表示区分度;p表示项目通过率,q=1−p;$\overline{X_p}$表示通过项目被测总分平均数;$\overline{X_q}$表示未通过项目被测总分平均数;S_t表示被测总分标准差。对于非二值性评分的项目,则可以采取积差相关公式,项目得分与总分的相关系数揭示了项目区分度的大小。相关系数越大则说明项目区分度越高。

此外还有一种适合于不同性质项目区分度分析的"两端分组法"。这种方法的特点是它对各种项目区分度分析的通用性,而且它把项目的适合度分析与区分度分析融为一体。其操作步骤如下:

(1)把所有的测评结果从高分到低分顺序排列,并从最高分开始往下取足27%的测评结果作为高分组,从最低分开始向上取,取足27%的测评结果作为低分组。

(2)分别求出高分组与低分组的适合度,设为P_H与P_L。

(3)代入公式$(P_H+P_L)/2$,即得适合度P。

(4)代入公式$D=P_H-P_L$,即得区分度D。

总之具体情况具体分析。经过项目分析之后,对预测题目或删除,或修改,或保留,最终选出难度和区分度均达到统计学要求的题目,组成正式测评试题。

影响区分度的因素。一般来说,难度是相对而言的,它与测验编制者的技术经验、测验内容、被试团体、统计计算方法等有关。同样,项目的区分度也是相对的,通常与以下几方面有关:

第一,不同的计算方法,所得区分值不同。

第二,样本容量影响的区分值。

第三,分组标准影响区分值。

第四,被试样本的同质性程度影响区分度值。

4.项目的选项分析

项目的选项设置不当,也会降低题目的难度。因此要评价选项的好坏,剔除异常的选项。可以通过以下几点判断一个选项的不足之处：
(1)选择错误答案的被试者人数很多。
(2)在选择错误选项的被试者中,高分组的人数多于低分组的人数。
(3)选择正确选项的人很少,甚至为零。
(4)在选择正确选项的被试者中,高分组的人数少于低分组的人数。
(5)未响应选项太多。

5. 项目分析参考步骤

一个完整的项目分析所需要的一般流程为：
(1)选取有代表性的被试者实施测验。
(2)计算每个被试者的总分,然后按总分分组。
(3)计算高分组和低分组通过每一题的比率。
(4)分别求出每一测试题目的难度和区分度。
(5)进行选项分析。
(6)修改和删减测试题目或选项。

三、心理测试的优缺点及应注意的问题

(一)心理测试的优缺点

心理测试是通过一系列的科学方法来测评应聘者的智力水平和个性方面的差异。心理测试在员工招聘中具有以下优缺点：

1. 心理测试的优点

(1)迅速。心理测试能够使考官在短时间内迅速了解应聘者的心理素质、潜在能力及其各种指标。

(2)科学。目前在世界上,还没有一种完全科学的方式,能够在短时间内全面对一个人的心理素质及潜能进行了解,而心理测评是一种能够比较科学地了解人基本素质的方法。

(3)公平。心理测试能够在一定程度上避免员工招聘中的不公平竞争倾向,通过心理测试素质较高的员工能够脱颖而出,心理素质较低的人员落选也会较为心平气和。

(4)可比性强。同一种心理测试方法得出的结果具有可比性,因此员工素质的高低可以通过心理测评的方法进行比较。而其他方法往往实施场合和地点不同,不具有可比性。

2. 心理测试的局限性

(1)可能被滥用。心理测试虽然是一种比较科学的测评手段,但也可能出现被人滥用的现象。比如,有些人在员工招聘中滥用不合格的量表,或者反复使用某一种不科学的量表,这样得出的结论就不能令人满意。

(2)可能被曲解。如果考官对于某一测评结果产生曲解,则会对应聘者的心理活动及其以后的行为产生一定的不良后果。比如,有些人认为智商高就一定能成功,那么看到智商低的人,他就会产生一种鄙视的心理。

（二）心理测试应注意的问题

在应用各种心理测试的方法时，应当注意达到以下几点基本要求：

1. 要注意对应聘者的隐私加以保护

应聘者的各项能力、人格特征和兴趣特征属于应聘者的个人隐私。在未征得应聘者同意之前，不能公布应聘者的心理测试结果。如果应聘者未通过心理测试，招聘人员应该将测试结果报告退还给应聘者。

2. 要有严格的程序

从心理测试的准备，到心理测试的实施，以至最后的心理测试结果的评判，都要遵循严格的程序来进行。负责人必须经过专业的心理测试培训，必要时，可请专业人员协助工作。

3. 心理测试的结果不能作为唯一的评定依据

这种评定结果根据单位的具体情况不同，在单位决策时，参考的程度不同。心理测试可以和面试、笔试等方式同时进行，结合多种方法，做出客观评价，不能将心理测试作为唯一的评定依据。

四、心理测试结果分析运用

通过有效的心理测试可以在一定程度上规避和降低用人风险与成本，这在企业招聘敏感岗位或高压力岗位时效果尤其显著。换言之，心理测评结果主要运用在对人员心理素质有特别要求的岗位。

例如，通过乐观性测评或情绪自控测评，可以有效甄别出高绩效的销售人员。心理学的研究发现，直接面对顾客的直销人员，他们的业绩往往与学历、智商无必然关系，但与情绪能力相关。公司的保密岗位在甄选员工时，通过性向测评可以有效降低泄密的风险。根据霍兰德的性向分类，那些以"事务"为中心的员工比以"关系"为中心的员工更胜任保密岗位。

员工的心理素质是多方面，异常丰富的。可能只有少数几个维度跟从事的工作相关（例如，乐观性与销售业绩相关，而智力高低、性格类型等可能就没有必然关系），如果在测评之前不能确定测评的效度，那样测评可能适得其反。因此，测评的信度和效度是心理测评结果分析重要内容。

五、心理测试的编制程序

心理测试的编制包括四个基本程序：明确测验目的、分析测量目标、编制心理测验、测验的标准化。

（一）明确测验目的

测验目的是编制测验的首要一步，主要涉及两个问题：测量什么？所测量的是哪些群体？即解决测验的用途和对象问题。

（二）分析测量目标

测验的目的确定之后，需要根据测验目的来分析具体的测量目标。分析测量目标主要包括：确定能表征所欲测量的心理结构的行为，确定每一类行为的项目比例。

（三）编制心理测验

测题的形式也称项目格式。

（四）测验的标准化

测验的标准化主要包括：测验内容的标准化，测验实施的标准化和客观化。

第二节 评价中心

评价中心是现代人员素质测评的一种主要形式，也是人力资源开发中的一种重要形式。与面试形式一样，它有着自己独特的形式与功用，是人力资源管理与开发领域较为特别的一种测评方法。

一、评价中心的历史探讨

评价中心被认为是现代人员素质测评的一种新方法，起源于德国心理学家1929年建立的一套用于挑选军官的非常先进的多项评价程序。其中一项是对领导才能的测评，测评的方法是让被试参加指挥一组士兵，他必须完成一些任务或者向士兵们解释一个问题。在此基础上评价员对他的面部表情、讲话的形式和笔迹进行观察。

评价中心在我国的历史可以追溯到4000多年前尧对舜的德才考察。当时尧对舜进行了六次情境模拟测评：一是尧把自己的两个女儿嫁给舜为妻，通过舜对待妻子的态度来考察其德行。结果舜对两位妻子体贴备至，施以礼遇，还把她们调教得"不敢以贵骄事舜亲戚，甚有妇道"，故"尧善之"。二是让9位男子与舜相处，以观察舜如何对待他人。结果舜"内行弥谨"，而九男皆受舜德行的感染，很尊敬他。三是使"慎和五典"，管理阴阳术数天文历法官员。舜管理有方，"五典能从"。四是让舜察举和管理有才德者为百官，结果"百官时序"。五是让舜铲除当时的四大劣迹昭著者。舜做到了，远近诸侯闻风而敬舜。六是让舜入山林川泽，经受暴风雷雨，"舜行不迷"。上面六种情境模拟测评历时3年，最后尧认为舜德才兼备，可以承担帝王重任。舜后来果真像尧一样有德行才干，功绩突出。

评价中心的起源，国内外有所不同。从我国古代与现代的情况来看，主要是以此代替或简化实践考查的形式，来测评被试的实际工作能力，但是更直接的原因则是源于管理能力的测评。这种测评形式是在工作情景模拟测评的基础上发展起来的。

二、评价中心的概念与特点

1. 评价中心的含义

评价中心（Assessment Center or Development Center）是基于人员测评应纳入一定的环境系统中进行分析、观察和评定，才能够对其素质进行全面考察的理论而建立的，它将各种不同的素质测评方法进行结合，并建立一套模拟管理系统和场景，将应聘者纳入该环境体系中，并使其完成相应规定的各种工作内容，是以测评管理素质为中心的标准化的一组评价活动。

评价中心技术是一种针对企业管理人员所进行的人事评价选拔过程,有多个评价人员,针对特定的目标与标准,使用多种主客观人事评价方法,对应聘者的各种能力进行评价,为企业选拔和培养管理人员提供具有较高信度和效度的方法。

2. 评价中心的特点

评价中心最主要的特点之一就是它的情景模拟性。它是通过多种情景模拟测评形式观察被试特定行为的方法。正是这些情景模拟给主试提供了观察被试如何与他人相处、分析问题与解决问题的复杂行为的机会。除此之外,评价中心有以下几个突出特点:

(1)多种测评技术综合使用。企业在运用评价中心技术对人员进行招聘时,最突出的特点之一是它对其他多种测评技术与手段的综合兼并。以行为观察为主,再辅以心理测评。取各种测评技术之长,而补它们独立使用之短。被试在这些测评形式中行为反应的多样性与广泛性,使评价中心测评的效度与信度大大提高。有关研究表明,其预测效度系数时常在 0.60 以上。

(2)测评形式内容灵活。评价中心的第二个显著特点,是它表现形式的运动变化性。可以运用多种形式的测评技术对人员进行筛选,测评中能够对测评技术有针对性、选择性地灵活选择。使主试对其有一个真实、全面的把握,真正体现了在运动中测评素质的特点。另一表现是,评价中心的操作不像其他测评方法那样,要求有一个统一的规定,它操作的具体内容、时间与程序,可以灵活变动,没有固定的模式。

(3)行为解释的标准化。评价中心虽然是基于行为观察的测评技术,但是考官在模拟情境中对应聘者的行为进行观察及评估的过程,是由多个考官按照严格的程序对应聘者进行评价,一般来说,测评内容不是随意而定的,而是通过工作分析来确定的。整个的测评活动安排,所有的主试与被试的活动,都是以工作分析所确定的素质为目标进行的。根据统计的方法整合出结果,是具有明确指标和评分标准的技术。标准化的特点还体现在对被试刺激与反应条件的同一性上。在评价中心的活动中,每个被试都处于竞争机会均等的情境中,并可以获得同等表现自身素质的条件,在练习指导、期限、测评者对候选人的沟通交流等方面都是同一的。当然,这种标准化的程度介于心理测验与实际观察评定之间。此外,每个主试都要接受统一的培训,以保证操作过程的一致性。

(4)较高的内容和表面效度。评价中心技术是根据与真实的工作环境进行模拟,并具有客观的测评标准,能够客观地反映和测评出应聘者解决问题的能力,对于评价应聘者是否具备工作过程中所需要的能力能够做出有效的评估。

(5)综合选拔与培训。评价中心技术是对工作情境的模拟设定,在选拔过程中能够根据岗位职责对应聘者进行管理及合作能力的培养,同时成为一个培训的过程,兼选拔与培训为一体。

(6)整体互动性。评价中心的测评体现了整体互动的特点。主试对被试的测评,大多数是置于群体互动之中进行比较性的整体测评。对于每项素质的测评,不是进行抽象的分析,而是将对象置于动态的观察之中,联系活生生的行为举动做出评定。人的素质测评非常复杂,要对其做出准确、真实的测评,静止、分解与孤立的分析,往往难以把握,常常需要在相互比较的实际活动中做整体测评。

(7)全面性。评价中心既不是个别人评定说了算,也不像面试那样仅仅以谈话方式进行,而是综合多种测评活动,由多个测评人员共同测评。测评方式上突破了前述各种形式的限制,测评内容涉及监督、管理与决策等方面的技能,一方面,给测评双方提供了多种表现或观察的机会,另一方面又增强了测评的公正性与客观性。就被试来说,在测评活动 A 中行为失控,可在测评活动 B 中弥补;在活动 C 中可侥幸过关,在活动 D 中就不一定了。就测评者(主试)来说,不是一个人一言堂,而是由直接主管与测评专家多方组成,人员比例为 1∶1 到 3∶1 不等;个别人的主观偏向可以通过其他测评者的整体平衡来控制;测评者的多向结构也保证了观察范围的广阔性。

(8)以预测为主要目的。评价中心主要是对管理人员进行管理能力与绩效预测,因此它的测评内容主要是管理人员的管理素质与潜能。被试一般限于管理人员,规模较小,每次的人数为 6~12 人,测评的主要目的是选拔主管人员。评价中心目前应用范围日益扩大,已经被人们用于能力培训与开发、职业能力测评、职业规划及人事研究等。

(9)形象逼真。与心理测验、观察评定及面试相比,评价中心法的另一个显著特点是形象逼真,每一个情境测试,都是从许多实际工作样本中挑选出来的典型,经过测评技术的处理,使许多与测评无关的因素得到了有效的控制。经过组合加工,还可以把分属于不同工作的活动综合连接在一起,既提高了测评的准确性,又扩大了测评的内容与范围,可以在同一种情景模拟中测评多种管理素质。

由于评价中心中"试题"与实际工作的高度相似性,使得它所测评的素质往往是分析和处理具体工作的实际知识、技能与品德素质,使评价中心具有较高的效度;由于评价中心活动的形象性与逼真性,使得整个测评过程生动活泼,不像笔试那样死板,能引起被试更大的兴趣,发挥其潜能;由于被试"作答"的过程就是完成任务的过程,也是充分表现实际素质的过程,因此整个测评显得形象直观。

(10)行为性。与笔试相比,评价中心测评还具有行为性的显著特点。测评中要求被试表现的是行为,主试观察评定的也是行为。这种行为与笔试中显现的行为显然不同:一是它的复杂性,它不是机械的书写与语言上的诠释,而是多种素质的综合体现;二是它的直观性;三是它的生动性,不像书面答卷那样抽象静止、枯燥无味。

三、评价中心技术实施的流程

一般来说,评价中心技术的实施过程主要包括以下 7 个步骤,具体如图 11-2 所示。

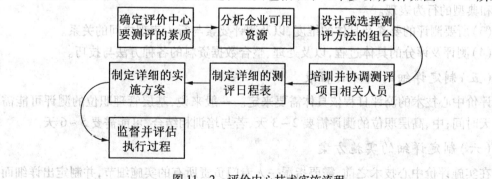

图 11-2 评价中心技术实施流程

(一)确定评价中心要测评的素质

通过工作分析和胜任素质模型确定评价中心技术所要测评的素质(包括既定岗位所

需要的具体胜任素质,尤其是那些运用其他测评方法未能得到彻底测评的素质,以及那些非常重要的素质),这是实施评价中心技术的核心工作。此时,所确定的测评素质不宜太多,以7~9项为宜,否则,会造成评价中心技术太复杂,实施起来费时费力。

(二)分析企业可用资源

确定需要测评的素质之后,评价中心技术的设计者需要了解并分析企业能够提供的各种资源,包括人、财、物在内。这些资源对评价中心技术的设计有着很大的制约作用,评价中心技术所需要的资源支持能否得到满足与保障,将直接影响到某些素质能否得到测评及测评结果的准确性,还会影响到评价中心技术的复杂程度和测评时间的长短。

(三)设计或选择测评方法的组合

评价中心技术本质上就是多种测评方法及工具的有机组合,它主要的设计问题就是选择可行的方法及工具,对需要测评的素质进行有效的测评。这里所说的"可行的方法及工具"具体体现在三个方面:一是这些方法及工具适合用来测评相关素质;二是这些方法及工具能够购买到或设计出来;三是这些方法及工具能够被合理地使用。

(四)培训并协调测评项目相关人员

1. 与所有参与人员进行沟通

评价中心技术的参与人员包括应试者、测评人员及一些其他的参与人员。

对于应试者,要事先向其提供一些关于评价中心技术的简介和测评指导语,包括有哪些类型的测评、所需要的时间、生活安排及对他们的纪律要求等内容。

对于参与人员,需要与其就评价中心的每一个细节进行深入的交流,以便使其能够理解此次测评的目的、意义,从而很好地配合主要测评人员实施测评。

2. 培训测评人员

对测评人员培训的基本目的在于让测评人员掌握如何根据既定的标准和要求对应试者的表现做出客观的判断和评价。对测评人员培训的内容具体包括以下四个方面:

(1)评价中心技术的各项政策和规定,包括应试者的详细资料和信息的使用限制。

(2)测评方法和工具的使用。测评人员应熟练掌握在每项测评的过程中所要观察的维度和典型的行为表现。

(3)所要测评的要素及具体的维度,以及测评要素与行为表现之间的关系。

(4)测评及评分的具体过程,以及处理、整合数据资料的各种方法与技巧。

(五)制定详细的测评日程表

评价中心技术的测评日程依具体需要来定。一般来说,基层管理职位的测评可能需要一天时间;中、高层职位的测评需要2~3天,若与培训相结合,可能需要5~6天。

(六)制定详细的实施方案

在实施评价中心技术之前,需要指派一人专门负责所有的实施细节,并制定出详细而完备的实施方案,包括安排场地、准备资料和材料、拟定评价标准和决策规则等。

(七)监督并评估执行过程

评价中心技术的正常运行需要专人负责监督与评估,以便及时发现问题并及时调整。

在监督的过程中,需要做详尽的记录。

四、评价中心技术所使用的测评方法

评价中心技术的"情景性"特性决定了其具体的测评方法。在此,我们主要介绍两种主要的评价中心技术,即无领导小组讨论和公文筐测试。在测评不同的素质时需要选择不同的测评方法和工具。

(一)无领导小组讨论

1. 无领导小组讨论的含义

无领导小组讨论(Leaderless Group Discussion)即无主持人小组讨论,是一种常用的无角色群体自由讨论的评价中心技术,是一种情景模拟的测评方法。主要是指由一组应试者(一般是 5~7 人)组成一个临时工作小组,在一定时间(1 小时左右)内,围绕给定的问题或在既定的背景之下展开讨论,得出小组意见,并做出决策。

所谓"无领导"就是说参加讨论的这一组应试者是临时拼凑的,并不指定谁是负责人,他们在讨论的问题情景中的地位是平等的,其中并没有哪个人充当小组的领导者,而评价者或者主考官并不参与讨论的过程,他们只是在讨论之前向应试者介绍一下讨论的问题,给他们规定所要达到的目标及时间限制等。

无领导小组讨论的目的主要是考察应试者的组织协调内容能力、领导能力、人际交往的意识与技巧、对资料的利用能力、辩论说服能力以及非言语沟通能力(如面部表情、语调、语速、手势、身体姿势)等,同时也可以考察应试者的自信心、进取心、责任感、灵活性以及团队精神等个性方面的特点及风格。

2. 无领导小组讨论的优缺点

(1)无领导小组讨论的优点。

①能够测评出笔试和单一面试所不能检测出的能力或素质。

②能够观察到应聘者之间的相互影响和作用,并根据其行为特征进行全面合理的评价。

③能够涉及应聘者多种方面的能力要素和个性特征,尤其是应聘者在无意之间暴露的自身特点,能够使考官预测到其真实的行为特征。

④能够有效地区分出应聘者的个体差异,可以同时考察若干名应试者,有效节省招聘时间成本,操作起来比较灵活。

⑤应用范围广,技术领域、非技术领域及管理领域或其他专业领域中都可以使用。

(2)无领导小组讨论的局限性。

①无领导小组讨论的一个突出特点是:基于同一个背景材料的各个不同的小组讨论的气氛和基调可能完全不同。有的小组气氛比较活跃,比较有挑战性,而有的小组气氛则比较平静,节奏比较缓慢,甚至显得死气沉沉。一个应试者的表现过多地依赖于同一小组中其他应试者的表现。当一个健谈的人遇到了一些比他更活跃的应试者,反而会让人觉得他是比较沉默寡言的;一个说服力不太强的人在一个其他人更不具说服力的群体中,反而会显得他的说服力很强。这就导致了无领导小组讨论的另一个缺点,即绝对评价标准与相对评价标准的混淆。

②对讨论题目的要求比较高,题目的好坏直接影响了对应试者评价的全面性与准确性,并且这种评价方式对考官的要求也比较高,评价标准相对不易掌握,易受考官主观因素的影响,从而导致评价结果的不一致,应在考官进行过专门培训之后实施。

③应聘者由于知道考官在考察自己的表现,应聘者在小组讨论中可能存在表演和伪装的情况,由于指定角色随意,会导致应聘者之间地位的不平等。

3. 无领导小组讨论的类型

（1）根据讨论背景的情景性,可以将无领导小组讨论分为无情景性的无领导小组讨论和有情景性的无领导小组讨论。

①无情景性的无领导小组讨论一般是让应试者就一个开放性的问题展开讨论,阐述自己的观点,并试图说服别人,一般会要求应试者在规定的时间内得出一个一致性的结论。

无情景性的无领导小组讨论样例

请你仔细阅读下面的材料。

德国巴特瓦尔德塞的国际综合经营管理学院的汉斯·W. 戈廷格教授说："21世纪企业家的兴衰取决于他的领导力量。他们面临的任务是非常艰巨的。"强调企业领导人对这些要求做好准备,积极地适应新局势。戈廷格教授认为,欧洲、日本和美国一些大型企业已起到了先锋作用。他认为,21世纪管理人员应具备下面10项条件：

视野开阔,具有全球性眼光；

要向前看,具有前瞻性视野；

将远见卓识与具体目标结合起来；

适应新的形势,具有不断变革的能力；

具有较强的协调和沟通能力和知识；

具有管理各种不同人物和各种不同资源的能力；

具有不断改进质量、成本、生产程序和新品种的能力；

具有创造性管理的才能；

善于掌握情况,通晓决策过程；

具有准确的判断力,富有创新精神并能带动社会变革。

本次讨论大家要解决的任务是：结合企业管理实际及你们对经理人素质要求的理解,请从上述10项条件中选出两项你们认为最重要的条件和两项最不重要的条件,并给予详细的理由说明。

讨论要求：

每个人都必须参与讨论发言,但每次发言不要超过3分钟；总的讨论时间为50分钟；

欢迎个人表述不同见解,但最后必须就主题达成一致意见,即得出一个小组成员共同认可的结论,并能给予充分的理由解释；

讨论结束之前必须选派一名代表来汇报你们的结论；

到了规定时间,如果还不能得出统一意见的话,则在你们每个人的成绩上都要减去一定的分数。（好！现在开始！）

②有情景性的无领导小组讨论是将应试者置于某种假设的情景中,让他们从情景所要求的角色的角度去思考某个问题,寻找解决问题的思路和办法。

第十一章 其他选拔方法

有情景性的无领导小组讨论样例

新迪公司是一家生产电子仪器仪表的小公司,由于经营状况不佳,现在面临着一个严重问题:裁减职员。这是比较困难的问题,因为这家公司从未解雇过职员,公司向来以公平对待员工著称。但现在由于形势所迫,总经理不得不找来几条生产线的工长,讨论并排出 7 名员工的裁员顺序。下表是这几名拟裁减员工情况介绍。

员工简况	个人排序	小组排序
A:男,34 岁,已婚,两个孩子。已在公司任职 7 年,工作表现良好,在员工中威信较高,但在过去一年中常有缺勤和迟到现象		
B:男,35 岁,已婚,一个孩子。在该公司任职将满 2 年,头脑灵活,能吃苦,爱钻研,技术掌握得很快,有一定的专业水平		
C:男,30 岁,被认为是该生产线的尖子技术工人。偏内向,喜欢独处,不善于交际,同事关系不佳		
D:男,24 岁,未婚。已在该公司工作 3 年,表现良好,与同事关系不错,正被公司考虑送出去培训以提高技术,作为将来的技术骨干		
E:男,33 岁,已婚,两个孩子。妻子前不久失业。已在该公司工作 5 年,工作表现良好而又稳定,曾经被公司选送出去接受培训。但最近常常公开表示对公司的不满		
F:男,49 岁,已婚,三个孩子。自该公司成立 15 年来,一直在公司工作,曾为公司做出过不少贡献。近年来对公司有些抱怨,并有酗酒现象,因此影响了工作。清醒时,工作还不错		
G:女,30 岁,离婚,养育两个孩子。在该公司工作 5 年,工作完成得较好,因生活比较困难,情绪不太稳定,因待遇问题曾与主管发生过争执		

现在假定你们就是各条生产线的工长,请你们按照裁减的顺序,将第一个应被裁减的职员排在第一,第二个应被裁减的职员排在第二,依次全部排出顺序。请大家先熟悉这些员工的材料,排出自己确定的裁员顺序,同时写出自己排序的简单理由。然后进行小组讨论。

要求:

讨论时间为 45 分钟。请大家充分利用时间。

每个人都要发言,表述观点并提供理由。成绩上都要减去一定的分数。

(好!现在开始!)

(2)根据是否给应试者分配角色的角度来划分,可以将无领导小组讨论分为:定角色的无领导小组讨论和不定角色的无领导小组讨论。

①定角色的无领导小组讨论是指在讨论的过程中给每个应试者分配一个固定的角色,他要履行这个角色的责任,完成这个角色所规定的任务。

这个例子是关于几个城市申办城市运动会的问题。参加讨论的 6 个人分别代表的是 6 个竞争城市负责这项工作的领导,在这个任务中,每个人的角色是随机分配的。当你成了某个候选城市的申办代表,你会拿到一些关于这个城市的情况介绍,然后根据自己的优势与其他人进行竞争,争取申办权。

②不定角色的无领导小组讨论是指在讨论的过程中并没有给应试者分配一个固定的角色,他仅仅是阐述自己的观点或充当一个小组中的一个与其他人没有什么差别的成员。例如,前面介绍过的"无情景性的无领导小组讨论样例"和"有情景性的无领导小组讨论样例"就是不定角色的问题。

(3)根据小组成员在讨论过程中的相互关系,可以将无领导小组讨论分为:竞争性的、合作性的和竞争与合作相结合的。

①竞争性无领导小组讨论是指在有些无领导小组讨论的情景中,每个小组成员都是代表他们各自的利益或他们各自从属的群体的利益,小组成员之间的目标是相互冲突的,并且往往存在着对某些机会或资源的争夺的问题。

②合作性无领导小组讨论是指在有些无领导小组讨论的情景中,要求小组成员之间相互配合来共同完成某一项任务,每个小组成员的成绩都依赖于合作完成这项任务的结果,同时也取决于他们在合作完成这项任务的过程中所做出的贡献。

a. 搭积木的游戏。给应试者一些积木,让他们合作搭出一座建筑物。

b. 告诉应试者,他们负责所在单位的新年联欢晚会的筹备工作,在规定的时间内,要求他们提交一份关于晚会的形式、内容与筹备人员分工和经费预算情况的报告。

③有的无领导小组讨论中既包含了竞争的成分,又包含有合作的成分。这种无领导小组讨论的实施方式一般是将一个大组又分为两个或几个相对较小的组,在小组内部,成员的行为是合作性的,而小组之间是竞争性的。

例如,在很多时候,我们让应试者讨论一个两难问题,就像辩论中那样,我们由抽签决定每一方所持的观点。所不同的是我们并不是让他们去辩论,而是让他们两组自己展开讨论,一般时间是 45 分钟。然后让各组各派一名代表发言,阐述本组的理由。

(4)根据无领导小组讨论的情景与拟任工作的相关性,可以将其分为:与工作相关情景的无领导小组讨论和与工作无关情景的无领导小组讨论。

在有情景性的无领导小组讨论中,有时给应试者设定的情景是一种与其拟任的工作或职位相关的情景。例如,让部门经理的候选人在小组讨论中充当部门领导的角色。而也有些时候,给应试者设定的情景是一种与其拟任的工作无关的情景。这种情景往往是虚设的,任何人都很难实际接触到的情景,这种情景能够较好地保证对每个应试者的公平性。

4. 无领导小组讨论题目的编制

(1)无领导小组讨论题的编制要求。

①命题的基本原则

思想性原则。题目的内容应该思想健康,最好不要涉及政治问题和敏感性问题。比如,关于"未婚同居"的问题,有的应试者在小组讨论时可能会有所顾忌,从而不利于充分考察应试者的有关素质,这样的问题对不同的应试者来说也不尽公平。

针对性原则。针对性原则是指小组讨论的命题一方面要考虑到具体的测评目的,既要考虑到所要考察的测评要素,又要充分估计到应试者群体的状况;另一方面要针对无领导小组讨论自身的特点进行命题。

典型性原则。无领导小组讨论的问题情景应具有典型性,从现实中来的情景要经过典型化处理。尽量不用完全杜撰或完全真实的情景。

可鉴别性原则。测评的目的是将不同素质的应试者区分开来,这就要求题目具有一定的鉴别能力,让那些真正有水平的应试者脱颖而出。

②讨论题的具体要求

内容要求。讨论题在内容上有两个方面的要求,一是讨论内容须能反映出应试者的有关素质;二是题目应与拟任职位相适应,也就是说,讨论题的选材最好与实际工作有关,突出其现实性和典型性,以达到最大程度的情景模拟,这样不但能考察应试者的一些人际互动方面的素质,而且能考察应试者从事拟任职位的胜任力和适合度。当然,有时小组讨论的目的仅在于测量应试者的一些基本素质,这时也可以用一些和具体职位无关的问题。

难度要求。无领导小组讨论重在讨论过程而不在于讨论结果,通过讨论过程中应试者的表现,来观察和评价其各方面的能力素质。这就要求讨论题有一定的难度。为了使应试者能够讨论和争辩起来,讨论的主题一定要具体明确,让应试者有可发挥的余地。论题的结论不能过于简单,更不可以显而易见,使大家的意见"一边倒",形成"天花板效应"。也就是说,在每个案例的分析和判断中,均有几种可供选择的方案和答案,每种方案和答案均有利有弊,让应试者的主观能动性得以充分发挥,讨论之中仁者见仁,智者见智。另外,讨论题也不能过于困难,使应试者无法讨论下去,形成"地板效应"。

指导语的基本要求。小组讨论题都应有指导语,考官根据指导语可以实施小组讨论,而应试者从指导语中可以完全明白自己在小组讨论中的具体任务和目标要求。通常指导语应包括以下几个部分:

a. 提供讨论情景的背景信息,包括讨论的主题及其整个背景、应试者的角色等;

b. 明确应试者在讨论中须完成的任务,包括个人的任务(如在答卷纸上独立写出自己对问题的看法和理由)和小组的任务(如达成一致的意见并派人向考官组汇报);

c. 规定无领导小组讨论的具体步骤和要求,包括实施程序和有关要求,如要求应试者首先轮流阐述自己的观点,然后进行自由讨论,每人每次发言时间不能超过3分钟,等等;

d. 规定讨论的时间限制,通常总时间不超过一小时,讨论时间不超过45分钟。

③讨论题的数量

讨论题的数量与应试者的人数有关,一般来说,小组讨论的人数每组为5~9人,人数太少了往往讨论不起来。而人数太多了每个人的表现机会太少,同时考官的观察也会变得更不容易。为此,我们建议小组讨论以6~7人为最佳。以此测算,如果要对30人进行小组讨论测试,那么分为5组为宜,这样至少需要5道小组讨论题。但是题目数量多了以后,一定要注意题目之间的难度要基本一致,否则对不同的应试者会不公平。

在实践中处理这个问题的办法有两个,一个办法是操作实施时分两个或多个考官组同时进行,这样对小组讨论题目的数量要求就成倍下降;另一个办法是尽量将应聘同一职位的应试者放在同一组,这样对不同组题目难度的一致性要求就会降低,也便于考官对同一职位的竞争者进行同时比较。

(2)无领导小组讨论题的编制步骤。

编制无领导小组讨论的试题通常有以下六个步骤:

①工作调研

进行有关工作分析，特别是职位胜任特征分析，了解拟任职位所需人员应该具备的特点、技能。根据职位的这些具体要求和无领导小组讨论自身的特点，开展有关试题素材的收集和整理工作。

②素材收集

收集与拟任职位有关的素材，这可以通过查看与职位有关的工作记录来获得，必要的时候也可以通过对任职者的访谈来获得更多更具体的案例。所收集的相关案例应该能充分地反映拟任职位的特点，并且能够让应试者处理时有一定的难度。

③案例设计

对收集到的所有原始素材进行甄别、筛选，并在此基础上对素材进行加工，根据具体测试目的，设计出难度适中、内容合适、典型性和现实性都比较好的案例。

无领导小组讨论的案例，在设计时常有以下五种形式：

a. 开放性问题。所谓开放性问题，是指没有固定答案、可以有多种多样的答案的问题。此类题型主要考察应试者思维逻辑性与敏捷性、组织协调能力、人际交往能力、综合分析能力、合作意识、创新能力及应试者考虑问题是否全面、是否有针对性、观点是否鲜明等。

例如：你认为什么样的领导才是个好领导？

关于此问题，应试者可以从很多方面，如领导的人格魅力、领导的才能、领导的亲和力、领导的管理取向等来回答，可以列出很多的优良品质。开放性问题比较容易设计，但相对来说评价比较难，因为此类题不太容易引起应试者之间的争辩，所考察的能力范围也比较有限。

b. 两难问题。所谓两难问题，是要求应试者从两种互有利弊的答案中选择其中的一种。此类题型主要考察应试者的逻辑思维能力、推理能力、综合分析能力、语言表达能力、说服辩论能力等。

例如：你认为对于团队的一名成员来说，能力与合作精神哪个更重要？

关于此类问题对于应试者而言，不但通俗易懂，而且不同的人看法会有差异，易引起充分的争辩。而且，对于评价者来说，不仅在编制题目方面比较方便，而且评价应试者也比较有效。但是，编制此类问题时需要注意的一个问题是，两种备选答案须有同等程度的利弊，不能有"一边倒"的倾向，否则就无法充分地讨论起来，达不到测评的目的。

c. 多项选择的问题。此类问题是让应试者从多种备选答案中选择其中有效的几种或对备选答案的重要性进行排序。主要考察应试者的影响力、组织协调能力、决策能力、表达能力、说服能力及分析问题实质、抓住问题本质方面的能力。

例如：成功的人生取决于很多因素，诸如个人能力、正确的价值观念、良好的品德、进取心、毅力、情绪稳定、有远见、有胆识和魄力、家庭条件、外部机遇。请你从上述因素中选出最重要的3个因素。

此类问题对于考察应试者的各方面能力和个性特征还是比较有利的，但要使讨论题目比较有效，评价者需要在题目设计上下功夫。

d. 操作性问题。所谓操作性问题，是给应试者一些材料、工具或者道具，让他们利用所给的这些材料，设计出一个或一些由考官指定的物体来，主要考察应试者的主动性、团队合作能力、角色认知能力、人际交往能力及在实际操作任务中所充当的角色。

比如：给应试者一些材料，要求他们互相配合，构建一座铁塔或者一座楼房的模型。

此类问题，在考察应试者的操作行为方面要比其他方面多一些，同时情景模拟的成分也要多一些，但考察言语方面的能力较少，同时考官必须很好地准备所用到的一切材料，对考官的要求和题目的要求都比较高。

e.资源争夺的问题。此类问题适用于指定角色的无领导小组讨论。通过让处于同等地位的应试者就有限的资源进行分配，从而考察应试者的语言表达能力、说服辩论能力、处理问题能力、组织协调能力，以及应试者的分析问题能力、概括或总结能力、发言的积极性和反应的灵敏性等。

例如：让应试者担任公司各部门的经理，并就有限数量的资金进行分配。因为要想获得更多的资源，自己必须有理有据，必须能说服他人。

此类问题可以引起应试者的充分辩论，也有利于考官对应试者进行评价，但是对于讨论题的要求较高，即讨论题本身必须具有角色地位的平等性和准备材料的充分性。

④讨论题的编制

对所设计出来的案例进行整合，使其符合无领导小组讨论的要求。主要包括剔除了那些不宜公开讨论的部分或者过于琐碎的细节，相应地，应该根据所要考察的目的，补充那些所需要的内容，尤其是要设定一些与职位工作相关又符合讨论特点的情况或者问题，使其真正成为具备科学性、实用性、可测性、易评价性等特点的既凝练又典型的讨论题。

⑤讨论题的完善

讨论题编制完成以后，如果条件允许的话，可以对与应试者相似的一组人进行测试，一则看看讨论题是否具有可行性和可操作性；二则检验讨论题能否考察出应试者的相关素质。据此，对讨论题进行进一步的修正和完善，直至其达到预期的效果。当然，这里一定要注意讨论题的保密，否则题目将会失效。

⑥评分表的制定

最后，还要根据测评目的和小组讨论的特点，给出每个要素的权重，对每个评价要素进行界定，并结合讨论题给出相关要素的观察要点。

5.无领导小组讨论实施

(1)准备阶段。

①有关材料的准备

在小组讨论前，须准备每位应试者的材料和每位考官的材料，前者包括参加讨论前阅读的文字材料（人手一份）、报到表、抽签条、座位号码（考号、姓名）、讨论汇报表、讨论的背景信息和讨论的主题、必要的道具、笔、答题纸等等；后者包括考官指导语、讨论题、评分表和记录用纸以及白纸、笔、时钟等等。

②考官的准备

将考官分组，最好由测评专家、人力资源部、用人部门、企业领导组成，其组成结构要保证一定程度的差异性。此差异性主要表现在年龄、性别、专业知识结构、擅长的领域等方面。考官人数一般在每组5—7人，指定一人为主考官。

对考官进行集中培训，使每位考官熟悉所采用的讨论题，包括题目的内容、实施程序、指导语、时间限制、评价维度和评分标准等。

③应试者的准备

将应试者分成讨论小组,尽量将报考同一职位或相近职位的应试者安排在同一组,每组 5~9 人;

排出应试者参加讨论的时间表。

④场地的准备

场地应整洁、安静、采光良好。场地要有足够大的面积,应试者的座位宜围成圆桌,以便于讨论,也有利于使所有的应试者处于同等的地位。考官的座位应与应试者的座位保持一定的距离,并便于进行观察。考官与应试者的位置安排如图 11-3 所示。

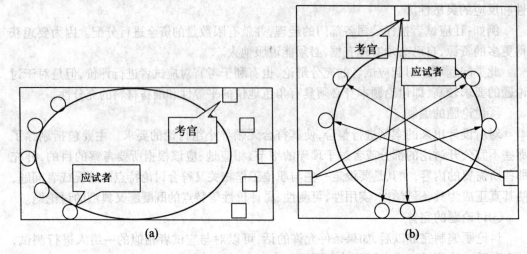

图 11-3 考官与应试者的位置安排

通常考官与应试者的位置安排如图 11-3(a) 所示为好。

这种位置安排方式既有利于应试者之间进行讨论,又便于考官对每位应试者的行为表现进行观察。在评价中心中,若每位考官只需观察一两个应试者的行为表现,这种情况下考官和应试者的位置也常安排如图 11-3(b) 所示。

(2) 实施无领导小组讨论。

实施无领导小组讨论的过程一般持续约 60 分钟,共分四个阶段,各阶段的过程指引如表 11-2 所示。

表 11-2 无领导小组讨论各阶段实施指引

阶段	过程指引	时间要求
准备阶段	1. 考官和工作人员提前 10 分钟进场,检查材料和物品的准备情况 2. 应试者入场报到,确认身份、进入座位、关闭通信工具 3. 测评人员发放试题并宣读指导语,组织应试者了解试题的内容、要求和作答步骤,并列出发言提纲	约 5 分钟
阐述阶段	应试者根据发言提纲轮流阐述自己的观点,此阶段不进行讨论	约 5 分钟

续表 11-2

阶段	过程指引	时间要求
讨论阶段	1. 测评主持人宣布讨论开始,重申讨论的要求、时限和最后达成目标 2. 应试者深入阐述个人观点,相互讨论或对别人的观点提出不同的意见或建议 3. 测评人员需按照要求对小组讨论的情况进行观察和记录,不要参加提问、讨论或者回答应试者的任何问题。避免给出暗示	约30分钟
总结汇报阶段	1. 讨论结束后,要求应试者在15分钟内总结讨论的结果,并形成书面报告 2. 推荐或自荐一人向测评人员汇报,其他人可以补充,时间控制在5分钟左右 3. 汇报完毕,讨论结束,所有应试者离场	约20分钟

在讨论阶段,还应特别注意以下几点:

①在主考官说"讨论开始"之后便可以进行自由讨论,讨论时间一般为40~60分钟。在讨论期间,小组的任务一方面是要形成一个解决问题的一致意见,另一方面是讨论结束后选派一名代表向考官报告讨论情况和结果。

②应试者首先轮流发表自己的意见,然后按照要求展开讨论。通常在讨论开始时每个人需在2分钟内阐述自己的观点,在紧接着的讨论中,每人每次发言时间一般也不能超过3分钟,但对每人的发言次数不做限制。

③考官观察和记录应试者的表现。观察可以从以下多个方面进行:

每位应试者提出了哪些观点?
当别人的观点与自己的观点不符时是怎样处理的?
应试者是否坚持自己认为正确的提议?
应试者提出的观点是否有新意?
应试者是怎样说服别人接受自己的观点的?
应试者是怎样处理与他人的关系的,是否善于赢得他人的支持?
是否善于倾听别人的意见,是否只顾自己讲或常常打断别人的讲话?
是否尊重别人,是否侵犯别人的发言权?
当个人的利益与小组的利益发生冲突时,应试者是如何处理的?
是谁在引导着讨论的进程?
是谁经常进行阶段性的总结?
每个人在陈述自己的观点时语言组织得如何,语调、语速及手势是否得体?

(3) 无领导小组讨论结果评定。

①无领导小组讨论结果评定的原则

客观公正原则。考官对应试者的评价应基于应试者在无领导小组讨论中的实际行为表现,并严格按照评价的要素和评分标准进行评分。

全面性原则。考官对应试者的评价应基于应试者在无领导小组讨论中的全部行为表现,不应仅根据部分行为就对应试者的表现下结论。所以,结果评定通常要在小组讨论结束时进行。

考官资格原则。考官必须具备一定的资格并接受过相关的培训。不具备资格的人员不论其职位高低不能充当考官。同时,在对具体的无领导小组讨论进行评分时,还必须有针对该题目的有关培训,以便所有考官对该题目的一切材料和问题均非常熟悉,从而保证评分的一致性。

过程重于结果原则。在结果评定中,考官须注意评价应基于每个应试者在整个讨论过程中的表现和反应(如说服他人的倾向,控制讨论节奏的能力等),而不要过多地关注应试者最终讨论的结果。

②无领导小组讨论结果评定的主要测评要素

言语表达能力。能否清晰地表达自己的观点和思想,声音是否洪亮,用词是否准确,语言是否流畅。

倾听。是否专心聆听他人的发言,能否明白他人的意思,在讨论中是否随便打断他人的发言,非言语行为是否恰当(如表情、点头等)。

组织协调能力。在讨论中是否善于寻求大家观点的共同点和分歧之处,为达成小组目标主动平息小组的纷争,推动小组形成统一意见。

综合分析能力。分析问题思路是否清晰,条理性如何,是否善于抓住问题的要害,提出的问题解决方法是否具有可行性。

合作意识。是否善于察言观色,与他人沟通的态度和方式是否得体,能否主动与他人达成一致的观点。

感染力。语言表述是否自信、有力,是否根据他人的反应来调整自己的行为,个人观点是否能得到小组其他成员的认可。

③总体结果评定

在应试者总结讨论结果时,测评人员将上述记录的行为进行归类,归入相应的测评要素中,并按测评要素进行打分(如表11-3所示)。

在考官对考生的评分出现很大差异时,为了保证计分的科学性和公平性,解决评分时可能要出现的误差,考官可以采用二次评价法(协议评分法,带来的问题——行政职别方面的影响):考官首先各自独立评分,在评定完以后,全体考官相互交流评价的结果,对评分所出现的各种差异各自申述自己的理由,并且听取了别人的意见之后,再独立地进行第二次评分。最后再将评分进行统计分析。另外,考官多时,也可以考虑采取体操计分法。

第十一章 其他选拔方法

表 11-3 无领导小组讨论评分表

评价维度	总分	高分标准定义	应试者 A			应试者 B		
			观察记录	一次评分	二次评分	观察记录	一次评分	二次评分
分析能力	30 分	1. 善于提出新见解和方案,能抓住问题实质,从不同立场和角度分析问题,提出有价值的解决办法 2. 发言次数多、发言质量高,善于引导讨论的进行并进行阶段性总结						
计划决策能力	10 分	目标选择适当,价值判断准确,能分清主次,从已有信息中可以得出较好的、理由充分的判断						
责任心	10 分	勇于承担责任而不是逃避,对职位所承担的责任有充分的思想准备						
说服能力	20 分	倾听各种不同的意见,用具有说服力的证据清晰阐述自己的观点,力求让别人接受,以便达成共识						
协调组织能力	20 分	争取他人合作,加强团结,尊重不同的意见和看法,采取容忍的态度与人和睦相处,并达成一致意见						
风险精神	10 分	相信自己的能力,对问题持乐观态度,有勇气面对各种风险						

在应试者撤离讨论现场后,测评人员分别报告自己的记录情况及初步的评分结果,然后进行交流与讨论。若有必要,需要反复观看和研究讨论过程的录像,直至测评人员的意见达到基本一致。在意见达到基本一致的基础上,测评人员独立地进行二次评分。评分工作完成后,工作人员收回答题纸和评分表并当场封存。

无领导小组讨论样例

这是一个比较经典的关于资源争夺的问题。这个问题是关于一笔奖金的分配问题,6 个参加讨论的人各自代表某公司中的 6 个部门,同时他们也是公司报酬委员会的部门代表。在这次讨论中,他们要为自己部门的候选人争取到尽可能多的奖金。

背景信息

你是你们公司报酬委员会的部门代表,现在公司决定将一笔特殊的奖金授予一名工作表现出色的员工。公司的 6 个部门各自推荐了一名候选人,你代表的是其中的一个部门。这笔奖金的数额为 10000 元。虽然你希望所有的候选人都能得到这笔特殊的奖金,因为他们的表现都非常优秀,但公司的利益并不允许你这样做,这笔奖金只能授予一等奖一人,奖金为 5000 元,二等奖两人,奖金各为 2500 元。

你会得到一份关于你所代表的部门的候选人的事迹与年薪状况及其他一些情况的材料,并且你已经和候选人的主管谈过,得知他是有资格获得这笔奖金的。在委员会的讨论中，你的任务是代表你的候选人去争取更多的奖金，同时帮助报酬委员会做出合理的奖金分配的决定。

委员会中的其他人也同样代表他们所在的部门，会努力为他们所代表的部门的候选人争取尽可能多的奖金。在讨论开始之前，有10分钟熟悉材料和准备的时间，然后有50分钟的时间用于讨论。在讨论结束的时候，必须拿出一个一致性的建议，否则，任何人都将无法得到这笔奖金。

你的目标是：

为你的候选人争取尽可能多的奖金；帮助委员会做出最合理的奖金分配的决定。

材料一：

送审：报酬委员会　　　　　来源：李明（市场部主管）　　　　议题：特别奖金的授予
候选人：韩江雪（广告及展览展示设计师）　　　　　　　　　　时间：2001年12月20日

韩江雪本来就是学习美工与平面设计出身的，但她勤奋好学，为了提高自己的工作能力，她去中央美术学院攻读在职的硕士。去年，她为了完成她的硕士论文，停职留薪3个月。本来按照规定，她可以有6个月的时间用于完成她的论文，而她只用了3个月的时间，这就说明她节省了3个月的时间并把这些时间用于工作。在她停职留薪期间的那一次晋升工资，她就没有赶上。当她6月返回工作的时候，我就建议为她提高薪金，但上级一直没有批准。

我们公司一向主张员工不断进修，提高自己的工作能力，即便是不赞成她停职去攻读学位，也没有必要用经济手段去惩罚她。而且，在韩江雪攻读学位期间，她的工作非但没有出现什么漏洞，而且取得了很多成绩。例如，由她主持设计的广告取得了较好的效果；在上一次的大型博览会上，由她主持设计的展览展示得到了公司内外的一致好评。

我认为我们应该用这笔奖金来奖励她的勤奋与突出的成就，以及她在学术方面的发展对她的工作能力的提高。

候选人的薪金情况：

目前的月薪	2000元	与和她同类工作的员工的工资相比	多出15%
起始薪金	800元	其他公司同类工作的员工的月薪范围	1500～4000元
学历	硕士	最后一次提薪的时间和数目	一年半以前300元
有关的工作经验	8年	最后一次奖金和数目	一年以前1000元
下一次奖金发放的时间	8个月以后	在本公司服务的时间	4年7个月

材料二

送审：报酬委员会　　　　　来源：杜晨（销售部主管）　　　　议题：特别奖金的授予
候选人：陈鸿飞（高级销售代表）　　　　　　　　　　　　　　时间：2001年12月20日

陈鸿飞在上一次提薪时是很不幸运的，与他原有的薪金相比，他的薪金只提高了很小的比例。我认为在此次特别奖金的授予中应对其给予相应的弥补。

陈鸿飞与某些重要的领导关系不好，这也是众所周知的事实，但是，我们并不能根据这一点抹杀他工作中的成绩。他比较年轻，进入我们公司工作的时间不长，但他在工作中成熟得非常之快。他与公司的两个重要客户的密切关系是任何人所不能比的。去年,他所完成的销售额是最多的。他给我们的公司带来了很大的利益,但最近我听说,另一家与我们竞争的公司会提供给他3000元的月薪,为了经济利益,他很可能会离开我们公司,这样,不但会造成我们公司利益上的损失,而且我们的竞争对手还会如虎添翼。

当我与他谈话的时候,他说假如我们给他实质性地增加薪水,他会留下来。确切地讲,他的工作业绩的确很不错。在我们没有找到可以替代他的人之前,我还是主张让他留下来。

候选人的薪金情况:

目前的月薪	2200元	与和他同类工作的员工的工资相比	中等水平
起始薪金	1500元	其他公司同类工作的员工的月薪范围	2000~5000元
学历	大专	最后一次提薪的时间和数目	没有资料
有关的工作经验	3年	最后一次奖金和数目	半年以前1000元
下一次奖金发放的时间	一年以后	在本公司服务的时间	1年5个月

材料三

送审:报酬委员会　　　　来源:张华文(信息中心主管)　　　　议题:特别奖金的授予
候选人:葛文星(计算机工程师)　　　　　　　　　　　　　　时间:2001年12月20日

我们信息中心成立的时间不算很长。葛文星是这个中心成立时的缔造者之一,多年以来,他的工作默默无闻,兢兢业业。

自去年以来,由于新增了一些设备,而且信息工作的重要性也在工作中日益显露出来。葛文星作为本中心技术水平最高的计算工程师,他的任务也就更加繁重起来。尤其是今年上半年,全公司的计算机联网工作,基本上都是他一个人在操办。现在我们有这样方便的计算机网络,很大程度上要归功于他。

对于葛文星的工作繁重性和他的技术水平而言,我们给他的薪水是低的。他在工作中显示出很强的能力和责任心,这是应该受到奖励的。凭着他的技术,完全可以找到一份比这里拿到更多薪水的工作。

候选人的薪金情况:

目前的月薪	1800元	与和他同类工作的员工的工资相比	非常低
起始薪金	1100元	其他公司同类工作的员工的月薪范围	2500~6000元
学历	学士	最后一次提薪的时间和数目	一年半以前300元
有关的工作经验	10年	最后一次奖金和数目	一年以前1000元
下一次奖金发放的时间	8个月以后	在本公司服务的时间	3年2个月

材料四

送审:报酬委员会　　　　来源:苏越(产品部主管)　　　　议题:特别奖金的授予
候选人:司文(高级技师)　　　　　　　　　　　　　　时间:2001年12月20日

司文是一名非常踏实肯干的员工,他在我们的公司里已经工作了20年,为公司的发展立下了汗马功劳,在员工当中有很好的口碑。

作为他这样一个有经验的技师,他不应只拿他现在这么少的薪水。我们的产品在市场上之所以能够站得住脚,很大程度上是靠我们的产品。司文一向致力于产品的设计和开发的工作,并且他的一项技术成果在今年年初获得了全国一等奖。

不久以前,在他的家庭中发生了一件不幸的事情,他的妻子患了不治之症,给他在经济上和情感上都造成了严重的打击。但他并没有因此影响工作。目前,他在经济方面有很大困难。尽管授予他这笔奖金也是杯水车薪,但我们认为还是应该授予他这笔奖金。

候选人的薪金情况:

目前的月薪	2200元	与和他同类工作的员工的工资相比	没有资料
起始薪金	40元	其他公司同类工作的员工的月薪范围	2000~4000元
学历	大专	最后一次提薪的时间和数目	一年半以前300元
有关的工作经验	22年	最后一次奖金和数目	半年以前3000元
下一次奖金发放的时间	6个月以后	在本公司服务的时间	20年4个月

材料五

送审:报酬委员会　　来源:胡平(总经理办公室主管)　　议题:特别奖金的授予
候选人:杨雪洁(行政主管)　　　　　　　　　　　　　　时间:2001年12月20日

杨雪洁的工作超乎寻常的琐碎,然而她在工作中表现得非常耐心细致。公司能够正常地运转,她有很大的功劳。与其他候选人相比,她可能显得比较平凡,因为她并没有什么突出的事迹。但恰恰就是在这平凡的工作中才表现出了她的不平凡。她的这份工作并不是任何一个人都可以把它做得这么好的。

在工作当中,她克服了许多困难。例如,她的家离工作地点很远,她每天早出晚归,而且上小学的孩子需要她的照顾,在这种情况下,她上班从不迟到。因此,我们认为她这样的兢兢业业的工作者最应该得到奖励。

候选人的薪金情况:

目前的月薪	2000元	与和她同类工作的员工的工资相比	略低一些
起始薪金	500元	其他公司同类工作的员工的月薪范围	2000~4000元
学历	学士	最后一次提薪的时间和数目	一年半以前200元
有关的工作经验	11年	最后一次奖金和数目	一年以前1000元
下一次奖金发放的时间	一年以后	在本公司服务的时间	6年3个月

材料六

送审:报酬委员会　　来源:王洪波(安全保卫部主管)　　议题:特别奖金的授予
候选人:秦明(安保人员)　　　　　　　　　　　　　　时间:2001年12月20日

秦明以前在公司中的表现是出了名的。他上班经常迟到,上班时间开小差,还与别人打架斗殴。但最近一年以来,他的转变让人吃惊。他上班不再迟到,工作也非常认真。尤其是积极采取行动避免了两次重大的意外事故的发生。他还热心地帮助有困难的同事。有一次,他在社会上见义勇为,直到人家将奖状送到公司,我们才得知这件事情。最近,他还参加了业余学习班,提高自己的知识和能力。

由于对他的过去存有偏见,任何奖励似乎都与他无缘。我们建议授予他特别奖金,是因为这样做我们可以让员工知道,只要你付出了努力,表现优异,不管你过去的表现如何,你都可以获得奖励。

候选人的薪金情况:

目前的月薪	1200元	与和他同类工作的员工的工资相比	中等
起始薪金	300元	其他公司同类工作的员工的月薪范围	1000~2000元
学历	高中	最后一次提薪的时间和数目	一年半以前150元
有关的工作经验	6年	最后一次奖金和数目	无
下一次奖金发放的时间	适当的时候	在本公司服务的时间	5年8个月

这个小组讨论的评价维度可以从综合分析能力、组织协调能力、言语表达和合作意识四个方面进行,考官们就可以根据各维度评价对应试者在无领导小组讨论中的表现给他打分。

(二)公文处理法

公文处理法又称公文筐处理(In-basket),是评价中心技术中被认为最有效的方式之一,通常是测评高层管理人员素质的重要工具。它假设应聘者接替或替代某个管理人员的工作,并在一定时限内(通常为2~3小时)处理目标工作中的典型工作文件,如通知、信件、内部纪要、报告、电话记录、声明、请示和办公室备忘录等文件(涉及人事、资金、财务、工作程序等内容)。应聘者需要将这些分别来自上级、下属、组织内部或外部的文件进行整理,然后进行优先次序的排列,决定需要授权的事物和对象。

1. 公文处理法内涵与特点

(1)公文处理法的适用范围。

公文处理法测评在实际操作中,通过考查应试者分析资料、处理信息、授权、计划、组织、控制、判断、预测、决策、沟通等多项素质能力的测评,能够全面、综合地考察应聘者的素质能力。用于来选拔管理人员、有效解决和训练应聘者人力资源计划、组织设计以及解决人际冲突和组织摩擦的能力。

(2)公文处理法的优缺点。

①公文处理法的优点

考察内容范围广泛。在公文处理法中,除了必须经过实际操作才能够体现的要素之外,任何背景的知识、经验以及能力都包含在文件中,借助应聘者对文件处理的表现,考官能够对其进行全面的考察。

表面效度高。公文处理法通常采用与应聘者所应聘职位相类似的文件,有的甚至直接采用该职位处理的文件。因此,通过评价应聘者是否能够有效处理这些文件,进而也能够看出其是否适合该职位。

适用范围广。公文处理法具有广泛的实用性和较高的表面效度,因此,易于被企业所接受,是企业招聘经常使用的一种测评方式。

高度似真性。公文处理法能够完全模拟现实中真实发生的经营、管理情景,因此对实际操作有高度似真性,预测效度高。

综合性强。公文处理法的文件材料涉及日常管理、人事、财务、市场、公共关系等各项工作,因此能够对应聘者进行全面细致的考察。

②公文处理法的局限性

对公文编制人员要求较高。要获得较为可靠有效的编制公文文件,需要由测评专家、管理专家及实际工作者进行相互配合。

成本较高不够经济。公文处理法从设计、实施到最后评估需要较长的时间进行研究分析,需要投入大量的人力、物力和财力,才能够保证较高的表面效度,因此需要较高的成本。

评分难度大。由于受不同的组织氛围和管理观念的影响,文件处理结果的评价往往受多种因素的影响。在公文筐测评的评分确定过程中,由于考官和应聘者往往存在理解上的差异,因此评价标准一般不会相同。

(3)公文处理法注意事项。

①为保证测试的有效性,用于测试的这些文件的编写要逼真、准确,应从单位的存档收集的信息素材中提炼加工。这些素材有些是已经被实践证明了的经验和教训,有些则是各种信息和条件大部分具备或者完整具备,有待做出决策,并付诸实施的。

②依次编写的文件的处理难度与重要性也各不相同。

③文件中应有足够信息才能做出合理决策,一般还附有该企业单位结构系统图、有关人员名单及当月的日历等,以供参考。

2. 公文处理法的设计

公文处理法的设计必须紧紧抓住三个环节。

第一,工作分析。深入分析职位工作的特点,确定一个人胜任该职位必须具备哪些知识、经验和能力。工作分析的方法可以是面谈、现场观察或问卷。通过工作分析,要确定文件筐测验需要测评什么要素,哪些要素可以得到充分测评,各个要素应占多大权重。

一般来说,公文处理法可以考察要素包括:书面沟通能力、资料分析与综合能力、获取及利用信息的能力、洞察问题能力(信息敏感性)、判断预测能力、工作独立性、统筹计划能力、组织协调能力、决策能力、任用授权能力、指导控制能力及岗位特殊知识(如法规知识)。

第二,文件设计。公文处理法所包含的文件按形式分为信函、报表、备忘录、批示、报告、请示、便条、建议书等;按性质分为法规性文件、指挥性文件、知会性文件、报请性文件、记录性文件等。在测验中,这些文件都要占有适当的比例。

第三,试测、收集答案。组织几十名企业内相关的在职管理人员作答,以检验试题的有效性和可靠性;同时,通过试测,经验丰富的在职管理人员可以为公文筐测试提供参考答案。

第四,制定答案及评分标准。通过试测得到初步的参考答案,但这并不意味着制定参考答案的工作就此完结,还需要让有经验的高层管理者用三分制(好、中、差)对答案进行初步评定,以便进一步检查题目能否达到预期的测评目标。

第五,准备公文筐测试所需的材料和场地。公文筐测试所需的材料包括指导语、测试材料、答题纸、笔等相应的物品。

测试材料需要事先编上序号,实施前要注意清点核对。其中,答题纸上也要编上与文件材料相应的序号,其主要由三部分内容构成,一是应聘者姓名(或编号)、应聘单位、文件序号等;二是处理意见(或处理措施)签名及处理时间;三是处理的理由。具体如表11-5所示。文件序号只是文件的标识顺序,不代表处理的顺序,宜允许应聘者根据轻重缓急调整顺序,但给所有应聘者的文件顺序必须相同,以示公平。

表11-5 公文筐测试答题纸(样式1)

日期: 年 月 日

应试者基本信息	应试者编号		姓名	
	现任或竞聘职位		文件序号	
处理意见 (处理措施)				
处理的理由				

公文筐测试答题纸(样式2)

姓名:　　　　　　　　　　　编号:　　　　　　　　日期: 年 月 日

文件序号	处理时间	重要性			紧急性		
		高	中	低	高	中	低
(例:公文1)	(10:15 阅)	(√)				(√)	

公文筐测试答题纸(样式3)

1. 关于文件一(二、三……)的回复方式(请在相应选项前的"□"里面画"√");
□信件或便函　□E-mail　□电话　□面谈　□不予处理　□其他处理方式,请注明＿＿＿＿
2. 回复内容(请做出准确、详细的回答):

3. 评分

得分		评语		评分人	

员工招聘

公文筐测试答题纸(样式4)

文件筐测验答卷纸

应聘者编号：_____ 选拔职位：_____ 文件序号：_____

处理意见：

签名：
年　　月　　日

处理理由：

测试的场所要求比较宽敞、安静,每个人一桌一椅,相互之间无干扰。为了保密,最好所有应聘者在同一时间完成。如果文件内容涉及招聘单位内部的一些情况,测试前应对所有应聘者提供培训,介绍相关情况,减小内部应聘者和外部应聘者对职位熟悉程度的差别。

3. 实施公文筐测试

测试实施时,测评人员要对测试的要求做简单的介绍,并说明注意事项。公文筐测试实施的过程一般有以下三个阶段。

(1)开始阶段。测评主持人宣读指导语,介绍测试的要求,强调有关注意事项。此阶段一般用时10分钟,关键是让应试者尽快进入情境,明确自己的角色,以便正式作答。在这个阶段,应试者有任何不清楚的问题可以向测评人员进行提问。

(2)正式测评阶段。此阶段通常需要两个小时。应试者一般需要独立进行测试,没有机会与外界进行任何方式的交流,也不得提问。在应试者处理文件时,测评人员要观察了解其如何开展工作、紧张程度如何等,并可以做适当的记录,为下一步的评价提供依据。

(3)初步评价阶段。公文处理结束后,测评人员要现场翻看一下应试者的回答,必要时可以追问一些问题,以了解应试者对这些公文所做的处理是否相互联系,及其文件处理方式、方法和理由说明。

4. 评定公文筐测试的结果

让评价者掌握评定标准是文件筐测验结果评定的核心环节。评分表设计得再好,如果评价者对评定标准没有把握好,那么结果评定也是没有可信度的。而评价者要把握评定标准,通常需要按以下程序进行训练。

(1)让评价者熟悉测评要素的内涵和拟任岗位的要求。在文件筐测验的评价者中,通常有两类人员：一类是评价专家；另一类是具备拟任岗位工作经验的人(一般是拟任岗位的上级领导及人事组织部门的领导)。评价专家能很好地把握测评要素的理论界定和评价尺度,但往往对具体岗位的了解不够,从而对测评要素的实际内涵把握不够,所以评价专家一定要熟悉岗位,特别是要把握拟任岗位对应试者的具体能力要求;而有关领导则正好相反,他们往往对岗位要求很了解,但由于在测量评价方面缺乏相应的专业知识,对测评要素的操作定义把握不好,同时在评价操作中对评定尺度的把握也比较欠缺,这就需要接受评价专家的培训,深刻领会各测评要素的内涵,掌握评价标准的尺度。这一步是很重要的,评价专家应与参与评定的有关领导密切沟通,取长补短,提高评价的客观性和有效性。

对于文件筐测验中经常涉及的要素,诸如计划、授权、决策等方面的能力,评价者可以通过一些具体的行为方式对应试者的表现进行评价。例如:是否每份材料都已经看过,并做出了答复;在有时间限制的压力下,应试者能否分清轻重缓急、有条不紊地处理这些公文;是否将每份书信按照其重要性进行分类,然后做答复;是否恰当地授权于下属;当信息不足以做出决策时,应试者是否提出寻求相关的信息;是否过分拘泥于细节;解决问题的方法是否巧妙而有效率;做出每项决策的理由是否充分合理。

(2)评分汇总统计。实施文件筐测验之后,测试结果的评定宜在测试完成后立即进行。为求客观,可将应试者事先编号,由工作人员将该应试者的处理意见和处理理由念给所有测评人员听,由各位测评人员在评分表(见表11-6)上独立评分。

评分一般由专家和具备该职位工作经验的人(一般是选拔职位的上级主管及人事组织部门的领导)进行,除了前面设计时要制定好评分标准外。更重要的是对评分者要进行培训,使评分者根据评分标准而不是个人的经验评分。评分的程序也要特别注意,可以考虑先各自独立评分,完后交流评分结果,对评分差异各自申述理由后,再独立第二次评分,必要时,可以再次征询应试者的想法。最后将评分结果进行统计平均(评分者比较多时,可以去掉最高分和最低分),以平均分作为最后得分。

也可以根据权数计算得分。如下表11-所示,运用加权平均法计算的公式如下:

$$T = \frac{15}{100} \times A + \frac{10}{100} \times B + \frac{10}{100} \times C + \frac{20}{100} \times D + \frac{15}{100} \times E + \frac{15}{100} \times F + \frac{15}{100} \times G$$

其中,100为所有测评要素总分之和。

表11-6 公文筐测试评分表

应试者编号		姓名		性别		
文化程度		现任或竞聘岗位		年龄		
测评要素	高分标准定义		满分	一次评分	二次评分	得分
统筹计划能力	1.能够有条不紊地处理各种公文和信息材料,并根据信息的性质和轻重缓急对信息进行分类处理 2.在处理问题时,能提出及时、可行的解决方案,能系统地安排和分配工作,注意到不同信息之间的关系有效地利用人、财、物和信息资源 3.能确定正确的目标和实现目标的有效举措及行动步骤,制定有效的行动时间表		15			A

续表 11-6

测评要素	高分标准定义	满分	一次评分	二次评分	得分
洞察能力	能觉察问题的起因,把握相关问题之间的联系,并进行归纳综合,形成正确判断,预见问题的可能后果	10			B
解决问题能力	能提出解决问题的有效措施并付诸实施,即使在情况不明朗的情况下也能及时果断地做出决策	10			C
任用授权能力	1.给下属分派与其职责、专长相适应的任务 2.给下属提供完成任务所必需的人、财、物的支持 3.调动使用下属的能力,发挥下属的特长和潜能	20			D
指导控制能力	给下属指明行动和努力的方向,适时地发起、促进或终止有关工作,维护组织机构的正常运转,监督、控制经费开支及其他资源	15			E
组织协调能力	协调各项工作和下属的行动,使之成为有机的整体,按一定的原则要求调节不同利益方向的矛盾冲突	15			F
团结合作能力	理解、尊重下属,倾听下属意见,爱护下属的积极性,帮助下属适应新的工作要求,重视并在可能的条件下促进下属的个人发展	15			G
测评人员评语			签字: 日期: 年 月 日		

(3)评价结果的内容。在文件筐测验结果的评定过程中,评分者不要仅仅给出一个简单的分数,而最好就各种测评要素给应试者写出相应的书面评语,这样做的意义体现在:

一是书面评语记录了文件筐测验中提供的、难以从分数中体现出来的很多宝贵信息;

二是书面评语可以使录用决策建立在更生动具体的评价信息基础上;

三是书面评语可以更明确地反映出考官对应试者的倾向性意见。

关于如何填写文件筐测验的评语,并没有很严格的限定,一般可以从以下几个方面着手:

①应试者的主要特点,这应与应试者不同要素方面的得分相一致,即对应试者某些要素得分的文字描述,当然,也可以在此记录应试者在主要测评要素之外的突出之处;

②对应试者的不解之处,即文件筐测验后考官对应试者仍存在的疑点,暂时没有办法确切了解,可留待其他测评方法相印证,或有必要提请有关人员今后注意;

③考核建议,即在评语中提出如何对应试者进行考核或考核重点的建议。

第三节 其他选拔方法

一、模拟面谈

模拟面谈是指由经过培训的人物扮演某个角色与应试者谈话,在此过程中,测评人员对面谈的过程进行观察和评价。有时,测评人员本人还会直接扮演与应试者谈话的角色。

二、案例分析

案例分析(Case analysis)是指要求应试者阅读一批组织中的相关问题及材料,准备并提出相应的建议、对策及分析报告的选拔方法。它可以考查应试者的综合分析能力、决策判断能力及某些特殊技能。

三、角色扮演

角色扮演(Role-playing Game)是一种评价中心技术的情景模拟测评法,一般选取应聘者实际岗位相关的人际关系情境或工作情境,由一名角色扮演者充当应聘者的客户、上级、同事或下属等角色。在评价过程中,考官设置了一系列工作或人际关系中的矛盾和冲突,应聘者被要求扮演规定角色,并投入到角色情境当中去处理各种问题。

1. 角色扮演具有测评和培训两大功能

(1)测评功能。通过角色扮演,考官可以测评出应聘者的性格、气质及兴趣爱好等心理素质,并对其工作中的判断决策能力、领导能力等进行评估,能够全面地评价应聘者各个方面的潜在能力。

(2)培训功能。企业中对管理者的培训,需要人的角色具有多样性,在无法满足角色实践要求的基础上,进行角色扮演同样可以实现较好的效果,还可以对问题行为进行及时有效的修正。因此,角色扮演能够在模拟情境的条件下,实现被测者对角色的实践机会,促使他们了解自身,并做到改进和提高。

2. 角色扮演法作为评价中心技术的主要方法,具有以下优缺点:

(1)角色扮演的优点。

参与性强。企业在评价应聘者的过程中,通过角色扮演,能够充分调动其积极性,使应聘者努力施展自身的才华,全身心投入到角色当中以获得较高的评价。作为被测者,已经明确自身的角色和所要达到的目标,在角色扮演过程中,能够始终持有浓厚的兴趣。

具有高度灵活性。根据测评的目的,考官可以自行设计相应的测评题目和场景,因此角色扮演的形式和内容是多种多样的。在考官的要求下应聘者可以进行灵活的表现,自主性和拓展能力都能够得到充分发挥。同时,考官可以根据企业培训需要,对受训者进行角色的设定,做出适合角色的调整,由于在时间上没有严格的要求,因此能够消除人交互作用产生的不良影响。

能够体现应聘者的真实意愿。角色扮演的基础是情景模拟,因此应聘者无须考虑所做决策是否失误而带给工作绩效的影响,能够放心地按照自己意愿来做出决策。所以,应聘者或受训者只需要充分扮演好自己的角色,尽量全面地体现出自身能力的各个方面。

能够增进交流和沟通。角色扮演的过程中,需要各角色之间的配合与交流,因此能够增进应聘者之间的自我表达、互相认知等社会交往能力。同事之间的角色扮演培训过程,也同样能够增进团队合作能力。

能够提供生活经验和锻炼机会。角色扮演的过程,也是一个互相学习的过程,应聘者在与其他人共同进行扮演的时候,能够互相学习到对方的优点,可以从模拟的现实工作环境中,获得实际的工作经验,进而得到有效的提高和锻炼。

(2)角色扮演法的局限性。

易流于简单化、表面化和人工化。这就需要对角色具有很强的设计能力。如果过于简单化和表面化,则会直接影响到招聘的效率,使应聘者不能很好地投入角色并发挥能力,使企业在人员的招聘和任用上出现偏差。

易受应聘者自身条件的影响。由于每个人的性格特点不同,有些应聘者会出现不乐意接受已分配的角色,但未表现出明确的拒绝,这就导致在招聘过程中应聘者不能充分发挥自己的实力,因而考官未能对其进行正确的评价。

易出现刻板模仿行为和模式化行为。在企业使用角色扮演技术进行人员招聘时,很难避免应聘者出现刻板的模仿行为,这就导致他们的角色扮演和演戏一样,偏离了招聘的意义和初始目的。

易受客观环境的影响。在进行角色扮演的过程中,通常会有第三方的存在,不论是其他应聘者还是旁观者,由于自然的交互影响,在一定程度上都会对进行角色扮演的应聘者产生影响。

四、信息搜寻

信息搜寻是指通过提供某个特定的问题,要求应试者通过不断提问来获取能合理解释这个问题的详细信息的方法。此方法主要用来考查应试者的想象力、推理能力、分析能力,以及在压力下的反应和表现。

五、演讲

演讲是指应试者按照给定的材料组织自己的观点,并向测评人员阐述自己观点的方法。此方法主要用来考查应试者的分析推理能力、语言表达能力等。

六、沙盘推演

沙盘推演(Mock Negotiation)又称沙盘模拟培训,是通过引导应聘者进入一个模拟的竞争性行业,由应聘者分组建立若干模拟公司,围绕形象直观的沙盘教具,实战演练模拟企业的经营管理与市场竞争的测评方式。考官根据沙盘推演的结论能够考察应聘者的决策能力、分析战略能力及管理疏通能力。

沙盘推演的测评能够调动应聘者的互动性、竞争性,提升招聘流程的趣味性,最大限度地发挥应聘者听、说、学、做的能力,使其了解所需岗位的具体要求和自身所能胜任岗位的素质。沙盘推演测评的实施步骤有九个方面,具体如图11-4所示。

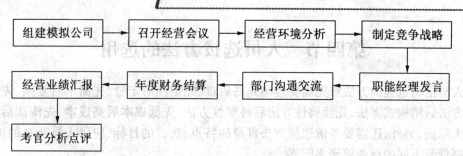

图11-4 沙盘推演测评的实施步骤

七、管理游戏

管理游戏(Management Game),也称管理竞赛,是在招聘过程中,应聘者被分成若干组,并设计一个模拟的环境,使应聘者处理一些管理中经常遇到的现实问题,如购买、供应、装配或搬运等,并找到有效的解决方法。

管理游戏的优缺点

(1)管理游戏的优点。

集中考察应聘者的多种能力。管理游戏是为了解决某一问题或达到招聘职位目标而设计的,应聘者在游戏过程中,不断进行问题的解决,能够集中反映其多种能力素质。

模拟内容更接近实际工作。管理游戏中,应聘者需置身于真实的矛盾环境中,需要具备良好的情绪控制力和领导指挥能力,才能够顺利完成任务。

形式活泼,趣味性强。管理游戏结合了复杂的招聘过程与有趣的游戏,能够消除应聘者的紧张感,使其在游戏过程中得到乐趣。游戏结束后实施的讨论,能够使应聘者了解游戏中的寓意并受到启发。

(2)管理游戏的缺点。

管理游戏对环境、道具的要求较高,而且需要花费大量的时间进行组织实施。

操作不便,难于观察,对考官的要求较高。

完成游戏所需时间较长。

八、履历分析

个人履历档案分析是根据履历或档案中记载的事实,了解一个人的成长历程和工作业绩,从而对其人格背景有一定的了解。近年来这一方式越来越受到人力资源管理部门的重视,被广泛地应用于人员选拔等人力资源管理活动。使用个人履历资料,既可以初步审查个人简历,迅速排除明显不合格的人员,也可以根据与工作要求相关性的高低,事先确定履历中各项内容的权重,把申请人的各项得分相加得出总分,根据总分确定选择决策。

研究结果表明,履历分析对申请人今后的工作表现有一定的预测效果,个体的过去总是能从某种程度上表明他的未来。这种方法用于人员测评的优点是较为客观,而且成本低,但也存在问题,比如:履历填写的真实性问题;履历分析的预测效度随着时间的推移会越来越低;履历项目分数的设计是纯实证性的,除了统计数字外,缺乏合乎逻辑的解释原理。

第四节 人员选拔方法的选用

人员招聘选拔的方法首先需要遵循先易后难、先定性后定量、先简单后复杂、先非结构式方法后结构式方法、先经验性方法后科学性方法、先低成本后高成本、先淘汰后筛选的七大原则，另外，还需要考虑选拔方法自身的特点、选拔的目标、应聘人员所在的岗位、职务高低及不同的行业等诸多因素。

一、根据各种选拔方法的特点来选择

表11-7分别从选拔形式、主要适用对象、有效性、公平程度及成本五个角度具体比较了各种选拔方法的特点。

表11-7 各种选拔方法特点比较

选拔方法	选拔形式	主要适用对象	有效性	公平程度	成本
评价中心技术	活动	中高级管理人员	最高	最高	最高
结构化面试	问答	基层管理人员及销售人员	高	高	高
心理测试	纸笔测试	所有人员	中等	高	低
知识、能力测试	纸笔、模拟	普通员工、基层管理人员	中等	中	中等
个人简历	资料信息	新招聘人员	低	中	低
推荐信函	资料信息	所有人员	低	未知	低

二、根据应试者所在的部门来选择

企业各职能部门是各种业务的承担者，每个职能部门工作的性质、难度、技能等各方面都有所不同，对部门的人员素质要求也会有所不同。在针对不同职能部门的人员实施测评时，需要根据测评的侧重点选用测评方法，其具体对应关系如表11-8所示。

表11-8 不同岗位测评要素与选拔方法

职能部门	特殊需求分析	测评要素	选拔方法
生产部门	全面严格的质量控制能力、创新开发能力	个性特征、组织协调能力、综合分析能力、职业兴趣取向、行为风格	履历分析法、人格测试、职业兴趣偏好测试、价值观测试、面试法
营销部门	以服务为方向的个性、兴趣、人际技能、创造性思维	人际敏感性、沟通能力、个性特征、语言表达能力、组织策划能力、综合能力	履历分析法、思维能力测试、人际敏感性与沟通能力测试、无领导小组讨论、面试法
财务部门	数字敏感性	个性特征、思维分析能力、综合决策力	履历分析法、思维能力测试、数量分析能力测试、面试法

续表 11-8

职能部门	特殊需求分析	测评要素	选拔方法
行政人事部门	以服务为方向的个性、兴趣、人际敏感性	个性特征、人际技巧、事务处理能力	履历分析法、管理风格测试、沟通能力测评、面试法
技术部门	创新性、学习能力、科技信息敏感性、敏锐的信息把握和驾驭能力	创新能力、思维推理能力、个性特征	履历分析法、管理风格测试、逻辑个性测试、抽象推理测验、面试法

三、根据应试人员的职务层级来选择

应试人员所任或将任的职务不同，其工作的性质、内容、责任等也会不同，因此对其素质要求也是不同的。应试人员需要根据测评的侧重点选择相应的测评方法，如表 11-9 所示。

表 11-9　不同层级职务人员测评要素与选拔方法

职务层级	主要测评要素	选拔方法
基层员工	个性特征、实际操作能力、工作经验、价值取向	履历分析法、人格测试、结构化面试
中层管理者	能力特点、个性特征、职业适应性、知识经验、管理能力	结构化面试、人格测试、职业适应性测试、管理风格测试、评价中心技术
高层管理者	管理能力、创造性思维能力、成就动机、灵活机敏原则、敏感性与沟通能力、开放和变革意识	评价中心技术、人格测试、动机测试、管理风格测试、领导行为测试、管理潜能系列测试

【本章小结】

本章较为系统地介绍了除面试以外的其他招聘选拔的方法。在介绍的过程中本章首先通过引导案例引出本章要讲到的一个知识点，并逐渐引申介绍了心理测试及其相关概念、心理测试的优缺点及应注意的问题和心理测试的类型，并尽可能地将常用的心理测试的方法进行表述，使读者能有效地理解并在日后工作中使用。

其次，介绍了评价中心技术，在这里主要阐述了评价中心的发展历史，什么是评价中心及其实施流程和特点，并介绍了常用的评价方法无领导小组讨论法和公文处理法的使用。

再次，概述性地介绍了其他的一些选拔方法，主要包括模拟面谈、案例分析、角色扮演、信息搜寻、演讲、沙盘推演、管理游戏，以及履历分析等八种招聘选拔方法。

最后，总结性地将上述招聘方法进行总结，以供读者在细致了解本章知识的同时，能最快地找到适合本企业本部门的招聘方法。

【引例分析】

作为本地区规模最大的航空票务服务提供商,他们在选拔干部过程中采用了信度、效度都比较高的无领导小组讨论方法。公司将若干应聘者召集到一起来组成任务小组,公司评价人员在有一定距离的地方进行观察,集中在一起的应聘者则要求他们就某一问题开展不指定角色的自由讨论,评价者可以通过各种监控设备对应聘人员在讨论中的各种言语及非言语行为进行观察,以此来对他们做出评价。该方法突破了传统测评方法的局限,着重考察被评价者实际解决问题的能力、组织协调能力、语言表达等综合能力。

【任务实施】

评价中心是一种主要用来测评管理人员素质的工具。公司利用评价中心的无领导小组讨论方法对应聘人员做出评价,即将数名应聘者集中起来组成小组,要求他们就某一问题开展不指定角色的自由讨论,然后通过对应聘者在讨论中的语言及非语言行为进行观察,来判断他们是否符合公司选人要求。根据目前该票务公司针对中层票务管理人员的工作说明书的描述,结合行为事件访谈法(BEI)来确定作为一名出色的中层票务管理人员所必须具备的素质,可将考查重点放在应聘者的市场意识、沟通能力、领导能力、团队精神及工作主动性5个方面,具体实施方案如下:

(1)招聘方法:无领导小组讨论。

(2)所需时间:1.5小时。

(3)分组方式:每组5~7人,男女组合。

(4)讨论材料:见附件。

(5)准备事项:桌子1~2张(视应聘者数量而定);题目和答卷、主面试官打分表。

(6)程序:公司及岗位说明、程序说明、小组讨论30分钟、总结汇报。

附件:

(1)情境:你们正乘一艘科学考察船航行在大西洋的某个海域,考察船突然触礁并迅速下沉,队长下令全队立即转移到橡胶救生筏。据估计,离你们出事地点最近的陆地在正东南方向100海里处。救生筏上备有15件物品,除了这些物品以外,有些成员身上还有一些香烟、火柴和气体打火机。

(2)问题:现在队长要求每个人将救生筏上备用的15件物品按其在求生过程中的重要性进行排列,把最重要的物品放在第一位,次重要的放在第二位,直至第15件物品;请你们一起讨论,在30分钟内定出一个统一方案。

(3)排序用的物品:指南针、小收音机(一台)、剃须镜、航海图(一套)、饮用水、巧克力(2千克)、蚊帐、二锅头(一箱)、机油、钓鱼工具(一套)、救生圈、驱鲨剂(一箱)、压缩饼干(一箱)、15米细缆绳、30平方尺雨布一块。

第十二章
Chapter 12

背景调查与体检

【引导案例】

背景调查很重要

李延协助招聘主管招收了 3 名技术研发人员,半年来这些研发人员确实开发了一些有市场前景的产品和技术。但是,公司的销售人员却常常抱怨说,我们新开发的产品被竞争对手抢了先机,新开发的技术也被竞争对手抢先申请了专利。公司为此蒙受了巨大的损失,引起了公司领导的高度重视。经调查发现,在新招聘的 3 名技术研发人员当中居然有竞争对手的前雇员,公司领导非常恼火,责成人力资源部好好反省一下新员工调查工作。作为招聘助理,李延确实应该反省一下,思考如何做好背景调查工作。

上述"引导案例"告诉我们在聘用 3 名技术人员的时候,企业开始并没有意识到,他们招来的人是竞争对手派来窃取公司资料的。但如果公司花点时间做背景调查的话,错误本可避免。所以背景调查不仅是必要的,也是非常重要的。那么什么是背景调查?企业应如何有效地进行背景调查?解决这些问题所涉及的理论知识和技能正是本章要讲述的内容。

【本章主要内容】

1. 背景调查的含义与目的
2. 背景调查的组织与原则
3. 背景调查的内容、方法与注意事项
4. 背景调查的操作程序
5. 入职体检的相关内容

第一节 背景调查

一、背景调查的含义与目的

(一)背景调查的含义

所谓背景调查,是指用人单位通过各种合法的渠道和途径,从外部应聘者提供的证明人或以前工作的单位那里收集材料,来核实应聘者的个人资料真实情况的行为,是一种能直接证明应聘者情况的有效方法。背景调查在招聘过程中是一个重要但又容易被忽视的环节。有效的背景调查,不仅可以证实应聘者的教育和工作经历、个人品质、交往能力、工作能力等基本信息情况,还可以帮助用人单位降低招聘成本,规避运营风险,提高企业的人才质量和水平。在进行背景调查时,招聘者通常采取索要证明信或推荐信及实地调查的方式。

(二)背景调查的目的

背景调查的目的主要包括如下两方面:

(1)确定应聘者所提供的以往情况的信息是否真实准确。

从求职申请表和各种测试中获得的信息在许多情况下都被证明是非常有用的。但是,越来越多的雇主开始对申请表中所反映的背景信息的真实性和准确性表示怀疑。简历中经常出现的虚假信息包括:工作起止时间、学业成绩和学历水平、工作类型及前雇主的名字。最常见的虚假行为包括:延长工作时间和虚报工资水平。所以,背景调查的主要目的就是剔除这些不真实的信息。例如,美国一家公司在没有对 M. P. 希利斯的推荐信做出核实的情况下,就聘用他为公司的飞行员。4 年后,他的飞机坠毁,他和 14 名乘客都遇难了。调查结果表明,希利斯在前任雇主那里的绩效水平很差。

案例

挤出销售经理简历中的水分

人事总监 Mandy 在销售总监的岗位招聘中遭遇了"滑铁卢"。在众多候选人中,Mandy 推荐了一名声称自己曾在某跨国公司担任销售部门管理职务,并创造了优秀销售业绩的应聘者 B。B 的形象很职业,销售的理论知识非常丰富,在面试时侃侃而谈,征服了面试官,顺利获得了销售总监的岗位。但 B 担任该企业的销售总监后,却未能给企业带来良好的营业额。Mandy 委托全人网对 B 进行了背景调查才了解,此人的确在某跨国公司任"销售经理"一职,且的确完成了业绩。但该跨国公司的"销售经理"职位只是针对大客户销售,他所完成的业绩只是个人销售业绩,同时此人并不承担管理职责。B 脱口而出的销售理论知识,来源于在上一任雇主工作时的某次海外培训。

(2)查明损害性的信息。

损害性信息包括:犯罪记录和吊销驾照的记录。在工作申请表中说谎并不是什么少见的事。例如,贝尔南方公司的安全总监估计,有 15%~20% 的应聘者隐瞒了某些不良的记录,即使比较老练的公司也可能让有犯罪历史的雇员蒙混过关。造成这种问题的一个原因,就是这些公司没有进行有效的背景调查和推荐核查。

案例

身份证引出的调查

2011 年 8 月,公司老总的朋友介绍了一位品牌总监来公司就职。老总一声令下,一切招聘流程全免,并由其秘书亲自陪伴直接办理入职。在办理入职手续时,该人不能提供身份证、学历证等有效证件,只是报了一个身份证号码,说三天以后把身份证寄过来。人力资源部在请示老板后为其办理了入职,而部门也对这位"人才"立即安排了上岗。

然而,时间过去了一周该人也没能将身份证寄来,其间人力资源部曾两次催促,并说服老板后开始对他进行背景调查。首先,通过他提供的身份证号码进行了身份真伪的确认,结果核验结果是:"无照片""不一致"。为了排除名字书写的错误,我们把该人的名字进行了 N 个/次"中国字"的组合验证,未果。其次,另一组背调人员也发现该人行业内口碑较差,喜欢拉帮结伙,并且还有与行业内另一名从业者因争聘一个职位而在应聘单位门外互相谩骂的劣迹。在充分掌握确凿的背调资料以后,背调小组撰写了详细的《背景调查报告》,而老板在此期间也明显感觉到了这位"人才"的"分量",终于痛下决心将其辞退。但也因此造成了不必要的人、财、物力的浪费。

二、背景调查的组织

一般来说,背景调查一般由招聘部门组织进行,招聘部门进行背景调查的优势是:对候选人的具体情况非常了解,能够快速地对调查的候选人的信息进行筛选、过滤和分析,快速做出是否录用的判断,并且成本低,不足点在于专业度不够,可能会产生误判。在实践中,大部分中级以下职位的背景调查通常由招聘部门自行完成。

另一种背景调查可以委托独立第三方进行。独立第三方进行背景调查通常都有自己的调查渠道、途径和方法,且调查人员和流程都比较规范,调查结果中立客观。不足点在于成本较高,比较适用于一些高级职位的候选人的背景调查。

另外,猎头公司做背景调查有着独立第三方的优势,通过猎头招聘的候选人的背景调查通常会由猎头公司一并完成。他们主要进行的是雇前调查,这种调查都是由专业人员进行的,他们中的多数人都是长期从事人力资源工作的专家,但仍有可能存在着利益冲突的不足。

三、背景调查的原则

为了保证背景调查的质量和效率,企业的招聘人员在进行背景调查时,要坚持以下四个原则:

(一)多角度调查

企业在调查过程中要注意多角度、多渠道地对应聘者的资料和信息进行调查,避免调查的片面性和不准确性,以免给企业或者应聘者带来损失。

(二)有技巧调查

企业在进行背景调查的时候要注意调查技巧,尤其是与应聘者的原单位或者同事进行联系的时候要注意说话方式和说话技巧,以确保得到正确的信息。

(三)针对性调查

为了保证调查的效率,避免将时间和精力浪费在不必要的信息上,企业在调查活动开始之初要制定调查提纲,保证调查活动的针对性和有效性。

(四)效率性调查

企业在进行背景调查的过程中要秉承简单实用的原则,因为烦琐拖沓的调查工作不仅会增加招聘人员的工作量,耗费其大量的精力、时间和金钱,还会延迟新进员工的上岗时间,给企业的工作带来一定的不便。

四、背景调查的内容、方法和注意事项

(一)背景调查的内容

大部分背景调查一般安排在应聘者通过面试后,用人单位已经有录用意向决定聘用,

但正式发出 Offer 之前进行。调查的内容主要包括：身份识别、犯罪记录调查、教育背景调查、工作经历调查、数据库调查五大类。

候选人尚未入职之前进行的背景调查称为入职前背景调查(Pre-employment Background Check)，在此时候选人已经确定，背景调查人数较少，以及效率较高。

背景调查实践中也有一些公司选择另外一种做法是在候选人入职后、转正前进行背景调查，称入职后背景调查(Post-employment Background Investigation)。一般来说，企业试用期在1个月到3个月之间，这段时间完全能够进行充分的背景调查，也不用担心失去优秀的员工。但入职后进行调查，这对于企业来说非常不利。一方面，对企业的风险较大，另一方面，如果背景调查不合格，就会给企业造成较大的损失，有时甚至会产生不必要的法律纠纷。

可以用来调查咨询的对象有三类：第一类是学籍管理部门；第二类是被调查者原单位的人力资源部，或其上司、同事、下属；第三类是档案管理部门。具体内容如下：

1. 身份识别

主要是指核实候选人身份证的真假。

2. 候选人的教育背景、学历、证书的调查

无论公司提的职位对学历的要求标准如何，都必须对员工学历的真实性做调查。一个编造学历的员工，很多时候都会有不诚实的表现。具体的识别方法包括：

(1)观察法。通过肉眼观察和真文凭对比来识别假文凭。有些假文凭做工比较低劣，比如纸质硬度不够、没有水印、学校公章模糊、钢印不清等，都可以用肉眼识别。当然，现在的一些假文凭制作得比较逼真、水印、公章、钢印等一应俱全，简单地通过肉眼很难识别。如果手边有真文凭，可以将它与需识别的文凭进行对比，可以很快发现文凭的真伪。如果假文凭做工精细，并且没有真文凭做参照，可以使用提问法或核实法来识别。

(2)提问法。通过对应聘者的学识、常识和能力的提问来鉴别文凭的真假是最有效的方法。根据文凭中的"专业"，面试人员可以提一些专业性的问题。这些问题有的可能非常肤浅，有的甚至是错误的，通过应聘者对问题的反应就可以初步判断文凭的真伪。如果对应聘者的专业不甚了解，可以使用一些提问技巧。例如，面试人员可以假装和文凭中的学校很熟的样子，随便聊一聊学校里的事情。比如："我有一个朋友叫×××，就在你们专业，还是学生会主席，你应该认识吧？"(其实面试人员根本就没有这个朋友。)"×××学校的科技楼现在盖好了没有？"(没有人知道×××学校是否在盖什么科技楼。)根据应聘者的反应，可以轻而易举地判断出文凭的真实性。

通过观察法和提问法都没有办法确定文凭的真伪时，面试人员可以与文凭所在学校的学籍管理部门取得联系，让他们协助调查该文凭的真伪。一般而言，学校都能积极地协助，虽然比较复杂，但准确率达到百分之百。

(3)互联网查询。目前，大学生毕业证号已经逐步纳入计算机系统，可以在互联网上查询，这就为招聘单位进行有关的背景调查提供了便利条件。根据证书上的编号，通过中国高等教育学生信息网站：http://www.chsi.com.cn/进行查询。主要验证学历、证书、获奖证明等是否真实，在校时间和专业等信息。

3. 个人资质与资信调查

在信息发达的今天,有很多文章在教导招聘者如何向招聘公司提正面的经历,还会告诉应聘者什么样的工作经历应该隐瞒,什么样的辞职原因不能向招聘公司说明等。个人资信主要是指个人品行、成长经历、家庭情况、个人爱好、资产及信用调查等。有资料表明,一个人的品行定性于25岁之前。用人单位如果希望在工作中再对员工的品行做了解或调整,很可能会招致不必要的损失。每个用人单位都希望得到一些品行良好、经历丰富、无不良嗜好、有一定信用度的员工,而仅通过员工的应聘资料和面试,很难知道他们是否提供了真实资料。

案例:宝洁、可口可乐的背景调查

宝洁、可口可乐等许多中外大型企业为了降低因企业人才招聘带来的风险,都会对公司的研发工程师、配方员、市场销售经理等核心技术岗位和中高层领导岗位,以及关键管理和销售岗位的拟录用员工进行背景调查,甚至不惜投入重金委托猎头公司、中介调查公司等外部机构,从而为人力资源管理者的员工聘用提供客观、真实的参考依据,避免因人员招聘不当,而产生经济、技术损失和风险。

将应聘者材料中的内容分为两类:一类是客观内容,如学习经历、工作经历、专业知识、技术经验等;另一类是主观内容,如个人兴趣、爱好、性格等。将无法证实的主观内容忽略,认真分析客观内容。客观内容分为两类:

(1)常规客观内容是指普通的客观内容,如中小学学习经历、计算机的普通操作技能、普通的工作技能等。

(2)关键客观内容是指与应聘岗位直接相关的客观内容,如与岗位相关的知识、技术、工作经验等。由于应聘者是否能够通过面试,主要取决于关键内容的真实性,所以它也是识别假材料的重点内容。识别步骤如下所述:

①对关键客观内容进行认真分析,估计材料的可信度。

②以可信度最差的内容开始对应聘者提问。

③提问采用"步步紧逼"法,尽可能对细节问题连续提问。

④面试人员不一定需要了解相关的技术知识,仅需要根据应聘者的反应就可以判断他是否撒谎。

⑤一旦发现应聘者有撒谎行为,立即停止面试,以未通过处理。

⑥如果通过提问还是很难判断材料的真伪,人力资源部门可以与应聘者原单位联系,调查应聘者的实际工作表现。

4. 雇员忠诚度

有丰富管理经验的企业家都有过因为用人不慎而导致企业发生直接或间接经济损失的经历。了解雇员的忠诚度,判断雇员将来违反公司合同、损害公司利益的可能性,最好的渠道就是向应聘者过去的雇主、同事及客户进行了解,雇员忠诚度的调查主要是工作经历的核查,一方面是调查工作经历是否真实,即任职时间、职位、工作内容、人际关系、是否正常离职及离职原因等信息;另一方面调查工作的具体表现,该部分调查内容主要验证简历中的工作经历和业绩的真实性,这是最重要的调查内容,一般通过相关证明人对事先设计好的结构化调查问卷逐一核实真伪,具体样表如表12-1所示。

表12－1　某集团拟录用员工背景调查表（样表）

尊敬的_____公司人力资源部经理：

您好！贵企业前任员工_____先生/女士将被我公司聘用担任_____职务。现我公司需要对其相关情况进行核实，烦请贵公司协助填写本调查表，对于您的协助我们将不胜感激！

应聘者基本信息				
姓名		应聘职位		应聘日期	
对应聘者的评价				
调查者基本信息				
姓名		所在部门		担任职务	
调查内容				
学历		所属部门		所任职位	
主要职责				
在贵公司工作起止日期		年　月　日至　年　月　日			
劳动合同起止日期		年　月　日至　年　月　日			
薪酬范围	□_____~_____　□_____~_____　□_____~_____			
贵公司已为其办理的保险	□养老保险　□医疗保险　□失业保险 □工伤保险　□生育保险			
是否与贵公司解除劳动合同	□已解除　　□未解除			
离职原因	□合同到期　□被开除　□被辞退　□主动辞职 □其他（请注明）			
近期工作表现	□很好，能出色完成任务 □一般，基本能完成任务 □较差，几乎不能完成任务			
奖惩情况	奖励：			
	处分：			
请你盖章或签名				
	签名：_____　年　月　日			
非常感谢您的合作！祝您工作愉快！ 此致！ 敬礼！				
			××公司人力资源部 年　月　日		

5. 犯罪记录、工作许可、服兵役情况

是否有犯罪记录、如果是外籍人士需要调查是否有在中国工作的工作许可、是否有居留权、是否已经履行国籍所在国服兵役的法定义务。

6. 财务信息

特别是个人信用情况、银行贷款个人税务缴纳情况，是否存在偷逃税记录。

7. 身体健康状况

通常通过入职前体检来核实，具体见本章第二节。

8. 辅助资料调查（个性、魅力和诚信表现）

（二）背景调查的方法

常用的背景调查的方法有：档案查询、电话调查、书面调查、实地考察、非正式调查等方法。凡涉及公司的人、财、物及公司核心机密等岗位的人员，原则上应采用电话、书面或实地调查等方式提取背景信息。对一般员工至少应提供最近一家雇主的证明材料，具体内容如下：

1. 档案查询法

新中国建立以来，我国建立了系统、严格的人事档案管理制度，档案中的个人基本资料、教育与就业等情况的记录比较翔实。然而，该方法在现实使用中存在一些缺陷，主要体现在(1)现实中许多档案管理部门的工作已跟不上时代的要求；(2)查询档案的审批权限严格；(3)档案材料内容存在陈旧、雷同、空洞、单一等缺陷。

2. 电话调查法

该方法是最常见的背景调查方法。通过直接和候选人前任职公司的人力资源部门负责人、直接领导、同事或者候选人自己提供的证明人电话沟通。可以相对容易获取真实的第一手信息。但电话调查时需要注意询问技巧，把握重点，礼貌有效提问，要避免引起对方反感。

3. 书面信函法

随着用人单位对背景调查的重视，现在的 HR 都很愿意配合且自己也愿意使用书或信函式的调查，调查效果不错。该方法就是向有关人员发送格式和内容比较规范，最好是经过律师审核后的背景调查信函，并请求证明人填写的一种调查方法。

4. 实地考察

直接去候选人前任公司实地考察，多方面、多角度地了解以获得第一手信息。实地考察相对成本较高，主要是针对非常重要的岗位。

5. 非正式调查法

(1) 行业联盟及 HR 人际网络圈。

利用人际关系网络，从比较熟悉、了解候选人并且能保守秘密的朋友做调查；从候选人的亲朋好友中做调查；从候选人的同学、老师中做调查；针对有一些知名度的候选人，从网络平台和合作客户中调查等。

(2) 从资信评估公司购买信息。

资信公司数据库收录的个人资料一般分为三大类：一是个人基本资料，二是个人的银行信用，三是个人的社会信用和特别记录（包括曾经受到经济、行政、刑事处罚等方面的信息）。组织中的某些工作对员工有一些特殊的要求，如要求财务工作者个人信用良好，售货员无偷窃史，等等。当前在我国，一般组织接触不到个人的社会信用及某些特别记录，而这正是资信评估公司的强项。理论上讲，资产信用是个人信用的主体，而我国个人收入的分配以按劳分配为主体，由此推导，个人信用良好的应聘者的劳动能力也可能较强，因此，个人信用也具备预测功能。但目前我国能提供个人信用查询服务的公司只有为数不多的几家。

（三）背景调查的注意事项

1. 赢得应聘者的理解和支持

在进行背景调查前，背景调查者应先以书面形式征得被调查者的同意，这项工作可以在应聘者填写求职申请表时进行，在申请表中设计这一栏，并向应聘者说明背景调查的有关情况，信守保密义务，保护应聘者的隐私，争取应聘者的配合，取得应聘者的支持和理解。组织应使应聘者意识到提供虚假信息的代价，从源头上减少应聘者提供虚假信息的可能性。组织应当确认应聘者已经告知原单位离职意向后再开展调查，以免造成不利的影响，既表明对应聘者的充分重视，使其感受到双方处于平等地位，也为日后的合作打下良好基础。

2. 限定调查问题的范围

主要对应聘者工作情况的有关方面进行调查，而无关的方面，特别是涉及个人隐私的问题，要坚决避免。要做好书面形式的记录，作为是否录用该员工的依据。对涉外候选人进行背景调查时，需要注意不同国家的法律及文化禁忌，以免造成误会和歧义。

考虑调查成本，应该优先选取应聘者的前上司或同事进行调查，这些人跟应聘者有最多的工作接触，对应聘者的品行、能力、工作态度有更深刻的了解。

3. 避开其带有主观色彩的评价

通过背景调查可以得到关于应聘者的各种情况，这些情况既有客观情况，也有诸如被调查者的性格等主观性较强的内容。因调查结果的主观程度较强，在决定是否录用时，要慎用这种调查结果，尽可能根据事实进行决策。企业在进行背景调查的时候要着重记录证明人对应聘者的客观评价部分，而尽量避开其带有主观色彩的评价，以保证对应聘者调查工作的公平性和客观性。

4. 背景调查和人员测评结合使用

背景调查并不是万能的，错误和失真有时难以避免，但如果将背景调查同其他甄别手段相结合，就会大大提高选择的准确度。

5. 建立健全管理制度

组织需逐步建立并健全与背景调查相关的管理制度及措施，严格人员招聘工作的各项规章制度。组织应明确遵循劳动合同的相关条款，为背景调查提供保障，如：应聘者有提供真实信息的义务；设置必要的试用期，为发现问题后的操作留足空间；规定相应责任，对提供虚假材料的情况,一经发现,即刻解除劳动关系。人力资源部门的负责人应当对背景调查工作实施全程监督。

6. 掌握并遵守相关的法律法规

背景调查与其他人力资源管理的甄选方法一样,需要核实该方法的公平性和有效性。人力资源部门应随时了解并关注国家颁布实施的有关法律法规,能够在法律法规许可的范围内运用背景调查进行甄选,不能因调查而侵犯应聘者的隐私权。当应聘者对调查报告所提的内容存有疑问,尤其是涉及负面信息或者出现完全相反的情况时人力资源部门应当根据实际需要保留一定的时限开展二次调查,扩大调查范围或重新确定证明人,调整使用的调查方法和技巧,如是否与应聘者工作过的组织内各个层级的人员进行了较长时间的面谈,是否对比不同证明人叙述的不同和共同之处等,最后确定真实的调查结果。

五、背景调查的操作

背景调查程序按照时间节点可以分为三个阶段:背景调查准备工作、实施背景调查、出具背景调查报告及做出录用判断。

(一)准备阶段

准备阶段是为进入正式背景调查以前而做的准备工作,主要包括:确定背景调查负责人、收集背景调查所需要的相关信息、确定背景调查询问的对象和重点内容、设计结构化背景调查问卷,背景调查应征得被调查人的同意,必须获得被调查人授权。要求候选人签署《背景调查授权书》,这一点非常重要,具体的背景调查的授权书如表12-2所示,未经被调查人授权,擅自做背景调查具有较大的法律风险。

表12-2 背景调查授权书

本人_____已许可并授权_____公司,对本人于___年___月至___年___月在_____公司担任_____职位时的工作经历、取得业绩等情况的真实性予以调查询问,特此证明。希望予以配合,非常感谢!

本人签字:
日期: 年 月 日

(二)实施背景调查

用人单位对应聘者进行初步审查,只针对那些有望被录用的应聘者进行调查:根据实际情况,背景调查可以这样进行:

(1)用人单位根据单位的规模、实力决定背景调查的强度。不同的职位对背景调查的要求是不同的,背景调查的强度取决于招聘岗位本身的职责水平,责任较大的岗位要求进行准确、详细的调查。对外籍和"海归"应聘者应该预先调查,因为他们的工作和学习记录更难得到,花费也较高。

(2)通过工作分析确定对某岗位的调查内容。对不同工作岗位,要根据其性质确定调查重点。例如,招聘财务人员就要重点核查其信用情况和品质。背景调查的一般内容有:工作证明、以前工作的地点、任职的时间、头衔、薪资水平、教育背景等。上述内容可以在背景调查表中要求应聘者提供若干证明人名单以供核实。

(3)在确定了调查的内容后,可采用以下方法进行核实：

设法取得证明人的合作,到应聘者原工作或学习单位核实。原单位可能会有不同的反应,有的可能会拒绝提供任何情况;有的则会仅提供基本信息(如工作起止时间、所从事的职务等),而对人品、表现等问题避而不答;还有的因不想让员工失去新的工作机会或出于个人感情或怕得罪人而对前员工大肆吹捧。这就要求调查者通过感情交流,与证明人建立起融洽的关系,打消他们的戒备和疑虑。

从求职材料中所提供的推荐信及写推荐信的人那里获取信息。研究表明,这种方法所得出的结果对应聘者未来的工作业绩的预测效果是很差的。原因是大多数推荐信或证明材料对应聘者是积极的,很难利用这些对应聘者进行鉴别。写推荐信的人通常都是应聘者自己选定的,这就不排除他们选择自己熟悉或对自己评价较高的人来写推荐信。

通过中国高等教育学生信息网,对应聘者的学历进行检验。我国已经对近年来颁布的高等教育毕业文凭实行了电子注册,加大了造假者的风险和成本,对抑制学历造假行为起到了一定的作用,用人单位可以通过网络方便地检验出学历的真伪：对没有上网的文凭,可以通过与高校有关部门联系来证实。

(4)在调查阶段,不对应聘人未离职的单位进行调查。如果候选人在职,背景调查应当避过候选人的在职单位,以免对候选人产生不必要的负面影响。

案例：背景调查的"不宜"

长城商贸公司的丁佳因个人发展需要想换一份工作,在没有辞职的情况下去 C 公司面试了,面试中丁佳表现出色。根据公司招聘流程,如果丁佳背景调查合格的话,即决定录用。人力资源部在做调查时,对丁佳未离职的公司也进行了调查。结果这件事在长城商贸公司引起了很大的轰动。部门经理、人力资源经理甚至总经理都几次找丁佳谈话,几个星期内丁佳几乎成了同事中的异类。丁佳因为受不住压力,提前辞职了。丁佳最终也没有去 C 公司,因为 C 公司的做法让她很为难、很反感。因此,在做背景调查时,不宜贸然对正在受雇的公司进行背景调查,可以通过其他方式了解相关信息,而不要给应聘者带来不便。

(三)评估结论阶段

背景调查完成后,HR 应当对调查获得的信息和内容进行评估,并出具书面的调查报告,给出是否录用的建议或结论。如果在背景调查中发现候选人在诚信、职业道德等方面存在瑕疵,应当毫不犹豫一票否决。对于调查核实没有问题的候选人,HR 就要尽快和用人部门沟通,走内部审批和 Offer 发放流程。

第二节　入职体检

一、入职体检的含义

入职体检是专项体检之一,旨在通过体检保证入职员工的身体状况适合并能够承受从事相关专业的工作。在集体生活中不会造成传染病流行,不会因个人身体原因而影响他人而进行的一种身体检查的方式。

不同的职位对于员工健康程度的要求不同,一些单位和岗位对员工的健康状况有特殊要求,如食品生产行业生产线上的员工就必须没有传染病。一些对健康状况有特殊要求的职位在招聘时要对应聘者进行严格的体检,否则可能会给企业带来许多麻烦。

二、入职体检的意义

为了确定应聘者的身体状况是否适应工作的要求,特别是能否满足工作对应聘者身体素质的特殊要求,在筛选之后录用之前还要经历体检。这里所说的体检不同于一般的身体检查,它包括健康检查、身体运动能力测试。

发达国家的入职体检有三种:一般体检、临床体检和药检。一般情况下,所有的应聘者都要接受一般体检和药检,只有申请中高级管理职位的应聘者才接受临床体检。国外有些企业开始使用基因测试,以确定一个人是否携带可能导致某种疾病的突变基因,但该测试有较大的争议。

入职体检一般委托医院进行。入职体检有相对固定的体检项目与体检标准,选择专业体检中心能保证体检质量。体检一般仅限于初步获得职位的人,他(她)是否最后被录用,视其是否通过体检而定。体检不但决定应聘者在身体上能否从事该工作,而且决定他(她)是否有资格享有集体生活、健康和残疾保险。体检费用通常由组织支付,体检的结果也应交给组织。由于费用问题,体检一般是人才选择过程的最后一步。入职体检的意义主要体现在:

1. 入职体检对用人单位意义重大

入职体检能够帮助用人单位提前了解员工的身体状况,确定应聘者是否符合职位对身体的要求,以便用人单位衡量该员工是否能够适应岗位的要求,发现对应聘者进行工作安排时应当予以考虑的体格局限因素,从而为其改善工作环境或者调换岗位,避免后续的一系列问题的产生。一般来说,用人单位安排的体检是根据单位的工作性质而设定的项目。

对组织内的员工运动能力的测试可以了解其是否满足特殊工作要求。例如,对建筑人员,就要测定其气力、握力、耐力、控制力、调整力、坚持力、手指灵巧度、手眼协调度、视觉听觉的灵敏度、颜色辨别力等。可建立应聘者健康记录,以服务于未来为员工购买工伤保险或合理给付员工的赔偿要求。

2. 入职体检对员工意义重大

入职体检能够帮助员工了解自身身体状况,有助于预防疾病及健康管理,发现问题也有助于及时确诊和治疗,还可以降低缺勤率,减少事故的发生,保证企业工作任务的完成,同时间接节省用人成本。通过入职体检,可以发现员工自己可能不知道的传染病,由于特定行业的从业人员与人群密切接触,有可能传播传染病,因此对此职业或工种需要进行强制性体检,同时这也是对组织中其他员工的生命健康负责。

三、入职体检的注意事项

体检前三天应注意饮食清淡,体检前一天不要饮酒,晚八点后不要进食,保持心情舒畅,不要紧张。体检当天早上空腹,体检前一小时避免剧烈运动。

入职体检要注意合法性,要注意辨别虚假的体检结果,体检结果不能以"健康"或"不健康"来衡量,而是看是不是能满足具体工作对身体的要求,近年来,企业在招聘中对健康标准的要求越来越高,最愿意招聘健康的人,但对于存在健康问题的员工,必须谨慎处理,不能对求职者有疾病歧视以免引起法律诉讼。以乙肝病毒携带者为例,虽然我国《病毒性肝炎防治方案》早有规定,乙肝病毒携带者不应按现症肝炎患者处理,除不能献血及从事直接接触入口食品和保育工作外,可照常工作和学习。但是不少企业仍然是谈乙肝色变,招聘中一旦发现应聘者是乙肝病毒携带者,或者曾经感染过乙肝病毒,都会找其他理由拒绝应聘者,其主要原因是"对于企业来说,都想招到健康的员工,不想招来任何可能的隐患和麻烦"。

四、入职体检的内容

不同的企业对求职者的身体素质要求有所不同,因此不同企业对体检的具体内容也会不一样。关于体检内容的选择,除了要考虑应聘者工作对身体素质要求外,还要考虑要符合国家一些强制性规定,如国家制定了《中华人民共和国传染病防治法》《中华人民共和国食品卫生法》《公共场所卫生管理条例》等法规,强制性要求这些行业的从业人员每年接受身体检查,筛查是否有妨碍公众健康的疾病。《中华人民共和国食品卫生法》规定了食品生产经营人员必须进行健康体检;《公共场所卫生管理条例》及《化妆品卫生监督管理条例》也规定了为顾客服务和直接从事化妆品生产的人员为体检对象。入职体检一般包括以下内容:

1. 入职体检实验室检查

(1)抽血检验(均使用一次性真空负压采血管)。

(2)血常规18项:检查有无贫血、炎症、血液病等。其中包括红细胞数目(RBC)、白细胞数目(WBC)、血小板数目(PLT)、血红蛋白浓度(HGB)、中间细胞数目(MID#)、淋巴细胞数目(LYMPH#)、粒细胞数目(GRAN#)、平均红细胞体积(MCV)、平均红细胞血红蛋白含量(MCH)、平均红细胞血红蛋白浓度(MCHC)、平均血小板体积(MPV)、红细胞分布宽度(RDW)、红细胞压积(HCT)、血小板体积分布宽度(PDW)、血小板压积(PCT)、淋巴细胞百分比(LYMPH%)、粒细胞百分比(GRAN%)、中间细胞百分比(MID%)共18项检查结果。

(3)肝功能:谷丙转氨酶(ALT)是检查肝功能最直接的指标。

(4)血型:血型检查。

2. 入职体检科室项目

(1)心电图:检查心脏最常用的方式。心电反应性疾病检查尤其对心律失常是最准确的诊断方法,对心肌缺血和其他非循环系统疾病,如低血钾和甲亢也有一定的诊断意义。

(2)胸透:心、肺、膈疾病检查。

(3)内科:心、肺、肝、脾、胆囊、神经系统检查等。

(4)眼科:视力、眼睑、结膜、眼球、色觉、眼底、裂隙灯检查等。其中,通过裂隙灯检查可以发现全身其他部位病变所引起的眼底变化,如糖尿病、高血压等。

【本章小结】

本章较为系统地介绍了背景调查和入职体检的相关内容。在介绍背景调查内容时，首先，从介绍背景调查的含义及其目的入手，接着介绍了背景调查的组织实施和原则；其次，重点介绍了背景调查的内容、方法及操作中的注意事项；再次，介绍了背景调查的操作的三个阶段，即背景调查准备工作、实施背景调查、出具背景调查报告及做出录用判断。最后介绍了入职体检的相关内容，包括入职体检的含义及入职体检的内容。

【引例分析】

在章首引导案例中可知对于录用人员，特别是对拟聘一些关键岗位的重要人员进行背景调查是非常必要的。一旦没有做好就有可能给公司造成巨大的损失。进行录用人员的背景调查，需要明确背景调查的主要内容，熟悉背景调查的工作流程，明确背景调查工作的注意事项。

为了避免给公司带来不必要的损失，李延所在的公司应该在决定录用这三名技术研发人员时进行必要的背景调查。

首先，李延的工作小组要确定背景调查的内容。除了一些通用项目之外，还应该特别关注研发的技术保密性问题，所以技术研发人员在专业技术领域的成长经历、资质、社会关系层面等都是重点调查的内容。

其次，制订背景调查实方案。关注背景调查的时机、选择谁进行调查、利用什么渠道进行调查等。

再次，注意背景调查的注意事项。一是通常情况下进行背景调查要征得拟录用人员的同意；二是要多渠道了解拟录用人员的情况；三是只调查与工作岗位有关的信息；四是必要的时候可以委托专业调查公司进行调查。

第十三章
Chapter 13

员工录用与入职管理

【引导案例】

普顿斯化学有限公司是一家跨国公司，以研制、生产、销售药品、农药等为主。露秋公司是普顿斯化学有限公司在中国的子公司，主要生产、销售医疗药品。随着生产业务的扩大，为了对生产部门的人力资源进行更为有效的管理、开发，他们希望在生产部建立一个处理人力资源事务的职位，其工作职责主要是进行生产部与人力资源部协调。广告发布后，人力资源部收到了近百份简历，部门经理王量对应聘者做了初步的甄选，留下了5人交由生产部经理李初再次进行甄选。李初对这5个人进行选择后，留下了两人。决定由生产部经理与人力资源部经理共同协商决定人选。这两个人的简历及具体情况如下：

赵安，男，32岁，企业管理学硕士学位，有8年一般人事管理及生产经验，在此之前的两份工作均有良好的表现。

面谈结果：可录用。

钱力，男，32岁，企业管理学学士学位，有7年的人事管理及生产经验，以前曾在两个单位工作过，第一位主管评价很好，没有第二位主管的评价资料。

面谈结果：可录用。

看过上述资料并进行面谈后，生产部经理李初来到人力资源部经理室，与王量商谈录用人选。王量说："两位应聘者，看来似乎都不错，你认为哪一位更适合呢？"

李初说："两位应聘者的资格审查都合格了，唯一存在的问题是，钱力的第二位主管给的资料太少，但是虽然如此，我也看不出他有什么不好的背景，你的意见呢？"

王量说："很好，李经理，显然你我对钱力的面谈表现都有很好的印象，人嘛，有点圆滑，但我想我可以与他共事，相信在以后的工作中不会出现大的问题。"

李初说："既然他将与你共事，当然由你做出决定更好，明天就可以通知他来上班。"

于是，钱力被公司录用了。进入公司6个月后，他的工作不如预期做得好，对于指定的工作，他经常不能按时完成，有时甚至表现出不胜任其工作的行为，所以引起了管理层的抱怨。显然，钱力对此职位不适合，必须加以处理。

上述"引导案例"给出了普顿斯化学有限公司的一次失败的录用决策。为什么会错选钱力？导致此次录用决策失误的原因是什么？该如何有效防止该类事情的再次发生？解决这些问题所涉及的理论知识和技能正是本章要讲述的内容。

第十三章 员工录用与入职管理

【本章主要内容】
1. 员工录用的含义、有效员工录用的意义及录用原则
2. 员工录用的程序及注意事项
3. 入职管理的程序及入职培训

第一节 员工录用

经过了笔试、面试、评价中心等甄选过程之后,员工招聘工作进入决定性阶段,即员工录用。这一阶段的主要任务是通过甄选评价过程中产生的信息进行综合评价与分析,确定所有应聘者的素质和能力特点与预先确定的录用标准及录用计划相符合的程度,做出录用决策,并通知应聘者,协商待遇条件,签订就业意向协议书等工作。

一、员工录用的含义

员工录用是指企业从招聘选拔阶段层层筛选出来的候选人中选择符合其需要的人,做出录用决策,通知应聘者并与其协商待遇条件,最终对是否入职达成一致意见的过程。

员工录用是招聘工作的关键阶段,它将直接决定企业吸收人力资源的素质,关乎招聘的成败。员工录用的每一个环节对企业来说都是至关重要的,录用决策的正确与否直接关系到企业招聘的效果,录用通知如果不能及时、恰当地发放,很可能使企业错失优秀人才。

二、有效员工录用的意义

对任一规模的企业来说,有效的员工录用主要有以下几方面的意义:

1. 有利于组织与员工个人的共同发展

组织能否快速、稳定的发展,取决于员工的劳动态度(劳动积极性)与其劳动生产率,前者取决于员工对工作的满意度,而后者则取决于劳动者的知识、经验、技能及与组织文化的匹配度等。如果在员工录用时,选择的是知识、经验和技能都符合岗位要求且其内在特征与企业文化相匹配的员工,则员工在就职后将产生较高的工作效率,组织也将因此获得高额的回报。同样,对于员工而言,录用过程的规范、公平、高效将增加员工对工作的满意度,增进员工对组织的认同,使组织对员工的吸引力进一步增强,从而使员工在入职后更为自觉自愿地为组织工作,劳动积极性大为提高,这既有利于组织的发展,也有利于个人的发展。

2. 有效的员工录用可为组织节省费用

如果组织聘用了不合格的员工或是不愿为组织服务的员工,其结果有两种:一是组织辞退员工或员工辞职离开组织,造成离职成本的增加;二是通过组织培训使员工胜任岗位或是改变员工的工作态度,造成培训费用的增加。不论是哪一种情况,都将导致组织费用的增加。规范、有效的员工录用则能减少录用这类人员的可能性,从而为组织降低离职成本,节约培训开支。

3. 有效的人员录用为应聘者提供了公平竞争的机会

通过一系列的面试、笔试与其他方式测评等,每一个应聘者都有均等的机会展示自己

的才能,使自己有更好的发展,组织也可达到广纳人才的目的。

三、员工录用的原则

1. 公平竞争原则

公平竞争原则是指对待所有应聘者应当机会均等,一视同仁,组织的所有空缺职位向一切最合适的人开放,不管是组织内部还是外部的应聘者,努力为其提供平等竞争的机会,不拘一格地选拔录用各方面的优秀人才,以保证组织录用到最合适的人才。

2. 因事择人与因人任职相结合的原则

因事择人强调人员录用必须按照组织的人力资源招聘计划和岗位特性招收员工,切莫出于主管人员的管理需要或为达到个人目的而随意增加人员招聘。要根据职位要求,知人善任,扬长避短,为组织招聘到最合适的人才并根据其能力特点、个性差异将其安置到合适职位,做到"人尽其才""用其所长""职适其人",以利于人的能力的发挥与今后个人职业生涯的发展。把因事择人与因人任职相结合,可以大大提高人力资源的利用率。

3. 择优录用原则

择优录用是人员录用的核心。择优即广揽人才,选贤任能,在甄选结果的基础上为各个岗位选择一流的工作人员。因此,录用过程应是深入了解,全面考核,认真比较,谨慎筛选的过程。做到"择优"必须对照招聘标准,严格按照科学的选拔录用流程来操作。

4. 价值观认同原则

员工首先是为组织工作,文化与价值标准的认同是人才与组织合作的基础。录用时除了要注重考核应聘者的知识、能力、经验等方面,更要关注员工个人的价值观、目标、态度等内在特质与企业文化所倡导的精神是否一致。员工的思维方式、价值观符合企业的文化精神和价值标准,其人才的多样化才能为企业带来新的动力和高绩效,否则员工在进入企业后,要么因无法与组织相融合而离开,要么则可能破坏组织的稳定,阻碍企业文化向着健康的方向发展,甚至可能会影响企业原有的和谐和内部凝聚力,降低工作效率。

5. 求职动机优先原则

在合格人选的工作能力基本相同的情况下,候选人希望获得这一职位的动机强度是录用决策时所要考虑的又一基本点。研究表明,个体的工作绩效一般取决于个体的能力和积极性两个因素。如果两个人的能力基本相同,而工作积极性却很不相同,他们所产生的工作绩效会有很大的差异。求职动机是影响新进员工积极性的一个很重要的因素。一般而言,已经辞职的应聘者的求职动机要强于应聘时有工作的求职者。再者,如果被录用,原来已经辞职的应聘者会更加珍惜这个工作机会。

四、员工录用的程序

(一)做出录用决策

录用决策是对甄选评价过程中的信息进行综合评价与分析,确定每一个应聘者的能力特点和素质,根据预先设计的人员录用标准进行挑选,从而选择出最合适人员的过程。

录用资料数据的综合分析要经专门的评价小组或专家委员会讨论完成。评价小组对各个测评指标的评价标准进行讨论,得出某一应聘者有关该方面信息的一致性评价意见。在对每个指标都进行类似评价后,归结出该应聘者在所有指标上的优缺点,对照职位要求做出判断。在此过程中,对数据客观性的把握是关键,即所有的陈述均要以客观事实为基础。评价小组将评价意见综合后,做出最终的录用决策。

1. 员工录用决策模式

(1) 多重淘汰式。多重淘汰式中每种测试方法都是淘汰性的,应聘者必须在每种测试中都达到一定水平,方能合格。该方法是将多种考核与测验项目依次实施,每次淘汰若干低分者。全部通过考核项目者,再按最后面试或测验的实得分数,排出名次,择优确定录用名单。

(2) 补偿式。补偿式中不同测试的成绩可以互为补充,最后根据应聘者在所有测试中的总成绩做出录用决策。如分别对应聘者进行笔试与面试选择,再按照规定的笔试与面试的权重比例,综合算出应聘者的总成绩,决定录用人选。值得注意的是,由于权重比例不一样,录用人选也会有差别。假设在甲、乙两人中录用一人,两人的基本情况与考核得分如表13-1所示,到底录用谁,关键要看不同项目的权重。

表13-1 甲、乙两人各种项目的不同权重情况

		技术能力	学历	政治思想水平	组织领导能力	事业心	解决问题能力	适应能力
甲的得分		0.9	0.5	1	1	0.8	0.5	1
乙的得分		0.7	0.9	0.8	0.8	1	1	0.7
权重	W_1	1	1	1	1	1	1	1
	W_2	1	0.5	1	1	0.8	0.7	0.6
	W_3	0.5	1	0.8	1	0.8	0.7	0.6

如果各考核因素的权重均相同,则甲的综合得分为6,乙为5.9,相比之下甲为优;如果突出技术能力与政治思想水平,则甲的综合得分为4.75,乙为4.51,相比之下甲为优;如果突出学历与组织领导能力,则甲的综合得分为4.55,乙为4.61,相比之下乙为优。

(3) 结合式。结合式中,有些测试是淘汰性的,有些是可以互为补偿的,应聘者通过淘汰性的测试后,才能参加其他测试。

2. 有效录用决策的必备要素

(1) 信息的准确可靠性。这里的信息包括应聘人员的原始信息及整个招聘过程中所获得的应聘者的全部现实信息。如:

①应聘人员的年龄、性别、毕业院校、专业、在校学习成绩。

②应聘人员的工作经历、原工作岗位的业绩、收集的背景资料、原工作中领导、同事及客户等的评价等。

③应聘过程中各种测试的成绩结果及面试评语等。

(2)资料分析方法的正确性。

①注意对能力的分析。信息和资料有可能十分繁杂,在这众多的资料中,要注意对应聘者能力的分析,包括沟通能力、应变能力、组织协调能力、学习能力、理解判断能力、语言文字能力、决策能力。

②注意对职业道德和品格的分析。在当下激烈的市场竞争中,能力已不再是我们选拔人才时唯一的重点评判因素,在做录用决策时,同样要重视应聘者以往工作中所表现出的职业道德和品质。

③注意对特长和潜能的分析。应聘者的某些特长可能对其加入企业后的岗位工作或企业发展起到重要作用。而潜能更是可以预示着一个人未来可能达到的高度,以及其未来行为可能会对企业产生的影响和贡献。因此,对具备某些特长和潜能的人要加以特别的关注。

④注意对个人社会资源的分析。个人的社会资源对组织无疑也是一种财富,录用决策时应加以重视。

⑤注意对学习背景和成长背景的分析。学历背景包括毕业学校、专业、攻读的学位及学习的连续性等资料;成长背景包括对其成长环境、成长过程、家庭影响和对其成长有重要影响的人和事。对学历背景和成长背景的分析有助于加强对其个性、知识总量、专业能力和心理健康等多方面的了解。

⑥注意对面试中现场表现的分析。面试是对一个人综合能力和综合素质的测评,应注意应聘者在面试现场中所表现出的语言表达能力、形体表达能力、应变能力,风度、礼貌、教养和心理的健康,控制情绪的能力,分析问题的能力和判断能力。

(3)招聘程序的科学性。招聘程序要一个层次一个层次有序地进行。例如,通常的招聘工作要经过三轮面试:第一轮是人力资源部的初步筛选;第二轮是用人业务部门进行相关业务的考察和测试;第三轮是招聘职位的最高层经理和人事招聘经理参加测试。每一轮均有淘汰,最后再进行匹配度分析。

如果招聘不遵循这样一个顺序,而是一开始就由总裁谈话,后面的许多工作就很难进行了。某企业集团的董事长未经任何程序步骤,自己直接进行面谈选择了三位准备担任该集团子公司总经理的人员,但在该人员上岗就职后发现了其许多问题,甚至经调查发现该人员的毕业文凭和学习成绩都是伪造的。如果能够按招聘程序依次进行,有主考官的面试,有背景资料的调查,则这样的决策错误就可以避免。

(4)考官的能力素质。公正公平是招聘考官必需的第一要素,但考官的能力素质也至关重要。若在录用决策时有一位优秀的主考官,可以充分利用其知识、智慧、经验、判断和分析力做出相对正确的录用决策。考官的能力素质越高,经验越丰富,企业招聘录用的成功率就越高。

(5)录用标准设置的合理性。根据与组织相匹配和能岗匹配的原则,合理设置录用标准。匹配度是招聘中一个十分重要的要素,若将一个人置于不适合他的岗位上,将会给企业造成损失。如果要招聘的只是一个普通的助理岗位,就不要把人选标准设定为一个聪明能干、名校毕业、有丰富的实际经验并且具有卓越的领导才能的人。同时具备这些条件的人固然优秀,但他们可能对这样普通的助理职位根本就不感兴趣。如果应聘者远远超过岗位任职资格,那么他在待遇上的要求也会比较高,而事先拟定的待遇标准可能根本无法满足其要求。而且这样的应聘者可能不会安心做该岗位工作,即使当前录用,不久之后可能也会另谋高就,增加企业成本。

（二）通知应聘者

对应聘者的通知是员工录用工作的一个重要部分。通常分为两种,一种是对拟录用的应聘者发放的通知,即录用通知;一种是对未被录用的应聘者发放的通知,即辞谢通知。

1. 录用通知

通知录用人员最重要的原则就是要及时。现实中,当应聘者在寻找工作机会时,往往面临多种选择,尤其是越优秀的人才供其选择的余地就越大。若企业在做出录用决策后未及时通知应聘者,则很有可能会错失合格的人才,同时也会影响企业的形象。因此,当做出录用决策后就应及时通知被录用者。

录用通知中应包含报到的起止时间、报到的地点及报到的程序等内容,在附录中还需详细注明如何抵达报到的地点和其他应该说明的事项。同时,还要有欢迎新员工加入的致辞。

录用通知中,要让被录用人员了解他们的到来对于企业发展的重要意义,让员工感受到企业对人才的重视,同时也是企业吸引人才的一种手段。此外,还需要注意,对被录用的人员要一视同仁,以相同的方式通知被录用者。一般以信函的方式为佳。表13-2为一份录用通知书的示例。

表13-2 录用通知书

_____先生/女士：

在____月____日与您的会面十分愉快。我们现在很高兴地通知您,我们企业向您提供_____职位。

接受该职位的工作意味着您应该完成下列工作职责_____,您的工资按照我们商谈的结果支付。

我们很希望您能够接受该职位的工作。我们会为您提供难得的发展机会和良好的工作环境。

我们很希望能在____年____月____日之前获得您能否接受该职位的消息。如果您有什么问题,请尽快与我们联系,联系电话_____。期望尽快得到您的答复。

人力资源部经理：×××
××××年××月××日

2. 辞谢通知

许多企业往往注重对被录用应聘者的通知等工作,而忽视了对未被录用者的回复。辞谢会让未被录用者感受到企业对每一位应聘者的尊重,周到的辞谢不仅可以有助于企业树立良好的企业形象,还可能对今后的招聘工作产生有利的影响。

对未被录用的应聘者,应同样以礼貌的方式进行通知。一种方式是通过电话用委婉的语言通知对方,另一种方式是用正规函件告知对方。一般来说,采用书面的方式通知更好,可以有统一的表达方式。但要注意辞谢通知的内容和措辞,以避免伤害应聘者的自尊心和自信心。在辞谢通知中要表达出对应聘者关注本公司的感谢，注意语言的简洁、礼貌，同时应具有鼓励性，并表示愿与应聘者建立长期的联系。表13-3为一份辞谢通知书的示例。

表13-3 辞谢通知书

尊敬的_____先生/女士：
　　十分感谢您对我们企业_____职位的兴趣。您对我们企业的支持，我们不胜感激。您在应聘该岗位时的良好表现给我们留下了深刻的印象。但是由于我们名额有限，这次只能割爱。我们已将您的个人资料信息录入我们的人才库，并会保留半年，如有新的职位空缺，我们会优先考虑您。
　　感谢您能够理解我们的决定。祝您早日找到理想的职业。
　　对您热诚应聘本公司，我们再次表示感谢！

×××公司人力资源部
××××年××月××日

（三）协商待遇条件

发放录用通知后，很多应聘者会毫不犹豫地接受企业提供的待遇条件，但是有些应聘者会认真考虑企业的待遇条件，并将它与其他公司提出的条件对比。对此，企业应努力将相关信息传递到位，提供满足应聘者要求的待遇条件，提出待遇的方式要能够吸引应聘者的注意力，要有随时改变待遇条件的准备。关注每一位应聘者的期望值，然后根据他们的期望值做出调整和改变，不要担心应聘者"漫天要价"。一个优秀的人才会给企业带来很好的效益，一旦发现了合适的人选，要有目的地继续做工作，不要拖延时间，不要总想着等更好的人才。更好的人才也许不会来应聘，也许对企业给出的待遇不感兴趣，企业可能会因更好的人才而失去一个优秀的、合格的人才。所以，如果应聘者达到了企业的要求，就应该考虑录用他们。

1. 通过协商达成双方都有利的待遇条件

（1）了解市场价格。首先要搞清楚自己想招聘人员从事的这份工作的市场价值是多少。招聘者可以通过互联网或从当地经济发展部门获取相关资料。如果你给出的薪酬高于市场价格，与应聘者在待遇方面达成共识就较容易；如果公司的薪酬水平比市场价格低，那么需要做以下三件事中的至少一件：降低用人标准；提高待遇；提高非货币化的额外津贴。

（2）了解自己可以提供的待遇极限。一旦知道了符合企业要求的员工目前的市场价格，那么你需要知道自己的协商范围有多大，经济上的限度是多少。在与应聘者协商待遇问题时，要清楚自己能出的待遇最高是多少、最低是多少。

（3）清晰了解应聘者的各种期望值。应聘者的期望值可能各不相同，有的应聘者会觉得基于自己的经验和专长享受的待遇应高于市场平均值；有的应聘者会在薪酬方面让步，但可能会在其他方面（如工作环境、工作设备、工作时间、休假等）提出条件。对这些各不相同的要求，企业应予以关注，尽可能予以满足。

(4)确定谁占优势。如果招聘者与应聘者达成统一意见仍然存在许多困难,需要搞清楚谁占优势。如果在应聘者中还有其他符合条件的人选,则招聘者占优势;但如果应聘者占优势,招聘者应该立刻决定究竟是做出让步还是放弃。

(5)明确重点。大多数协商谈判都围绕某些特定的事情进行,招聘者应该明确这些事情是什么。如果是与薪酬相关的问题,则应该采取谈判策略,使自己不会在今后付出昂贵的代价。例如,提供奖励措施,直接的和长期的,而不是提高基本工资。

(6)知道适时放弃。如果已经做了好几次努力,应聘者仍然不接受企业提出的待遇条件,则应考虑:应聘者已另有选择,也可能已经怯场,认为自己的能力难以胜任。无论什么原因,该放弃时就要放弃。

2. 协商中需要注意的要点

在与应聘者协商、讨论工作待遇问题时需要注意以下几个要点:

(1)不要承诺做不到的事情。对应聘者要以诚相待,如实地向应聘者介绍有关企业和岗位工作的情况,清楚地说明企业期望他做什么,以及企业不需要他承担的义务。

(2)不要过分吹嘘。一般过分吹嘘有两种表现:一是提出过多的货币化或非货币化的奖励;二是让应聘者有过多的权利。但不管是哪种情况,都会使应聘者的工作动力和挑战精神随之减弱。它导致的另一个问题是企业对应聘者寄予超出其实际能力的期望,且对于其他在职员工可能会产生不公平感而影响当前工作。

(3)不要一味等待。如果招聘者向应聘者提出待遇条件后,两三天之内仍没有得到答复,则应主动和其联系,询问其是否还有其他什么问题需要解决。如若应聘者在反复权衡各个公司提出的待遇条件以期从中选择最优的而拖延反馈,则建议招聘者自问:"这样的人是我需要的吗?"

(四)签订就业意向协议书

现实当中即便双方都对彼此满意,但是基于应聘者还未毕业或者还未离职等因素,拟录用的人员并不能即刻办理入职手续。因此,应该签订就业意向协议书,尽量防止在入职前任何一方出现违背录用约定的情形,以保证双方的利益。

五、员工录用的注意事项

1. 尽量使用全面衡量的方法

企业要录用的人员必然是能够满足企业需要、符合应聘岗位素质要求的人才,因此必须根据企业和岗位的实际需要,针对不同的能力素质要求给予不同的权重,然后录用那些得分最高者。如果在录用阶段判定某应聘者比较优秀,但在某一方面还存有疑惑,就要在做出决策之前对疑惑点进行调查研究,予以排除,不要在疑问尚未弄清楚的情况下做出决策。

2. 尽量减少做出录用决策的人员

在决定做出录用决策的人员时,要坚持少而精的原则,选择那些直接负责考察应聘者工作表现的人,以及那些会与应聘者共事的人进行决策。如果参与的人太多,会增加录用决策的困难,造成争论不休或浪费时间和精力的局面。

3. 不能求全责备

录用决策时不能求全责备，人不能十全十美，在决策时也不要吹毛求疵，挑小毛病，总是不满意，我们必须分辨主要问题及主要方面，分辨哪些能力对于完成这项工作是不可缺少的，这样才能录用到合适的人选。

4. 尽快做出决定

当前，人才的竞争十分激烈，优秀的应聘者更是会被众多企业争抢，因此，必须在确保决策质量的前提下，尽快做出录用决策。否则会由于拖延时间，在花费大量时间做出决定后，欲录用的应聘者却已经接受了别的工作，或不再对这份工作感兴趣了。

5. 留有备选人员

对于一个职位，初步拟录用的人选可能要多于实际录用人数，因为可能会有一些原因导致某些拟录用的人选无法最终录用，如对待遇条件协商结果不满意或应聘者接到录用通知后选择别的就业机会等。因此，要留有备选人员，并明确录用这些人员的优先次序。首先考虑最合适的人，若符合各种录用条件，则录用该人员，否则，则考虑处在第二位的人选，以此类推。

第二节　入职管理

员工被录用之后，进入企业就职之前，还要经历入职手续的办理及新员工入职培训等程序。本节将重点介绍入职管理的程序及新员工入职培训。

一、入职管理的意义

入职管理主要是指企业在应聘者被录用后到正式进入本单位工作之前这段时间所进行的入职材料准备、入职手续办理、入职培训等各项管理工作的总称。入职管理工作中的一些细节都会让新员工感受到公司的温情和认识自己的重要性，有助于帮助新员工更快地融入企业及所在团队，也有助于员工与企业团队成员之间的良性互动，提高整体绩效，同时还可以降低新员工流失率，对组织和员工个人而言都具有重要的意义。

入职管理的核心理念是"以人为本"，要充分尊重新员工，切实加强员工归属感，让新员工尽快融入团队，降低其加入新工作环境的适应成本。

二、入职管理的程序

一般来说，当应聘者在接到用人单位的录用通知书后，正式进入该单位工作前，通常还须经过以下程序：

（一）入职前的准备

1. 员工方的准备工作

（1）员工从原单位辞职。员工要到新单位入职，必须从原单位辞职，并解除劳动合同。未能按时离职并与原单位解除劳动合同的人员不能入职。

（2）员工完成入职体检。大多数单位都会要求新录用的员工参加身体检查，以确保身体条件符合所从事工作的要求。有的单位在做出录用决策时就已要求应聘者进行体检,则凡是决定录用的员工均为身体合格者,此时不必再次体检。

(3)人事档案转移到公司指定的档案管理机构。有的公司有自己的档案管理部门,有的公司的人事档案管理是委托专业机构来进行的,无论采取哪种形式,新录用员工的人事档案都应该转入公司统一的档案管理机构。

2. 企业方准备工作

(1)确认新员工的报到日期,通知其需要准备的资料及其他需要明确的事项等。

(2)有关部门做好相关的准备,一般包括:用人部门负责安排工位和桌椅、柜子,申领电脑、电话;行政部负责发放办公用品;IT信息部门负责开通邮箱、账号、调试电脑设备等。

(二)报到并办理入职手续

新员工在规定时间到公司人力资源部报到,并按公司有关规定为其办理入职手续。一般来说,通常包括以下内容:

1. 员工方

交验身份证、户口原件及复印件,学历、学位证书原件及复印件,资历或资格证书原件及复印件,与原单位解除或终止劳动合同的证明,体检合格证明等各种材料,填写《员工登记表》和参加或转移社保相关材料。

2. 企业方

(1)确认档案是否已转入企业指定管理机构,同时建立员工业务档案。

(2)发放考勤卡、工作牌、办公用品及其他相关资料。

(3)引领新员工参观公司并向其介绍公司情况及同事。

(4)移交新员工到任职部门报到,接受工作安排,直接主管作为其引导人,带新员工熟悉工作环境,向其介绍就职岗位职责和工作流程,帮助其尽快融入团队,进入工作角色。

(三)签订劳动合同

我国劳动合同法明确规定,应当自用工之日起与劳动者建立劳动关系并订立书面劳动合同,因此,企业应当及时与新员工签订劳动合同。有关劳动关系管理的内容将会通过专门课程进行学习,这里主要介绍劳动合同的内容和签订劳动合同的一般程序。

1. 劳动合同的内容

在劳动合同中需要明确规定当事人双方的权利和义务及必须明确的其他问题。劳动合同的内容主要包括三个方面:

(1)劳动关系的主体,即订立劳动合同的双方当事人的情况。

(2)劳动合同的客体,指劳动合同的标的,它是指订立劳动合同双方当事人的权利义务的指向对象,它是当事人订立劳动合同的直接体现,也是当事人权利义务的直接依据。

(3)企业和员工双方的权利义务。

劳动合同的内容应该有法定条款和协定条款两种。法定条款是指由法律、法规直接规定的劳动合同必须具备的内容。协定条款是指劳动合同当事人双方协商确定的内容。

我国劳动合同法规定,劳动合同应具备以下条款:

①用人单位的名称、地址和法定代表人或主要负责人；
②劳动者的姓名、住址和居民身份证或者其他有效身份证件号码；
③劳动合同期限；
④工作内容和工作地点；
⑤工作时间和休息休假；
⑥劳动报酬；
⑦社会保险；
⑧劳动保护、劳动条件和职业危害防护；
⑨法律、法规规定应当纳入劳动合同的其他事项。

这是劳动合同的法定内容范围。除上述必备条款之外，我国劳动合同法还规定双方可以协商约定其他内容，即劳动合同的协定条款。协定条款可分必要条件和补充条件两种。必要条件是指劳动合同必须具备的条件，缺少了它，劳动合同就不能成立。如劳动者在某地、某单位工作；劳动者要完成哪些劳动职能；劳动者从事工作的起止日期等。补充条件是指不是劳动合同成立的必备条件，缺少了它劳动合同仍然成立，不影响劳动合同的法律效力。如是否给职工提供居住场所、通勤车、幼儿园等。要特别强调的是，无论是必要条件，还是补充条件，都不得违反劳动法律、法规的规定，任何与劳动法律、法规相抵触的条款都是无效的。

2. 签订劳动合同的一般程序

(1) 双方议定合同的具体条款。属于法律范畴的和通用的条款可预先印在合同上；需要对方商议的条款，在签订合同时必须达成一致。

(2) 正式签订劳动合同，双方签字盖章。

(3) 办理合同鉴证或公证。办理合同鉴证的是合同的主管机关，即当地劳动人事部门或劳动服务公司。鉴证的目的是增强国家行政机关对劳动合同的管理和监督作用，督促当事人履行合同，以保护双方的利益。目前所签订的劳动合同，一般没有到国家公证机关办理公证。今后，这类合同是否要到公证机关办理公证，有待劳动法来规定。

（四）入职培训

为使新入职的员工尽快熟悉企业的各项规章制度和行为规范，尽快融入组织，开始工作，企业通常都要组织入职培训。

1. 入职培训的必要性

为了使新员工了解公司的情况，更快地融合到企业文化中去，同时也是为了使新员工掌握工作中所需的规则和工具，在员工入职时有必要对其进行入职培训。它是使新员工熟悉企业，适应环境和工作的过程。新员工进入企业会面临"文化冲击"，有效的入职培训可以减少这种冲击的负面影响。因此，在入职培训中，有两个重要的任务：一是让新员工适应企业，二是让新员工适应其工作岗位。

2. 入职培训的层次

入职培训根据实际需要可以分两个层次进行：一是组织层次的培训，另一个是部门层次的培训。

(1)组织层次的培训。组织层次培训的目的是使新员工尽快掌握本组织与所有员工相关的共同性问题。本层次的培训主要是集中培训,一般可将所有新员工集中在一起,与领导人参加讨论会及员工引见等,让员工初步了解组织情况,并培养员工对组织的认同感,在讨论会上员工还可以畅谈自己对组织、岗位的看法,提出自己的要求。这种培训是新员工融入组织的第一步,非常关键。这一层次的培训组织得好坏将直接关系到新员工对组织的第一印象,而第一印象的改变将会需要很长的一段时间。

(2)部门层次的培训。该层次的培训重点是使新员工掌握即将任职的部门、岗位所要求必须懂、会、用等具体知识、技能和其他特殊要求。这一层次的培训主要是分散培训,其特点在于所有新员工不必集中在一起,而是按照他们各自以后的岗位需要进行相关岗位知识和技能的培训,可以采用面谈法及指导学习的方法,也可以在培训者的传、帮、带下逐步熟悉工作。

3. 入职培训的内容

较完整的入职培训有三个部分:

(1)企业文化培训。培训开始时,高层经理人员应该向新员工介绍公司的信念和期望及员工可以对公司具有的期望和公司对员工的要求,然后由人力资源部门进行一般性的指导。在这一过程中,人力资源部门的代表应该和新员工谈论一些共同性的问题,包括介绍组织的概况、各种政策与规定等。

这一部分的培训内容主要包括以下三个方面:

①企业文化精神层次的培训。参观企业史展览馆;或请先进人物宣讲企业传统;请企业负责人讲企业目的、企业宗旨、企业哲学、企业精神、企业作风、企业道德。让新员工清楚地了解企业提倡什么,反对什么,应以什么样的精神风貌投入工作,应以什么样的态度待人接物,怎样看待荣辱得失,怎样做一名优秀员工。

②企业文化制度层次的培训。组织新员工认真学习企业的一系列规章制度,包括考勤制度、请假制度、奖励制度、惩罚条例、福利制度、财务报销制度、人员培训制度、晋升制度、绩效考核制度等;与生产经营有关的业务制度和行为规范,诸如怎样进行电话沟通、怎样接待客户、怎样站立、怎样行走、礼貌用语、文明公约等。

③企业文化物质层次的培训。让新员工了解企业的内外环境、部门和单位的地点和性质;了解企业的名称、标志及其含义;了解企业的主要产品、设备、品牌,以及声誉和含义;了解企业环境内的纪念建筑,纪念品如奖状、奖杯,荣誉称号等及其反映的企业精神和企业传统。

通过企业文化培训,使新员工形成一种与企业文化相一致的心理定式,以便在工作中较快地与共同价值观相协调。

(2)工作岗位认知培训。由新员工的直属领导执行特定性的指导,包括介绍部门的功能、新员工的工作职责、工作地点、安全规定、绩效考核标准及一起合作的同事等。对新员工业务的培训可以通过以下三种方式来进行:

①参观企业生产的全过程,请熟练技师讲解主要的生产工艺和流程。

②请企业的总工程师给新员工上课,讲解企业生产中的最基本的理论和知识。

③根据各人的不同职位,分类学习本单位有关的业务知识、工作流程、工作要求和操作要领。

对于第三产业的企业、事业单位，相应地安排基础性的业务知识和技能的培训。除了统一的培训外，在工作上还可以建立辅导关系，即让新员工的直属领导或同事成为新员工的"导师"，对新员工给予具体的、细致的、系统的辅导和指导。另外，通过正式或非正式的方式，与新员工进行沟通，减少他们的焦虑感。

（3）新员工座谈会。举行新进员工座谈会，鼓励新进员工尽量提问，进一步使员工了解关于公司和工作的各种信息，这一过程在促进新进员工的社会化方面具有重要作用。事实证明讨论会的形式是十分有效的，在进入企业的第一个月的月底，那些参加了讨论会的新雇员比那些没有参加讨论会的表现要好得多。

除了上述程序外，员工进入正式试用阶段后，企业应向新员工明确试用期考察的标准期限，并让员工明确岗位的具体工作内容及考核标准，以作为试用期结束时的转正考核依据。定期组织新员工进行面谈，反馈企业阶段性观察结果，了解新员工的心理状况、工作状况，及时发现并解决新员工试用期间存在的问题。试用期考核通过后，兑现企业承诺的转正薪资，并履行相应的转正、调薪等手续。

【本章小结】

本章较为系统地介绍了员工录用阶段的重点工作，首先介绍了员工录用的含义、有效员工录用的意义及录用的原则。其次介绍员工录用的程序，主要包括做出录用决策、通知应聘者、协商待遇条件、签订就业意向书，同时总结归纳了员工录用的注意事项。最后介绍入职管理的程序，包括入职手续的办理和入职培训等。

【引例分析】

在章首引导案例中，录用决策出现了失误。为什么会错选钱力，导致此次录用决策失误的原因是什么？

错选钱力的主要原因是录用决策人员没有足够重视录用决策的要素的把握和录用流程的管理，缺乏必要的录用准备工作，在录用中未结合岗位说明书要求和实际情况建立起明确的录用标准，致使在决策过程中过于主观，缺乏必要的角色意识，未能有效把握岗位匹配性，评估方式也欠妥当，导致所提供的决策信息缺乏，导致决策的失误。具体可以归结为以下几点：

（1）评价标准不清晰。为防止决策时依据的标准不统一，造成用人失误，在人力资源管理部门与用人部门应该建立相同的评价指标。而案例中两部门的评价标准相对笼统，结果造成一方诱导另一方的现象。

（2）最终录用决策不当。录用决策的最终决定权在于该职位的直接主管。主管可以在人力资源部门的参谋下，独立做出判断。该案例中，并不是真正由李初独立地做出判断。

（3）决策前未对甄选过程中模糊的细节进行澄清。对甄选中存在的疑惑之处，必须先澄清，然后才能做出决策。在该案例中，没有对钱力的第二次工作经历进行进一步的调查，尚存疑点的情况下就做出最后决策，而加大了失误的可能性。

（4）录用前的面试不规范、不科学。人力资源部经理王量经初步筛选后，留下5人交李初再次进行甄选，此时的甄选应为面试。但李初并未组织面试考官小组对这5人进行科学规范的面试，只经过其个人的选择留下2人，这样的甄选缺乏一个相对科学的比较鉴别过程，导致后来的决策不当。

第十三章　员工录用与入职管理

该如何有效防止该类事情的再次发生？

有效做出录用决策，首先重视并控制录用决策的要素，做好准备工作，包括岗位说明书的确立和完善，构建录用决策小组，明确录用决策依据，有效分析甄选结果；还要做好实施工作，收集好甄选过程获取的应聘者的信息和其他相关个人信息，以提高录用决策的全面性和有效性。为减少录用决策中的失误，具体应注意以下几方面：

(1) 事先形成统一的评价标准。录用决策最重要的依据是人与岗位的匹配。在招聘之前，应在工作分析的基础上，由人力资源管理部门协调各部门统一评价指标，并对相关人员进行培训。进行录用决策的人，应能够非常清楚地解释自己所做出的录用决策。

(2) 明确招聘中人力资源管理部门与用人部门的责任。招聘中，人力资源管理部门利用其专业技术和信息的优势，承担决策中专业性的工作，培训和帮助各部门管理者挑选合适的人选；用人部门则对岗位角色更熟悉，了解岗位对人员的资格要求。双方必须密切配合，共同完成招聘任务。

(3) 对录用决策结果进行控制。招聘不同层次的人员，最终的决定权会有所不同。对于部门职能办事人员和一线工人，只要一个人进行决策就足够了，这个人就是应聘者未来的直接上级。而对于管理岗位，至少需要三个人一起讨论，进行最后的决策。当然这个小组中必须要有应聘者未来的直接主管参加。

第十四章
Chapter 14

招聘评估

【引导案例】

招聘需求确定的评估

大连华安新能源汽车公司成立于1998年7月,业务主要涉及混合动力、纯电动、燃料电池等节能与新能源汽车核心技术研发、系统集成设计、相关零部件制造、纯电动场地车生产及销售等业务。目前,公司已经建立了一支包括归国专家在内的200多人的新能源汽车研发专业团队,培养了一支高学历、高素质、高能力的新能源汽车研发核心人才队伍。近年来,公司不断致力于新车型的研发、力求为客户提供更加全面周到的产品和服务,所以决定在研发中心内部成立一个新车型开发小组,并于去年正式启动了这个项目。为了更好地推进项目实施,研发中心招聘了5名技术人员,该小组运行一段时间之后,发现技术人员的结构存在着一定问题。时值年底,公司人力资源部正在进行招聘工作评估,其中招聘需求的确定也是评估内容之一。那么,招聘主管江涛该怎么对研发中心的人员需求乃至全公司其他部门的人员需求展开评估工作呢?

上述"引导案例"阐述了招聘过程的最后一个步骤就是对招聘进行评估,这一点很多企业以前并不重视。组织进行招聘评估,可以帮助组织发现招聘过程中存在的问题,对招聘计划及招聘方法、招聘渠道进行优化,提高以后招聘的效果。本章将阐述招聘评估的定义、作用、流程、标准,分析招聘成本的构成、效用评估、录用人员的数量和质量评估,简述招聘的信度、效度评估和环节评估,最后介绍招聘报告的写作。帮助企业思考在招聘中除招聘成本外,评估招聘还涉及哪些内容。

【本章主要内容】

1. 招聘评估的作用和招聘总结的撰写
2. 招聘评估的定义、效果评估和质量评估的指标体系
3. 招聘评估的流程、原则和标准

第一节 招聘评估概述

招聘结束后,新员工走上工作岗位,但并不意味着企业招聘工作的结束,一个完整的招聘在招聘活动结束以后,应该对此次招聘的效果做一次全面、深入、科学合理的定性的总结和定量的数据统计,即对整个招聘与选拔录用过程进行一次评估。而且这个过程既是本次招聘活动的结束,也是下次招聘的开始,从而实现循环的过程。往往,有些企业并

不重视这个环节,他们仅注重对招聘效果定性的、表面的考察,缺乏对招聘绩效考核的定量、理性认识,只将是否在一定时期内找到合适的人选并安排在所缺岗位上作为招聘好坏衡量的依据;有些企业甚至只关心招聘到多少人,在招聘上花了多少时间、金钱;更有甚者认为人已经招到,工作已经完成,招聘评估便显得可有可无或多此一举。其实招聘效果的评估可以帮助我们反思招聘过程中存在的问题对招聘工作形成一个更加清晰的认识,从而总结经验、吸取教训,降低招聘成本,提高招聘效率,进而可以避免招聘工作的盲目性,合理配置企业资源。

一、招聘评估的概念及作用

(一)招聘评估的概念

招聘评估是指在招聘工作结束后对整个招聘过程中招聘的结果、成本与收益,录用人员和招聘方法等方面进行审视、统计和分析的过程。其目的是进一步提高招聘工作的有效性和效率。

(二)招聘评估的作用

从企业长期发展要求分析,企业不断地需要新的人才的加入,同时企业的进步也是在不断地总结变革中产生的,而评估正是起到这种作用。招聘评估的作用,具体体现在以下几方面。

1. 有利于降低招聘费用

通过招聘评估中的成本与效益核算,就能够使招聘人员清楚费用支出情况,对于其中非应支项目,在今后招聘中加以去除,从而为公司节省开支。

2. 有利于检验招聘工作的有效性

通过招聘评估中录用员工数量的评估,可以分析其中招聘数量满足与不满足的原因,有利于改进今后的招聘工作和为人力资源规划修订提供依据。录用新员工的标准是根据工作分析提出的工作规范(任职资格)来制定的、通过对招聘完成比、录用比、新员工流失率、新员工的贡献率等指标可以验证任职资格是否符合岗位要求。如果某岗位招聘完成率比较低,并且新员工流失率较高,则说明该岗位的任职资格要求可能过高,难免会因为"大材小用"而导致高离职率。

3. 检验招聘工作成果与方法的有效性程度

通过对录用员工质量评估,可以了解员工的工作绩效、行为、实际能力、工作潜力与招聘岗位要求的符合程度,从而为改进招聘方法、实施员工培训和进行绩效评估提供必要的、有用的信息。

4. 有利于提高招聘工作质量

通过招聘评估中招聘信度和效度的评估,可以了解招聘过程中所使用方法的正确性与有效性,从而不断积累招聘工作的经验与修正不足。当前,很多企业招聘的经历较多,但是经验较少,而招聘又是企业的一项十分重要的基础工作,所以若要提高招聘效率,就应该对招聘工作及时总结经验和教训,不断改进招聘方法。对招聘工作进行评估有利于评估招聘渠道的吸引力和有效性,有助于改进招聘的筛选方法,有助于评估测评结果的准确度,从而提高招聘整体工作绩效,提高新聘员工的质量,避免招聘工作的短视性,合理配置企业资源。即通过对录用员工质量的评估,检查招聘工作的成果与各种方法的有效性,有利于招聘战略的更好实现。

5. 有利于检验招聘计划的有效性

招聘完成比、招聘成本效益评估、录用人员质量评估等指标结合起来进行分析,可以检验招聘计划的有效性。如果某岗位在规定时间内难以招募到合适的人员,或者只有通过提高吸引人才的成本才能够完成招聘任务,则说明招聘计划的招聘期可能较短,以后再制定招聘计划时应适当延长招聘期,也就是说将招聘的开始时间提前一些为宜。

6. 有利于正确评价招聘人员的工作业绩,调动其积极性

通过对招聘人员的相关评估,有利于了解其工作质量及效率,了解招聘活动的策划、统筹以及各项费用的使用情况,了解所选候选人的录用比例及相关业绩等方面的情况,并可以据此进行针对性的培训和奖惩。因此,有效的评估可以考评招聘人员的工作业绩、激发其工作热情。

7. 有利于发现企业内部的一些管理问题

招聘能否达到预期的目标,不仅受企业外部环境的影响,也受到企业内部诸因素的影响。做好招聘工作的评估,有助于找出企业内部的深层次原因,如企业提供的薪酬福利、企业的人力资源战略、企业文化与企业形象等。企业应该通过招聘工作的评估,深入研究其原因并适时地调整企业人力资源战略和其他有关的管理政策。

二、招聘评估的内容

招聘评估主要包括招聘工作活动本身的评估和招聘工作效果的评估。在现实中,企业可以就招聘工作的流程、某项目具体活动、招聘方法、招聘中相关人员招聘成本与效用等方面进行评估,也可以多个方面对招聘工作进行系统的评估

1. 招聘工作流程的评估

它是按照招聘工作流程中各项活动而展开的评估。这方面的评估内容主要包括招聘需求确定的评估、招募工作的评估、甄选工作的评估、录用工作的评估。

2. 某项具体活动的评估

它是对整个招聘过程中某一个具体的活动的开展过程和结果进行评估。比如,对参加某次校园招聘会或人才市场洽谈会的评估,对聘请外部专家进行管理人员甄选活动的评估等。

3. 招聘方法的评估

它主要是对招聘工作所采用的某种具体方法的效果进行评估,主要涉及两个方面的评估:一是对各招募方法效果的评估;二是对甄选方法的评估。

4. 招聘中相关人员的评估

它是对企业招聘过程中涉及的人员的评估。这些人员主要包括人力资源部人员、用人部门主管、面试考官、甄选组织人员及辅助人员(如行政后勤人员)、新录用人员等。

5. 招聘成本与效用的评估

它是对企业用于招聘工作中的费用进行总量和个量的评估,也是对这些费用所产生的实际效用的评估。这主要包括招募成本与效用评估、甄选成本与效用评估、录用成本与效用评估。

三、招聘评估的标准与方案的设计

(一)招聘评估的标准

1. 标准化

标准化是指与招聘有关的过程和条件的一致性。为了能根据同样的测试来比较多名应聘者的表现,所有人都必须在尽可能相似的条件下接受测试,例如,提供的内容说明和允许的时间必须相同,测试环境也必须相似。

2. 客观性

客观性即不受主观因素的影响,对应聘者进行客观的评价。具体来讲,包括两个方面:一是招聘人员不受个人偏见、价值观、感情等因素的影响,客观地对应聘者进行评价;二是应聘者不会因其社会地位、种族、宗教、性别、籍贯等因素而被人为地划分等级。要做到客观评价,招聘人员需要克服主观偏见的影响。

3. 全面性

全面性即测评内容是否具有完整性,能否全面反映招聘岗位所需的各项要求。要想全面地对应聘者进行评价,首先需要明确各岗位的任职资格要求,包括政治素质(职业道德)、专业素质、身体素质等。

4. 适合性

适合性即招聘录用人员与企业需求是否匹配。"合适的就是最好的",招聘活动是否成功最终要看录用人员与岗位的匹配度。这将决定他们的稳定性、工作中能力的发挥程度以及对企业的贡献度。

5. 可靠性

可靠性即甄选中所采用的测试方法的可信程度,是评价测试效果的一个指标,它是指一个人在同一测量中几次测量结果的一致性,它反映测试所提供结果的一致程度。应聘者多次接受同一测验或有关测验时,若其结果相同或相近则可认为该测验的可靠性较高。

6. 有效性

有效性是指一项测试所能测量出的其所要测量的内容的程度。

(二)评估方案的设计

作为一项重要的人事技术,招聘评估为越来越多的企业人力资源部门所接受。如何识别出适合自己企业的人才呢?业务把关应该不是问题,各部门经理有足够的水平来做好这项工作,但实践证明,发挥不好的人才往往不是由于因为业务背景不行,更多的是个性等综合素质不适合自己企业的工作。而综合素质的测定正是招聘与录用评估的长项。其具体设计有四个步骤,在这里我们以某公司招聘硬件工程师为例来分析。

第一步,确定测评的重点维度。

这一步至关重要。首先通过职位分析中的深度访谈法,与硬件工程师的主管确定招聘测评中需要考察的重点维度。通过访谈,IT业很多技术需要自己跟上世界发展潮流,很多知识是在课堂上学不到的,因此需要具备很强的学习能力。企业间竞争越来越激烈,不断开发出适合市场需求的新产品和新的服务,才是企业竞争制胜的关键,创新能力当然成为对研发人员测评的重点。企业做研发,靠一个人单打独斗很难快速开发出新产品,团队精神、合作能力就成了另外一个关注的重点。

最后得出了需要评价的三个主要维度:学习能力、创新能力、合作能力。

第二步,选择和开发能够测评以上维度的工具。

针对测评的重点维度,我们主要运用了三类测评工具:心理测验、半结构化面试、情景模拟测验,每一类工具针对不同的测评维度。

学习能力的测评相对简单,采用了国际上通用的非文字逻辑推理能力测验来测评。合作能力测评主要运用情景模拟测验来做,请4~8个人组成一个小组来共同解决一个问题,从中观察应聘人的合作能力和综合素质。创新能力的测评历来是个难题。目前测评创造力的工具效度和信度普遍偏低,我们采取综合的方法来解决问题。创新能力的高低和很多素质有直接关系,如对新事物的开放性、直觉思维、独立性、灵活性等。我们就选用了能够测评这些素质的工具,并在面试和情景模拟测验中专门设计用来考察创新能力的问题。

第三步,实施测评,反馈测评结果。

在招聘测评过程中,首先由技术专家(一般是项目经理)进行技术面试,过关者再进行综合能力测评。在测评过程中,很多应聘者对这种测评方法感到很新颖,很感兴趣,反馈很积极。"经历过3个小时的测评,我感觉这个公司这种做法是重视评价人的潜能和团队精神,我对来这样的企业之后的个人前途充满希望!"很多求职者都有这样的想法。综合能力测评结束后3~4天,关于应聘人的测评报告出来了。报告主要内容是定性、定量描述应聘人和硬件工程师这个岗位的匹配程度,包括合作能力、学习能力、创新能力等个性方面综合能力的评价描述。项目经理一开始并没有特别在意这份600多字的测评报告,但当读完报告之后,他们觉得这份报告很实用。当两个求职者技术背景相差很小的情况下,到底用谁呢?测评报告给出了答案,因为它关注的是非技术素质,这就为用人经理提供了很好的参考。到后来,项目经理面试后,都迫切等待着拿到综合素质测评报告,以便更准确、更快地决策。

第四步,跟踪反馈。

为了更好地改进招聘工作,该公司要对上岗人员的工作表现进行跟踪反馈。同时获取这次测评的预测效度数据,为改进测评方法奠定基础。追踪反馈的最佳时间为上岗后一年。

综上,一份评估方案就设计成型。

第二节　招聘评估指标的统计分析

　　衡量人力资源管理工作的有效性,实质上就是要考察招聘目标的实现程度。社会人力资源流动频率加大,人才竞争日趋激烈,无论是组织还是劳动者都面临着更多的机遇,使组织的人力资源招聘工作面临着更大的挑战,突出表现为对招聘工作成效的关切,也是对人力资源招聘工作业绩的量化和价值化评价的需要。有不少学者认为,可以考虑用一些客观因素作为指标对招聘工作进行评价,这些指标包括不同来源申请人的招聘成本、不同来源申请人的素质、不同来源的新员工的业绩、不同来源的员工留职率以及不同的招聘者招聘来的员工的业绩的差异等。

　　招聘的评估主要可以从招聘与录用的结果、招聘与录用的方法以及招聘与录用的人员三大方面进行评估,具体包括的评估内容可以用以下四种指标体系去评价:一般评价指标、基于招聘与录用结果的评价指标、基于招聘与录用方法的评价指标和基于招聘与录用人员的评价指标。如表14-1招聘的评估指标所示。

表14-1　招聘的评估指标

评价体系	具体内容
一般评价指标	补充空缺的数量或百分比、及时地补充空缺的数量或百分比 平均每位新员工的招聘成本、业绩优良的新员工的数量或百分比 留职至少一年以上的新员工的数量或百分比 对新工作满意的新员工的数量或百分比
基于招聘与录用结果的评价指标	招聘成本比、成本效用比、招聘收益——成本比、录用比、招聘完成比和应聘比、录用人员质量评估
基于招聘与录用方法的评价指标	已发的申请的数量、已发的合格申请的数量 平均每个申请的成本、从方法实施到接到申请的时间 平均每个被录用的员工的招聘成本、招聘员工的质量(业绩、出勤等)
基于招聘与录用人员的评价指标	从事面试的数量、被面试者对面试质量的评级 职业前景介绍的数量和质量等级、推荐的候选人被录用的比例 推荐的候选人被录用,且业绩突出的员工的比例 平均每次面试的成本

　　现在将一般评价指标和招聘与录用人员的评价指标这两大类指标,融入招聘与录用的结果、方法成效评估中去进行分析。其具体的关系如图14-1所示的招聘与录用评估指标关系。

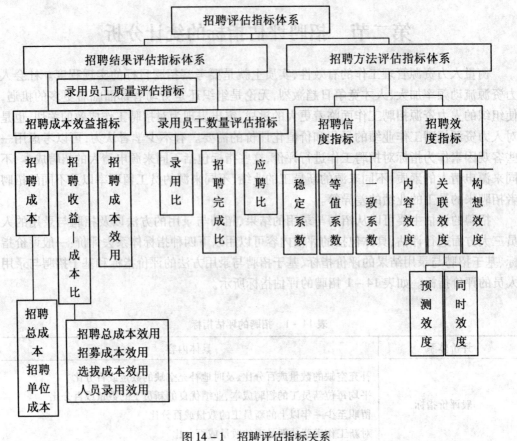

图 14-1 招聘评估指标关系

一、成本评估

(一)招聘成本评估

招聘成本评估是指对招聘中的费用进行调查、核实,并对照预算进行评价的过程。它是鉴定招聘效率的一个重要指标。如果成本低,录用人员质量高,就意味着招聘效率高;反之,则意味着招聘效率低。另外,成本低,录用人数多,就意味着招聘成本低;反之,则意味着招聘成本高。

1. 招聘成本

招聘成本是指企业从外部获得人力资源所消耗的资源总和,包括招募成本、甄选成本、录用成本、安置成本、适应性培训成本、离职成本、重置成本七个方面。

(1)招募成本。招募成本是指在招聘人力资源过程中所发生的各项支出,主要有招募广告费,宣传资料费,招聘工作人员的工资及福利费,委托中介机构或其他单位招聘企业人力资源所支付的手续费,因招聘而发生的差旅费、接待费、行政管理费等。招募成本可分为直接成本和间接成本。

①直接成本:是指在招募过程中直接支付的各项费用,主要包括:招聘会、广告、网络信息发布等用来传播招聘信息的媒体、场所使用费;图片、文字等宣传资料制作费;付给猎

头公司或其他中介公司的中介费。

②间接成本：是指发生在招聘人员方面的费用，主要包括：参与招募工作的员工的劳动报酬；因招聘而产生的交通费、通信费、住宿费、餐饮费、出差补助费等；各类面试人员的工时损失，以各级面试人员的基本工资（时薪）结合面试的时间估算。

招募成本 = 直接劳务费 + 直接业务费 + 间接管理费 + 预付费用

（2）甄选成本。甄选成本是指从应聘的人力资源中挑选符合条件人员的过程中所发生的支出，主要包括接待、面试、考试、处理求职申请书、调查和咨询所支出的费用。

甄选成本因甄选人才的要求、甄选人才的范围而有所差别。一般来说，甄选对象应聘的岗位越重要，所发生的甄选费用越高；甄选经过的环节越多，甄选费用越高。招募方式也会影响甄选成本，如果采用中介机构代理招募，甄选成本相对较低；如果通过电视、报纸、洽谈会等方式招募员工，则甄选成本会较高。另外，不同的招聘渠道也会产生不同的甄选成本。一般而言，外部招聘的甄选成本要比内部选拔高。

对于不同的企业，采用的甄选程序不同，则甄选成本也不同。甄选通常包括以下环节：初步筛选简历，初步面谈，组织笔试或机试，进行管理能力、人际能力等方面的诊断性测试，进一步面试，确定录用人选，以上各个环节所发生的费用各不相同，这些费用可以用以下公式来计算：

应聘材料甄选费 = 应聘材料甄选时间 × 甄选人员的平均小时工资率

面试时间费用 = $\sum$（每个人面试前准备时间 + 每人面试时间）× 面试考官工资率 × 候选人数

谈话甄选费 = 谈话甄选所花时间 × 甄选人员的平均小时工资率 + 谈话甄选所花时间 × 单位时间的电话费率

汇总申请资料费用 = [印发每份申请表费用 + （平均每人资料汇总时间 × 选拔者工资率）] × 候选人数

笔试费用 = 命题费 + 材料费 + 监考费 + 阅卷费 + 统计费 + 其他 = （平均每人的材料费 + 平均每人的评分成本）× 参加笔试人数 × 笔试次数

机试费 = 软件费 + 场地费

心理测试评审费用 = 测试所需时间 × 管理者工资率 × 测试次数

诊断测试费 = 考试命题费、测试费及报告撰写费 + 企业测试人员所花时间 × 测试人员平均小时工资

测试评审费用 = 测试所需时间 ×（人事部门人员工资率 + 各部门代表工资率）× 次数

体验费 = [（检查所需时间 × 检查者工资率）+ 检查者所需材料费 + 药剂费] × 检查人数

（3）录用成本。录用成本是指企业从应聘人员中选拔出合格者，将其正式录用为企业成员的过程中所发生的费用。录用成本主要包括录取手续费、调动补偿费、搬迁费、旅途补助费、违约补偿金等。调动补偿费是指企业支付给被录用人员由于工作调动而在原单位损失的工费、福利，违约补偿金是指企业招到与原企业的劳动合同未到期或处于竞业限制期内的员工所发生的费用。例如，被录用人员与原单位签有服务合同，企业在服务期

员工招聘

内将其录用时,可能要为录用人员支付由于违约而必须承担的赔偿金等。企业内部录用职工仅仅是工作调动,一般不会再发生录用成本。录用成本的计算公式如下:

录用成本 = 录取手续费 + 调动补偿费 + 搬迁费 + 旅途补助费等

（4）安置成本。安置成本是指将录用的人力资源安排到适当的工作岗位所发生的各项支出,包括行政管理费、欢迎新员工入职的费用、为新员工购买办公用品的费用、对新员工进行岗前培训的费用、搬迁费、差旅费、接待费、录用部门为安置人员损失的时间费用。一些比较重要的被录用员工,企业可能还需要支付其他安置费用,如住房费、安家费、配偶安置和子女入学等费用,一般而言,被录用员工的职位越高,企业支付的安置成本越高。安置成本的计算公式如下:

安置成本 = 各种安置行政管理费用 + 必要装备费 + 安置人员时间损失成本

（5）适应性培训成本。适应性培训成本是企业对上岗前的新员工在企业文化、规章制度、基本知识、基本技能等方面进行培训所发生的费用。适应性培训成本由培训和受培训者的工资、培训和受培训者离岗的人工损失费用、培训管理费、资料费用和培训设备折旧费用等组成。适应性培训成本的计算公式如下:

适应性培训成本 =（负责指导工作者的平均工资率 × 培训引起的生产率降低率 + 新职工的工资率 × 职工人数）× 受训天数 + 教育管理费 + 资料费用 + 培训设备折旧费用

（6）离职成本。离职成本也称风险成本或机会成本,是指由于企业职工离职而发生的相关费用,主要包括离职补偿成本、离职管理费用和空职成本。

①离职补偿成本:是指企业辞退员工,或者员工自动辞职时,企业所应补偿给员工的费用,包括至离职时间为止应付员工的工资、一次性付给员工的离职补偿金、必要的离职人员安置费等。

②离职管理费用:离职管理费用是指企业管理人员因处理离职人员有关事项而发生的管理费用,包括面谈时间成本费、与离职有关的管理活动费用、离职前效率损失,具体计算公式如下:

面谈时间成本费 =（与每人面谈前的准备时间 + 与每人面谈所需时间）× 面谈工资率 × 企业离职人数

与离职有关的管理活动费用 = 各部门对每位离职者的管理活动所需时间 × 有关部门职工的平均工资率 × 企业离职人数

离职前效率损失 = 正常情况的平均业绩 – 离职前的平均业绩

③空职成本:是指员工离职后职位空缺的损失费用。职位空缺可能会使某项工作或任务的完成受到不利影响,从而造成企业的损失。

（7）重置成本。重置成本通常包括为取得和开发一个替代者而发生的成本,以及由于目前受雇的某一员工的流动而发生的成本。人力资源重置成本具有职务重置成本和个人重置成本的双重概念。职务重置成本是指重新配备一名能够胜任某一职务的员工所必须发生的成本。个人重置成本是指重新配备一名与原有员工各种能力基本相同或相似的员工而必须发生的成本。

2. 招聘成本评估

招聘成本评估包括:招聘总成本评估。招聘总成本评估是对招聘工作中所发生的所有费用进行调查、核实、统计,然后参照一定的标准进行分析评价的活动。企业一般参照预算标准或历史标准来进行评估。企业在对招聘总成本进行评估时,除了考虑总成本的绝对值大小,还要考虑与相关标准比较的相对值大小。

公式为:招聘总成本 = 招募成本 + 甄选成本 + 录用成本 + 安置成本 + 离职成本 + 重置成本

招聘单位成本评估。招聘单位成本也是招聘成本评估的一个重要指标。企业除了要考虑招聘总成本外,还必须考虑招聘单位成本。招聘单位成本包括年人均招聘成本和年人均有效招聘成本。

①年人均招聘成本是指企业录用一个人所花费的平均招聘成本,其计算公式为:

$$年人均招聘成本 = \frac{年招聘总投入}{录用总人数(含试用期后未留用人员)}$$

该比例越大,说明企业每做出一个录用决定所花费的费用越高;相反,该比例越小,说明企业每做出一个录用决定所花费的成本越低。

②年人均有效招聘成本是指企业实际签约一个人所花费的平均招聘成本,用年招聘总投入除以签约总人数。其计算公式为:

$$年人均有效招聘成本 = \frac{年招聘总投入}{签约总人数(不含试用期后未留用人员)}$$

该比例越大,说明实际招聘每个员工的招聘成本越高;相反,该比例越小,说明企业实际招聘每个员工的招聘成本越低。

3. 招聘预算

每年的招聘预算应该是全年人力资源开发与管理的总预算的一部分。招聘预算主要包括招聘广告预算、招聘测试预算、体格检查预算、其他预算,一般来说,各部分按 4:3:2:1 的比例分配较为合理。例如,一家企业的招聘预算是 5 万元,那么,招聘广告预算应是 2 万元,招聘测试预算应是 1.5 万元,体格检查预算应是 1 万元,其他预算应是 5000 元。

4. 招聘核算

招聘核算是指对招聘的经费使用情况进行度量、审计、计算、记录等。通过核算可以了解招聘中经费的使用情况是否符合预算,以及主要差异出现在哪个环节上。

(二) 成本效益评估

成本效益评估是对招聘成本所产生的效果进行分析,主要包括招聘总成本效用分析、招募成本效用分析、甄选成本效用分析和录用成本效用分析等。

1. 招聘总成本效用分析

招聘总成本效用是指全部招聘费用对实际录用人数的效用,用录用人数除以招聘总成本来表示。这个比例越大,说明企业花费的招聘费用所获得的效果越好,即每单位招聘成本录用的人数越多;反之,则说明效用较低。其计算公式为:

$$总成本效用 = \frac{录用人数}{招聘总成本}$$

2. 招募成本效用分析

招募成本效用是指招募工作的费用支出对吸引应聘者的效用,用应聘人数除以招募期间的费用来表示。这个比例越大,说明企业花费的招募费用的效用越高,能为企业吸引大量的应聘者,有利于扩大企业的备选人数量;反之,则说明效用较低。其计算公式为:

$$招募成本效用 = \frac{应聘人数}{招募期间的费用}$$

3. 甄选成本效用分析

甄选成本效用是指甄选所花费的费用支出对挑选应聘者的效用,用被选中人数除以甄选期间的费用来表示。这个比例越大,说明企业的甄选成本效用越高;反之,则说明效用较低。其计算公式为:

$$甄选成本效用 = \frac{被选中人数}{甄选期间的费用}$$

4. 录用成本效用分析

录用成本效用是指在录用过程中所发生的费用对正式录用应聘者的效用,用正式录用的人数除以录用期间的费用来表示。若该比例小,说明企业用在每位正式录用员工身上的平均费用较高,这说明企业录用的可能是高级员工或员工有一些特殊情况;若该比例大,则说明企业用在每位正式录用员工身上的平均费用较低,这可能是由于企业录用的是一般员工。其计算公式为:

$$录用成本效用 = \frac{正式录用的人数}{录用期间的费用}$$

(三)招聘投资收益评估

1. 员工招聘投资总收益

员工招聘投资总收益 = 实际招聘人数(N) × 招聘过程有效性指标(测评方法的效度)(R) × 应聘后实际工作绩效的差别(SDy) × 被录用者在招聘过程中的平均测试成绩(Z)

上述公式中的,招聘过程有效性指标是指招聘过程对最佳申请人预测的准确程度,也就是招聘方法的效度。有效性系数越高,测试成绩高的员工未来的工作业绩让企业满意的可能性越大,测试成绩低的员工未来的工作业绩让企业满意的可能性越小。R 的取值范围为 $0 \leq R \leq 1$。

当 R = 0 时,说明预测结果与申请人实际工作行为完全不符,该招聘方法的有效性为 0;

当 R = 1 时,说明预测结果与申请人实际工作行为完全相符,该招聘方法的有效性为 1。一般情况下,R 的取值介于 0 和 1 之间。关于有效性系数的取值,表 14 - 2 列示了可供参考的国外经验数据。

表 14-2 员工未来工作绩效预测方法的有效性系数

招聘新雇员并进行培训的预测方法		根据当前绩效预测未来绩效的方法	
智力测验	0.53	工作实例测试	0.54
工作试用	0.44	智力测验	0.53
个人简历	0.37	同事评价	0.49
背景调查	0.26	以往工作绩效评价	0.49
实际工作	0.18	专业知识测验	0.48
面试	0.14	评价中心	0.43
培训和实际工作成绩	0.13		
学术成果	0.11		
教育背景	0.10		
兴趣	0.10		
年龄	0.01		

应聘后实际工作绩效的差别是不同申请人每年工作绩效的变化程度。20 世纪 70 年代后期,美国学者经过大量的研究得知,SDy 的取值约等于年工资的 40%。

被录用者在招聘过程中的平均测试成绩是某个申请人预测分数减所有申请人预测分数的平均值与其标准差之商。根据经验,z 的取值为 $-3 \leq z \leq 3$。

当公式中四个因数的值确定之后,即可计算出采用某一特定招聘方法的招聘投资总收益。

2. 员工招聘投资净收益

员工招聘投资净收益(U) = 员工招聘总收益 - 员工招聘总成本

员工招聘总成本 = 实际招聘人数 × (全部申请者人均成本 × 申请人数) ÷ 实际招聘人数

= 实际招聘人数(N) × 全部申请者人均成本(C) × 申请人数 ÷ 实际招聘人数

= 实际招聘人数(N) × 全部申请者人均成本(C) ÷ 录用率(SR)

所以,$U = N \cdot R \cdot SDy \cdot Z - N \cdot (C/SR)$

若企业采用不同员工招聘方式进行招聘投资净收益的分析时,应该选取招聘成本最小、招聘收益最大的招聘方式。

例如,某电力公司今年实际招聘 100 人。在招聘过程中采用面试与知识测验两种方法相结合。

方法一为面试,其有效性指标为 0.14;

方法二为知识测验,其有效性指标为 0.48。

不同应聘者实际工作绩效的差别根据工作记录可知为 5500 元/年;被录用者在招聘过程中的平均测试成绩为 1.5。全部申请者人均成本,在采用方法一(面试)时为 30 元;在采用方法二(知识测验)时为 40 元。录用率均为 20%。

根据以上资料分别计算采用方法一、方法二,招聘方案的投资净收益如下:

$U_1 = 100 \times 0.14 \times 5500 \times 1.5 - 100 \times 30 \div 20\% = 100500(元)$

$U_2 = 100 \times 0.48 \times 5500 \times 1.5 - 100 \times 40 \div 20\% = 376\,000(元)$

从以上计算可知方法二的招聘净收益较大,方法一较小。

3. 员工招聘投资收益率

员工招聘投资收益率 =(员工招聘总收益 - 员工招聘总成本)÷ 员工招聘总成本
= 员工招聘净收益 ÷ 员工招聘总成本

承上例,方法一的投资收益率 = 100500 ÷ 15000 = 6.7

方法二的投资收益率 = 376 000 ÷ 20000 = 18.8

4. 招聘收益—成本比

招聘总收益是指招聘成本所能带来的收益,包括招募产生的效益(吸引应聘者、对企业的宣传)、甄选的有效性、录用人员的数量、录用人员的素质和能力、录用人员的工作绩效、由于录用新员工而带来的企业整体效率的提高和企业文化的改善等。招聘总收益—总成本比指标是对整体招聘工作有效性的评估,该值越高,说明招聘工作越有效,其计算公式为:

$$招聘总收益 - 总成本比 = \frac{所有员工为组织创造的总价值}{招聘总成本}$$

5. 留职至少 n 年(n = 1,2,3,…)以上新员工的数量或百分比

该比例说明了企业招聘录用人员的适合度以及稳定性。一般认为,在企业工作的时间越长,说明该员工接受的培训、通过的考核越多,为公司所做贡献也就越大,招聘收益越高;反之,说明招聘收益较低,员工稳定性较差,企业不仅要为他们支付离职成本,还要为填补空缺职位而花费更多的重置成本。其计算公式如下:

$$留职 n 年以上的新员工百分比 = \frac{留职 n 年以上的新员工}{新员工录用总人数} \times 100\%$$

6. 业绩优良新员工的百分比

该比例说明所招聘的新员工的优秀率。该比例越大,说明新员工总体的素质、能力较强,可能为公司创造更多的收益,公司可以根据新员工历史资料对其进行最优安置,且选择余地较大;反之,说明所录用的新员工的能力可能不强或者缺乏相关的经验,从而使得招聘收益下降。其计算公式如下:

$$业绩优良新员工的百分比 = \frac{业绩优良的新员工数}{新员工录用总数} \times 100\%$$

7. 新员工晋升的百分比

该比例说明所招聘的新员工获得晋升的比例。该比例越大,说明新员工的综合素质高潜力发挥充分,对企业的贡献度大,也说明录用员工的质量高。其计算公式如下:

$$在一定时期内晋升的新员工百分比 = \frac{晋升的新员工数}{新员工录用总数} \times 100\%$$

8. 推荐的候选人中被录用而且业绩突出的员工的比例

该比例反映了新员工被录用后实际的工作表现。该指标具有较强的说服力,新员工通过实际业绩说明其为公司创造的价值,并反映出招聘工作的后期效果良好与否,并据此

对招聘人员进行适当的奖赏。其计算公式如下：

$$= \frac{\text{推荐的候选人中被录用而且业绩突出的员工数}}{\text{推荐的候选人总数}} \times 100\%$$

9. 招聘渠道的效益评估

我们对招聘渠道的效益进行评估，可以为组织找到最经济、效率最高的招聘渠道组合。招聘渠道的效益评估主要从以下几点考虑：每种渠道所吸引的应聘者数目，各渠道应聘者的招聘成本，每种渠道合格应聘者的数目，每个合格应聘者的成本，每种渠道来源的应聘者中优秀者的数目。

二、录用人员评估

在实际工作中，我们通常会根据招聘计划，对招聘过程中的应聘人员以及实际录用人员的数量和质量进行评价。显而易见，若所录用人员不合格，那么整个招聘过程就没有实际意义。只有完全招聘到适合要求的新员工，才能说是完满地完成了招聘任务。

众所周知，我们可以通过衡量职位空缺是否得到满足，录用率是否真正符合招聘计划的设计来判定招聘数量的评估情况，但对招聘质量的评估则是按照组织的长短期经营指标来分别确定的。在短期计划中，组织可根据求职人员的数量和实际录用人数的比例来确定招聘的质量。在长期计划中，组织可根据录用人员的稳定性、成长性、工作业绩、工作表现等来确定招聘质量。

（一）数量评估

录用员工数量的评估是对招聘工作有效性检验的一个重要方面。通过数量评估，分析在数量上满足或不满足需求的原因，有利于找出各招聘环节上的薄弱之处，改进招聘工作；同时，通过录用人员数量与招聘计划数量的比较，为人力资源规划的修订提供了依据。而录用员工质量的评估是对员工的工作绩效行为、实际能力、工作潜力的评估，它是对招聘的工作成果与方法的有效性检验的另一个重要方面。质量评估既有利于招聘方法的改进，又对员工未来企业的竞争是学习能力的竞争培训、绩效评估提供了必要的信息。

录用人员评估主要从录用比、招聘完成比、应聘比和某职位的选择率四方面进行。

（1）录用比。录用比是最终产出率，该指标的值越小，聘用者的素质可能越高；反之，录用者的素质较低。其计算公式为：

$$\text{录用比} = \frac{\text{录用人数}}{\text{应聘人数}} \times 100\%$$

但是这种说法未必正确，要看应聘者的整体素质水平。试想，相同的录用比，一个是在高级人才市场招聘，一个是在初级人才市场招聘。则录用者的素质显然不是一样高。

（2）招聘完成比。该指标是反映招聘完成情况的一个指标。说明全面或超额完成了招聘计划，一般来说，该指标越接近100%，招聘的效果越好。当招聘完成比大于或等于100%时，这说明在数量上超额或全面完成了招聘任务。其计算公式为：

$$\text{招聘完成比} = \frac{\text{录用人数}}{\text{计划招聘人数}} \times 100\%$$

员工招聘

(3) 应聘比。应聘比说明招募的效果,反映的是招聘宣传的力度和招聘广告的吸引力,该比例越大,组织的挑选余地就越大,说明招聘信息发布的效果越好,录用人员的素质可能越高。反之,该比例越小,说明组织的挑选余地也越小。一般来说,应聘比至少应该在200%以上。招聘越重要的岗位,该比例应当越大,这样才能保证录用者的质量。其计算公式为:

$$应聘比 = \frac{应聘人数}{计划招聘人数} \times 100\%$$

(4) 某职位的选择率。该指标是衡量企业对人员选择的严格程度和人员报名的踊跃程度的一个指标,选择率低于1的程度越大,管理者在选择决策中的可行方案就越多。其计算公式为:

$$某职位的选择率 = \frac{某职位计划招聘的人数}{申请该职位的人数}$$

(二) 录用人员质量评估

录用人员的质量评估实际上是对录用人员在甄选过程中表现出的能力、潜力、素质等进行的各种测试与考核的延续,也可根据招聘的要求或工作分析中提出的结论,对录用人员进行等级排列来确定其质量。主要通过录用人员受教育程度,可以反映录用人员的知识水平;录用人员参加工作年数,可以反映录用人员从事工作的经验和能力;录用人员担当的职位,可以反映录用人员的重要程度。上述指标,可以表述为应聘人员受教育程度指标,应聘人员参加工作年数指标和应聘人员担当过的最高职位指标。这几个指标能够有力地说明录用人员的总体素质情况。

录用人员在进入岗位后的工作业绩、工作表现等也是对录用人员质量进行评估的指标,具体可以采用如录用合格比、录用员工的稳定性、录用员工的成长性、录用员工的业绩等统计指标进行描述。

(1) 录用合格比。该指标可以用来衡量胜任工作的录用人员人数占实际录用人数的比例。在招聘的新员工中,能够胜任工作的新员工人数越多,说明录用人员的质量越高。大小反映了人员招聘有效性以及准确性,其计算公式如下:

$$录用合格比 = \frac{已录用胜任岗位人数}{实际录用总人数} \times 100\%$$

录用合格比和录用基础比之差,反映了本次招聘的有效性是否高于以前招聘有效性的平均水平,即招聘有效性是否在逐步提高。

$$录用基础比 = \frac{原有人员胜任岗位人数}{原有人员总数} \times 100\%$$

(2) 录用员工的稳定性。在现代社会,员工的稳定性受到多种因素的影响。新员工在三个月、半年内的离职率,在一定程度上反映了录用人员的质量。如果招聘了能力素质不符合组织要求的员工,或者求职动机不端正的员工,说明录用人员的质量较低。新员工的离职率的计算公式为:

$$新员工的离职率 = \frac{离职的新员工人数}{新员工总数} \times 100\%$$

(3) 录用员工的成长性。录用员工的成长是指新员工在入职后的职务晋升、技能晋级。在一定时间内,职务晋升、技能晋级的新员工的人数越多,说明新员工的综合素质越

升、技能晋级的新员工的人数越多,说明新员工的综合素质越高,潜力发挥越充分,新员工的质量越高。具体可以用一定时间内新员工职位晋升率和一定时间内新员工技能晋级率来衡量,计算公式分别为:

$$一定时间内新员工职位晋升率 = \frac{晋升新员工的人数}{新员工总数} \times 100\%$$

$$一定时间内新员工技能晋级率 = \frac{晋级新员工的人数}{新员工总数} \times 100\%$$

(4)录用员工的业绩。录用员工的业绩是最能反映录用员工质量的指标,可以由人力资源部门或所在部门进行月度、季度或年度绩效考核来衡量录用员工的业绩,录用员工的业绩越高,说明录用员工的质量越高。

(5)用人单位或部门对新录用员工绩效满意度。这一指标用于衡量新录用员工质量的高低,通过用人单位考察后的满意程度来体现。

$$用人单位或部门对新录用员工绩效满意度 = \frac{满意的用人单位数量}{新录用员工总数} \times 100\%$$

(6)新员工对企业和所在岗位的满意度。该比例在一定程度上可以反映新员工对企业的认可程度,也可以在很大程度上影响新员工的士气与工作绩效。该比例高说明招聘新员工的需求、动机、价值观等与企业的吻合度高。

$$新员工对企业和所在岗位的满意度 = \frac{满意的新员工数量}{新员工总数} \times 100\%$$

满意的新员工数量是指企业在进行员工满意度调查时,对企业总体"满意"和"比较满意"的新员工的数量。

(7)员工录用质量比。员工录用质量比是以应聘岗位的工作分析文件为基础所设置的分数等级,以此来考察员工录用的质量。可以用下面的公式来进行定量分析。

$$QH = \frac{PR + HP + HR}{N}$$

式中:QH 为被聘用的新员工的质量;PR 为工作绩效的百分比,如以 100 分为满分,该员工的绩效分值为 80 分,则 PR 为 80%;HP 为新聘用员工在一年内晋升的人数占所有当期新员工的人数比例,如 20%;HR 为 1 年后还留在企业工作的员工数占原有招聘的新员工数的百分比,如 80%;N 为指标的个数。因此,$QH = \frac{80\% + 20\% + 80\%}{3} = 60\%$。

QH 的数值只是一个参考值,并不能完全反映新员工的质量,这主要是因为绩效和晋升率有时并不是能够被新员工所控制的。企业内部的复杂环境导致的人才流失,或者企业的绩效评价系统并不完善等都可能影响到新员工最终的考评结果。但该指标在一定程度上也能反映出招聘新员工的质量高低。

三、招聘活动过程评估

企业人员招聘的过程,主要由招募、甄选、录用三个基本环节组成。

(一)招募环节的评估

对招募环节的评估主要是对招聘广告、招聘申请表、招聘渠道的吸引力的评估。

(1) 招募渠道的吸引力。包括所吸引的有效候选人数量,如网上招聘就是点击该招聘网页的数量、写申请求职人员的数量、符合职位要求的应聘者的数量,报纸杂志的效果就是所收有效简历的数量、有效电话咨询的数量等。显然,该指标是一个绝对指标,关键还是要看相对指标,即与成本的对照关系。

(2) 招募渠道有效性的评估。招募渠道的有效性可采用招募渠道成本效用的统计指标进行分析。通过某一类招募渠道所吸引来的应聘者的数量是效用,为此付出的相关费用是招募成本。这既是一项经济评价指标,同时也是对招募渠道的有效性进行考核的一项指标。招募渠道收益与成本的比值越大,说明招募渠道越有效。其计算公式为:

$$某招募渠道收益成本比 = \frac{某招募渠道吸引的人数}{为其付出的总费用} \times 100\%$$

(二) 甄选环节的评估

甄选环节的评估,主要是对采用的各种甄选方法的信度与效度的评估,是对甄选方法的质量评估,在招聘实践中,企业最常用的甄选方法有面试、无领导小组讨论等。对这些甄选方法有效性的评估,可以通过计算甄选方法的信度和效度指标来评估。

信度与效度评估是对招聘过程中所使用方法的正确性与有效性进行的检验,这无疑会提高招聘工作的质量。信度和效度是对测试方法的基本要求,只有信度和效度达到一定水平的测试,其结果才适于作为录用决策的依据,否则将误导招聘人员,影响其做出正确的决策。

1. 面试方法的评估

招聘人员应该回顾招聘过程中的面试环节,评估面试方法的有效性。主要从以下几个方面评估面试方法的有效性。

(1) 提问的有效性。所提问题是否可以得到有效结论,该结论是否对录用决策具有重要的参考价值。

(2) 面试考官是否做到有意识地避免各种心理偏差的出现。在面试过程中面试官应该有意识地避免面试当中可能出现的各种心理偏差。评估者可以设计一个评估表,请面试考官根据自己所经历的面试过程进行自我评价。具体如表 14 - 3 所示。

表 14 - 3 面试考官面试行为评价表

心理偏差	您是否理解本项偏差的含义	您在组织面试的过程中是否有意识地克服本项偏差
第一印象	(　) 是;(　) 否	(　) 是,完全克服;(　) 一定程度上克服;(　) 无法克服
晕轮效应	(　) 是;(　) 否	(　) 是,完全克服;(　) 一定程度上克服;(　) 无法克服
刻板印象	(　) 是;(　) 否	(　) 是,完全克服;(　) 一定程度上克服;(　) 无法克服
与我相似	(　) 是;(　) 否	(　) 是,完全克服;(　) 一定程度上克服;(　) 无法克服

(3) 面试考官在面试过程中对技巧使用情况的评价。评估者同样也可以采用上述方法进行评价。通过给面试考官设计一个评估表格,请他根据对面试过程行为的回忆,进行自我评价。具体如表 14 - 4 所示。

表14-4 面试考官面试技巧评价表

行为	是否具有	如果具备,请您进一步说明其具备程度
1.事先了解被测者背景	( )是;( )否	( )完全;( )比较;( )一般;( )稍微;( )完全没有
2.事先接受面试培训	( )是;( )否	( )完全;( )比较;( )一般;( )稍微;( )完全没有
3.发言清晰	( )是;( )否	( )完全;( )比较;( )一般;( )稍微;( )完全没有
4.认真倾听	( )是;( )否	( )完全;( )比较;( )一般;( )稍微;( )完全没有
5.严格根据标准打分	( )是;( )否	( )完全;( )比较;( )一般;( )稍微;( )完全没有
6.知道哪些是不恰当的肢体语言(或称非语言行为)	( )是;( )否	( )完全;( )比较;( )一般;( )稍微;( )完全没有
7.没有不恰当的肢体语言	( )是;( )否	( )完全;( )比较;( )一般;( )稍微;( )完全没有
8.理解测评指标的含义	( )是;( )否	( )完全;( )比较;( )一般;( )稍微;( )完全没有
9.所提问题具有针对性	( )是;( )否	( )完全;( )比较;( )一般;( )稍微;( )完全没有
10.没有过多的封闭式提问	( )是;( )否	( )完全;( )比较;( )一般;( )稍微;( )完全没有
11.没有提过多项选择问题	( )是;( )否	( )完全;( )比较;( )一般;( )稍微;( )完全没有
12.尊重候选人	( )是;( )否	( )完全;( )比较;( )一般;( )稍微;( )完全没有
13.适当进行现场记录	( )是;( )否	( )完全;( )比较;( )一般;( )稍微;( )完全没有

2.无领导小组讨论的评估

(1)无领导小组讨论题目的有效性。主要是看该题目是否有争辩的余地,是否可以看出被试者的决策过程、决策思路。这些结果是否对录用决策起着重要的参考作用以及这些结果与测评指标之间存在什么样的必然联系。对这些问题最有发言权的是测评专家,其次是考官。

(2)对考官表现的综合评价。考官的表现直接决定了测评的客观性和正确性。可以采用无领导小组讨论考官表现评价表进行评价。该评价表包含了考官对无领导小组讨论

员工招聘

题目的评价。具体如下表14-5所示。

表14-5 无领导小组讨论考官表现评价表

行为	是否具有	如果具备,请您进一步说明其具备程度
1. 事先了解被测者背景	( )是;( )否	( )完全;( )比较;( )一般;( )稍微;( )完全没有
2. 事先接受考官培训	( )是;( )否	( )完全;( )比较;( )一般;( )稍微;( )完全没有
3. 了解题目含义	( )是;( )否	( )完全;( )比较;( )一般;( )稍微;( )完全没有
4. 严格根据标准打分	( )是;( )否	( )完全;( )比较;( )一般;( )稍微;( )完全没有
5. 理解测评指标的含义	( )是;( )否	( )完全;( )比较;( )一般;( )稍微;( )完全没有
6. 适当进行记录	( )是;( )否	( )完全;( )比较;( )一般;( )稍微;( )完全没有
7. 同样认真倾听每位被测者的发言	( )是;( )否	( )完全;( )比较;( )一般;( )稍微;( )完全没有
8. 题目有利于进行评价	( )是;( )否	( )完全;( )比较;( )一般;( )稍微;( )完全没有
9. 题目对测评者公平公正	( )是;( )否	( )完全;( )比较;( )一般;( )稍微;( )完全没有
10. 题目能激发被测者发言	( )是;( )否	( )完全;( )比较;( )一般;( )稍微;( )完全没有

在对考官表现进行评价时,可以采用自我评价的方式,也可以采用"一对一"的面谈方式,逐一对表中项目进行评定。

(三)录用环节的评估

对录用环节的评估主要是对职位填补的及时性的评估以及对录用员工的评估,通过对录用员工的绩效、实际能力、工作潜力的评估即通过录用员工质量的评估,检验招聘工作成果与方法的有效性,有利于招聘方法的改进。

(1)录用员工的质量(业绩、出勤率等)。录用人员的质量评估实际上是对录用人员在人员甄选过程中对其能力、潜力、素质等进行的各种测试与考核的延续,也可根据招聘的要求或工作分析中得出的结论,对录用人员进行等级排列来确定其质量,其方法与绩效考核方法相似。当然,前文提到的录用比和应聘比这两个数据也在一定程度上反映录用人员的质量。

(2)职位填补的及时性。招聘部门的反应是否迅速,能否在接到用人要求后短时间内找到符合要求的候选人,真正高效的招聘部门应该了解其他公司中干得出色的人并随时拥有各种候选人的资料。这就需要公司内部其他职能部门在平时就为招聘人员提供消息和便利。比如,在平时参加商务会议或其他活动时有意识地寻找将来可能会对公司有用的候选人,并随时把他们推荐给人事部门的招聘人员,而负责招聘的人员就可以开始为这些潜在的候选人建立档案,甚至可以给他们打电话以了解其兴趣。如果公司内每个部门的人员都这么做,就可以拥有一个宝贵的人才库供随时使用。另外,招聘工作人员的工作效率也影响招聘工作的及时与否。

(3)用人单位或部门对招聘工作的满意度。其中包括对新录用员工的数量质量的满意,以及对招聘过程的满意,是否按照用人单位或部门的要求招募到合适的人选,是否及时和用人单位或部门密切联系,共同招募和筛选候选人负责招聘的人员,是否花时间与部门经理一起讨论他们对应聘人员的要求以及对所招的新员工的绩效的满意度等。

(4)新员工对所在岗位的满意度。可用员工满意调查表来衡量,优秀的候选人大部分都以职业为重,但也非常关心自己能否得到特殊的对待,自己的工资待遇等条件能否得到满足以及对工作环境和企业文化的接受度。

此外,应聘者是企业招聘过程的全程参与者,由于身份和地位的差别,他们对招聘效果有着不同的看法。因此,招聘结束后,对录用的应聘者和没有录用的应聘者进行抽样调查,了解他们对于企业招聘有效性和科学性的看法,是十分必要的。

一般来说,可以对应聘者进行如下两个方面的调查:

第一,招聘工作的有效性。即企业招聘信息的发布、招聘活动、组织、面试结果的公布、招聘活动的善后处理是否及时和合理。

第二,选拔程序的合理性。各考核、测验项目的组合和前后施测顺序是否科学,有无重复;选拔过程是否公正;能否尊重应聘者;招聘联络人、用人部门主管和选拔考官的能力和素质是否合格等。

综上,从保证招聘质量,提高招聘效率的角度看,企业对每年的人员招聘活动过程及其成果,进行一两次系统而深入的数量与质量评估,这有助于降低在后期管理中的解雇风险,减少解雇成本。当完成了上述人员招聘活动的评估工作以后,可以说本阶段的招聘工作就基本完成了。如有可能企业主管领导还应当组织相关招聘人员召开一次总结表彰大会,除了对有功人员进行表彰之外,主要还是为了认真总结经验和教训,发现招聘工作中存在问题和不足,以利于下一个时期招聘工作的顺利开展。

四、其他招聘评估维度

(一)根据试用评估

根据试用评估是指根据录用人员在试用期的实际表现对招聘工作做出评价。试用考核评估也是对招聘工作完成质量的一个衡量角度。

1. 考核评估目的

通过对试用员工的考核评估可以实现以下目的。

(1)分析招聘测评方法的有效性。在招聘面试人员选拔环节,企业通常会采用一定的测评工具或方法,根据测评结果决定人员的选择,通过试用期考核结果与选拔测评结果的比较可以发现所使用测评工具的有效性。

（2）衡量招聘工作的完成质量。试用考核通过率越高，或者试用者考核得分越高，则说明招聘工作完成的质量越好。

（3）及时发现试用期出现的问题并纠正。人力资源部通过对新员工试用及不断地监督、指导，发现新员工在试用过程中出现的问题，给予及时纠正，帮助其顺利度过试用期，与此同时也能帮助人力资源部及时了解新员工的试用期表现。

2. 考核评估内容

对试用期员工的考核评估应从公司层面和部门层面两个层面来进行，无论哪个层面的考核评估都需要关注以下问题。

（1）考核前应将考核内容告诉被考核者。
（2）必须事先明确考核标准和考核方法。
（3）考核内容应全面而翔实。
（4）将考核结果反馈给被考核者。
（5）以部门考核结果作为录用决策的主要参考。

公司层面的考核评估。公司层面的考核主要从员工融入公司的情况进行考核，以促进员工发展和企业人力资源规划战略目标相一致，引导员工尽快融入企业文化。

①考核主体及考核依据。人力资源部负责公司层面的员工考核，其考核依据主要是新员工试用期间的表现记录和调查结果。

②考核内容及评价标准。考核内容通常包括员工出勤率、个人仪表、品德言行，还有公司制度、组织活动、公司培训等，根据相关项目将可能出现的几种情况划分成不同的档次或级别进行界定，再根据员工各项目实际表现，对号入座，确定员工的实际得分。

部门层面的考核。部门层面的考核是人力资源部针对员工在工作中的各项表现进行的评定，以帮助新员工明确自身的优点，审视自身的不足，及时淘汰不合格的员工。

①考核主体范围。部门层面的试用期员工考核主体主要有新员工试用期指导人、新员工部门负责人等。

②部门层面考核内容。部门层面的考核内容主要包括员工工作态度、工作能力、工作业绩表现等方面，以及时检验和反馈员工的表现，留下适合企业发展需要的员工。

3. 考核评估结果评定

考核评估结果评定要结合公司考核结果和部门考核结果，由人力资源部确定新员工的最终成绩，进而确定其取舍。

（1）考核结果的类型。考核结果通常包括四种类型，即表现优秀提前转正、按时正常转正、继续试用、解除劳动合同。

（2）考核结果评定方法。对新员工的试用期考核评定方法通常有三种，即笔试、实操测评和指导人评价。

（3）考核结果应用。新员工试用考核结果出来后要以一定的表单形式展现，通常有试用期转正申请表、月度考核评估报告、新员工考核面谈表等。在考核结果确定后，根据企业的规定给新员工下达相应的通知。

4. 根据试用评估考虑的因素主要包括三个方面。

（1）录用人员离职情况，比如入职较短时间就离职，则说明员工与企业或部门文化不匹配。

（2）录用人员试用考核情况，试用期考核也是转正的依据，同样也能说明招聘的效果。

（3）录用人员满意情况，录用人员试用期间，不仅企业会评价试用期员工的表现，员工也会对企业进行评价，新员工对企业、招聘工作、岗位工作的满意程度是招聘效果的重要表现。

（二）根据离职评估

离职不仅是企业和员工双向选择的结果，同时也是衡量招聘效果的重要指标。根据离职评估涉及的指标通常包括离职人数、离职时间、离职人员在岗时间比和离职平均时间比，另外还可以根据离职成本等进行评估。

（1）离职直接成本。如额外支出、付给员工的离职费用、再次招聘费用、离职面谈成本、临时性加班费等。

（2）离职间接成本。如员工离职前工作效率下降、新员工入职后低效成本、顾客或企业交易的损失、留下来的员工工作效率下降、资产的潜在损失、员工士气下降等。

（三）根据时限评估

招聘时限评估主要是对招聘及时性进行的评估，通常情况下，招聘岗位空缺时间越短，说明招聘的效果越好。

（1）整个招聘时限评估。企业对空缺岗位通常都有到岗时间要求，企业通常以平均职位空缺时间为招聘时限的评估标准，反映平均每个职位空缺多长时间后新员工才能补缺到位，其计算公式如下：

$$平均职位空缺时间 = \frac{职位空缺总时间}{补充职位数}$$

但不同招聘岗位的情况可能不同，企业应结合实际情况和以往不同职位的实际招聘时间为企业不同层级、不同类别的岗位设定合理的职位平均空缺时间。

（2）各招聘工作环节时间评估。招聘人员事先对招聘各环节工作时间进行分配，根据分配时限进行评估。首先看招聘工作是否完成了规定的时间要求；其次分析各个环节的实现情况，对于超出时限或者提前完成的原因要做详细分析，以使得以后招聘工作的时间计划更加合理。

（四）根据业绩评估

根据录用人员在岗位中的实际工作业绩表现进行的招聘效果评价，即对招聘质量方面的评估。录用人员的学历、专业技能、工作经验、个人能力等是招聘质量评估的基础方面，最能说明招聘质量高低的是招聘人员的岗位工作表现。

（五）根据升迁评估

根据升迁评估也就是按照招聘人员的职位升迁速度和职位等级进行招聘效果评估。升迁意味着人员能够胜任较高层级的岗位要求，也就是间接说明企业招聘效果良好。根据升迁评估涉及的两个指标是升迁人数与录用人数之比和录用人员升迁速度。

五、招聘评估的效果检查

招聘评估的信度和效度问题,是任何一种评估方法都要涉及的两个基本问题。

(一)信度

1. 什么是信度

信度主要是指测试结果的可靠性或一致性。可靠性是指一次又一次的测试总是得出同样的结论,它或者不产生错误,或者产生同样的错误。稳定性和一致性程度越高,说明测试方法的信度越高;否则,就意味着测试方法的信度越低。

通常信度可分为:稳定系数、等值系数、内在一致性系数。

(1)稳定系数是指用同一种测试方法对一组应聘者在两个不同时间进行测试的结果的一致性。一致性可用两次结果之间的相关系数来测定。相关系数高低既与测试方法本身有关,也跟测试因素有关。此法不适用于受熟练程度影响较大的测试,因为被测试者在第一次测试中可能记住某些测试题目的答案从而提高了第二次测试的成绩。

(2)等值系数是指对同一应聘者使用两种对等的、内容相当的测试方法,其结果之间的一致性。

(3)内在一致性系数是指把同一(组)应聘者进行的同一测试分为若干部分加以考察,各部分所得结果之间的一致性。这可用各部分结果之间的相关系数来判断。

此外,还有评分者信度,这是指不同评分者对同样对象进行评定时的一致性。例如,如果许多人在面试中使用一种工具给一个求职者打分,他们都给候选人相同或相近的分数,则这种工具具有较高的评分者信度。

2. 信度的评估

对于信度评估,理论上来讲,认为平行测评模型是最理想的途径。该模型的基本设想是:将同一测评内容以两种形式表示,形式 A 与形式 B 须等值,即针对同一素质特性的测评,且其结果对于无论多大的被试样本都能得到同样的分数分布,若不存在随机误差,那么同一个人在 A 和 B 上的得分应该是一致的。若两个得分不一致,且差异很大,说明随机误差对测评分数影响是相当大的,也就表明测评结果是不可靠的,即测评信度很低。若两个得分不一致,但差异很小,则说明尽管随机误差对测评结果产生了影响,但这种影响却并不显著;也就是说,测评基本上还是可靠的,或者说,测评还是具有一定的信度的。

然而,这种平行测评模型只能作为估计信度的一种理论途径,因为我们很难编制出同一测评的完全等值的两种不同形式。因此,在实际中,我们一般采用几种近似的方法评估信度。

(1)重测信度。又称再测信度,这是一种最古老而又直接的信度评估方法,是常用信度评估方法之一。反映测验跨越时间的稳定性和一致性。它直接评估了用同一测评工具对同一组被试两次施测所得结果的一致性程度,且以两次结果间的相关系数作为信度指标。相关程度高,表示前后测量一致性高,稳定性好。重测信度侧重评估时间差异所造成的误差及其对测验稳定性的影响,评价重测信度时应注意重测间隔时间长短对重测相关系数的影响。如果招聘所使用的方法的重测信度高,采用这种方法甄选应聘者的准确性就高。

例如在技能测评中肖某的分数是88,在全体被测者中排第一位,这到底准不准呢?靠得住靠不住呢? 我们再重复测评一次,结果肖某的分数是95分,还是排第一名,而且其他被测的位置顺序变化很小。那么我们就可以说,第一次的技能测评结果是很可靠的。

对这种位置关系一致性的比较,显然会有许多办法,如逐对顺序比较。其中最为简单的一种方法是计算两次测评结果的积差相关系数。公式如下:

$$r = \frac{N\sum xy - \sum x \sum y}{\sqrt{[N\sum x^2 - (\sum x)^2][N\sum y^2 - (\sum y)^2]}}$$

式中:N表示两次测评结果数据配对总数;x表示被分析的测评结果(分数);y表示重复测评得到的测评结果(分数)。r越接近1,则说明测评结果(x)越准确可靠,否则就说明测评结果越不准确,不可信。

这种检验方法的问题在于:第一,成本比较高,要进行两次测试;第二,应聘者可能记住了第一次测试的题目,第二次测试的结果可能会不真实。

应该注意的是,两次施测之间的时间间距应把握好,间隔太短,由于第一次测评产生的练习效应和记忆遗留效应会影响第二次的测评结果;而间隔太长,个体被测的素质特征可能已经由于学习、教育以及经验的增长等而发生了变化,这也可能影响第二次的测评结果。一般而言,重侧信度适用于对较稳定的素质特征的测评,而不适用一知道答案就不容易忘记的知识测试或能力测试。

(2)复本信度。复本信度指测评结果相对另一个非常相同的测评的结果的变异程度。它反映了两个测试之间的等值程度,又叫等值信度或等值系数。其中:"非常相同"一般以"等值"解释。所谓等值,即指在测评内容,效度,要求,形式上都一样,可以说其中一个测评可以看作是另一个测评的近似复写或重复。"变异程度"一般用它的反义词"一致性"解释。因此复本信度,实际上是一种用等值系数揭示的信度。

如果招聘所使用的甄选方法具有较高的复本信度,那么同一应聘者参加两次内容、难度相当的测试就会得到相近的结果。所以,虽然不同的应聘者参加不同的测试,但得到的结果应该具有较高的公平性。例如,对同一应聘者使用两张内容相当的个性测量表时,两次测试结果可能大致相同。其计算公式为:

$$r = 1 - \frac{6\sum D^2}{N(N^2 - 1)}$$

式中 N 表示测评结果的总个数(被测人数)。D 表示对应同一个被测两次评定等级(名次)的差,一般以被检验的测评结果为被减数。

复本信度避免了再测信度的时间间隔的难题,但编制平行测评工具谈何容易,因而只能做到使二者尽可能接近等值。

(3)评分者信度。这种信度主要针对开放式测评的评分一致性而设。开放式试题一般没有唯一正确的答案,评分时必然会受到评分者主观判断的影响,那么不同的评分者之间必然会存在误差。为考察评分者之间的一致性程度,一般采取让多个评分者评多份试卷,然后及计算这多个评分者之间的一致性程度,作为评分者的信度指标。

评分者信度分析一般采用肯德尔和谐系数公式计算出信度系数:

$$W = \left[\sum R_1^2 - \frac{(\sum R_1)^2}{m}\right] + \frac{1}{12}n^2(m^2 - m)$$

式中,n 表示评定者人数;m 表示测评项目个数;R_i 表示第 i 个项目上所有被测者等级之和或分数之和(这里分数只限正整数)。W 越大,说明测评结果越可靠。

由于信度的评估指标一般以相关系数来表示,因此信度值一般在 0~1 之间波动,在所有其他条件都等同的情况下,信度系数越高,测评质量越好。不过,不同类型的测评可接受的信度水平不同。当测评用于做最终决策时,或需要依据测评结果的细微个体差异将被试分类时,对测评的信度要求较高;而当测评用于初期筛选,或需依据测评结果的显著个体差异对被试进行粗线条的划分时,对测评的信度要求较低。这样,我们就可根据测评目的和测评可行性来确定测评标准。一般来说,智力测评在 0.90 以上,性格测评在 0.70 左右,创造力测评通常不超过 0.50,投射测评最低,只有 0.20 或更低。

(4)一致性信度。所谓一致性信度,是指所测素质相同的各测评项目分数目的一致性程度。如果被测在第一个项目上比其他人分数高,在第二个项目上又比其他人高,在第三个项目上也比其他人高……相反另一个人在第一个项目上比其他人的分数低,在第二个项目上又比其他人的分数低,在第三个项目上也比其他人的分数低……那么,毫无疑问,我们会认为测评结果比较可靠。这里所展示的就是内部一致性信度的形式。

对这种信度的分析常见的方法有两种,一种是项目折半分析,另一种是 a 系数分析。所谓项目折半分析是把每个被测的测评得分分成两半,一半是偶数号项目上得分的总和,另一半是奇数号项目上得分的总和。然后计算它们之间的相关系数,再把相关系数代入下列公式求出一致性系数:$r_t = \frac{2r}{1+r}$

式中,r 表示两半项目分数相关系数。r_t 越大,则说明测评结果越可靠。

a 系数分析实际上是通过克朗巴赫 1951 年所提出的公式计算一致性系数。公式如下:

$$r_t = \left(\frac{n}{n-1}\right)\left(\frac{S_t^2 - \sum V_i^2}{S_t^2}\right)$$

式中,n 表示测评项目数;S_t^2 表示测评结果的方差;V_i^2 表示第 i 个项目得分的方差。

(二)效度

保证了测评的信度,并不意味着保证了测评的质量。这好比打靶:射手每发子弹均打中五环的某一点,弹孔密集,说明他的稳定性很高,只可惜他没打中靶心,说明他没有准确性,我们因而断定他还不算是一个优秀的射手。同样的道理,当我们利用测评结果来作为人事决策的依据时,不仅要保证该测评工具的稳定性和可信性,还必须保证它的准确性或有效性,即测评的另一个更为重要的指标——效度。

1. 什么是效度

效度,一般意义的含义为有效性或精确性,是指实际测到应聘者的有关特征与想要测的特征的符合程度。一个测试必须能测出它想要测定的功能才算有效。在招聘测试中,效度是指应聘者的测试成绩与今后的实际工作绩效之间的相关程度,如果在测试中成绩最好的人也是今后实际工作绩效最好的人,同时在测试中成绩最差的人也是今后实际工作绩效最差的人,就说明这一测试方法具有很高的效度。对效度进行研究,可以帮助企业选择正确的指标对应聘者进行选拔。

例如,我们用英语出了一份试卷来测试求职者的人力资源管理知识,那么这份试卷就是低效度的,因为当某个求职者的成绩比较低时,并不能说明它的人力资源管理知识不够,这有可能是由于求职者的英语水平不高才导致他无法回答出问题。但是如果我们用这份试卷连续测试其几次,发现总是这名求职者的成绩最差,那说明这份试卷的信度是比较高的。

2. 效度的评估

效度指标有三种主要类型:内容效度,效标关联效度和构想效度。

(1)内容效度。所谓内容效度,就是指实际测评到的内容与我们所想测评内容的一致性程度。即测试方法能真正测出想测的内容的程度。当实际测评到的内容与我们事先所想测评的内容越一致时,则说明测评结果的内容效度越高,测评结果就越有效。收集测评的效度证据的一种方法就是考查测评的内容,主要考虑所用的方法是否与想测试的特性有关,从而明确测评内容是否能有效反映所欲测的素质特征。如招聘打字员,测试其打字速度和准确性、手眼协调性和手指灵活度的操作测试的内容效度是较高的。内容效度多应用于知识测试与实际操作测试,而不适用于对能力和潜力的测试。

评估测评工具的内容效度通常是采用专家判断的方法,一般包括三个基本过程:首先是详细描述与所要测评的人的素质特征相关联的全部行为领域,即测评的内容范围。特定的测评目的常界定了特定的测评内容范围。一个限定了的内容范围,一般包含测评的目标分类,内容分类及每一类目标或内容在全部内容范围中所占的相对权重。专家判断的第二步是明确每一测评项目所涉及的目标和内容,确定每一类目标或内容的相应题目数量及其分数在测评总分中所占的比例。最后,对测评题目的结构与测评内容范围的结构的相似程度做出评判,相似程度越高,说明内容效度越高。

(2)效标关联效度。又称准测效度,确定一个测评用于决策时的效度的最简单的方法就是检验其结果与决策后的结果的关联程度,比如用所测评的人员的工作绩效来检验测评的效度等。工作绩效这类用于检验效度的参照标准,就叫效标。效标关联效度由此而得名。评估效标关联效度一般有两种策略:

①预测效度。它是说明测试用来预测将来行为的有效性。这是一种最直接而又准确的策略,但这种测评指标在现实中往往很难收集。在人员选拔过程中,预测效度是考虑选拔方法是否有效的一个常用的指标。我们可以把应聘者在选拔中得到的分数与他们被录用后的绩效分数相比较,两者的相关性越大,则说明所选的测试方法、选拔方法越有效,以后可根据此法来评估、预测应聘者的潜力。若相关性很小或不相关,说明此法在预测人员潜力上效果不大。

②同时效度。实践中常用同时效度取代预测效度,同时效度的特点在于同时获得被试的测评分和效标分。比如将测评施测于一组已被选择的被试(如管理人员),与此同时得到他们的工作成就资料,作为效标,测评分与效标分的相关系数便是同时效度。从统计上看,同时效度来自于高度选择了的被试团体,因此往往会低估测评的效度。不过,通过一定的公式校正之后,同时效度可以非常接近于预测效度。

(3)构想效度。招聘中测评总是要涉及对一些抽象的素质特征的测量,如能力、性格、兴趣、动机等,这些理论上的,抽象的,假设性的素质特征,就被称作构想。任何理论构想都有两个本质属性:其一,它们皆是对一些本质规律的抽象概括;其二,它们与具体的,要观察的行为相联系。构想对于科学测评是必要的,它意味着测评超越了直观的感觉经验而进入了更为抽象和概念化的层次。

由于构想确定了所要测评的内容,是测评方案设计和试题编制的理论基础和出发点。因此,评估心理测验的构想效度,就是要检验一个心理测验对其理论构想测量的准确程度。心理测验的效度值一般在0~1之间波动,越接近1,测评有效性就越高。不过,在实际应用中,大多数心理测验的效度值都不会太高,一般在0.3左右,少数达到0.6~0.7的水平。

3. 效度分析中应注意的问题

(1)效度评价问题。任何一种素质测评的结果其效度都不是"全有"或"全无",而只是程度上的差别而已,因评价时不能说某招聘评估的结果无效或有效,而只能说效度"较高"或"较低"。

(2)效度的相对性问题。效度是针对某种特殊测评目的而言的,并不具有普遍意义。例如对技能测评有效度的结果,相对品德测评就不一定有效度了。

(3)效度分析的多面性问题。效度是一个复杂的对象,采取单一的分析方法有时是不够的,需要同时分析各种类型的效度之后,综合起来才能把握测评结果的有效性。

(4)效度概念的特定性问题。效度这一概念,一般是相对测评总分来说的。换句话说,效度分析的数据是每个被测者的总分数,但是相对每个素质测评的子分数与相对每个测评项目(试题,行为指标)来说,也同样有效度问题。当一个测验同时测评了几种素质时,针对每种素质的数个试题组合实际上就是一个分测验了,被测评者在这些分测验上的总分即为子分数。当针对一种素质测评的子分数或一个项目上的得分与某个外在参照效标分数作相关分析时,所揭示的就是子分数或项目得分的关联效度。

(5)效度的定义问题。一般认为效度是测评结果反映所测素质的正确性或真实性程度。实际上,素质本身是模糊不清的,测评结果究竟是否反映了素质,根本无法对证。如果把效度定义为测评结果反映被测评者,个体间素质差异的真实性程度,却是比较可行的。因为差异是一种可以测评到,也可以感觉到的东西。然而这种定义对于区分性与选拔性的测评来说是可行的,但对诊断性,目标管理性,总结考核性的素质测评来说,又不如原先的定义好。

(三)信度和效度的关系

一般来说,评估的误差可分为两种:一为随机误差,是指由偶然因素引起的无规律的误差,导致测评结果围绕某一个值产生不一致,不稳定的变化;二是系统误差,是由于某种常见无关因素引起约有规律的变化的误差,导致测评结果偏离真值,但每次偏离的方向和大小是稳定的,不会影响测评结果的一致性。包括测评者的专业性和素质、被测评者本人心理、测评工具的稳定性、环境稳定性等都会影响测评的可信度。在实际招聘与录用评估过程中要把握各相关方面,不仅要有专业的测评人员,同时也要在稳定的环境中为被测评者提供一个放松真实的氛围。那么显然只有随机误差对信度会有影响:随机误差越大,测评结果一致性越低,于是测评的信度便越低。测评的效度也是受多因素影响的,如测评工具、测评过程及测评者因素、被测评者状态、效标因素和信度因素等。

在测量误差中,随机误差既影响分数的一致性,又影响分数的准确性;而系统误差则只影响分数的准确性而不会影响分数的稳定性。因此,测评的信度只受到随机误差的影响,而效度则同时受到随机误差和系统误差的影响。当随机误差减小时,测评信度一定会增加,但此时由于系统误差的影响,而不能保证测评效度一定会增加,可见测评信度高只为效度高提供了必要但非充分的条件;而若测评效度高,则说明测评的误差在减小,测评的信度必然也会提高。因此,对于一个测评工具的质量评估,重点在于对它的效度评估。

综上,信度和效度之间的关系是:高信度是高效度的必要条件,但非充分条件。即信度高不一定其效度就高,但想获得较高的测评效度,其信度必定要高。信度和效度是人才测评与选拔质量的重要指标。运用数量方法进行定量研究,有利于提高测评的有效性,进而做出正确的选拔决策。对于低效度、信度的测评指标,可以及时做出调整,完善指标体系,对于建立企业自身完善的测评反馈机制有重要意义。为了保证招聘录用的效果,测试方法必须同时具备高的信度和效度。信度和效度的三种关系如果用图形的形式表现出来,则分别是图14-2、图14-3、图14-4所示的样式。

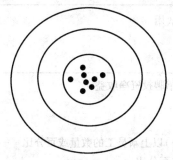

图14-2 既有信度也有效度的测验分数或评量结果

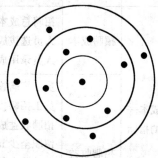

图14-3 即没有信度也没有效度的测验分数或评量结果

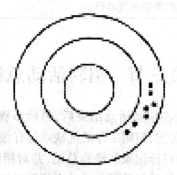

图14-4 有信度但没有效度的测验分数或评量结果

综上所述,我们可以将细化评估指标构建出如表14-6所示的招聘评估指标体系。

表14-6 招聘评估指标体系

指标分类	一级指标	二级指标
基于应聘者的数量和质量的评估指标	招聘数量	应聘比　某职位的选择率　录用比　招聘完成比
	招聘质量	招聘合格率　用人单位或部门对新录用员工绩效的满意度 新员工对企业和所在岗位的满意度 新员工离职率　员工录用质量比
基于招聘人员工作的评估指标		平均职位空缺时间　用人单位对招聘人员工作满意度 新员工对招聘人员工作满意度 招聘渠道的吸引力　其他定性指标
基于招聘方法的评估指标	招聘信度	重测信度　副本信度　内在一致性信度
	招聘效度	预测效度 内容效度 同侧效度
基于招聘成本—收益评估的指标	招聘成本	招聘总成本效用、招募成本效用 人员选拔成本效用 人员录用成本效用
	招聘收益	员工招聘投资总收益、员工招聘投资净收益 员工招聘投资收益率 招聘收益成本比 留职至少 n 年($n=1,2,3,\cdots$)以上新员工的数量或百分比 业绩优良的新员工的数量或百分比 新员工晋升的百分比 推荐的候选人中被录用而且业绩突出的员工的比例 招聘渠道的效益评估

第三节　招聘活动总结

"有计划,就要有总结"。在招聘活动结束后,最后步骤就是对整个招聘活动进行小结。该阶段主要是对招聘的实施、招聘工作的优缺点等仔细进行回顾分析,通过撰写总结报告,来对招聘工作的全过程进行记录和经验总结,并对招聘活动的结果、经费支出等进行评定。虽然看似简单,但是评估总结报告是整个招聘及评估工作的书面体现,不能有丝毫马虎,要为下一次成功的招聘打好基础。招聘总结报告要作为一项重要的人力资源管理资料存档,为以后的招聘工作提供信息。

一、招聘总结报告的撰写

(一)撰写招聘总结的原则

1. 真实地反映招聘的全过程

将招聘活动中一般过程和重要细节记录下来,不能带有主观的色彩,这便于以后客观、正确地分析问题。

2. 由招聘的主要负责人撰写

在招聘过程中,主要负责人对招聘全过程有清楚的了解,能够全面地记录整个招聘过程,而其他招聘人员大多只熟悉其中的某一个步骤。

3. 明确指出成功之处和失败之处

在客观描述的基础上,再用独立的段落写出招聘活动的经验,对于下一次招聘有重要的参考价值。

(二)撰写招聘总结报告内容

招聘总结报告的撰写应该由此次招聘的主要负责人执笔,真实地反映招聘工作的过程并明确指出此次招聘的成功之处和失败之处。具体而言,招聘总结报告应该包括招聘计划、招聘进程、招聘结果、招聘经费、招聘评估等主要内容。

1. 招聘计划

招聘计划是在制定人力资源规划之后,实施招聘活动之前产生的,在招聘总结报告中,招聘计划只需要概述,不需要像在确定招聘需求时所写的招聘计划那样详细,一般只需要说明招聘岗位名称、招聘人数、招聘时间、招聘工作负责部门及招聘主要程序。

2. 招聘进程

招聘进程是以时间表的形式描述招聘与录用的时间安排与落实。这部分要说明企业在招聘工作中的人员参与情况、所运用的甄选方法、各环节的进展情况。这部分内容要让领导了解招聘工作的人员安排、方法选择、流程设计等是否科学、合理。

3. 招聘结果

这部分要记录应聘人数、每次通过测试的人员的数量和最终录用决策,及录用岗位安排等内容。

4. 招聘经费

这部分主要详细地叙述招聘费用的使用和支付情况。

5. 招聘评估

这部分是在评价整个招聘工作的基础上,该部分内容实质上就是招聘综合分析的结果,在撰写招聘评定时,既要总结出合理的有借鉴意义的成功经验,又要客观地指出招聘工作存在的不足。

在招聘总结完成后,招聘的负责人应给参与招聘活动的人员阅读和学习,使之能够全面地了解已经进行的招聘活动。

(三)招聘总结的注意事项

(1)计划是为了执行,总结是为了提升,凡是有活动过程的事项都需要进行计划和总结。所以,对于企业开展过的招聘活动尽量进行总结。阶段性总结可以更好地促进后续阶段招聘工作的顺利进行,总体性总结或项目性总结有利于以后同类工作科学进行。

(2)招聘工作总结要写得简单明了。尤其是注意"经验总结"部分,同时招聘总结要本着实事求是的态度去写。

(3)招聘总结完成之后,要及时交给有关领导(如人力资源部长、行政副总裁、总经理)和参与招聘活动的有关人员(招聘人员和参与测试的人员),这样既能及时争取领导的指导和资源支持,又能让参与招聘的人员及时吸取经验和教训。

(4)招聘总结要妥善保存,以利于需要时调阅。

二、针对竞争对手的招聘总结

搜集竞争对手的情报是指公司的直接竞争对手的有价值情报计划、工作方法及人员资料。竞争对手的情报能使我们在其下一次招聘活动开展之前,进行人才招聘时更好地抗衡竞争对手。针对竞争对手的情况总结通常包含以下方面:

(1)最优秀的求职者为什么向竞争对手申请工作,而不愿意向我们申请?

(2)求职者为什么查询竞争对手的公司网站?

(3)若求职者不来我们公司求职,他们会转向哪家公司?我们公司与其他公司之间的薪水差额是多少?

(4)我们公司在招聘中最终取胜的因素是什么?

(5)哪些因素促使求职者最终选择竞争对手提供的职位?

(6)影响我们公司招聘工作的不良因素是什么?

(7)在竞争对手的广告、网站及其他招聘方式中,哪一项对求职者的影响最大?

三、测评与甄选报告的撰写

在对职位申请者实施测评并做出录用决定之后,人力资源部门应向企业提交一份测评与甄选报告。测评与甄选报告可以分为分数报告、等级报告、评语报告。当然,这三种形式并不是完全独立的,它们之间存在递进关系。一般来说,分数报告是等级报告的基础,而评语报告是综合考虑分数和等级的结果而做出的。

在测评中,一般同时采用多种测评方法来对应聘者进行考核,通常使用多个指标来描述员工的优缺点,并对每一指标做出规范的文字说明。对测评和甄选的结果进行解释时,应该综合员工以前的工作表现或自传材料,采用定性和定量相结合的方法进行,也就是分数报告、等级报告和评语报告的综合应用,应让员工本人积极参加结果的解释过程。只有这样,测评与甄选的结果才能更真实地反映员工的实际水平,对任何员工的评价,都是员工遗传特征、测评前的学习和经历、测评情景三方面因素共同影响的结果。

通常,我们会采用一些综合和分析的技术来形成最后的测评与甄选报告。根据内容,报告一般可以分为分项报告与综合报告。分项报告是按主要测评指标,逐项测评并直接报告,不再做进一步的综合。其优点是全面、详细,但缺乏总体的可比性,只能做出单项的比较,综合报告是先分项测评,然后根据各个测评指标的结果,报告一个总分数、总等级或总评价。其优点是总体上具有可比性，但一般看不出具体的优缺点。

分项报告和综合报告都是必要的。综合报告把纷繁复杂的分项结果整合起来，得出一个明确的结论，为测评与甄选结果用于管理决策提供了直接的参考。分项报告为综合结果提供了依据，能够帮助决策者进行更加细致的权衡，帮助员工有针对性地改进自己。

四、招聘与录用评估中常见的问题与对策

1. 重视招聘的具体实施工作，忽视招聘的评估工作

很多企业没有认识到招聘评估工作的重要性和必要性，因而没有对所有开展过低招聘工作进行评估。有些企业虽然会对招聘工作进行回顾，但是往往也只限于"是否及时补充好人员""招聘费用是否高""用人部门投诉是否多"等方面的简单评估，而且这种评估大多还是非正式的（主要是工作或非工作场合的非正式交流），并没有形成文字性的资料，也没有对后续招聘工作产生任何影响。

招聘评估是对所开展的招聘工作进行的全面总结，能够起到。"发扬优点、克服缺点、增强效果"的作用，所以企业不但要开展招聘评估工作，而且应该认真、全面地做好这项工作。

2. 重视招募工作、甄选工作和录用工作的评估，忽视了招募需求确定工作的评估

招募工作、甄选工作和录用工作确实是招聘工作中的最重要的三项工作，企业往往会对这三项工作的开展过程和效果进行评估，而没有对招募需求确定这项工作进行必要的评估。事实上，招募需求的确定是企业招募、甄选和录用工作得以开展的理由和基础。招聘需求确定得不科学、不合理、必然会给企业招聘的后续工作带来诸多的麻烦，所以在对招聘工作进行评估时，一定要对招募需求确定进行评估。

3. 重视当前招聘效果的评估，忽视未来招聘效果的评估

"是否及时招聘所需要的人员"、"招聘花了多少时间成本、人工成本""招募、甄选和录用中是否出现问题"等，很多企业十分关注这些当期效果。但是，"新员工的学习和成长情况""3个月或6个月员工的离职情况""新员工3~6个月内的业绩""新员工的满意度"等，这些在比较长时间内才能体现出来的效果，却没有得到评估这样必然会导致招聘工作人员的短期行为，也不能很好地分析招聘工作给后续人力资源管理工作带来的影响。

4. 重视招聘结果的评估，忽视招聘过程的评估

招聘的结果对于企业来说当然是最根本、最重要的，但是好的招聘结果必须来源于科学规范的招聘过程管理。现实中，很多企业只注重对"招到多少人""花了多少钱""多少人参与招聘工作""新员工和用人部门满意度"等结果性指标的评估，而忽视了对招聘过程的评估，比如，"招聘流程是否科学合理""招聘方法是否针对性强且有效""招聘人员是否严格按要求进行选拔招聘人员""招聘人员在招聘过程中的工作情况"等。

对于上述问题，企业首先要深刻认识到招聘评估工作的重要性，其次要名曲企业需要哪些方面开展招聘评估工作，然后遵循科学的程序、运用有效的方法开展评估工作。

【本章小结】

招聘评估主要是对招聘的结果、招聘的成本和招聘的方法等方面进行评估，流程主要分为准备阶段、实施阶段和撰写总结报告的阶段。招聘评估要遵循有效性、可靠性、客观

性、全面性、经济性和适应性等标准。企业招聘评估主要分为成本评估、人员评估和方法与环节评估。对招聘成本进行评估，主要是集中在三个方面：招聘的成本、招聘成本效用、总成本与总效益的对比。在人员评估方面，主要分为数量评估和质量评估两部分。在进行数量评估时，通过应聘比、录用比、招聘完成比等具体指标来进行衡量；在进行人员质量评估时，关键指标主要有录用合格比、录用员工的稳定性、录用员工的成长性、录用员工的业绩等。对招聘方法的评估，分为信度评估和效度评估。信度主要是指测量结果的一致性、稳定性及可靠性；效度表示一项研究的真实性和准确性程度。招聘环节的评估分为招聘需求评估、对招聘部门工作的评估、招聘时间评估、招聘渠道评估和企业内部招聘评估等几个方面。最后，招聘评估完成之后，要进行评估报告的撰写。招聘评估报告的全面、细致、内容准确有效、能够为组织接下来的招聘工作积累经验。除此之外，招聘过程的问题分析上，还有待于我们进一步探讨。

【引例分析】

招聘人员需求的确定是招聘工作的另一个基础。没有人员需求的确定，招聘工作就没有办法展开。大连华安新能源汽车公司对招聘人员需求的确定做评估，就是要考察招聘需求确定主体工作是否有成效，主要表现在企业高管人员、人力资源部工作人员、用人部门负责人的工作职责和作用是否明晰到位；公司各个部门的人员需求信息、全公司的招聘人员需求信息是否及时、科学和全面。

江涛对招聘需求确定工作评估的具体步骤是：

第一步，评估确定招聘需求时是否有招聘计划、人力资源规划、职位说明书、用人部门的人力资源基本情况，是否需要对绩效不合格的人员进行调整等，这些是确定招聘人数的科学依据。例如，技术中心的年度目标是什么？本部门现有的人员变动情况怎么样？对人员需求有无特殊的要求？针对这些问题，江涛要与用人部门进行沟通，用人部门负责人根据实际情况填写部门人员需求登记表。

第二步，评估确定招聘需求的及时性。用人部门是否能够及时提出人员需求计划，以及人力资源部门是否有足够的时间去组织招聘是考核的重点。

第三步，评估招聘需求的全面性。作为人力资源部的招聘主管，江涛除了处理研发中心的人员需求之外，还要汇总企业其他部门的人员需求。因此，招聘人员需求确定的信息采集点应全面，不能存在漏采等情况。

参 考 文 献

[1] 周鸿.员工招聘与面试精细化实操手册[M].2版.北京:中国劳动社会保障出版社,2016.

[2] 萧鸣政.人员测评与选拔[M].2版.上海:复旦大学出版社,2010.

[3] 葛玉辉.招聘与录用管理[M].北京:清华大学出版社,2014.

[4] 刘追.人员招聘与配置[M].北京:中国电力出版社,2014.

[5] 王慧敏.员工招聘[M].北京:清华大学出版社,2015.

[6] 贺新闻.招聘管理[M].北京:高等教育出版社,2016.

[7] 刘葵,陈平,范荟.招聘与录用实务[M].2版.大连:东北财经大学出版社,2016.

[8] 周文,刘立明,方芳.员工招聘与选拔[M].长沙:湖南科学技术出版社,2005.

[9] 廖泉文.招聘与录用[M].3版.北京:中国人民大学出版社,2015.

[10] 姚裕群,姚清.招聘与配置[M].3版.大连:东北财经大学出版社,2016.

[11] 胡欣,杨喜梅,蔡世刚.招聘与录用[M].大连:大连理工大学出版社,2014.

[12] 孔凡柱,赵莉.员工招聘与录用[M].北京:机械工业出版社,2018.

[13] 赵曙明.招聘甄选与录用——理论、方法、工具、实务[M].北京:人民邮电出版社,2014.

[14] 杨长清,唐志敏.招聘面试录用及员工离职管理实操[M].北京:中国铁道出版社,2015.

[15] 苏进,刘建华.人员选拔与聘用管理[M].北京:中国人民大学出版社,2007.

[16] 戴尔.员工招聘与选拔[M].李峥,韩颖,译.北京:中国轻工业出版社,2009.

[17] 李旭旦.员工招聘与甄选[M].2版.上海:华东理工大学出版社,2014.

[18] 宋艳红.员工招聘与配置[M].北京:北京理工大学出版社,2014.

[19] 王丽娟.员工招聘与配置[M].2版.上海:复旦大学出版社,2012.

[20] 王挺,寇建涛.员工招聘[M].北京:北京大学出版社,2012.

[21] 李丽娟,张骞.员工招聘与录用实务[M].北京:中国人民大学出版社,2015.

[22] 杨倩.员工招聘[M].西安:西安交通大学出版社,2006.

[23] 赵淑芳.员工招聘与甄选实务手册[M].北京:清华大学出版社,2013.

[24] 边文霞.员工招聘实务[M].2版.北京:机械工业出版社,2011.

[25] 陈丽琳.员工招聘与配置[M].长春:东北师范大学出版社,2011.

[26] 张志军.员工招聘与选拔实务[M].北京:中国物资出版社,2010.

[27] 中国就业培训技术指导中心.国家职业资格培训教程:企业人力资源管理师(二级)[M].3版.北京:中国劳动社会保障出版社,2014.

[28] 中国就业培训技术指导中心.国家职业资格培训教程:企业人力资源管理师(三级)[M].3版.北京:中国劳动社会保障出版社,2014.

应用型本科院校"十三五"规划教材/经济管理类

Exercise Books of Employees Recruitment

员工招聘习题集

主　编　陈冰冰　孙　佳
副主编　缪春光　李　丹　周欣然

哈尔滨工业大学出版社
HARBIN INSTITUTE OF TECHNOLOGY PRESS

应用型本科院校"十三五"规划教材/经济管理类

Exercise Books of Employees' Recruitment

员工招聘习题集

主 编 郭海玲 李 涛
副主编 张宝忠 孟 丹 陈雅琼

哈尔滨工业大学出版社

目　　录

第一章　绪论 ··· 1

第二章　招聘的影响因素 ··· 4

第三章　招聘立法与招聘原理 ·· 7

第四章　招聘基础 ·· 11

第五章　招聘计划 ·· 17

第六章　招聘策略 ·· 22

第七章　招聘渠道 ·· 25

第八章　简历的制作与筛选 ·· 29

第九章　笔试 ·· 31

第十章　面试 ·· 33

第十一章　其他选拔方法 ·· 37

第十二章　背景调查与体检 ·· 42

第十三章　员工录用与入职管理 ····································· 45

第十四章　招聘评估 ·· 49

课后习题参考答案 ··· 54

第一章

绪 论

【练习题】

一、单项选择题

1. 招聘的依据是什么？（　　）。
   A. 用人部门的要求　　　　　　B. 人力资源部的要求
   C. 企业人力资源规划和工作分析　　D. 政府的要求
2. （　　）是根据选拔过程中的信息对候选人做出安置、试用和录用的过程。
   A. 招募　　　　　　　　　　　B. 录用
   C. 选拔　　　　　　　　　　　D. 评估
3. （　　）是员工招聘的首要原则。
   A. 能岗匹配原则　　　　　　　B. 双向选择原则
   C. 竞争录用原则　　　　　　　D. 多元化原则
4. 发布招聘信息属于招聘中的（　　）环节。
   A. 招募　　　　　　　　　　　B. 选拔
   C. 录用　　　　　　　　　　　D. 评估
5. （　　）指对新员工入职后在岗位上所做出的业绩、利润及其他绩效结果的评估，一般通过与历史同期或同行业的标准做比较来确定。
   A. 招聘评估　　　　　　　　　B. 招聘成本评估
   C. 招聘人员评估　　　　　　　D. 招聘成本收益评估

二、多项选择题

1. 招聘环节包括（　　）。
   A. 招募　　　　　　　　　　　B. 选拔
   C. 录用　　　　　　　　　　　D. 评估
   E. 人力资源规划
2. 招聘的作用包括（　　）。
   A. 招聘工作决定着组织人力资源的质量
   B. 招聘工作影响着组织人员的稳定性

C. 招聘工作影响着人力资源管理成本
D. 招聘工作影响着组织的社会形象
E. 招聘工作决定着组织人力资源的数量

3. 招聘的程序包括(　　)。
   A. 招聘需求分析　　　　　　B. 人员招募
   C. 人员选拔　　　　　　　　D. 员工录用
   E. 招聘评估

4. 人员录用工作主要包括(　　)。
   A. 制定录用决策　　　　　　B. 通知录用人员报道
   C. 安排岗前培训　　　　　　D. 签订劳动合同
   E. 评估录用人员

5. 招聘评估可以对招聘过程中的(　　)进行检查。
   A. 招聘渠道的选择　　　　　B. 招聘方法的选择
   C. 招聘地点的选择　　　　　D. 候选人的选择
   E. 招聘成本

三、简答题

1. 招聘的含义是什么？
2. 招聘的环节包括什么？
3. 招聘的作用有哪些？
4. 招聘的原则包括什么？

四、论述题

1. 未来作为企业的一名招聘人员,在招聘工作开始之前要做好什么工作？
2. 简述我国企业在招聘过程中可能存在的问题。

五、案例分析

　　NLC 化学有限公司是一家跨国企业,主要以研制、生产、销售医药、农药为主,耐顿公司是 NLC 化学有限公司在中国的子公司,主要生产、销售医疗药品,随着生产业务的扩大,为了对生产部门的人力资源进行更为有效的管理开发,2010 年初始,分公司总经理把生产部门的经理于欣和人力资源部门经理于建华叫到办公室,商量在生产部门设立一个处理人事事务的职位,工作主要是生产部与人力资源部的协调工作。最后,总经理说希望通过外部招聘的方式寻找人才。

　　在走出总经理的办公室后,人力资源部经理于建华开始一系列工作,在招聘渠道的选择上,人力资源部经理于建华设计两个方案:在本行业专业媒体中做专业人员招聘,费用为 3500 元,好处是对口的人才比例会高些,招聘成本低;不利条件是企业宣传力度小。另一个方案为在大众媒体上做招聘,费用为 8500 元;好处是企业影响力度很大;不利条件是非专业人才的比例很高,前期筛选工作量大,招聘成本高;初步选用第一种方案。总经理看过招聘计划后,认为公司在大陆地区处于初期发展阶段不应放过任何一个宣传企业的机会,于是选择了第二种方案。

其招聘广告刊登的内容如下：您的就业机会在 NLC 化学有限公司下属的耐顿公司

职位：对于希望发展迅速的新行业的生产部人力资源主管

主管生产部和人力资源部两部门协调性工作

抓住机会！充满信心！

请把简历寄到：耐顿公司 人力资源部

在一周内的时间里，人力资源部收到了 800 多封简历。于建华和人力资源部的人员在 800 份简历中筛出 70 封有效简历，经筛选后，留下 5 人。于是他来到生产部门经理于欣的办公室，将此 5 人的简历交给了于欣，并让于欣直接约见面试。部门经理于欣经过筛选后认为可从两人中做选择——李楚和王智勇。

他们将所了解的两人资料对比如下：姓名、性别、学历、年龄、工作时间、以前的工作表现结果。

李楚，男，企业管理学学士学位，32 岁，有 8 年一般人事管理及生产经验，在此之前的两份工作均有良好的表现，可录用；

王智勇，男，企业管理学学士学位，32 岁，7 年人事管理和生产经验，以前曾在两个单位工作过，第一位主管评价很好，没有第二为主管的评价资料，可录用。

从以上的资料可以看出，李楚和王智勇的基本条件相当。但值得注意的是：王智勇在招聘过程中，没有上一个公司主管的评价。公司通知二人，一周后等待通知，在此期间，李楚在静待佳音；而王智勇打过几次电话给人力资源部经理于建华，第一次表示感谢，第二次表示非常想得到这份工作。生产部门经理于欣在反复考虑后，来到人力资源部经理室，与于建华商谈何人可录用。

于建华：两位候选人看来似乎都不错，你认为哪一位更合适呢？

于欣：两位候选人的资格审查都合格了，唯一存在的问题是王智勇的第二家公司主管给的资料太少，但是虽然如此，我也看不出他有何不好的背景，你的意见呢？

于建华：很好，于经理，显然你我对王智勇的面谈表现都有很好的印象，人嘛，有点圆滑，但我想我会很容易与他共事，相信在以后的工作中不会出现大的问题。

于欣：既然他将与你共事，当然由你做出最后的决定。

于是，最后决定录用王智勇。王智勇来到公司工作了六个月，在工作期间，他的工作表现不如期望得好，指定的工作他经常不能按时完成，有时甚至表现出不胜任其工作的行为，所以引起了管理层的抱怨，显然他不适合此职位，必须加以处理。然而，王智勇也很委屈：在来公司工作了一段时间，招聘所描述的公司环境和各方面情况与实际情况并不一样。原来谈好的薪酬待遇在进入公司后又有所减少。工作的性质和面试时所描述的也有所不同，也没有正规的工作说明书作为岗位工作的基础依据。

那么，到底是谁的问题呢？

【案例演练】

将班级分成 5~8 人的工作小组，每个小组为一个招聘团队。虚拟一家企业，设定企业所属行业、规模、企业文化、拟招聘岗位类型等招聘所需材料，通过开放性讨论的方式确定影响本次招聘成功的因素，并初步拟订一份招聘计划。

第二章

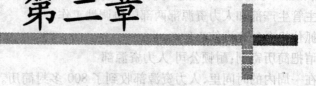

招聘的影响因素

【练习题】

一、单项选择题

1. 组织在招聘过程中,会遇到有限的招聘资金使招聘渠道和招聘方法可选择余地较小,影响招聘效果,这体现( )因素对组织招聘的影响。

A. 组织的形象　　　　　　　　B. 组织的用人政策
C. 招聘渠道的费用　　　　　　D. 招聘预算

2. 个人因素会影响到企业最终的招聘效果,个人因素可以从求职者的个体因素和( )两方面来进行分析。

A. 求职者的求职动机　　　　　B. 求职者的能力
C. 招聘者的个体因素　　　　　D. 招聘者的前期准备

3. 宏观经济形势会对企业的招聘产生影响,直接表现在( )。

A. 企业的招聘需求　　　　　　B. 企业的经营状况
C. 企业的招聘成本　　　　　　D. 企业的品牌影响力

4. 在实际招聘过程中,公司常常标榜高薪招人和愉悦的工作环境,这体现企业在利用( )因素提升招聘效果。

A. 企业的经营战略　　　　　　B. 企业自身的形象和条件
C. 职位的性质　　　　　　　　D. 企业的招聘预算

5. 招聘者如果想要顺利完成企业的招聘需求,需要掌握多种技巧,以下不属于招聘技巧的是( )。

A. 把握职位的潜在要求　　　　B. 熟练运用面试技巧
C. 降低招聘成本　　　　　　　D. 掌控面试过程

二、多项选择题

1. 招聘的影响因素包括( )。

A. 外部因素　　　　　　　　　B. 内部因素
C. 个体因素　　　　　　　　　D. 招聘渠道
E. 招聘人员素质

2. 招聘的内部影响因素包括(　　)。
   A. 企业的经营战略　　　　　　B. 企业的用人政策
   C. 企业自身的形象和条件　　　D. 职位的性质
   E. 招聘预算
3. 招聘的外部影响因素包括(　　)。
   A. 社会经济制度和宏观经济形势　　B. 国家的政策法规
   C. 传统文化及风俗习惯　　　　　　D. 外部劳动力市场
   E. 竞争对手
4. 影响招聘的公司层面的个体因素包括(　　)。
   A. 招聘者的个人特质　　　　　B. 求职者的个人特质
   C. 求职者的求职动机　　　　　D. 求职者的渴求强度
   E. 招聘者的能力和经验
5. 招聘者的个人特质会对招聘效果起到很大的作用,以下属于招聘者的个人特质的是(　　)。
   A. 招聘者的品德　　　　　　　B. 招聘者的形象
   C. 招聘者的学历　　　　　　　D. 招聘者的专业知识
   E. 招聘者的工作经验

三、简答题

1. 招聘的影响因素有哪些?
2. 招聘的外部影响因素有哪些?
3. 招聘的内部影响因素有哪些?
4. 影响招聘的个体因素包括哪些内容?

四、论述题

1. 企业在招聘过程中会面对来自竞争对手的压力吗?为什么?
2. 请列出你所知道的有关招聘的法律和法规?

五、案例分析

德邦物流股份有限公司成立于1996年9月,在珠江三角洲建立了德邦物流的第一家公司,经过二十载的成长与发展,已经成为我国物流业的龙头企业,成为一家综合服务型物流企业中的5A级企业。几十年来,德邦物流在公路零担运输和航空代理服务中都取得了很大的发展,并秉承着"承载信任,助理成功"的企业理念,将客户放在第一位,以每年60%的增速迅速占领市场。到2013年时,德邦物流有限公司已经发展到日吞吐量3万吨,直营网点近5000,遍及我国三十多个省的规模,覆盖了我国经济与人口的90%左右。在运输车辆、货台总面积、企业规模等方面都占据突出地位。

目前德邦物流公司的企业招聘途径主要包括网站招聘(智联招聘、前程无忧、58同城、赶集网等)、人才市场(本地人才市场)、当地招聘(校园招聘、中介公司介绍)、内部介绍(员工的引荐)和报纸刊登招聘等。其中,通过网站招聘和人才市场招聘获得的员工数量,就已经达到了总员工数量的一半。进入德邦公司之后,公司本身设立包括17个培训组的德邦学院,让有经验的老员工通过授课讲解对新员工进行统一培训,其中的兼职讲师已达到2000名,自主训练科目也多达642门,培训投入资金多达两千万。此类种种,足见德邦物流有限公司对与员工素质的重视。

结合案例,从影响企业招聘效果的影响因素入手,分析德邦物流招聘模式存在的问题。

【案例演练】

根据第一章当中以小组为单位设计的企业背景,分析影响企业招聘效果的因素,并为后续招聘计划的制订提供参考意见。

第三章
Chapter 3

招聘立法与招聘原理

【练习题】

一、单项选择题

1. 下列哪条是用人单位在招聘录用员工时不可以做的( )。
   A. 不得以民族、宗教信仰为由拒绝聘用或提高聘用标准。
   B. 除国家规定的不适合妇女工作的岗位外,不得以性别为由拒绝招聘妇女或提高对妇女的招聘条件。
   C. 不得侵犯其他单位及求职应聘人员的合法权益或以不正当手段招聘人才。
   D. 可以以合理名义向求职应聘人员收取费用,要求应聘人员以财产、证件做抵押。

2. ( )是劳动者与用人单位确立劳动关系、明确双方权利和义务的协议。
   A. 劳动合同　　　　　　　　B. 用工协议
   C. 劳动法　　　　　　　　　D. 补充协议

3. 下列有关签订劳动合同相关的法律规定中( )是错误的。
   A. 用人单位与被聘员工必须签订劳动合同
   B. 用人单位与被聘员工签订劳动合同时不可以收取任何定金、保证金或抵押金
   C. 用人单位与被聘员工签订劳动合同时可以按需收取培训费
   D. 用人单位与被聘人员在签订劳动合同时,可以约定试用期。但试用期最长不得超过6个月。

4. 下列哪项不是拟来中国境内单位就业的外国人必须具备的条件?( )。
   A. 身体健康,不患有精神病和麻风病、艾滋病、性病、开放性肺结核病等传染病
   B. 持有有效护照或能代替护照的其他国际旅行证件
   C. 具有从事其工作所必需的专业技能和相适应的学历
   D. 拟聘单位录用通知书

5. 用人单位与被聘用的外国人应依法订立劳动合同的期限最长不得超过( )年。
   A. 3年　　　　　　　　　　B. 4年
   C. 5年　　　　　　　　　　D. 6年

6. 人力资源个体之间尽管有差异,有时甚至是非常大的差异,但必须承认人人有其才,即每个人都有他的"闪光点",都有他突出的地方。这是( )原理。

　　A. 要素有用原理　　　　　　　　　B. 能岗匹配原理
　　C. 互补增值原理　　　　　　　　　D. 动态适应原理

二、多项选择题

1. 下列哪些情形,劳动者可以随时通知用人单位解除劳动合同?( )。

　　A. 在试用期内的
　　B. 用人单位以暴力、威胁强迫员工劳动的
　　C. 用人单位用非法限制人身自由的手段强迫劳动的
　　D. 用人单位用未按照劳动合同约定支付劳动报酬或者提供劳动条件的
　　E. 在合同期内的

2. 下列哪些情形,用人单位可以随时解除劳动合同?( )。

　　A. 在试用期间被证明不符合录用条件的
　　B. 严重违反劳动纪律或者用人单位规章制度的
　　C. 对用人单位利益造成重大损害的
　　D. 被依法追究刑事责任的
　　E. 严重失职,营私舞弊

3. 用人单位向行业主管部门提出申请必须提供哪些有效文件?( )。

　　A. 拟聘用外国人的履历证明
　　B. 拟聘用外国人原因的报告
　　C. 拟聘用的外国人从事该项工作的资格证明
　　D. 拟聘用的外国人健康状况证明
　　E. 拟聘用外国人的结婚证

4. 从动态适应原理出发,应该把人事调整作为一种经常性的任务抓好,全面地对待人力资源的开发和管理。这包括( )。

　　A. 岗位的调整——设岗数、岗位职责的变化
　　B. 岗位权限——按主管意愿调整
　　C. 弹性工作时间——小时工、半时工、全时工
　　D. 一人多岗、一专多能,有序流动
　　E. 人员的调整——竞争上岗,招聘干部,平行调动

5. 弹性冗余原理包括( )。

　　A. 必须考虑劳动者体质的强弱,使劳动强度具有弹性
　　B. 必须考虑劳动者智力的差异,使劳动分工具有弹性
　　C. 必须考虑劳动者性格差异,使工作定额有适度弹性
　　D. 必须考虑行业的差异,使工作负荷有弹性
　　E. 必须考虑劳动者气质的差异,使工作定额有适度弹性

三、判断题

1. 效率优先在招聘中的体现就是根据不同的招聘要求,灵活选用适当的招聘形式和方法,在保证招聘质量的基础上,尽可能地降低招聘成本。（　　）
2. 人员配置中的动态适应原理是指人与事的配置过程中,既要达到工作的满负荷,又要符合人力资源的生理需求,不能超越身心的极限。（　　）
3. 人员配置的原理中,具有不同能力特点和水平的人,应安排在要求相应能力特点和层次的职位上,使人尽其才,物尽其用,这是能岗匹配原理。（　　）
4. 强调人各有所长也各有所短,应以己之长补他人之短是要素有用原理。（　　）

四、简述题

1. 简述用人单位拟聘雇或者接受被派遣的台、港、澳人员,应当具备的条件。
2. 简述能岗匹配原理的内容。
3. 简述互补增值原理的内容及应用时的注意事项。

五、案例分析

1. M 跨国公司招聘失败案例

2012 年,M 跨国公司收购中国本土化妆品品牌 WH,计划重新打造 WH,并推向国际市场。由此,招募一个既熟悉 WH 本身品牌概念,又理解 M 跨国公司对 WH 的要求和计划的品牌经理迫在眉睫。

因为 WH 是一个中国本土品牌,M 跨国公司希望能在中国招到符合要求的品牌经理,以便更好地打造这个中国品牌的形象。因此 M 跨国公司总部向招聘部门提出了招募一个华裔品牌经理的要求并且把详细的职位说明书发给了中国区招聘经理 J。

经过一轮轮的筛选和面试,最终 J 确定了两个不同背景和经历的候选人 A 和 B,推荐给总公司。A 年少即离开中国,在海外学习和工作多年,懂多国语言,曾在南美洲国家有成功的品牌运作经验,具有全球观;B 在中国有多家公司市场运作的经验,在品牌操作上从底层做到一家大型跨国公司的品牌经理,有丰富的实操经验,对中国市场了解透彻。

在总部的面试中,A 语言表达能力出色,其全球性观念也让总部面试人员印象深刻。虽然他没有中国市场运作的经验,但是他与 M 跨国公司的理念似乎更加吻合。而 B 虽然有丰富的中国市场品牌运作经验和对中国市场有深入的理解,但是由于没有海外背景,学历及外语能力不高而显得逊色。因此,总公司决定录用 A 为 WH 的品牌经理,派他到中国市场运作 WH 品牌。

A 入职后,根据总部的指引和他的品牌运作经验对 TS 品牌重新打造,在中国大力推广新的 TS 品牌。但是,由于他对中国市场的把握失误,TS 在品牌形象、推广途径、新产品开发等方面未能迅速抓住中国消费者的需求,TS 在 6 个月内销量急剧滑坡。总部为此十分着急,不断施加压力。A 最终在 6 个月后选择了离开。

看到这个结果,M 跨国公司中国区招聘经理 J 陷入了深深的反思。

结合案例及本章学习内容,分析 M 跨国公司中国区招聘经理 J 招聘失败的原因。

2. 招错人的代价

郑恩泉是在年末进入安城公司的,公司为郑恩泉配备了标准办公位、办公用机。郑恩泉还特意准备了一个笔记本,用于记录自己在实习过程中的心得。因为时值年末,公司里各部门、各级员工都很繁忙,人力资源部也不例外,要定编制、定人力成本、审核招聘计划,等等。人力资源部的领导和同事天天开会、讨论、做规划、汇报,郑恩泉也跟着开了几个会,虽然插不上什么话,但通过参加这些会议,郑恩泉对公司的人力资源状况有了一些了解。在这里,郑思泉想借机对那些新入行的同人说几句:参加会议本身就是培训。对于那些刚从校门走入企业的年轻人,他们虽然都非常看重个人的发展、培训机会,但总觉得坐在教室里,老师在台上讲,自己在台下记才是培训。殊不知,在企业中很少有这种机会,每一次开会,与领导、同事的交流等都是培训,关键是时时做个有心人,注意积累和总结。

公司给郑恩泉配备的指导人是一位在安诚公司有3年招聘工作经验的老员工。指导人在本职工作之余,还要辅导郑恩泉的工作,当然也徒添不少工作量。但指导人一点也没表现出不耐烦,正如他跟郑恩泉说的:"企业的'企',字,上面是'人',下面是'止',字。如果没有人,企业的发展就停滞了。我们的工作就是为企业招到能帮企业良性运转起来的人,而且不但要招'螺丝钉',他们能很好地维持企业的运转,还要招到'发动机',让他们为企业的发展规划出更美的蓝图。能否招到优秀的人才,大部分重担落在我们人力资源部招聘人员身上啊。"郑恩泉听后,心里更是增添了神圣感与使命感,感到自己的岗位实在是太重要了。如果招错了人,企业为之付出的代价将是巨大的。

试简述,如果招错了人,企业会付出什么代价呢?

第四章
Chapter 4

招聘基础

一、单项选择题

1. (　　)是指根据组织发展战略、组织目标及组织内外环境的变化,预测未来的组织任务和环境对组织的要求,为完成这些任务和满足这些要求而提供人力资源的过程。
   A. 人力资源需求　　　　　　　　B. 人力资源供给
   C. 人力资源供需　　　　　　　　D. 人力资源规划

2. 所谓(　　),是指由具体的职能部门根据自己部门的需要预测将来某阶段内对各种人员的需求,并向上级主管提出用人需求和建议,最后经过横向和纵向的汇总、分析而获得人员需求预测的总数。
   A. 自上而下法　　　　　　　　　B. 德尔菲法
   C. 自下而上法　　　　　　　　　D. 多元回归分析

3. (　　)是根据生产工作岗位的多少与岗位工作负荷量的大小计算并确定定员人数的方法。
   A. 比例定员法　　　　　　　　　B. 设备看管定额定员法
   C. 工作负荷法　　　　　　　　　D. 岗位定员法

4. 当企业出现延长工作时间,让员工加班加点的现象时,是(　　)时的解决办法。
   A. 供需平衡　　　　　　　　　　B. 供给大于需求
   C. 供给小于需求　　　　　　　　D. 那种都不是

二、多项选择题

1. 按照人力资源规划的期限长短不同,可将其分为(　　)。
   A. 长期规划　　　　　　　　　　B. 中期规划
   C. 短期规划　　　　　　　　　　D. 宏观人力资源规划
   E. 微观人力资源规划

2. 人力资源规划的层次可以分为(　　)。
   A. 环境(文化)层次　　　　　　　B. 组织层次
   C. 团队层次　　　　　　　　　　D. 人力资源数量层次
   E. 人力资源部门层次

3. 人力资源各项业务规划包括（   ）等。
   A. 人员补充计划　　　　　　B. 人员配置计划
   C. 培训开发计划　　　　　　D. 薪资激励计划
   E. 企业战略计划
4. 在进行需求预测时，需要考虑以下哪些因素？（   ）。
   A. 企业外部环境因素　　　　B. 企业内部因素
   C. 社会文化因素　　　　　　D. 企业现有人力资源状况
   E. 企业奖金状况
5. 人力资源供给内部预测的方法有（   ）。
   A. 继任卡法　　　　　　　　B. 德尔菲法
   C. 马尔科夫法　　　　　　　D. 平衡计分卡
   E. 技术调查法

三、简答题
1. 简述人力资源规划的作用。
2. 简述工作分析的作用。
3. 简述工作分析的流程。
4. 简述问卷调查法的步骤。
5. 企业人力资源供大于求的改善措施是什么？
6. 企业人力资源供不应求的改善措施有哪些？

四、论述题
1. 试论述工作分析与招聘的关系。
2. 试论述工作岗位的设置主要考虑的因素。

【案例演练】

4-1 新地公司招聘人力资源总监

宏期公司是一家传统产业的上市公司，隶属于大同集团，由大同集团控股。今年伊始，新地投资公司通过控股并托管大同集团从而间接控制宏期公司。新地投资公司资产逾 30 亿元人民币，目前控股多家海内外上市公司，近年来在国内主要以证券市场运作为主，较少涉足产业经营。在入驻大同集团后，新地投资公司公开高薪招聘派驻大同集团的人力资源总监，并且委托多家知名猎头公司代为寻找。其中一家猎头公司开列的对外招聘条件如下：

- 年龄在 32~40 岁之间，硕士以上学历；
- 五年以上大型企业人力资源管理经验，至少担任三年人力资源总监；
- 熟悉中国劳动人事政策及相关法律、法规；
- 熟悉中西方文化及西方人力资源理论；
- 富有团队精神和战略眼光，具有出色的组织能力、判断能力和沟通能力；
- 年薪 20 万元（人民币）以上。

表面看来,这家猎头公司给出的资质要求较为明确,按图索骥即可。然而,这份说明首先对于应聘者来说,可能是一头雾水,不明所以。这里有许多标准难以有效量化,其原因关键还在于招聘方没有给出详尽的岗位工作内容、流程描述与工作目标要求,而这对于一个真正懂得相关专业知识的人力资源总监来说是至关重要的,因为他要借此判断自己的工作经验与能力特点是否能胜任工作。这涉及聘任的一个基本原则,即判断自己是否是最合适的,而不一定是最好的人选。其次,对招聘方来说,这样的条件说明也使其难以有效判断什么样的人才是真正合适的。实际上,新地公司对要招聘什么样的人力资源总监,自身认识也模糊不清。新地公司虽然在道理上明白人力资源总监这一职位的重要性,然而并不能明确人力资源总监及其所属部门在公司经营战略及组织中的地位与作用,不能明确其真正的工作内容、流程及工作目标要求,因而就难以对这一职位提出客观的评价与要求,从而导致整个招聘过程充满不确定性,招聘周期过长,招聘费用加大,在社会上带来一定负面影响,并且难以设计、实施与此高管职位相对应的岗位定向培训和工作铺垫,导致不能理性规避其工作过程中由于能力原因及工作失误造成的失败风险,加大了聘任失败的可能。

案例讨论题:

1. 组织针对招聘工作,需要树立什么样的招聘理念?建立什么样的招聘基础?
2. 你能为该公司人力资源总监职位设计一个有效的招聘流程吗?

4-2 房地产企业的人力资源管理问题

W公司是一家民营房地产企业,1936年总经理贾先生创建W公司的时候仅有数百万元的资金和十几名员工,并设立了财务、项目开发、工程管理和行政人事4部门,其中财务部负责人刘女士是贾总的亲戚,仅持有初级会计上岗证书。负责项目开发的江先生是贾总多年的好友,初中毕业,曾经当过一家餐馆的老板。

由于近几年房地产行业发展迅速,W公司的规模迅速扩大,职能部门由过去原有的4个部门变成项目开发、市场策划、工程管理、质量控制、技术设计、财务、人力资源、物业和行政等9个部门。人员也由过去的十几个人发展到现在有500多人。人员有增加,诸多的管理问题也频频出现。例如,虽然公司提出了明确的战略规划,但总是不能落实,贾总也发现:追究责任时候,好像大家都有责任,每次大家都聚到一起自我批评一番后,下次的规划依旧不能落实,问题到底出现在哪里呢?让他颇为郁闷的还有,各部门的管理人员都经常各自为政,意见不一,相互扯皮。此外,W公司在创业初期没有任何考评指标和标准,完全依靠家庭成员的自觉性进行工作,后来,虽然组建了人力资源部,但也仅仅实行了直接主管考评法,对各级员工进行主观性考评,导致员工的抱怨越来越多。

目前,W公司手中仍然有约120万平方米的待开发土地,贾总犯难的是,别的当家愁的是"无米下锅",而他现在愁的是"怎么下锅",企业目前的工作已经让他忙得焦头烂额,深感力不从心。

请您根据本案例,回答以下问题:

1. 该公司在企业人力资源管理方面目前存在哪些问题?
2. 请根据该公司存在的主要问题,提出具体的解决方案。

4-3 腾讯公司的招聘经验

腾讯有全球用户数量最多、最活跃的互联网社区,伴随着互联网行业的飞速发展,腾讯的业务也在迅猛地扩张。一年招聘三四千人,对国内其他企业来说是难以想象的,但是近几年对腾讯可以说是家常便饭。在这里,腾讯集团总部招聘总监殷小永先生将和我们分享他在腾讯的招聘经验……

如果要用两个词来形容互联网行业,那就是创新和变化。

我加盟腾讯这四年多来,整个互联网行业发生了翻天覆地的变化。以前参加分享时,大家都是在听、在记,现在大家都是拿手机拍照,不一会微博就出来了。

互联网行业另一个特点就是潜力巨大。目前中国的网民人数突破了5亿,虽然进入了一个增速放缓的阶段,但移动互联网又成了一个新的增长点。

互联网行业的飞速发展,带来了巨大的人才需求。首先是集中化。北上广深的互联网人才很多,尤其是北京和上海。我们在招聘中面临的最大困难是,没有办法在深圳本地找到足够多优秀的人才,而从外地挖人来深圳,成本非常高。其次是流动性高。互联网行业人才的主动流失率达到9.9%,主要集中在有三年经验的人才。这个行业里的人才的特点是年轻化、高学历、发展机会多。年纪轻意味着在招聘和管理上会遇到很多问题。我常常参加校招,所遇到的违约、拒签……很多时候不是因为他找到了一个更好的工作,而是因为一些让人匪夷所思的理由。

从招聘的岗位而言,互联网行业主要的需求还是技术类的人才——各种语言的开发。但是腾讯最难找的是管理人才。这也是因为这个行业的人年轻、经验少,管理的人才不是特别多。你若想要找一个一直在这个行业里干、有十年工作经验的人,是非常困难的。

互联网行业的薪酬普遍都比较高。腾讯在行业里仅处于中上水平。经历过前几年互联网公司的上市大潮后,整个行业的薪酬出现了不小的波动。不过从另一个角度来说,这说明行业的前景不错,这里面想象的空间还是很大的。

从(20)08年到(20)11年,腾讯的人数都是直线上升的。我们粗略统计了一下,平均每个工作日入职的人数超过了26人——如果单纯是招26个C++,可能难度还不是很大,但这些人力有研发、产品、测试、运营等等,岗位分类非常细,就是一个非常庞大的数字。

在(20)08年开始搭建招聘体系的时候,我们认为有三个东西非常重要。

第一是结构。招聘不仅是招几个人,我们希望做得更深一些:需要什么样的人,哪些需要资历比较深的,哪些需要比较年轻的……所以我们不停地研究各种模型,希望让整体的人才结构达到合理的状态。

第二是开源。开源分为两种:一种是被动,包括发布广告和找猎头;一种是主动,前一段时间,我们从猎头公司挖了几个人来做招聘经理,也是希望能学习猎头公司一些好的经验,能主动挖掘一些行业内比较优秀的人才。

第三是质量。无论是一年招3000人也好,4000人也好,质量出了问题,对公司都是一种伤害。如何控制人才质量?我们采用两条腿走路,一是管理好面试官,二是将面试的流程设计得更加科学。我们专门有一个团队负责面试官的管理,还有一个团队负责基础建设:制度流程、IT平台、雇主品牌,等等。

我们的招聘哲学归纳起来就是一句话："寻找有梦想、爱学习的实力派。""有梦想"是指对互联网行业有热情并持续关注，将其作为自己长期的事业来发展："爱学习"的招聘标准，即有潜力，拥有良好的基础素质；"实力派"并不特指名牌高校，但专业成绩必须优秀，并有丰富的实践经历，对产品有个人独到的见解。

互联网行业的发展太快了，很多公司都以高薪来招揽优秀的人才，百度对技术开发类的应届毕业生能给到年薪25万～30万元。互联网招揽人才的方式也更加多样化，比方盛大之前的"牛人计划"，都是传统行业无法想象的。再者，候选人本身的个性化诉求也非常多。随着80、90后员工成为主流，他们的忠诚度非常低，今天接到OFFER来到公司上班，第二天可能就走了。当然，他们的选择也很多，企业很难一一满足他们的个性化诉求，所以招聘的难度依然不小。

我们刚开始接到庞大的招聘需求时，也是采用很原始的方法：投放广告，参加各种招聘会⋯⋯确实，我们收到了非常多的简历，但是，所面试的人经验和能力都达不到业务部门的要求，后来我们停止了这种形式。在与业内的专家和第三方公司探讨后，我们发现互联网的普及已经改变了人与人沟通的方式，我们投放出去的广告、花出去的钱，更多是集中在10%的主动求职者身上，而另外90%的人根本接收不到你的信息。

以前人们找工作的渠道很简单，无非就是报纸和招聘网站，但是现在可能不需要挂他的简历，就有人会找到他：微博、猎头的朋友⋯⋯所以我们就想：为什么我们要花那么大的力气到外面去找？其实我们本身就守着一个非常大的渠道。广告依然会投入——我们不能放弃这10%的主动求职者，但是我们愿意花更多的时间、精力和成本放在社交招聘的建设上。

我们从两个维度来考虑渠道的建设，一个是从求职的角度，一个是从社交的角度。怎么接触到候选人，怎么将信息传递给他们，是我们一直思考的问题。因为在互联网行业，优秀的人才从来不主动找工作，甚至包括优秀学生。

一年半以前，我们建立了腾讯的招聘微博，到现在已经有了10万人的听众。当粉丝数达到10万人的规模时，便可以做很多事情，包括招募人才、发布信息、与听众互动、建立舆论等等——这是一个与潜在候选人互动交流、拓展雇主品牌非常好的途径。

同时，我们也在做国际化的尝试。目前我们的业务已经拓展到南美、欧洲、东南亚等地区的国家，我们每年都会在美国、新加坡等地做一些专场的招聘会。

腾讯差不多有70人专职做招聘，用这些人来支撑腾讯两万人的业务，还稍显不够。当面临人才需求的急剧扩张时，你就需要在企业内部营造一种招聘氛围——内部推荐，就是带动全公司的人一起来做招聘。

开辟内部推荐这个渠道，要把它当作一个产品来运营：要考虑用户是谁，怎么提升用户体验，怎么快速地响应并快速地见到成效。去年，通过内部伯乐这个招聘渠道招到的人才占到整个社会招聘的48%，资深岗位内部伯乐的贡献率也达到35%之多——这让和腾讯合作的猎头们叫苦不迭，他们不知道竞争对手是我们的内部员工。

如何提升内部伯乐的推荐效果？很多人说是给钱，刚开始我们为了提升伯乐的积极性，也是考虑将奖金的数额提高一点点，但是效果并不是特别好。探究原因，我们发现了很多问题。首先是推荐的门槛太高。每次内部员工来推荐人才时，都要录入很多信息，他们的本职工作很忙,根本没有时间做这个;其次,有时候推荐了一个人入职,HR会忙得忘了支付伯乐奖金;其三,我们发现积极的伯乐往往是应届毕业生,他们迫切地需要钱,但是他们的圈子里能有多少高端人才呢?

发现这个问题之后,我们就思考着该怎么去解决。在处理内部推荐时,我们第一是追求响应速度,候选人行或者不行,在三个工作日内必须给出结果;其次,我们一旦觉得这个人可以,就马上支付给伯乐奖金。我们还设计了很多广告,在公司大楼四处张贴,营造招聘的文化。

以前内部推荐,我们是把广告邮件一发,就坐等伯乐来推荐,现在我们是主动走出去。我们主要面向几类人群:一是刚入职的员工,我们都会主动去问有没有其他合适的候选人可以推荐。新员工都渴望尽快给公司做出贡献,而最有效的贡献就是推荐人才;二是离职的人。我们专门为离职的员工建立了一个QQ群,他们也会不定期为我们推荐一些人才。

案例思考:
1. 腾讯公司招聘管理中值得分享的经验有哪些?
2. 如何从企业战略发展的角度制定合适的人才发展政策和人才招聘规划?

Chapter 5

招聘计划

【练习题】

一、单项选择题

1.（　　）是指组织为了达到一定的战略目标,尤其是为了实现组织对人力资源的需求,而利用资源采取的招聘行动的总计划。

A. 招聘计划　　　　　　　　B. 人才选聘策略
C. 招聘备选策略　　　　　　D. 招聘策略

2.（　　）更强调个人与组织的关系是对义务的承诺与互惠而不是交换。

A. 心理契约　　　　　　　　B. 经济契约
C. 劳动合同　　　　　　　　D. 人力资源外包

3. 下列哪项不是内部招聘的优点?（　　）。

A. 鼓舞员工士气,提高员工工作热情　　B. 降低招聘成本
C. 候选人了解组织和工作要求　　　　　D. 简化招聘程序

4. 海外招聘的优点是（　　）。

A. 双方了解较充分　　　　　B. 比较公平、公正
C. 候选人数量多、质量高　　D. 效率高

5. 招聘成本里的人员费用不包括（　　）。

A. 招聘工作人员的工资　　　B. 招聘工作人员的工资福利
C. 求职者的工资　　　　　　D. 招聘工作人员的加班费

二、多项选择题

1. 下列哪项属于招聘的备选策略?（　　）。

A. 人力资源派遣　　　　　　B. 加班加点
C. 员工租赁　　　　　　　　D. 应急工
E. 以上都不是

2. 内部招聘主要有哪几种渠道?（　　）。

A. 内部晋升　　　　　　　　B. 岗位轮换
C. 岗位平调　　　　　　　　D. 人员重聘

E. 网络招聘

3. 外部招聘主要包括哪几种渠道？（　　）。

A. 人才交流会　　　　　　　B. 网络招聘

C. 媒体广告招聘　　　　　　D. 校园招聘

E. 岗位平调

4. 在进行招聘时,需要掌握以下哪种技术？（　　）。

A. 人员测评技术　　　　　　B. 观察技术

C. 读心术　　　　　　　　　D. 招聘环境设计技术

E. 招聘测试题的设计技术

5. 良好的个人品质包括（　　）。

A. 热情　　　　　　　　　　B. 自私

C. 诚恳　　　　　　　　　　D. 公正

E. 勤奋

三、简答题

1. 简述吸引度高的组织的策略特点。
2. 简述人才选聘策略。
3. 简述猎头公司招聘的步骤。
4. 简述招聘的渠道有哪些。
5. 简述如何构建高效的招聘团队。

四、论述题

1. 试论述不同招聘渠道的优缺点。
2. 试论述招聘计划的流程。

【案例演练】

5-1　企业如何招聘到合适的人选

某外资 SP 公司,位于北京东单东方广场,由于业务发展的需要,急需从外部招聘新员工。其间先后招聘了两位行政助理（女性）结果都失败了。具体情况如下：

A 入职的第二天就没来上班,没有来电话,上午公司打电话联系不到本人。经她弟弟解释,她不打算来公司上班了,具体原因没有说明。下午,她本人终于接电话,不肯来公司说明辞职原因。三天后又来公司,中间反复两次,最终决定不上班了。她的工作职责是负责前台接待。入职当天晚上公司举行了聚餐,她和同事谈得也挺愉快。她自述的辞职原因：工作内容和自己预期不一样,琐碎繁杂,觉得自己无法胜任前台工作。HR 对她的印象：内向、有想法、不甘于做琐碎、接待人的工作、对批评（即使是善意的）非常敏感。

B 工作十天后辞职。B 的工作职责是负责前台接待、出纳、办公用品采购、公司证照办理与变更手续等。自述辞职原因：奶奶病故了,需要辞职在家照顾爷爷。（但是当天身穿大红毛衣,化彩妆。）透露家里很有钱,家里没有人给人打工。HR 的印象：形象极好、思路清晰、沟通能力强、行政工作经验丰富。总经理印象:商务礼仪不好,经常是小孩姿态撒娇的样子,需要进行商务礼仪的培训。

该公司的招聘流程为:

1. 公司在网上发布招聘信息。
2. 总经理亲自筛选简历。
筛选标准:
本科应届毕业生或者年轻的
最好有照片
看起来漂亮的
学校最好是名校
3. 面试
如果总经理有时间就总经理直接面试。如果总经理没时间就HR进行初步面试,总经理最终面试。新员工的工作岗位、职责、薪资、入职时间都由总经理定。
4. 面试合格后录用
没有入职前培训,直接进入工作。

案例讨论题:
1. SP公司在招聘过程中存在什么问题?
2. 如何才能招到合适的人才?

5-2 如何招到合适的行政助理

公司背景

此公司是一国外SP公司在中国投资的独资子公司,主营业务是电信运营商提供技术支持,提供手机移动增值服务、手机广告。该公司所处行业为高科技行业,薪水待遇高于其他传统行业。公司的位置位于北京繁华商业区的著名写字楼,对白领女性具有很强的吸引力。总经理为外国人,在中国留过学,自认为对中国很了解。

被招聘的员工背景

员工A:

23岁,北京人,专科就读于北京工商大学,后专升本就读于人民大学。其间2004年1月到12月做过一年少儿剑桥英语的教师。

员工B:

21岁,北京人。学历大专,就读于中央广播电视大学电子商务专业。在上学期间工作了两个单位,一个为拍卖公司,另一个为电信设备公司。职务分别为商务助理和行政助理。2004年B曾参加瑞丽封面女孩华北赛区复赛,说明B的形象气质均佳。

招聘行政助理连续两次失败,作为公司的总经理和HR觉得这不是偶然现象,在招聘行政助理方面肯定有重大问题。

试分析:

1. 招聘过程中的主要问题出在什么地方?该如何改正?
2. 请你为招聘行政助理做一份招聘计划。

5-3 招兵买马之误

NLC化学有限公司是一家跨国企业,主要以研制、生产、销售医药、农药为主,耐顿公司是NLC化学有限公司在中国的子公司,主要生产、销售医疗药品,随着生产业务的扩大,为了对生产部门的人力资源进行更为有效的管理开发,2000年初始,分公司总经理把生产部门的经理于欣和人力资源部门经理于建华叫到办公室,商量在生产部门设立一个处理人事事务的职位,工作主要是生产部与人力资源部的协调工作。最后,总经理说希望通过外部招聘的方式寻找人才。

在走出总经理的办公室后,人力资源部经理于建华开始一系列工作,在招聘渠道的选择上,人力资源部经理于建华设计两个方案:在本行业专业媒体中做专业人员招聘,费用为3500元,好处是对口的人才比例会高些,招聘成本低;不利条件是企业宣传力度小。另一个方案为在大众媒体上做招聘,费用为8500元;好处是企业影响力度很大;不利条件是非专业人才的比例很高,前期筛选工作量大,招聘成本高;初步选用第一种方案。

总经理看过招聘计划后,认为公司在大陆地区处于初期发展阶段不应放过任何一个宣传企业的机会,于是选择了第二种方案。

其招聘广告刊登的内容如下:
您的就业机会在NLC化学有限公司下属的耐顿公司
1个职位:对于希望发展迅速的新行业的生产部人力资源主管
主管生产部和人力资源部两部门协调性工作
抓住机会!充满信心!
请把简历寄到:耐顿公司 人力资源部

在一周内的时间里,人力资源部收到了800多封简历。于建华和人力资源部的人员在800份简历中筛出70份有效简历,经筛选后,留下5人。于是他来到生产部门经理于欣的办公室,将此5人的简历交给了于欣,并让于欣直接约见面试。部门经理于欣经过筛选后认为可从两人中做选择——李楚和王智勇。他们将所了解的两人资料对比如下:

姓名、性别、学历、年龄、工作时间、以前的工作表现、结果。

李楚,男,企业管理学学士学位,32岁,有8年一般人事管理及生产经验,在此之前的两份工作均有良好的表现,可录用;

王智勇,男,企业管理学学士学位,32岁,7年人事管理和生产经验,以前曾在两个单位工作过,第一位主管评价很好,没有第二为主管的评价资料,可录用。

从以上的资料可以看出,李楚和王智勇的基本条件相当。但值得注意的是:王智勇在招聘过程中,没有上一个公司主管的评价。公司通知俩人,一周后等待通知,在此期间,李楚在静待佳音;而王智勇打过几次电话给人力资源部经理于建华,第一次表示感谢,第二次表示非常想得到这份工作。在生产部门经理于欣在反复考虑后,来到人力资源部经理室,与于建华商谈何人可录用。

于建华:两位候选人看来似乎都不错,你认为哪一位更合适呢?

于欣:两位候选人的资格审查都合格了,唯一存在的问题是王智勇的第二家公司主管给的资料太少,但是虽然如此,我也看不出他有何不好的背景,你的意见呢?

于建华:很好,于经理,显然你我对王智勇的面谈表现都有很好的印象,人嘛,有点圆滑,但我想我会很容易与他共事,相信在以后的工作中不会出现大的问题。

于欣:既然他将与你共事,当然由你做出最后的决定。

于是,最后决定录用王智勇。

王智勇来到公司工作了六个月,在工作期间,他的工作表现不如期望得好,指定的工作他经常不能按时完成,有时甚至表现出不胜任其工作的行为,所以引起了管理层的抱怨,显然他不适合此职位,必须加以处理。

然而,王智勇也很委屈:在来公司工作了一段时间,招聘所描述的公司环境和各方面情况与实际情况并不一样。原来谈好的薪酬待遇在进入公司后又有所减少。工作的性质和面试时所描述的也有所不同,也没有正规的工作说明书作为岗位工作的基础依据。

那么,到底是谁的问题呢?

1. 请你分析此次招聘失败的症结所在。
2. 请提出适合的解决方案。

第六章

Chapter 6

招聘策略

【练习题】

一、单项选择题

1. 招聘团队的组建原则不包括( )。
   A. 职位互补 B. 知识互补
   C. 能力互补 D. 兴趣互补

2. 在招聘前期,( )负责拟定招聘计划,确定各类人员的招聘方式,与企业外面相关的机构联系,收集整理应聘资料。
   A. 人力资源管理部门 B. 业务部门
   C. 后勤部门 D. 办公室

3. ( )根据应聘者的资料,对应聘者进行初步筛选,组织笔试。
   A. 人力资源管理部门 B. 业务部门
   C. 后勤部门 D. 办公室

4. ( )进行背景调查,回复参加招聘者,确定报道时间。
   A. 人力资源管理部门 B. 业务部门
   C. 后勤部门 D. 办公室

5. ( )提供所需人员的岗位名称、数量、任职条件、上岗时间等。
   A. 人力资源管理部门 B. 业务部门
   C. 后勤部门 D. 办公室

6. 下列属于招聘时机考虑的因素的是( )。
   A. 人才分布规律 B. 求职者的活动范围
   C. 自然环境 D. 企业所处行业

7. 宣传片的时间一般控制在( )。
   A. 10 分钟以内 B. 10~15 分钟
   C. 15~30 分钟 D. 30 分钟以上

8. 宣传手册以( )为核心内容和宣传重点。
   A. 企业文化 B. 招聘岗位

C. 企业内涵   D. 公司愿景

二、多项选择题

1. 招聘时间确定策略的任务包括(　　)。
   A. 确定招聘时机   B. 确定招聘流程时限
   C. 招聘团队组建时间   D. 招聘海报制作时间
   E. 招聘宣传时间

2. 招聘团队的组建原则包括(　　)。
   A. 职位互补   B. 知识互补
   C. 能力互补   D. 性别互补
   E. 年龄互补

3. 人力资源管理部门的招聘分工是(　　)。
   A. 拟定招聘计划   B. 回复参加招聘者
   C. 背景调查   D. 录用决定
   E. 确定报道时间

4. 招聘日期的计算公式是(　　)。
   A. 招聘日期 = 用人日期 - 准备日期   B. 招聘日期 = 用人日期 - 培训周期
   C. 招聘日期 = 用人日期 - 招聘周期   D. 招聘日期 = 用人日期 - 培训周期 - 招聘周
   E. 招聘日期 = 招聘周期 + 培训周期

5. 招聘地点选择的原则包括(　　)。
   A. 分等级招聘原则   B. 最优原则
   C. 就近取材原则   D. 同一地区招聘原则
   E. 随机原则

6. 招聘宣传工作做得越好,(　　)。
   A. 吸引来的求职者的简历越多 B. 筛选简历的质量越好
   C. 企业录用的人数越多   D. 招聘质量越高
   E. 招聘数量越多

7. 宣传片的内容一般包括(　　)。
   A. 企业文化   B. 功绩成就
   C. 行业地位   D. 员工活动
   E. 岗位职责

8. 对于大一、大二学生的宣传方式,企业可(　　)。
   A. 冠名各类活动   B. 推广活动进程
   C. 组织毕业生就业指导活动   D. 提供课题调研的机会
   E. 提供实习岗位

三、简答题

1. 简述招聘团队的组建原则。

2. 简述确定招聘时机考虑的因素。
3. 简述招聘地点选择考虑的因素。
4. 简述招聘地点选择的原则。

四、论述题
1. 论述招聘团队的素质能力。
2. 试论述招聘过程中人力资源管理部门和用人部门的分工。

【案例演练】

一、活动目的
锻炼人力专业学生确定招聘策略的能力。
二、活动过程
1. 班级分组,4~6人一组。
2. 各组拟订一份招聘计划(第五章的作业)。
3. 针对招聘计划,各小组讨论:具体明确招聘人员策略、招聘时间策略、招聘地点策略、招聘宣传策略。
4. 各小组将讨论成果做成PPT,上台演示。
5. 同学互评。
6. 老师总结。

第七章
Chapter 7

招聘渠道

【练习题】

一、单项选择题

1. 企业参加招聘会的主要步骤包括：①招聘会的宣传工作；②招聘会后的工作；③招聘人员的准备；④与协作方沟通联系；⑤准备展位；⑥准备资料和设备。下列排序正确的是(　　)。
   A. ④⑤⑥③①②　　　　　　　B. ⑥③④⑤②①
   C. ⑥①③④⑤②　　　　　　　D. ③①⑥④⑤②

2. 一般来说，企业对工作经验少于3年的专业人员的需求主要通过(　　)的方式获得。
   A. 网络招聘　　　　　　　　B. 猎头公司
   C. 校园招聘　　　　　　　　D. 借助中介

3. 内部招募的优点不包括(　　)。
   A. 选择余地大　　　　　　　B. 适应较快
   C. 准确性高　　　　　　　　D. 激励性强

4. 对于高级人才和尖端人才，比较适合的招聘渠道是(　　)。
   A. 交流中心　　　　　　　　B. 猎头公司
   C. 校园招聘　　　　　　　　D. 网络招聘

5. 特别适合普通职员的招募方法是(　　)。
   A. 推荐法　　　　　　　　　B. 布告法
   C. 档案法　　　　　　　　　D. 任命法

6. 对求职者的信息掌握较全面，招聘成功率高的员工招募方式是(　　)。
   A. 校园招聘　　　　　　　　B. 借助中介
   C. 猎头公司　　　　　　　　D. 熟人推荐

7. (　　)不是内部招募法的优点。
   A. 激励性强　　　　　　　　B. 适应较快
   C. 准确性高　　　　　　　　D. 费用较高

8. 网络招聘的优点不包括（　　）。
   A. 成本较低，方便快捷　　　　　　B. 使应聘者资料的存贮、检索更加规范化
   C. 不受地点和时间的限制　　　　　D. 成本较高，无效简历量大

9. 笔试不能全面考察应聘者的（　　）。
   A. 一般知识和能力　　　　　　　　B. 专业知识和能力
   C. 工作态度　　　　　　　　　　　D. 管理知识

10. 有可能影响内部员工积极性的员工招募方式是（　　）。
    A. 校园招聘　　　　　　　　　　　B. 网络招聘
    C. 内部招募　　　　　　　　　　　D. 外部招聘

11. 具有人员来源广、选择余地大、能招聘到许多优秀人才特点的员工招募方式是（　　）。
    A. 校园招聘　　　　　　　　　　　B. 网络招聘
    C. 内部招聘　　　　　　　　　　　D. 外部招聘

12. （　　）使员工感觉到企业在招募人员这方面的透明度与公平性，有利于提高员工士气。
    A. 推荐法　　　　　　　　　　　　B. 布告法
    C. 档案法　　　　　　　　　　　　D. 任命法

13. 通过从外部招募优秀的技术人才和管理专家，可以产生（　　）。
    A. 团体效应　　　　　　　　　　　B. 远期效应
    C. 鲶鱼效应　　　　　　　　　　　D. 晕轮效应

14. （　　）是指员工被调动到公司内部的另外一个岗位或者不同领域中去接受某种工作安排。
    A. 内部提拔　　　　　　　　　　　B. 工作轮换
    C. 设置代理职务　　　　　　　　　D. 工作调换

二、多项选择题

1. 广告媒体的总体特点包括（　　）。
   A. 信息传播范围窄　　　　　　　　B. 信息传播速度快
   C. 应聘人员数量大　　　　　　　　D. 单位选择余地大
   E. 应聘人员层次单一

2. 外部招聘存在的不足包括（　　）。
   A. 进入角色慢　　　　　　　　　　B. 决策风险小
   C. 招募成本高　　　　　　　　　　D. 影响内部员工积极性
   E. 筛选难度大、时间长

3. 关于熟人推荐这种招聘方式的说法，正确的有（　　）。
   A. 工作会更加努力　　　　　　　　B. 对候选人的了解比较准确
   C. 招募的成本高　　　　　　　　　D. 易在组织内形成裙带关系
   E. 适应的范围较窄

4. 网络招聘的优点包括（　　）。

A. 成本较低 B. 选择余地大,涉及范围广
C. 方便快捷 D. 不受地点和时间的限制
E. 成功率高

5. 下列关于熟人推荐招募方式描述正确的是(　　)。
A. 长处是对候选人的了解比较准确
B. 问题在于可能在组织中形成裙带关系
C. 候选人一旦被录用,顾及介绍人的关系,工作也会更加努力
D. 适用范围比较广,既适用于一般人员,也适用于专业人才招募
E. 有些公司还专门设立推荐人才奖,熟人推荐招募成本比较高

6. 从员工档案中可以了解到的员工信息有(　　)。
A. 教育 B. 培训
C. 经验 D. 技能
E. 绩效

7. 参加招聘会前,关于招聘人员的准备说法正确的有(　　)。
A. 招聘人员的服装服饰整洁大方 B. 现场人员要有用人部门的人员
C. 所有的人在回答问题时要口径一致 D. 现场人员最好有人力资源部的人员
E. 对求职者可能问到的问题对答如流

8. 下列说法正确的是(　　)。
A. 工作轮换是短期的,有时间界限的
B. 工作调换是长期的
C. 工作轮换往往是两人以上、有计划地进行的
D. 调换往往是单独的、临时的
E. 工作调换一定是同级间进行的

9. 一个好的招聘渠道应该具备以下特征(　　)。
A. 招聘渠道的目的性 B. 招聘渠道的经济性
C. 招聘渠道的时效性 D. 招聘渠道的技巧性
E. 招聘渠道的最优性

10. 选择招聘渠道需要考虑的因素(　　)。
A. 企业发展阶段 B. 企业所处的外部环境
C. 招聘目的 D. 企业用人风格
E. 待聘岗位的特点

三、简答题

1. 简述内部招聘的优缺点。
2. 简述外部招聘的优缺点。
3. 简述网络招聘的优缺点。
4. 简述猎头招聘的流程。
5. 简述选择招聘渠道需要考虑的因素。
6. 简述选择招聘渠道的步骤。

四、论述题

试论述校园招聘的对象、种类和方式,以及校园招聘的注意事项

【案例演练】

一、活动目的

增强人力资源专业学生对专业招聘网站的了解。

二、活动过程

1. 班级分组,4~6人一组(老师按行业、职位、人员层次等分类,为各组指派任务)。
2. 各组查阅资料、网络,获取专业招聘网站的资料。
3. 制作PPT,上台汇报。
4. 同学互评。
5. 老师总结。

第八章
Chapter 8

简历的制作与筛选

【练习题】

一、单项选择题

1. 下列不是简历作用的是(　　)。
A. 个人简历是个人的说明书　　　B. 个人简历在求职中起到敲门砖的作用
C. 个人简历是进入企业后的个人档案　D. 个人简历就是进入企业的通行证

2. 如果能够断定在简历中有(　　)存在,就可以直接将这类应聘者淘汰掉。
A. 虚假成分　　　　　　　　　　B. 频繁离职情况
C. 高薪低就　　　　　　　　　　D. 离职原因不明

3. 简历里的主观内容包括(　　)。
A. 姓名、出生年月　　　　　　　B. 健康状况
C. 自我评价　　　　　　　　　　D. 学历情况

4. (　　)是指不要试图编造工作经历或者业绩,谎言不会让求职者走得太远。
A. 清晰原则　　　　　　　　　　B. 真实性原则
C. 针对性原则　　　　　　　　　D. 条理性原则

5. (　　)的内容主观性很强,要言简意赅,以短语为主。
A. 基本信息　　　　　　　　　　B. 实践经历
C. 自我评价　　　　　　　　　　D. 教育背景

二、多项选择题

1. 简历按格式分(　　)。
A. 时序型简历　　　　　　　　　B. 功能型简历
C. 综合型简历　　　　　　　　　D. 业绩型简历
E. 创意型简历

2. 简历按介质分(　　)。
A. 纸质简历　　　　　　　　　　B. 视频简历
C. 信息图表简历　　　　　　　　D. 博客
E. 网站式

3. 应聘登记表的优点有( )。
   A. 费用低 B. 填写过程中吸引其他求职者
   C. 信息结构完整 D. 直观观测填写态度
   E. 设置信息核对签字以减少招聘风险
4. 筛选简历的方法中,审查简历的客观内容主要分为( )。
   A. 个人信息 B. 受教育经历
   C. 工作经历 D. 个人成绩
   E. 性格特点
5. 下列属于简历的书写原则的是( )。
   A. 十秒钟原则 B. 清晰原则
   C. 真实性原则 D. 针对性原则
   E. 价值性原则

三、简答题

1. 简历的书写原则。
2. 筛选应聘登记表的要点。
3. 筛选简历的要点。

四、论述题

试论述应聘登记表与简历的优缺点比较。

五、案例分析

何小强,有8年以上工作经验,年龄已超过35岁,名牌大学硕士生,可是他最近却为工作而烦恼。面试了许多单位,却总不成功。给许多家单位投了简历,却总是石沉大海,他又努力包装自己,联系猎头,却也不了了之,没有下文。为了工作的事情,他真是焦头烂额。此前,学技术的他做过技术,后来自己有一段创业经历,跳了数家公司。如今,他又转行做销售。尽管听说人才市场上急缺销售,可他依然不能如愿。

请问:何小强的求职简历存在哪些问题?他有多年工作经验,为什么不能找到工作?

【案例演练】

一、活动目的
1. 提高学生的制作简历的能力,以提高就业竞争力。
2. 锻炼人力资源专业学生筛选简历的能力。

二、活动过程
1. 每人制作一份个人简历。
2. 上交给老师,打乱顺序。
3. 班级内随机发放给每一名同学。
4. 写出对他人简历的评价:优点、缺点、改进建议。
5. 老师总结。

第九章

Chapter 9

笔 试

【练习题】

一、单项选择题

1. 笔试不能全面考察应聘者的（　　）。
   A. 一般知识和能力　　　　　　B. 专业知识和能力
   C. 工作态度　　　　　　　　　D. 管理知识

2. 笔试后，阅卷人在阅卷和成绩复核时，关键是要（　　）。
   A. 客观、合理、不徇私情　　　B. 公平、合理、不徇私情
   C. 客观、公平、不徇私情　　　D. 公平、公正、不徇私情

3. 可以对大规模的应聘者同时进行筛选，效率较高的招募方式是（　　）。
   A. 面试　　　　　　　　　　　B. 笔试
   C. 调查　　　　　　　　　　　D. 档案

4. 下列不是笔试题目设计的原则的是（　　）。
   A. 目标明确　　　　　　　　　B. 题量、难度适中
   C. 题型恰当　　　　　　　　　D. 要求高

5. 笔试的（　　）就是笔试成绩的真实性程度、稳定性的程度和一致性程度。
   A. 信度　　　　　　　　　　　B. 效度
   C. 数量　　　　　　　　　　　D. 质量

二、多项选择题

1. 下列对笔试法的描述正确的是（　　）。
   A. 成绩评定比较主观
   B. 可以对大规模的应聘者同时进行筛选，花较少的时间达到较高的效率
   C. 由于考试题目较多，可以增加对知识、技能和能力的考查信度与效度
   D. 不能全面考查应聘者的态度、品德、管理能力、口头表达能力和操作能力
   E. 笔试往往作为应聘者的初次竞争，成绩合格者才能继续参加面试或下轮的测试

2. 笔试不能全面考查应聘者的（　　）。
   A. 工作态度　　　　　　　　　B. 品德修养

C. 管理能力   D. 操作能力

E. 文字表达能力

3. 提高笔试有效性应注意的问题包括(　　)。

A. 命题恰当   B. 确定评阅计分规则

C. 学历水平相当   D. 阅卷及成绩复核

E. 经历大致相同

4. 笔试的优点包括(　　)。

A. 成绩评定比较客观   B. 花较少时间达到较高效率

C. 对大量应聘者同时筛选   D. 应聘者的心理压力比较大

E. 增加考查的信度和效度

三、简答题

1. 简述笔试的优缺点。

2. 简述笔试题目设计的原则。

3. 笔试设计与应用的过程。

四、论述题

试论述笔试命题存在的问题与对策。

【案例演练】

一、活动目的

锻炼人力资源专业学生编写笔试题目的能力,以适应工作岗位内容。

二、活动过程

1. 班级分组,4~6人一组。

2. 各组编写一份笔试题目,打印(带有公司标识)。

3. 班级内随机发放给其他组的同学。

4. 笔答试题内容,并写出对笔试题所在小组的评价:优点、缺点、改进建议。

5. 老师总结。

第十章

Chapter 10

【练习题】

一、单项选择题

1. 根据面试对象的多少,可将面试分为( )。
   A. 结构化面试、非结构化面试和半结构化面试
   B. 单独面试和集体面试
   C. 压力面试和非压力面试
   D. 一次性面试和分阶段面试

2. ( )是指面试题目、面试的评分方法和评分标准、面试实施程序、考官构成等方面都有统一、明确规定的面试。
   A. 结构化面试　　　　　　　　B. 非结构化面试
   C. 半结构化面试　　　　　　　D. 压力面试

3. 典型的( ),是以考官穷究不舍的方式连续就某事向应聘者发问,且问题刁钻棘手,甚至逼得应聘者穷于应付。
   A. 单独面试　　　　　　　　　B. 分阶段面试
   C. 压力面试　　　　　　　　　D. 半结构化面试

4. ( )是对经过初步面试筛选合格的应聘者进行实际能力与潜力的面试。
   A. 诊断面试　　　　　　　　　B. 初步面试
   C. 常规面试　　　　　　　　　D. 情境面试

5. 下列哪项不是面试提问的问题方式?( )。
   A. 开放性问题　　　　　　　　B. 行为性问题
   C. 探究性问题　　　　　　　　D. 原则性问题

二、多项选择题

1. 分阶段面试一般分为( )三步。
   A. 初试　　　　　　　　　　　B. 复试
   C. 笔试　　　　　　　　　　　D. 综合评定
   E. 口试

2. 根据面试内容设计重点的不同,可将面试分为( )。
   A. 结构化面试   B. 常规面试
   C. 情境面试   D. 综合性面试
   E. 非结构化面试

3. 面试评价表有( )形式。
   A. 指标评价表   B. 素质评价表
   C. 等级评价表   D. 附有行为描述的评价表
   E. 性格评价表

4. 安排面试场所时,应该考虑( )。
   A. 确保面试场所的私密性   B. 确保面试场所的独立性
   C. 确保面试场所的合适性   D. 确保面试场所的宽松性
   E. 确保面试场所的舒适性

5. 招聘者在招聘活动中常常会不由自主犯的错误有( )。
   A. 类比效应   B. 苛刻的招聘要求
   C. 片面相信背景调查   D. 寻找"似我者"之偏见
   E. 晕轮效应

三、简答题

1. 简述正式面试实施时包括的阶段。
2. 简述面试时为了做到有效倾听必须做到的事项。
3. 简述面试的提问技巧有哪些。
4. 简述当面试中求职者过分羞怯或紧张时,考官可采取哪些方法。

【案例演练】

10-1 某IT企业招聘

刘永是某IT公司的部门经理,因为一次偶然的机会需要他全权负责公司项目主管的招聘。刘永进行了一系列的准备工作。第一步是撰写职位说明书,他参考了其他公司相关职位的条件,结合了自己和同事的想法编制了招聘启事,具体包括以下内容:大专以上学历,相关专业两年以上工作经验。年龄在28~45岁;有相关证书者优先考虑;吃苦耐劳,能够适应经常性出差,为人乐观开朗,积极向上,有较强的处理人际关系的能力和团队管理能力等。同时,他又在本地有影响力的招聘网站上发布招聘启事,并收到了大量的求职简历。在经过一段时间的简历甄选之后,开始安排初步面试。

刘永觉得现在都在讲结构化面试,因此在进行面试之前就准备了针对能够经常出差、沟通能力、团队管理能力等方面的一些问题,以便在面试中提问。大致的问题有:

● 说一说你能胜任应聘岗位的理由。
● 这个岗位会经常出差,工作量较大,你能承受吗?
● 你如何理解团队合作?
● 你觉得团队管理能力重要吗,为什么?

在整个面试过题中,刘永态度和蔼,有时还和应聘者做一些讨论。面试后,他对其中几个人觉得不满意。

一位是北方人,此人工作经历非常符合应聘岗位的要求。但刚一见面,刘永就对他的印象不大好,那个人身形瘦弱,看起来不太舒服,因此将他淘汰了。

另一人自我感觉良好,说话滔滔不绝,不过过于自负,有些压不住的感觉,面谈了一会儿就打发走人。

还有一人背景良好,专业较为对口,回答问题也比较符合刘永的想法,语言表达能力也很强,因此和他足足聊了一个半小时。

经过了一段时间的面试之后,刘永最终确定了一位自己觉得非常合适的项目主管人选。但该项目主管上岗以后,却说得多,做得少,团队成员对他意见很大,所负责的项目也出现了重大的问题。

案例讨论:
1. 刘永的面试过程有什么问题?面试题目的设计存在哪些不足?
2. 请为其设计一些能够有效测评应聘者冲突处理能力的面试题。

10-2 面试中的谎言

某集团公司要招聘一位董事长助理,集团子公司分布于苏州、重庆、深圳、福州等地。集团总部设于厦门,因为各子公司的总经理均为男性,个性偏刚直、少柔性,因此董事长助理拟招一位女性。不久,猎头公司推荐来一位女性应聘者陈艳。

陈艳1984年出生,厦门大学本科毕业,面容姣好,未婚,性格活泼。为了确定她能否胜任该岗位,最后一轮面试请来了一位人力资源招聘专家,面试小组由董事长、人力资源专家、人力资源部经理组成。面试时,陈艳表现得伶牙俐齿,回答问题头头是道,并把现在任职的企业宣传董事长的专刊带来,称董事长的包装、企业的造势、对外的公关都是由她一人完成的。当问到为何要离开该公司时,陈艳说因为集团投资失误,已有8个月无法支付员工薪酬,集团所属子公司已倒闭若干家,她坚持了8个月,不得已只好另觅工作了。从她的回答来看确实天衣无缝,并且显得十分乖巧可人。董事长也频频点头称赞,唯问到学历时她一语带过。面试结束时,人力资源专家嘱咐负责招聘的人力资源部经理小董,请他查验其学历。经查,陈艳并非厦门大学本科毕业,而是厦门大学成人教育大专毕业。猎头公司希望能网开一面,因为陈艳目前就任企业的董事长是某市商会会长,很有名气,陈艳本人也确实能干。

陈艳请求小董再让她见见董事长和人力资源专家,面陈造假始末,被人力资源专家和董事长坚决予以拒绝。陈艳落选。

问题:
(1)你认为学历造假与个人能力的尖锐矛盾可采取什么方法解决?董事长和人力资源专家坚决拒绝的态度是否正确?
(2)推荐陈艳的猎头公司发现她学历造假时,不但没有批评,反而替她求情,希望招聘企业能网开一面,以能力取人,你认为该猎头公司有错吗?如有,错在哪里?
(3)陈艳的学历造假被发现后,陈艳本人并未表现出惧怕的态度,反而与猎头公司和招聘企业的人事负责人多次沟通,希望面见领导再细细陈述,以改变该企业对她的态度,挽回她的应聘失败。你认为陈艳的这种态度对不对？你认为她依仗什么敢于"逆流而上"？你认为她今后的职业走向如何？

10-3 万科"007 计划"

万科王石发起"007 计划"，旨在招聘一批优秀的管理干部，毛大庆就是实施该计划选到的精英。毛大庆出任万科北京公司的总经理，进而成为万科集团副总裁、北京区域首席执行官。2015 年 3 月 9 日，毛大庆离职新闻发布会在万科北京中心召开。毛大庆到万科前在新加坡著名的凯德集团任高管，万科用了一年多的时间，以王石的个人魅力和执着挖来了毛大庆，但仅仅 6 年，毛大庆又离开了万科。

问题：

（1）毛大庆先是离开了他工作 15 年的凯德，6 年后又离开了万科准备自己创业，是否可以据此认为毛大庆不属于企业的忠诚员工？你认为谋求个人发展和忠诚企业相矛盾吗？为什么？

（2）毛大庆离开万科后开始关注一个更富挑战性的课题，即 2030 年后的老年社会问题。你认为毛大庆选择做一个创业者和之前做一个职业经理人在职业通道上有无矛盾？你如何评估职业经理人的创业决策？

第十一章
Chapter 11

其他选拔方法

【练习题】

一、单项选择题

1.（　　）是指在控制的情境下,向应试者提供一组标准化的刺激,以所引起的反应作为代表行为的样本,从而对其个人的行为做出评价的方法。

　　A. 心理测试　　　　　　　　B. 人格测试
　　C. 兴趣测试　　　　　　　　D. 能力测试

2.（　　）是经过多年的实践得以充实完善,并被证明是很有效的管理干部测试方法。

　　A. 公文处理模拟法　　　　　B. 即席发言
　　C. 无领导小组讨论　　　　　D. 角色扮演

3. 根据情景模拟测试内容的不同,下列哪项不属于情景模拟测试?（　　）。

　　A. 语言表达能力测试　　　　B. 组织能力测试
　　C. 会议组织能力测试　　　　D. 事务处理能力测试

4. 目前在招聘中高层管理人员时使用较多的是（　　）。

　　A. 情景模拟测试　　　　　　B. 考察协调能力测试
　　C. 沟通能力测试　　　　　　D. 实践模拟测试

5. 能力测试方法的另一种表达是（　　）。

　　A. 情景模拟测试　　　　　　B. 考察协调能力测试
　　C. 沟通能力测试　　　　　　D. 实践模拟测试

6. 企业在选拔应聘人才时,除采用笔试、面试方法外,还可采用的一种方式是（　　）,需要专业人员进行测试。

　　A. 心理测试　　　　　　　　B. 品格测试
　　C. 行为测试　　　　　　　　D. 心理测试

7. 情景模拟测试法至少有两个优点,即（　　）。

　　A. 可以得到最佳人选,并节省大量的招聘费用
　　B. 可能得到最佳人选,并节省大量的培训费用

C. 挑选最佳人才,提高招聘工作效率
D. 多角度观察和全面了解

8. 情景模拟测试与笔试、面试方法相比,主要是针对被测试者明显的行为、实际的操作,以及(　　)进行测试。
　A. 交际能力　　　　　　　　　　B. 沟通能力
　C. 工作效率　　　　　　　　　　D. 解决问题能力

9. 人格与生理特质、气质、能力、动机、价值观与社会态度等表现为(　　)。
　A. 技能测试　　　　　　　　　　B. 人格测试
　C. 兴趣爱好测试　　　　　　　　D. 交际能力测试

10. 以下内容中(　　)不属于人格类型。
　A. 乐观型、智慧型、稳定型、恃强型　　B. 兴奋型、持久型、敢为型、敏感型
　C. 怀疑型、幻想型、世故型、忧虑型　　D. 实验型、紧张型、滞后型、自律型

11. 在心理测试中,能力测试是一个很重要的方面,它一般包括一般能力测试、特殊职业能力测试和(　　)。
　A. 敏捷性测试　　　　　　　　　B. 思维反映能力测试
　C. 心理承受能力测试　　　　　　D. 心理运动机能测试

12. 在选拔方法中(　　)是一种非常有效的人员选拔方法。
　A. 能力测试法　　　　　　　　　B. 心理运动机能测试法
　C. 情景模拟测试法　　　　　　　D. 普通能力倾向测试法

二、多项选择题

1. 常用的评价中心技术方法有(　　)。
　A. 公文处理模拟法　　　　　　　B. 无领导小组讨论法
　C. 决策模拟竞赛法　　　　　　　D. 访谈法
　E. 案例分析法

2. 心理测试包括(　　)。
　A. 人格测试　　　　　　　　　　B. 品格测试
　C. 兴趣测试　　　　　　　　　　D. 能力测试
　E. 思维测试

3. 心理测试中的能力测试一般包括(　　)。
　A. 一般能力倾向测试　　　　　　B. 心理运动机能测试
　C. 特殊职业能力测试　　　　　　D. 行为能力倾向测试
　E. 思维能力倾向测试

4. 有关情景模拟测试的优点包括(　　)。
　A. 可以多角度全面观察应聘者　　B. 全面分析、评价、判断应聘者
　C. 测试的重点在于实际工作能力　D. 测试选拔出来的人员往往可直接上岗
　E. 为企业节省大量的培训费用

5. 在我们使用心理测试进行员工的选拔时,要注意(　　)。
　A. 心理测试人员必须经过专业培训　B. 测试方法要科学

C. 对应聘者的隐私加以保护　　　　D. 要有严格的程序
E. 心理测试结果不是唯一的评定依据

三、判断题

1. 智力测验、人格测验、成就测验都倾向于使用文字测验。（　　）
2. 标准情境要求用同样的刺激方法引起所有被测者的反应,测验的内容、提问方式等是不统一的。（　　）
3. 霍兰德职业偏好测验将人格分为六大类型,这六大类型可分为相邻、相隔和相对三种关系。（　　）
4. 所谓特殊能力是指从事某种专业活动的能力,如运动能力、机械能力、音乐和艺术能力、飞行能力。（　　）
5. 评价中心的测评对象一般限于管理人员,包括企业组织的基层、中层和高层管理人员。（　　）
6. 公文筐测试是评价中心最具特点、最典型的测评技术。（　　）
7. 评价中心最主要的特点是它的情景模拟性。（　　）
8. 按照测评的范围划分测评可分为生理素质测评、心理素质测评、人格测评、智能测评。（　　）

四、简答题

1. 简述心理测试的含义及特性。
2. 简述心理测试如何做到标准化。
3. 简述心理测试应注意的问题。
4. 简述评价中心的含义及特点。
5. 简述评价中心技术实施的流程。
6. 简述无领导小组讨论的含义及其优缺点。
7. 简述公文处理的含义及其优缺点。

【案例演练】

11-1　无领导小组讨论经典案例

假设你是某面包公司的业务员。现在公司派你去偏远地区销毁一卡车的过期面包(不会致命的,无损于身体健康)。在行进的途中,刚好遇到一群饥饿的难民堵住了去路,因为他们坚信你所坐的卡车里有能吃的东西。这时报道难民动向的记者也刚好赶来。对于难民来说,他们肯定要解决饥饿问题;对于记者来说,他是要报道事实的;对于你来说,你是要销毁面包的。现在要求你既要解决难民的饥饿问题,让他们吃这些过期的面包(不会致命的,无损于身体健康),以便销毁这些面包,又要不让记者报道过期面包的这一事实。请问你将如何处理?

说明:1. 面包不会致命。2. 不能贿赂记者。3. 不能损害公司形象。

11-2　公文筐测试案例分析

背景信息:华达公司是一家大型民营上市公司,业务领域涉及水利工程、环保科技和电力自动化等多个领域,其人力资源部下设5个主管岗位,分别是招聘主管、薪酬主管、绩效主管、培训主管和劳动关系与安全主管,每个主管有22～33位下属。今天是2006年7月9日,您(李明翔)有机会在以后的3个小时里担任该公司人力资源部总监的职务,全面主持公司人力资源管理工作。现在是上午8点,您提前来到办公室,秘书已经将您需要处理的邮件和电话录音整理完毕,放在了文件夹内。

问题情境:文件的顺序是随机排列的,您必须在3个小时内处理好这些文件,并做出批示。11点钟还有一个重要的会议需要您主持,在这3小时里,您的秘书会为您推掉所有的杂事,没有任何人来打扰。

在接下来的3小时中,请您查阅文件筐中的各种信函、电话录音及Email等,并用如下的回复表做样例,给出您对每个材料的处理意见。具体答题要求是:确定您所选择的回复方式,并在相应选项的"□"里画"√",请给出您的处理意见,并准确、详细地写出您将要采取的措施及意图。

回复方式:(请在相应选项前的"□"里画"√")
□信件/便函
□电子邮件
□电话
□面谈
□不予处理
□其他处理方式,请注明

回复内容:(请做出准确、详细的回答)

文件1

类别:电话录音

来电人:刘增(国际事业部总监)

接受人:李明翔(人力资源部总监)

日期:7月8日

李总:您好!

我是国际事业部的刘增,2005年10月中旬,人力资源部曾要求各部门上报2006年的大学生招聘计划。由于我部业务的特殊性,不仅要求员工要有较高的英语水平,而且要懂得一定的专业知识,这类人员在校内招聘的难度很大。此外,由于我们公司薪酬水平较低,即使招聘到大学生也很容易流失,过去几年的流失率高达74%。为此,我们国际事业部多次召开会议,并达成共识:公司需要制定中长期的人才规划以吸引并留住优秀人才。

但是,到底该如何操作,尚无具体方案。我刚和总裁通过电话,他建议我直接与您沟通,不知,您有何意见和想法,请尽快告知。

文件2

类别:电话录音

来件人:王睿(劳动关系与安全主管)

收件人:李明翔(人力资源部总监)

日期:7月9日

李总:您好!

我是王睿,有件事情非常紧急,今早七点,我接到郑州交通管理局的电话,六点十分在郑州203国道上发生重大交通事故,我公司销售部的刘向东驾车时与一辆货车相撞,刘向东当场死亡,对方司机重伤,目前正在医院抢救。与刘向东同车的还有公司的销售人员蔡庆华、隋东和王小亮,3人都不同程度受伤,但无生命危险。目前事故责任还不能确定,我准备立刻前往郑州处理相关事务,希望您能尽快和我联系,商量一下应对措施。

文件3

类别:电子邮件

来件人:张玲(绩效主管)

收件人:李明翔(人力资源部总监)

日期:7月7日

李总:您好!

公司今年结束年中的绩效考核后,准备实施基于目标考核的新的绩效考核系统,从上周起要求各部门经理和员工一起制订员工下半年的工作目标,按原定计划,该项工作应在下周三前完成,绩效监督小组对工作进程进行了检查,发现全公司3232名部门经理仅有44个完成了工作,大部分经理尚未开始进行目标设定。当我们希望他们加快进度时,很多部门经理抱怨根本没有时间,觉得和员工共同制定工作目标只是表面文章;还有部分部门经理认为这是部门内部的事,监督小组是在干涉他们的工作。目前工作进展很不顺利,请您给我们一些支持。

第十二章

Chapter 12

背景调查与体检

【练习题】

一、单项选择题

1. 关于招聘的背景调查，下列说法错误的是（　　）。
   A. 只调查与工作相关的情况　　　　B. 要评估调查材料的可靠程度
   C. 重视客观内容的调查核实　　　　D. 重视应聘者性格方面的主观评价内容

2. 应聘者的（　　）通过背景调查是不准确的。
   A. 教育状况　　　　　　　　　　　B. 个人品质
   C. 性格特征　　　　　　　　　　　D. 工作能力

3. 一般而言，对于招聘中被面试者的背景调查安排在（　　）最佳。
   A. 面试结束后与上岗前的间隙　　　B. 初试通过后与复试前的间隙
   C. 上岗后与入职培训前的间隙　　　D. 笔试通过后与面试前的间隙

4. 可以发现应聘者行为背后的深层次原因，以便更客观地对应聘者做出评估的识别人才的方法是（　　）。
   A. 背景调查法　　　　　　　　　　B. 面试法
   C. 评估中心法　　　　　　　　　　D. 工作取样法

5. 审查简历内容中的个人信息、受教育经历、工作经历和个人成绩，通过以上内容反映的是（　　）。
   A. 筛选简历　　　　　　　　　　　B. 分析简历结构
   C. 客观内容　　　　　　　　　　　D. 简历逻辑性

二、多项选择题

1. 背景调查的内容通常包括应聘者的（　　）。
   A. 工作经历　　　　　　　　　　　B. 教育状况
   C. 个人品质　　　　　　　　　　　D. 工作能力
   E. 雇员忠诚度

2. 材料筛选法就是通过一些材料信息来考察和选拔人才的方法。其具体形式是（　　）。

A. 推荐信 B. 调查问卷
C. 工作报告 D. 背景调查
E. 履历分析

3. 应聘者的背景调查应该(　　)。

A. 由应聘单位的人员实施

B. 关注求职者的个人资产状况

C. 在调查结束后评估调查材料的可靠程度

D. 尽可能用公开记录来评价求职者的工作情况

E. 包括教育水平、工作经历、个人能力等方面的内容

4. 组织在背景调查时应注意的是(　　)。

A. 只调查与工作有关的情况

B. 重点调查核实客观内容

C. 慎重选择第三者

D. 利用结构化表格,确保不会遗漏重要问题

E. 评估调查材料的可靠程度

三、名词解释

1. 背景调查
2. 入职前背景调查
3. 入职后背景调查
4. 入职体检

四、简答题

1. 简述背景调查的原则。
2. 简述背景调查的方法。
3. 简述背景调查的注意事项。

【案例演练】

录用赵安还是苏天

天琪瑞公司为了对生产部门的人力资源进行更为有效的管理、开发,希望在生产部设立一个处理人事事务的职位,主要负责生产部与人力资源部的协调。人力资源部经理王量对应聘者做了初步的筛选,留下了5名候选人交由生产部经理李初再次筛选,李初对其进行选择,留下2个人,这2个人的个人简历如下:

赵安:男,32岁,企业管理学硕士学位,有8年一般人事管理及生产经验,在此之前的两份工作均有良好的表现。面谈结果:可录用。

苏天:男,32岁,企业管理学学士学位,有7年的人事管理和生产经验,以前曾在两个单位工作过,第一位主管评价很好,没有第二位主管的评价资料。面谈结果:可录用。

了解了候选人的相关信息后,生产部经理李初来到人力资源部与王量商谈录用决策。李初说:"两位候选人,看来似乎都不错,你认为哪一位更合适呢?"

王量说:"两位候选人的资格审查都合格了,唯一存在的问题是,苏天的第二位主管给的资料太少,但是虽然如此,我也看不出他有什么不好的背景,你的意见呢?"

李初说:"很好,王经理,显然你我对苏天的面谈表现都有很好的印象,人嘛,有点圆滑,但我想会很容易与他共事,相信在以后的工作中不会出现大的问题。"

王量说:"既然他以后主要和您共事,当然由您做决定更好,明天就可以通知他来上班。"

于是,苏天被公司录用了,进入公司6个月以后,他的工作表现不尽如人意,指定的工作任务经常不能按时完成,有时甚至表现出不能胜任其工作的行为,引起了员工和管理层的抱怨。显然,苏天不适合此职位,公司必须处理。

讨论题:

(1)案例中,导致聘用失败的原因主要有哪些?

(2)结合案例,分析背景调查在招聘中的作用。

(3)结合案例,分析录用决策对整个招聘的影响。

第十三章

Chapter 13

员工录用与入职管理

【练习题】

一、单项选择题

1. 下列不属于员工录用阶段的工作是（   ）。
   A. 做出录用决策 B. 协商待遇条件
   C. 通知应聘者 D. 录用总成本评估

2. 在综合各方面评分大抵相当的情况下，组织应该尽可能选择（   ）。
   A. 技术水平高的应聘者 B. 与企业文化相吻合的应聘者
   C. 工作经验丰富的应聘者 D. 学历高的应聘者

3. （   ）强调人员录用必须按照组织的人力资源招聘计划和岗位特性招收员工，切莫出于主管人员的管理需要或为达到个人目的而随意增加人员招聘。
   A. 因事择人 B. 因人任职
   C. 公平竞争 D. 择优录用

4. （   ）是对甄选评价过程中的信息进行综合评价与分析，确定每一个应聘者的能力特点和素质，根据预先设计的人员录用标准进行挑选，从而选择出最合适人员的过程。
   A. 员工录用 B. 录用决策
   C. 入职管理 D. 招聘评估

5. 入职培训中组织层次的培训的目的不包括（   ）。
   A. 初步了解组织 B. 培养员工对组织的认同感
   C. 使员工掌握实际操作技能 D. 掌握组织与所有员工相关的共同性问题

二、多项选择题

1. 员工录用的原则包括（   ）。
   A. 公平竞争原则 B. 择优录用原则
   C. 价值观认同原则 D. 求职动机优先原则
   E. 因事择人与因人任职相结合的原则

2. 入职培训根据实际需要可以分（   ）两个层次进行。
   A. 文化层次 B. 组织层次

C. 部门层次 D. 员工层次
E. 物质层次

3. 员工录用工作中对应聘者的通知分为两种,分别是( )。
A. 录用通知 B. 口头通知
C. 电话通知 D. 辞谢通知
E. 电子邮件通知

4. 与应聘者协商待遇条件时,为通过协商达成双方都有利的条件,需要( )。
A. 了解市场价格 B. 了解自己可以提供的待遇极限
C. 了解应聘者的期望值 D. 明确重点
E. 确定谁占优势

5. 入职培训中第一部分企业文化的培训,主要包括的内容有( )。
A. 精神层次的培训 B. 制度层次的培训
C. 情感层次的培训 D. 物质层次的培训
E. 部门层次的培训

三、判断题

1. 辞谢通知可以是书面形式,也可以是电话或其他形式。 ( )
2. 如果在录用阶段判定某应聘者比较优秀,但在某一方面还存有疑惑,就要在做出决策之前对疑惑点进行调查研究,予以排除。不要在疑问尚未弄清楚的情况下做出决策。 ( )
3. 在做录用决策时,参与的人员越多越好。 ( )
4. 劳动合同的内容应该有法定条款和协定条款两种。法定条款是指由法律、法规直接规定的劳动合同必须具备的内容。协定条款是指劳动合同当事人双方协商确定的内容。 ( )
5. 入职培训的两个重要任务中,首要任务是要让员工适应其工作岗位。 ( )

四、简答题

1. 简述有效员工录用的意义。
2. 在与应聘者协商、讨论工作待遇问题时需要注意的要点有哪些?
3. 有人认为,辞谢通知可有可无。你的观点如何?为什么?
4. 简述员工录用的注意事项。

五、案例分析

小张的选择

小张,男,物流管理专业应届硕士毕业,学业成绩优异。由于受到就业压力的影响,小张在较大范围内展开了其应聘工作,并根据用人单位的初步反应和个人的职业兴趣爱好,列出了三个有聘用意向的单位:A 职业技术学院、B 进出口有限公司、C 出国咨询公司。小张本人很希望到 A 职业技术学院做一名大学英语教师,A 职业技术学院对小张也非常满意,但由于程序原因,给不了小张明确的聘用决策;B 进出口有限公司根据公司的录用程序,很快与小张取得了联系,进行了录用面谈,并对小张的各项条件都非常满意,发放了录用通知书；C出国咨询公司虽然口头上也表示同意接受小张到公司来，但没有正式通知小张去签订就业协议。眼看到了B进出口有限公司所限定的报到的最后期限了，小张抱着一线希望给A职业技术学院打了电话，但该学院领导表示录用决策需要经过领导班子开会研究，还要再等一等。于是小张到B进出口有限公司工作。一个月后，A职业技术学院给小张打来电话，通知小张去签订就业协议，但小张已在B进出口有限公司开始自己的职业生涯，并对现在的工作较为满意。此后，A职业技术学院因为录用决策制定得太晚，优秀的人选多数已有了其他出路，因此又多次打电话给小张，希望他重新做一个选择。

思考题：

A职业技术学院为什么没能获取到最合适的人才？问题重点出在哪个环节？

【案例演练】

李阳是一名名牌大学毕业的大学生，毕业后找到一家业内很有实力的新兴企业，他要到这家公司网络中心开始自己人生的第一次工作。一想到明天就要正式到公司报到，李阳心里别提多高兴了。虽然他不是学计算机相关专业的，而是市场营销专业，但他的计算机水平一直很棒，大三时就开始帮一些公司编程和开发应用软件系统。想到在最后一轮面试时总经理对他的欣赏，李阳认为明天公司肯定会为他们几个新招来的大学毕业生安排一些"精彩节目"，比如高层管理者的接见与祝贺，同事的欢迎，人事部对公司各种详细情况的介绍，领取完整的员工手册等。李阳的同学中有人已经到别的公司上班半个多月了，不少同学都欣喜地告诉他自己的公司是如何热情地接纳新员工的……

然而，第一天令他感到失望。

首先来到人事部，人事部确认李阳已经来到公司，就打电话给网络中心的王经理，让他带李阳到自己的工作岗位。过了一会儿，王经理才派自己的助手小陈来，小陈客气地伸出手，说："欢迎你加入我们的公司！王经理有急事不能来，我会安排你有关工作的事情的。"来到网络中心，小陈指着一个堆满纸张和办公用品的桌子对他说："你的前任前些天辞职走了，我们还没来得及收拾桌子，你自己先整理一下吧！"说完，小陈自顾自忙了起来。到中午，小陈带李阳去餐厅用餐，并让李阳下午自己去相关部门办一些手续，领一些办公用品。吃饭时，李阳从小陈那里了解了公司的一些情况，午休时与办公室里的一些同事又谈了一会儿，但他感到很失望，公司并没有像他想象那样热情地接待他、重视他。

第二天，王经理见到李阳，把他叫到自己的办公室开始分派他的任务。当王经理说完之后，李阳刚想就自己的一些想法同他谈一谈，一个电话就来了，王经理立刻接听电话，为不影响王经理的工作，李阳只好回到自己的电脑前开始思考他的工作。他的工作是网络制作与维护，需要与不少人打交道，但他还不清楚每个人的工作，内心十分沮丧，心想，只能靠自己去打开局面了。第三天，王经理让李阳送一份材料到楼上的财务部，李阳送去之后，就又继续自己的工作了。过了一会儿，王经理走了过来，问他："材料交给财务部了吗？是谁接过去的？"李阳回答："交上去了，是一位女士接的，她告诉我放那儿好了。"王经理一脸不悦地说："交给你工作，你一定要向我汇报结果，知道吗？"李阳虽然嘴上说"知道了"，脸上却露出了不满的神情。王经理便问他有什么意见，李阳忙掩饰说："王经理教导得很对，希望你以后多多指导！"李阳认为，这些细节也太多余了，自己把工作完成就行了,无非是王经理想显示一下自己是领导。这几天里,让李阳感到好受一点的是另外两个同事对自己还算热情。一个女同事是自己前两届的校友,另一个男同事是那种爱开玩笑、颇能营造和谐气氛的人。李阳曾经问过他俩:"难道公司总是这样对待新员工?"校友对他说:"公司就是这种风格,让员工自己慢慢适应,逐渐融入公司。""公司的创始人是几个工程方面的博士,他们认为过多的花样没多大用处,适应的就留下来,不适应的就走人。不少人留下来是因为公司的待遇还不错!"

到了周末,李阳约了同学出来吃饭,谈起自己第一周的工作,李阳望着窗外明媚的阳光、川流不息的车辆,茫然地说:"糟糕极了!"

思考题:

(1)为什么说入职培训很重要?
(2)该公司的入职管理存在哪些问题?
(3)王经理"教训"李阳是对还是错?你认为应该怎样做更好?

第十四章

Chapter 14

招聘评估

【练习题】

一、单选选择题

1. (　　)是指对招聘中的费用进行调查、核实,并对照预算进行评价的过程。
   A. 招聘数量质量评估　　　　B. 招聘信度效度评估
   C. 招聘成本效益评估　　　　D. 招聘方式方法评估

2. 同一应聘者使用两种对等的、内容相当的测试,测试结果之间的一致性称为(　　)。
   A. 稳定系数　　　　　　　　B. 内在一致性系数
   C. 等值系数　　　　　　　　D. 外在一致性系数

3. 根据招聘计划对录用人员的质量和数量进行评价的过程是(　　)。
   A. 录用人员评估　　　　　　B. 招聘评估
   C. 招聘质量评估　　　　　　D. 招聘成本评估

4. 员工招聘评估成本效用时,正式录用的人数除以录用期间的费用等于(　　)效用。
   A. 总成本　　　　　　　　　B. 招募成本
   C. 选拔成本　　　　　　　　D. 人员录用

5. 招聘评估的主要目的是(　　)。
   A. 录用员工的绩效　　　　　B. 知道支出的项目
   C. 知道哪些不应支出的项目　D. 降低今后招聘的费用

6. (　　)是指对现在员工实施某种测试,然后将测试结果与员工的实际工作绩效考核得分进行比较,若两者的相关系数很大,则说明此测试效度就提高。
   A. 预测效度　　　　　　　　B. 同侧效度
   C. 内容效度　　　　　　　　D. 结果效度

7. (　　)可分为稳定系数、等值系数、内在一致系数。
   A. 信度　　　　　　　　　　B. 效度
   C. 质度　　　　　　　　　　D. 标度

8. ( )是指用同一种测试方法对一组应聘者在两个小时时间进行测试的结果的一致性。
    A. 稳定系数   B. 等值系统
    C. 一致性系数   D. 测试系数
9. 招聘收益成本比等于所有新员工为组织创造的总价除以( )。
    A. 成本量   B. 招聘成本率
    C. 招聘总成本   D. 招聘总量
10. 招聘的收益成本比等于( )。
    A. 新员工为组织创造的总价值/招聘直接成本
    B. 新员工为组织创造的总价值/招聘单位成本
    C. 新老员工为组织创造的总价值/招聘总成本
    D. 新员工为组织创造的总价值/招聘总成本

二、多项选择题

1. 招聘总结报告主要内容包括( )。
    A. 招聘计划   B. 招聘进程
    C. 招聘结果   D. 招聘经费
    E. 招聘评定
2. 录用人员的数量评估指标主要包括( )。
    A. 录用比   B. 招聘完成比
    C. 应聘比   D. 合格比
    E. 稳定性
3. 招聘评估的作用有( )。
    A. 有利于组织节省开支
    B. 检验招聘工作的有效性
    C. 检验招聘工作成果与方法的有效性程度
    D. 有利于提高招聘工作质量
    E. 为人力资源管理的多项业务工作提供信息和依据
4. 成本效益评估包括( )。
    A. 招聘成本   B. 成本的预算
    C. 运行发生成本   D. 成本效用评估
    E. 招聘收益成本比
5. 员工招聘成本可分为( )。
    A. 间接成本   B. 直接成本
    C. 总成本   D. 单位成本
    E. 利润成本
6. 内容效度多应用于( )的测试,而不适用于对能力和潜力的测试。
    A. 知识测试   B. 实际操作测试
    C. 能力测试   D. 潜力测试

E. 速度准备的测试

7. 招聘的直接成本包括( )。
A. 招募费用
B. 选拔费用
C. 流动费用
D. 晋升费用
E. 工作安置费用

8. 效度主要有( )。
A. 预测效度
B. 内容效度
C. 实施效度
D. 同侧效度
E. 测试效度

9. 信度评估是我们对招聘工作所使用工具或者方法正确性和有效性的检验,通常情况下,信度评估可以分为( )。
A. 效度系数
B. 稳定系数
C. 评分者信度
D. 等值系数
E. 内在一致性系数

三、判断题

1. 在招聘评估过程中,录用比越小,录用者的素质越高。 ( )
2. 重测信度是指用同一种测试方法对一组应聘者在两个不同时间进行测试的结果的一致性。 ( )
3. 招聘不慎导致员工流失而引起企业重新招聘所花费的费用叫作离职成本。 ( )
4. 运用等值信度进行分析时,主要看副本是否能够起到重复测评的作用,这也是制约副本信度的主要因素。 ( )

四、名词解释题

1. 招聘评估
2. 常模
3. 招聘成本
4. 招募成本
5. 甄选成本
6. 录用成本
7. 安置成本
8. 招聘核算

五、简答题

1. 简述招聘评估的作用。
2. 简述招聘评估的内容。
3. 简述招聘评估的标准。
4. 简述评估方案的设计步骤。
5. 简述撰写招聘总结报告内容。

六、案例分析
SGM 在招聘过程中的评估方法

上海通用有限公司（SGM）是上海汽车工业（集团）总公司和美国通用汽车公司合资建立的轿车生产企业，是迄今为止我国最大的中美合资企业之一。

SGM 的目标是成为国内领先、国际上具有竞争力的汽车公司。一流的企业需要一流的员工队伍。因此，如何建立一支高素质的员工队伍，是中美合作双方都十分关心的首要问题。同时 SGM 的发展愿景和目标定位也注定其对员工素质高要求：不仅具备优良的技能和管理能力，而且还要具备出众的自我激励、自我学习能力，以及适应能力、沟通能力和团队合作精神。要在一个很短的时间里，客观、公正地招聘到高素质的员工配置到各个岗位，对 SGM 来说无疑是一个重大的挑战。

在 SGM 的招聘程序中，严格规范的评估录用程序值得业内人士借鉴。曾经参加过 SGM 的招聘专场的人士都感慨上海通用招聘人才的门槛真高。凡是进入会场的应聘者必须在大厅接受 12 名评估员岗位最低要求的应聘资格初筛，合格者才能进入到 2 楼的面试台，由用人部门同应聘者进行初次双向见面。若有意向，再由人力资源部安排专门的评估时间。在进入科学会堂的 2800 人中，经初步面试合格后进入评估的仅有百余人，最后正式录用的只有几十人。

一、录用人员必须经过评估

这是 SGM 招聘工作流程中最重要的一个环节，也是 SGM 招聘选择员工方式的一大特点。公司为了确保自己能招聘选拔到适应一流企业、一流产品需要的高素质员工，借鉴通用公司位于德国和美国的一些工厂采用人员评估中心来招聘员工的经验，结合中国的文化和人事政策，建立了专门的人员评估中心，作为人力资源部的重要组织机构之一。整个评估中心设有接待室、面试室、情景模拟室、信息处理室，中心人员也都接受过专门培训。评估中心的建立确保了录用工作的客观公正性。

二、标准化、程序化的评估模式

SGM 的整个评估活动完全按标准化、程序化的模式进行。凡被录用者，须经填表、筛选、笔试、目标面试、情景模拟、专业面试、体检、背景调查和审批录用九个程序和环节。每个程序和环节都有标准化的运作规范和科学化的选拔方法。其中笔试主要测试应聘者的企业知识、相关知识、特殊能力和倾向；目标面试则由受过国际专业咨询机构培训的评估人员与应聘者进行面对面的问答式讨论，验证其填在登记表中的信息，并进一步获取信息，其中专业面试则由用人部门完成；情景模拟是根据应聘者可能担任的职务，编制一套与该职务实际情况相仿的测试项目，将被测试者安排在模拟的、逼真的工作环境中，要求被试者处理可能出现的各种问题，用多种方法来测试其心理素质、潜在能力，如通过无领导的两个小组合作完成练习，观察应聘管理岗位的应聘者的领导能力、领导欲望、组织能力、主动性、说服能力、口头表达能力、自信程度、沟通能力、人际交往能力等。SGM 还把情景模拟推广到对技术工人的选拔上，如通过齿轮的装配练习，来评估应聘者的动作灵巧性、质量意识、操作的条理性及行为习惯，在实际操作过程中，观察应聘者的各种行为能力，孰优孰劣，泾渭分明。

三、两个关系的权衡

SGM 的人员甄选模式，特别是其理论依据，与一般的面试及包括智商、能力、人格、性格在内的心理测验相比，更注重以下两个关系的比较与权衡：

（1）个性品质与工作技能的关系。公司认为，高素质的员工必须具备优秀的个性品质与良好的工作技能。前者是经过长期教育、环境熏陶和遗传因素影响的结果，包含了一个人的学习能力、行为习惯、适应性、工作主动性等。后者是通过职业培训、经验积累而获得，如专项工作技能、管理能力、沟通能力等。两者互为因果。但相对而言，工作能力较容易培训，而个性品质则难以培训。因此，甄选录用员工时，既要看其工作能力，更要关注其个性品质。

（2）过去经历与将来发展的关系。无数事实证明，一个人在以往经历中，如何对待成功与失败的态度和行为，对其将来的成就具有或正或负的影响。因此，分析其过去经历中所表现出的行为，能够预测和判断其未来的发展。

SGM 正是依据上述两个简明实用的理论、经验和岗位要求，来选择科学的评估方法，确定评估的主要行为指标，取舍应聘者的。例如在一次员工招聘中，有一位应聘者已进入第 8 道程序，经背景调查却发现其隐瞒了过去曾在学校因打架而受处分的事。当对其进行再次询问时，他仍对此事加以隐瞒。对此公司认为，虽然人的一生难免有过错，但隐瞒过错却属于个人品质问题，个人品质问题会影响其今后的发展。最后经大家共同讨论一致决定对其不予录用。

四、坚持"宁缺毋滥"的原则

为了招聘一个工段长，人力资源部的招聘人员在查阅了上海市人才服务中心的所有人才信息后，发现符合该职位要求的具有初步资格者只有 6 人，但经评估，遗憾的是无人合格：对此，中外方部门经理都肯定地说："对这一岗位绝不放宽录用要求，宁可暂时空缺，也不要让不合适的人占据。"评估中心曾对 1997 年 10 月到 1998 年 4 月这段时间内录用的 200 名员工随机抽样调查了其中的 75 名，将其招聘评估的结果与半年的绩效评估结果做了一个比较分析，发现当时的评估结果与现实考核结果基本一致的达到 84% 左右，这证明了人员评估中心的评估有着较高的信度和效度。

思考题：
1. SGM 在招聘过程中的评估方法的特点是什么？
2. 为什么说该人员评估中心的评估有着较高的信度和效度？如何评价信度与效度？

课后习题参考答案

第一章

一、单项选择题
1. C 2. B 3. A 4. A 5. D

二、多项选择题
1. ABCD 2. ABCD 3. ABCDE 4. ABCD 5. ABCDE

三、简答题

1. 招聘是组织为了生存和发展的需要,根据人力资源规划和工作分析的要求,通过发布招聘信息和科学的甄选,使组织获取所需的合格人才,并把他们安排到合适岗位工作的过程。

2. 人力资源招聘是一项重要而严肃的工作,也是一个复杂、完整、连续的程序化操作过程,包括招募、选拔、录用到评估四个紧密联系的环节。

招募指组织为了吸引更多优秀的应聘者前来应聘而开展的一系列活动。

选拔是组织从自身发展和职位要求出发,挑选出最适合招聘岗位的人。

录用是根据选拔过程中的信息对候选人做出安置、试用和录用的过程。

评估是对整个招聘活动的评价和总结。

3. 招聘工作决定着组织人力资源的质量;

招聘工作影响着组织人员的稳定;

招聘工作影响着人力资源管理成本;

招聘工作影响着组织的社会形象。

4. 能岗匹配原则

双向选择原则

高质量基础上的效率优先原则

竞争、择优、全面的录用原则

多元化原则

价值观匹配原则

四、论述题

1. 招聘工作的开展有两个基本问题需要解决:一是招聘人才的数量,即招聘多少人;二是招聘人才的标准,即招聘什么样的人。这两个问题的解决有赖于人力资源规划和工作分析。

人力资源规划为人才招聘提供了数量标准,工作分析为特定工作提供了工作的内容性质、职责与资格条件。员工招聘就是为填补这些职位空缺,提供一群合格人选,并从中选出最为合适人才的过程。可以说,人力资源规划与工作分析是招聘工作的两个基本前提和条件。

2.(1)学历虚高。学历虚高的含义有以下三个方面:一是指高学历的人大材小用,造成能力的浪费;二是指高学历的人由于种种原因不能适应岗位的要求(如缺少实践经验、学非所用、工作条件欠缺、人际关系复杂等),发挥不出应有的作用;三是指一些高学历的人书本知识虽然很系统,但缺少应有的运用知识的能力。

(2)不平等。常见的不平等现象有三种:一是性别歧视,二是年龄歧视,三是容貌歧视。

(3)招聘基础工作薄弱,没有科学的规划和岗位分析。大多数企业通常采用现缺现招的办法进行人员招聘。其做法使企业对未来人员的需求和配置存在无法估计的严重缺陷,甚至有时在时间紧迫的情况下,会降低录用标准。无疑,这种招聘方式无法达到人员的合理配置。

(4)招聘人员的职业化水平普遍较低。很多招聘人员对应聘者的取舍往往不是取决于科学的工作分析,而是以招聘者对应聘人员的感觉,甚至以招聘者个人某些行为的好恶。

(5)没有建立合理、有效的人才储备体系。很多企业只顾眼前利益或当前工作,没有战略的眼光,对人才储备的建立重视不够,常常是说起来重要,干起来次要,忙起来忘掉。调查发现,很多民营企业很少做人才储备工作,一般都是现缺现招。

五、案例分析

1.缺乏人力资源规划和招聘规划。一般情况下,企业出现的问题是没有企业的人力资源规划和招聘规划造成的。如:企业经常会出现人员不足的现象,企业经营战略计划经常因为人员到位不及时而推迟或改变计划,企业现有人员因面临巨大的工作压力而影响工作积极性,造成所需要完成的工作越来越多滞留,导致企业信誉度下降,从而使企业经营能力减弱。如果人力资源管理无法做适当的规划,企业将被迫在一些将发生的事件发生后,而不是之前做出相应的反应,这种反应将不是选动性反应,所以这将是不被预防的。

2.缺少工作分析。耐顿公司招聘广告词的描述方式,使读者有一种应聘的冲动,但冲动不能代表其他。求职者需要了解详细的信息时,不知道本岗位是做什么的,公司没有向求职者提到岗位的详尽描述和胜任本岗位所需的知识、技能、体力等方面要求。这样在简历的接收过程中,会有大量的不适合本岗位的人员前来面试,会给面试工作造成一定的麻烦。

另一方面在公司人员面试、筛选、评估过程中,由于缺乏科学的工具作为考评人员素质、水平、技术和业务实力评测手段,面试人的主观看法在评价中所占的比重要远远高于科学的评测方式。由于缺少工作分析,在人员录用过程中没有科学的录用依据,容易造成所入职人员与岗位要求的差距,甚至造成应聘者与岗位完全不相符的尴尬情景。

3.招聘程序的不规范和无科学性筛选和录用。许多企业和耐顿公司做法基本相同:

在招聘程序中许多步骤或科学的甄选方式已经被省略了,案例中求职者李楚和王智勇的面试考核资料中,只有姓名、性别、学历、年龄、工作时间及以前工作表现等基础信息,对人员筛选来说这些资料远远不够。一般企业在这时候往往通过面试时对求职者的主观印象做出判断,这种判断的客观性和准确性是值得怀疑的。另外耐顿公司没有通过模拟情景评测方式和其他的量化评定方式来考核求职人员,在面试时这样做会对招聘工作的结果造成影响。

除了这些,还有不足:没有设立招聘后的评估。

第二章

一、单项选择题

1.D 2.C 3.B 4.B 5.C

二、多项选择题

1.ABCDE 2.ABCDE 3.ABCDE 4.AE 5.ABCDE

三、简答题

1.外部因素、内部因素和个体因素。

2.社会经济制度和宏观经济形势、国家的政策法规、传统文化及风俗习惯、外部劳动力市场和竞争对手。

3.企业的经营战略、企业的用人政策、企业自身的形象和条件、职位的性质和招聘预算。

4.招聘者个体因素和求职者个体因素。

四、论述题

1.在招聘活动中,竞争对手也是非常重要的一个影响因素。应聘者往往是在进行比较之后才做出决策的,如果企业的招聘人员、招聘政策和竞争对手之间存在差距,那么就会影响企业的吸引力,从而降低招聘的效果。

2.《劳动法》和《劳动合同法》等。

五、案例分析

内部因素:

1.企业招聘模式落伍

2.福利制度无法吸引员工

外部因素:

1.收入水平与其他行业差距较大

2.国内物流业法律法规不完善

3.同行间竞争压力大

第三章

一、单项选择题

1.D 2.A 3.C 4.D 5.C 6.A

二、多项选择题

1. ABCD 2. ABCDE 3. ABCD 4. ACDE 5. ABCDE

三、判断题

1. √ 2. × 3. √ 4. ×

四、简答题

1. 简述用人单位拟聘雇或者接受被派遣的台、港、澳人员,应当具备的条件。

答:(1)年龄18至60周岁(直接参与经营的投资者和内地急需的专业技术人员可超过60周岁)。

(2)身体健康。

(3)持有有效旅行证件(包括内地主管机关签发的台湾居民来往大陆通行证、港澳居民往来内地通行证等有效证件)。

(4)从事国家规定的职业(技术工种)的,应当按照国家有关规定,具有相应的资格证明。

(5)法律、法规规定的其他条件。

2. 简述能岗匹配原理的内容。

答:(1)人有能级的区别。狭义地说,能级是指一个人能力的大小;就广义而言,能级包含了一个人的知识、能力、经验、事业心、意志力、品德等多方面的要素。不同的能级应承担不同的责任。

(2)人有专长的区别。不同的专业和专长,不能有准确的能级比较,一个优秀的计算机专家不能和一个优秀的建筑设计师比较他们之间优秀的等级和差别。

(3)同一系列不同层次的岗位对能力的结构和大小有不同要求。由于层次的不同,其岗位的责任和权利也不同,所要求的能力结构和能力大小也有显著的区别。例如,处于高层的管理者需要有更高的战略能力和宏观控制能力,处于基层的管理人员应有更加具体的技术能力,并对生产工艺的细节有所了解。

(4)不同系列相同层次的岗位对能力有不同要求。由于工作系列不同,虽然处于同一层次,其能力结构和专业要求也有显著的不同。如人力资源部经理必须具备较强的沟通能力和协调能力;财务部经理必须具备较强的计划能力,熟知相关的财务法律知识;生产部经理则需有指导他人工作的能力和对质量的控制能力。

(5)能级高于岗位的要求,个人的才华无法施展,积极性会受到挫折,企业的人员流动率就大。能级低于岗位的要求,人心涣散,企业的凝聚力和竞争力均受到影响。

3. 简述互补增值原理的内容及应用时的注意事项。

(1)互补增值原理的内容:

①知识互补

每个人在知识的领域、深度和广度上都是不同的,不同知识结构互为补充,整体的知识结构就比较全面。

②气质互补

不同气质者之间互补,有助于将事物处理得更完善。

③能力互补

在企业的人力资源系统中,各种不同能力的互补可以形成整体的能力优势,以促进系统有效地运行。

④性别互补

男女互补,能发挥不同性别的人的长处,形成工作优势。

⑤年龄互补

不同年龄层次的人结合在一起,优势互补,可以将工作做得更好。

⑥关系互补

每个人都有自己特殊的社会关系,如果这些关系重合不多,具有较强的互补性,就可以形成集体的关系优势,增强对外部的适应性。

(2)互补增值高效配置还应当注意以下事项:

①选择互补的成员必须具有共同的目标,即实现企业长远发展的目标。

②在注意知识、气质、能力、性别、年龄等互补的同时,要注意各成员的道德品质。

③互补增值最重要的是"增值",这要求互补的成员之间要相互理解和尊重。

④互补增值高效配置应当在动态中进行平衡。

五、案例分析

1. 答题要点:

从能岗匹配原理的内容来谈招聘失败的原因。

(1)人有能级的区别。

(2)人有专长的区别。

(3)同一系列不同层次的岗位对能力的结构和大小有不同要求。

(4)不同系列相同层次的岗位对能力有不同要求。

2. 答题要点:

挫伤现有员工的工作积极性

为新员工辅导带来的成本

工作停滞带来的成本

重新招聘带来的成本

不利于公司信息的保密

影响人力资源部的部门绩效

第四章

一、单项选择题

1. D 2. C 3. D 4. C

二、多项选择题

1. ABC 2. ABDE 3. ABCD 4. ABD 5. ACE

三、简答题

1. 简述人力资源规划的作用。

(1)保证企业适应环境变化。环境是企业生存和发展的土壤,环境的变化直接影响着企业的生存和发展。一方面，外部环境可能为企业提供各种发展机会；另一方面，外部环境的变化也可能随时威胁着企业的生存发展。为了在变幻莫测的市场环境中求得生存和发展，企业必须不断地调整战略，抓住环境变化带来的各种机会，规避变化带来的各种威胁。

企业战略的变化必然带来组织结构和岗位性质及任职要求的各种变化，这就要求企业对人力资源数量和结构做出相应的调整。随着经济社会的不断发展，企业中的专业化程度越来越高，分工也越来越细，如果没有基于预测的人力资源规划，一旦企业遭遇到剧烈变化的外部风险时，将很难在较短的时间内做好充分的人力资源方面的准备，其结果肯定会影响到企业的持续稳定发展。

(2) 为企业战略目标提供人力支撑。企业人力资源规划的一个重要内容，就是对企业人力资源的发展进行科学的预测。如预测组织何时补充人员，补充什么样的人员，何时需要何种培训等，并制定相应的招聘、晋升、培训等方面的政策和措施。其目的就是要为企业的经营战略提供坚实的人力资源支撑，确保组织在适当的时间和适当的岗位上有足够的、符合要求的各类人力资源，支持企业经营战略目标的实现。

(3) 统筹人力资源管理各项活动。人力资源规划是从企业战略高度制定的规划，其统筹兼顾的特点决定了对人力资源管理各项活动都有指导作用，并将人力资源管理的各项工作和活动连成一个完整的、协调一致的系统，保证人力资源管理系统在不断变化的环境下能够有效运行。

(4) 提高人力资源使用效能。人力资源的有效组合是人力资源管理的根本任务。每个企业都在不断地创新自己的组织结构和岗位体系，以适应科技进步和经济发展所带来的变化。现实中，很多企业不能迅速适应技术和环境带来的变化，组织结构和岗位设计不合理，又不能及时调整，导致有的岗位工作负荷过重，而有的岗位工作量不足；有的人大材小用，有的人又无法胜任本职工作。这些问题都造成了组织的人力资源使用效能不高。人力资源规划通过对组织工作、人员等的分析，可以找到影响人力资源使用的各种问题，并提出相应的解决方案，从而使人力资源的效能得以充分发挥。

(5) 实现企业和员工的共同发展。实践证明，员工的个人目标和企业的发展目标如能达成一致，就能极大地促进组织目标的实现。人力资源规划中关于未来组织结构和岗位结构的规划，能够给员工展示出一个比较清晰的关于企业未来的人力资源需求框架，从而使员工可以看到自己的努力方向，帮助他们根据企业发展的要求，进行个人职业生涯设计。这样就能在员工充分发挥自己的才能并得到发展的同时，为企业提供充足的人力资源支持，实现企业和员工的共同发展。

2. 简述工作分析的作用。

工作分析是建立人力资源管理制度的基础，是各项人力资源管理工作的依据。工作分析的作用主要包括以下五个方面：

(1) 人力资源开发与管理科学化的基础。人力资源管理过程包括岗位设计、招聘、配置、培训、考核、付酬等环节，每个环节的工作均需要以工作分析为基础。例如岗位设计要以岗位职责与职务说明书为依据，招聘要以职位说明书为依据，配置要以工作要求为依据等。

(2)提高现代化社会生产力的需要。社会生产力的提高表现为生产效率和生产质量的提高。而生产效率与生产质量提高的关键在于简化工作程序,改进生产工艺,明确工作标准与要求,让每个员工都能从事其最适合的工作,以达到最好的工作效果。

(3)组织现代化管理的客观需要。在现代社会生产中,工作效率的提高越来越依赖人力因素的作用。因此现代化管理的突出特点是强调以人为中心,强调在工作分析的基础上进行工作再设计和恰到好处地定员、定额,为工作者创造和谐的人际关系和组织气氛,创造良好的工作条件和工作环境,激发企业员工的自觉性、主动性与创造性,从而满足现代化管理需要。

(4)有助于实行量化管理。企业实行严格和科学的管理需要一系列的科学标准与量化方法。工作分析通过岗位工作客观数据和主观数据分析,充分揭示了整个劳动过程的现象与本质的关系,有助于整个企业管理逐步走向标准化与科学化。

(5)有助于工作评价、人员测评等人力资源管理任务的实现。工作评价必须建立在工作分析的基础上,一般来说,工作分析与工作评价是一体化的,如果没有工作分析,工作评价将失去依据,企业薪酬的内部公平性也不会得到保证。另外,人员测评内容指标体系的建立与评价标准的确定,必须建立在科学的工作分析基础之上,即使这些指标是现成的,也应该经过工作分析的严格检验。

3.简述工作分析的流程。
(1)准备阶段。
①确定工作分析的目标和侧重点。
②制定总体实施方案。
③收集和分析有关背景资料。
④确定所要收集的信息及收集信息的方法。
⑤成立专门的工作分析小组。
(2)实施阶段。
①与有关人员进行沟通。
②制定具体的实施操作计划。
③实际收集与分析工作信息。
(3)结果形成阶段。
①与有关工作人员共同审查和确认工作信息。
②形成工作说明书。
(4)反馈应用阶段。

4.简述问卷调查法的步骤。
(1)事先需征得样本员工直接上级的同意,尽量获取直接上级的支持。
(2)为样本员工提供安静的场所和充裕的时间。
(3)向样本员工讲解工作分析的意义,并说明填写问卷调查表的注意事项。
(4)鼓励样本员工真实客观地填写问卷调查,不要对表中填写的任何内容产生顾虑。
(5)工作分析人员随时解答样本员工填写问卷时提出的问题。
(6)样本员工填写完毕后,工作分析人员要认真地进行检查,查看是否有漏填的现象。

(7) 如果对问卷填写有疑问,工作分析人员应该立即向样本员工进行提问。

(8) 问卷填写准确无误后,完成信息收集任务,向样本员工致谢。

5. 企业人力资源供大于求的改善措施是什么?

当预测的供给大于需求时,可以采取以下措施从供给和需求两方面来平衡供需:

第一,企业要扩大经营规模或者开拓新的增长点,以增加对人力资源的需求,如企业可以实施多种经营吸纳过剩的人力资源供给。

第二,缩短员工的工作时间,实行工作分享或者降低员工的工资,通过这种方式也可以减少供给。

第三,对富余员工实施培训,这相当于进行人员储备,为企业将来的发展服准备。

第四,冻结招聘,就是停止从外部招聘人员,通过自然减员来减少供给。

第五,鼓励员工提前退休,就是给那些接近退休年龄的员工以优惠的政策,让他们提前离开企业。

第六,永久性的裁员或者辞退员工,这种方法虽然比较直接,但是由于会给社会带来不安定因素,因此往往会受到政府的限制。

6. 企业人力资源供不应求的改善措施有哪些?

第一,从外部雇用人员,包括返聘退休人员,这是最为直接的一种方法,可以雇用全职的也可以雇用兼职的,这要根据企业自身的情况来确定,如果需求是长期的,就要雇用全职的;如果是短期需求增加,就可以雇用兼职的或临时的。

第二,提高现有员工的工作效率,这也是增加供给的一种有效方法,提高工作效率的方法有很多,如改进生产技术、增加工资、进行技能培训、调整工作方式等。

第三,延长工作时间,让员工加班加点。

第四,降低员工的离职率,减少员工的流失,同时进行内部调整,增加内部的流动来提高某些职位的供给。

第五,可以将企业的某些业务外包,以减少企业对人力资源的需求。

四、论述题

1. 试论述工作分析与招聘的关系。

工作分析在组织招聘中发挥着举足轻重的作用:

(1) 合理平等的招聘要求必须以健全的、综合的职位分析为基础,进而建立正确的招聘和挑选标准。例如,一家医院要招聘一名医药记录员就需要正确判断具有什么程度的教育背景的人能胜任这工作,而且必须能证明这份工作所需的知识、技能和能力只能通过这种教育水平才能获取。否则就会造成人才的浪费,或是人不适岗。

(2) 工作分析在一定程度上可以节约招聘成本,提高员工积极性。企业使用工作分析来确定工作说明是为了计划如何、在哪里能得到适合空缺岗位的人员,究竟是在外部还是在内部招聘。例如,一份小型电器设备制造厂的工作分析显示,过去由具有大专学历的人完成的助理会计一职,可以由受过账簿记录培训、有几年工作经验的高中生担任。于是企业从内部挑选一名人员担任助理会计,而前任助理会计得到了提拔。这样一来,不仅可以节约一笔招聘费用,而且对员工的行为也产生了积极的影响。

（3）依据工作分析做出的招聘广告可以为企业和应聘者带来益处。依据工作分析做出的招聘广告逻辑清晰、表述准确、信息丰富、方向感强烈。它给招聘双方都带来益处：节省双方的时间；降低了招聘和应聘成本；增加了应聘者的工作满意度，应聘者一旦认定这正是他所要寻找的工作，就会从心底里喜欢这项工作，进而更加珍惜工作机会、更努力地工作。

恰如其分的岗位介绍，可以使敏锐的应聘者清晰地决定是否前来应聘，从而有助于管理者免于面临过量候选人或者不足候选人这两种尴尬局面。

2. 试论述工作岗位的设置主要考虑的因素。

（1）因事设岗原则：设置岗位既要着重于企业现实，又要着眼于企业发展。按照企业各部门职责范围划定岗位，而不因人设岗，岗位和人应是设置和配置的关系，而不能颠倒。

（2）规范化原则：岗位名称及职责范围均应规范。对企业脑力劳动岗位规范不宜过细，应强调创新。

（3）整分合原则：在企业组织整体规划下应实现岗位的明确分工，又在分工基础上有效地综合，使各岗位职责既做到明确清晰又能上下左右之间同步协调，以发挥最大的企业效能。

（4）最少岗位数原则：既考虑到最大限度地节约人力成本，又尽可能地缩短岗位之间信息传递时间，减少"滤波"效应，提高组织的战斗力和市场竞争力。

（5）人事相宜的原则：根据岗位对人的素质要求，选聘相应的工作人员，并安置到合适的工作岗位上。

【案例演练】

4-1

1. 组织针对招聘工作，需要树立什么样的招聘理念？建立什么样的招聘基础？

（1）招聘理念：

①选对人比培养人更重要

选择人比培养人更重要，体现在实际的招聘工作中，如果选择人选错了，候选人的职位越高，给企业带来的风险就会越高，特别是公司研发、生产、销售的副总经理，如果选错了人，那结果可能是一年之后这个企业就不复存在了。

②人岗匹配

第一个层次，人与岗位的工作匹配。人的知识、经验和技能与岗位的职责要求的内容相匹配；

第二个层次，人与部门的领导匹配。管理风格和性格上要匹配；

第三个层次，人与公司的匹配。人与公司的价值观的匹配。

③宁缺毋滥

这句话的含义各位都懂，不能让不合适的人进到企业内。可是在实际工作中，这个事还会经常发生：有些时候人力资源部迫于业务部门的压力，把勉强合格或者能力合格人品差的候选人猎取过来。这样做的结果是伤害了企业的利益。

人力资源部门为什么会这样做呢？日常工作中业务部门业绩不好的时候，原因可能是外部环境，也可能是人力资源问题，最简单的说法就是人不够人不行。那老板就会归咎于人力资源部门。出现几次这样的问题,人力资源部门再跟这个强势部门合作的时候,一般就是差不多让他来了,或者欠一点也让他来了,或者就是勉勉强强也来了。结果就是人员的培养周期或上岗之后的熟练周期加大。

宁缺毋滥的第一道安全门是人力资源部门。人力资源经理要以对企业和对自己职业生涯负责人的态度,对待这个问题。宁可跟部门经理、老板吵一架,也要把好这个关口。

(2)招聘基础:科学的人力资源规划与准确工作分析。

2. 你能为该公司人力资源总监职位设计一个有效的招聘流程吗?

招聘流程大致为:

(1)用人部门提出申请:部门经理向人事部门提出所需人数、岗位、要求,并解释理由。

(2)人力资源部门复核,由最高管理层审核招聘计划。

(3)人事部根据部门递交的需求人员申请单,确定招聘的职位名称和所需的名额。

(4)对应聘人员的基本要求即资格及条件限制,比如该职位所限制的学历、要求的年龄、所需能力和经验等。

(5)所有招聘的职位的基本工资和预算工资的核定。

(6)制定及发布资料,准备通知单或公司宣传资料,申请办理日期。

(7)联系人才市场或张贴招聘通知;安排面试时间及场地和面试方式。

(8)最终确定人员,办理试用期入职手续,合格录用转正及手续。

(9)签订合同并存档。

4-2

1. 该公司在企业人力资源管理方面目前存在哪些问题?

(1)未进行有效的人力资源规划:导致企业战略规划无法落实。

(2)岗位设置不合理:各部门的管理人员都经常各自为政,意见不一,相互扯皮。

(3)未进行工作岗位分析:虽然组建了人力资源部,但也仅仅实行了直接主管考评法,对各级员工进行主观性考评,导致员工的抱怨越来越多。

(4)未做到人岗匹配:其中财务部负责人刘女士是贾总的亲戚,仅持有初级会计上岗证书。负责项目开发的江先生是贾总多年的好友,初中毕业,曾经当过一家餐馆的老板。

2. 请根据该公司存在的主要问题,提出具体的解决方案。

(1)先进行人力资源规划。

(2)再进行工作岗位分析。

(3)设置合理的工作岗位。

(4)做到人岗匹配。

4-3

1. 腾讯公司招聘管理中值得分享的经验有哪些?

(1)招聘方式的创新,通过对求职者调研,选取更精准的招聘方式。

(2)扩大招聘渠道——内部推荐,就是带动全公司的人一起来做招聘。

(3)精准定位人群,提高招聘效率。

2. 如何从企业战略发展的角度制定合适的人才发展政策和人才招聘规划?

结合企业战略,以及业务发展情况,从企业运营的角度来制定。

第五章

一、单项选择题

1. D 2. A 3. D 4. C 5. C

二、多项选择题

1. ABCD 2. ABCD 3. ABCD 4. ABDE 5. ACDE

三、简答题

1. 简述吸引度高的组织的策略特点。

通常情况下,吸引度高的组织主要有以下特点:

(1)高工资和高福利。

(2)良好的组织形象。

(3)组织和职位的稳定性和安全感。

(4)工作本身的成就感。

(5)更大的责任或权力。

(6)工作和生活之间的平衡。

2. 简述人才选聘策略。

(1)关注人才的文化、价值追求。

(2)关注人才与团队的融合度。

(3)关注选聘与培训开发的结合度。

(4)关注心理契约。

3. 简述猎头公司招聘的步骤。

(1)同委托机构一起制定一套候选人资格说明书。

(2)准备关于如何开展搜寻的战略。

(3)寻找该职位的潜在候选人,通过个人简历数据库、工作接触、以前搜寻的档案、专门的通讯录、个人电话、同事、不求自来的简历等渠道来发现求职者。

(4)通过面试、证明材料核查及标准化测试来评价每一位候选人的背景与资格,考察诸如工作经历、证明材料、个人特征、技术技能及教育背景之类是否与委托人的要求相符。

(5)猎头公司给委托机构提出1~5名候选人供其进一步审查。

4. 简述招聘的渠道有哪些。

(1)内部招聘。

(2)人才交流会。

(3)网络招聘。

(4)媒体广告招聘。

(5)职业中介招聘。

(6)校园招聘。

(7)猎头公司招聘。

(8)海外招聘。

5. 简述如何构建高效的招聘团队。
(1)团队运作目标的确立。
(2)互补的组合模式。
(3)相互的信任和良好的沟通。
(4)支持系统的建立。

四、论述题
1. 试论述不同招聘渠道的优缺点。

招聘渠道	优点	缺点
内部招聘	1.鼓舞员工士气,提高员工工作热情 2.降低招聘成本 3.候选人了解组织和工作要求 4.组织时候选人的能力有清晰认识	1.易导致"近亲繁殖" 2.会导致为了提升的"政治性行为" 3.缺乏创新 4.操作不公或心理阴影导致内部矛盾
人才交流会	1.双方可以直接见面,可信程度较高 2.简化招聘程序 3.节省招聘费用	1.应聘者众多,洽谈环境差 2.难以招到高级人才
网络招聘	1.速度快、效率高 2.成本低、费用省 3.覆盖面广且具有互动性 4.比较公平、公正	1.人才层次的局限性 2.信息处理的复杂性 3.虚假信息的大量存在
媒体广告招聘	1.信息传播范围广,选择余地大 2.招聘广告保存时间长 3.可附带宣传企业形象	1.初选双方不直接见面,信息易失真 2.广告费用支出大 3.录取成功率低
职业中介招聘	1.针对性强,费用低廉 2.招聘的方法比较科学,效率较高,可以为企业节省时间	服务质量普遍不高
校园招聘	1.双方了解较充分 2.挑选范围和方向集中,效率较高	1.应聘者流动性大 2.有时需支付求职者的路费和实习工资
猎头公司招聘	1.能招到合适人才 2.招聘过程隐秘 3.效率高	1.招聘过程较长,各方须反复洽谈 2.费用高
海外招聘	候选人数量多、质量高	1.难以对候选人背景资料进行调查 2.录用手续烦琐

2. 试论述招聘计划的流程。
答题要点:
(1)招聘需求分析。

(2)估算招聘时间与成本。
(3)确定招聘人员。

【案例演练】

5-1

1. SP公司在招聘过程中存在什么问题？

招聘的人岗匹配，导致招聘来的人无法满足岗位需求；

招聘工作分工不清晰；

招聘标准太主观；

招聘流程随意。

2. 如何才能招到合适的人才？

构建合理的招聘流程；

确定招聘人员标准；

拟定招聘计划；

入职后要进行岗前培训。

5-2

1. 招聘过程中的主要问题出在什么地方？该如何改正？

(1)拟招聘岗位标准缺失。

(2)招聘的员工与企业标准不符。

2. 请你为招聘行政助理做一份招聘计划。

围绕岗位工作内容制定相应的标准,并按照招聘流程,拟定一份招聘计划。

5-3

1. 请你分析此次招聘失败的症结所在。

(1)缺乏人员标准。

(2)招聘人员与岗位不匹配。

(3)招聘偏见。

2. 请提出适合的解决方案。

从如何设计一分合理的招聘计划角度解决。

第六章

一、单项选择题

1. D 2. A 3. A 4. A 5. B 6. D 7. B 8. B

二、多项选择题

1. AB 2. ABCDE 3. ABCE 4. AD 5. ACD 6. ABD 7. ABCD 8. AB

三、简答题

1. 简述招聘团队的组建原则。

知识互补、能力互补、性别互补、年龄互补、气质互补。

2. 简述确定招聘时机考虑的因素。

(1)公司所处的行业。

(2)公司的影响力。
(3)公司的业务情况。
(4)公司的人员流失情况。
(5)人才市场情况。
(6)上岗时间。

3.简述招聘地点选择考虑的因素。
(1)人才分布规律。
(2)求职者的活动范围。
(3)企业的招聘成本。

4.简述招聘地点选择的原则。
(1)分等级招聘原则。
(2)就近取材原则。
(3)同一地区招聘原则。

四、论述题

1.(1)良好的个人品格和修养。

招聘人员所拥有的品质不仅反映其个人的修养,更代表公司的形象。作为主考官,最重要的应该是尊重他人。穿着要很正式,而且守时。招聘人员必须有公正、公平、客观的品质,能倾听与自己不同的意见,并给予客观评价,使每位应聘者在与他们接触中感受到彼此的价值,使招聘会产生良好的公众效应。这就要求招聘人员必须做到公正、认真、诚实和热情。

(2)具备相关的专业知识。

作为招聘人员,要正确评价应聘者的能力和知识,首先自己必须具备必要的专业知识组合。一方面对求职者进行面试提问,并对求职者的回答给予专业评价,运用专业知识也是一种面试的技巧,可以用来排除不合要求的应聘者,为面试节省时间,也为招聘人员节省精力。另一方面招聘团队的学识也会体现公司的业务水平。

(3)拥有丰富的社会工作经验。

招聘总体来说是一个非量化评价过程,它的完成和质量在很大程度上依赖招聘团队所具有的丰富的工作经验,借助于工作经验的直觉判断往往能够准确地把握应试者的特征。同时,丰富的社会工作经验也是提高和掌握面试技能的保障之一。

(4)具有良好的自我认知能力。

心理学研究表明:人们总是习惯以自我为标准去评价人。作为招聘团队的成员,如果不能够对自我有一个健全、准确的认识,就无法准确地评价他人。

(5)善于处理人际关系。

招聘的过程就是人际交往过程。在与求职者的交流中,应该善于利用有关人际关系的知识和自身对人际关系的敏锐感知力去判断应试者处理人际关系的能力。无论录用何种人员,其工作必然会或多或少地与人际交往有关联,因此,对一个人处理人际关系能力的评价成为招聘评价要素中衡量的重要指标。

(6)能够熟练运用各种甄选技巧。

招聘是一种技巧性很强的工作,要求招聘人员必须熟练掌握各种面试技巧,达到运用技巧准确、简捷地对求职者做出判断评价的目的。

(7)能有效控制面试的进程。

招聘团队成员应具备某种驾驭人的能力,要有较强的执行能力和控制能力,使招聘的进程和目的免受破坏。

(8)了解企业状况及职位要求。

招聘人员对应聘职位和组织状况进行较为深入、全面的了解有助于提高招聘工作的质量,同时,可以帮助选拔出真正需要的人才。

2.人力资源管理部门和用人部门的工作分工

在招聘过程中,人力资源管理部门和用人部门有明确的工作分工,具体职责如下:

招聘前期:人力资源管理部门负责拟定招聘计划,确定各类人员的招聘方式,与企业外而相关的机构联系(如人才市场、劳动力市场、高校就业部门等),收集整理应聘资料;用人部门负责提供所需人员的岗位名称、数量、任职条件、上岗时间等。

招聘中期:人力资源管理部门负责根据应聘者的资料,对应聘者进行初步筛选,组织笔试、组织面试及面试前培训,并参加面试;用人部门负责人或选派业务骨干员工参加面试。

招聘后期:人力资源管理部门负责进行背景调查,确定录取名单,回复参加招聘者,确定报到时间,总结招聘工作;用人部门负责确定录取者。

第七章

一、单项选择题

1. A 2. C 3. A 4. B 5. B 6. D 7. D 8. D 9. C 10. D 11. D 12. B 13. C 14. D

二、多项选择题

1. BCD 2. ACDE 3. ABD 4. ABCD 5. ABCD 6. ABCDE 7. ABCDE 8. ABCD 9. ABCD 10. ABCDE

三、简答题

1.简述内部招聘的优缺点。

优点:(1)准确性高。(2)适应较快。(3)激励性强。(4)费用较低。

不足:(1)激发内部矛盾,不利于团队协作。

(2)选拔标准不当,导致人员流失。

(3)容易造成"近亲繁殖",不利于创新。

(4)容易出现"彼得效应"。

2.简述外部招聘的优缺点。

优点:(1)带来新思想、新方法、新技术,有利于组织创新和管理革新。

(2)外部招聘的人员来源广,选择余地很大。

(3)可以平息内部竞争者之间的紧张关系。

(4)树立良好的的企业形象。

不足:(1)筛选难度大、时间长。(2)进入角色慢。(3)招聘成本大。(4)决策风险大。(5)影响内部员工的积极性。

3.简述网络招聘的优缺点。

网络招聘的优点:

(1)选择的幅度大,涉及的范围广。

(2)不受地点和时间的限制,方便快捷。

(3)成本较低。

(4)针对性强。

(5)资料易于保存。

网络招聘的缺点:

(1)网络招聘的信息真实度低。

(2)填写信息过于死板。

(3)互动性差。

4.简述猎头招聘的流程。

(1)分析、评估客户需求。

对客户的企业文化、历史、产品、管理风格有透彻的了解,与客户进行充分、有效的沟通,并与客户共同对空缺岗位进行分析,总结该岗位的职责、任职资格及相应的薪酬水准。

(2)制订并实施猎寻方案。

根据猎头对客户所处行业的认识,结合岗位的具体要求,为每一空缺岗位制订详细的搜寻方案。依据所搜寻方案,利用人才数据库、与各行业有关机构及人士的网络关系,凭借专门的技巧,对每一位潜在的候选人进行接触。

(3)筛选候选人。

对所有接触到的候选人信息进行分析、过滤,包括候选人的岗位现状、沟通能力、离职可能性与动机、薪酬水准等。筛选出基本符合要求的候选人,并安排面试。

(4)面试、评估候选人。

依据专为此岗位编制的测评指标对候选人进行面试,主要评测候选人的性格、管理能力、专业知识与技巧、工作成就、长处与不足、离职原因等。在测评的基础上,撰写评估报告,对候选人进行综合评价。

(5)推荐候选人并安排面试。

将评估过的候选人综合信息提供给企业,根据企业的要求安排候选人与客户面谈,协助双方就具体聘用条件进行有效沟通。

(6)咨询与跟踪服务。

5.简述选择招聘渠道需要考虑的因素。

企业发展阶段、企业所处的外部环境、招聘目的、企业用人的风格、待聘岗位的特点。

6.简述选择招聘渠道的步骤。

(1)了解行业大势,明确企业定位。

(2)分析待聘岗位的招聘要求。

(3)分析招聘对象的特点。
(4)确定拟招对象的来源。
(5)选择恰当的招聘渠道。

四、论述题

试论述校园招聘的对象、方式,以及校园招聘的注意事项。

对象:校园招聘通常用来选拔销售人员、会计、工程、计算机、法律及管理等领域的专业化初级水平人员。一般来说,工作经验少于3年的专业人员约有50%是在校园中招聘到的。

方式:招聘张贴、招聘讲座(宣讲会)和毕业分配办公室推荐。

注意事项:

(1)要注意了解大学生在就业方面的一些政策和规定。国家对大学生就业有一些相应的政策,各个学校的毕业分配也有相应的规定,比如有些偏远地县为留住人才,在一些师范院校定向培养师范生,当地政府提供学费,并签订定向合同,学生在毕业后必须回生源地就业,用人单位一定要事先了解这些规定,以免选中了的人才由于各种手续上的限制而无法到单位工作。

(2)一部分大学生在就业中有脚踩两只船或几只船的现象。例如有的大学生同时与几家单位签署意向;有的大学生一边复习考研或考公务员,一边找工作。一旦考上,他们将放弃工作,这些现象一定要引起重视。因此用人单位应该有一定的思想准备,并且留有备选名单,以便替换。

(3)学生往往对走上社会的工作有不切实际的估计,对自己的能力也缺乏准确的评价。因此,用人单位在与学生交流的过程中,应该注意对学生的职业指导,注意纠正他们的错误认识。

(4)对学生感兴趣的问题做好准备。在学校招聘毕业生,学生常常问一些关心的问题,对这些问题一定要提前做好准备,并保证所有工作人员在回答问题上口径一致,有的单位在向学生发放宣传品时就将常见的问题体现在上面,或者在招聘网站上回答学生提出的问题。

第八章 简历的制作与筛选

一、单项选择题

1. D 2. A 3. C 4. B 5. C

二、多项选择题

1. ABCDE 2. ABCDE 3. BCDE 4. ABCD 5. ABCDE

三、简答题

1. 简历的书写原则。

(1)十秒钟原则。
(2)清晰原则。
(3)真实性原则。
(4)针对性原则。
(5)价值性原则。

(6)条理性原则。
(7)客观性原则。

2.筛选应聘登记表的要点。

(1)判断应聘者的态度。

在筛选应聘登记表时,首先要筛选出那些填写不完整和字迹难以辨认的材料。对那些态度不认真的应聘者安排面试,纯粹是在浪费时间,可以将其淘汰掉。

(2)关注与职业相关的问题。

在审查应聘登记表时,要估计背景材料的可信程度,要注意应聘者以往经历中所任职务、技能、知识与应聘岗位之间的联系。如应聘者是否标明了过去单位的名称,过去的工作经历与现在申请的工作是否相符,工作经历和教育是否符合申请条件,是否经常变换工作而这种变换却缺少合理的解释等。在筛选时要注意分析其离职的原因、求职的动机,对那些频繁离职人员加以关注。

(3)注明可疑之处。

很多应聘登记表存在内容上的虚假。在筛选材料时,应该用铅笔标明这些疑点,在面试时作为重点提问的内容之一加以询问。如在审查应聘登记表时,通过分析求职岗位与原工作岗位的情况。要求对高薪低就、低薪高就的应聘者加以注意。为了提高应聘材料的可信度,必要时应检验应聘者的各类证明身份及能力的证件。

3.筛选简历的要点

(1)分析简历结构。

简历的结构在很大程度上反映了求职者的组织和沟通能力。结构合理的简历都比较简练,一般不超过两页,重点内容集中在社会实践。通常求职者为了强调自己近期的工作,书写教育背景和工作经历时,可以采取从现在到过去的时间排列方式,相关经历常被突出表述,书写简历并没有一定格式,只要通俗易懂即可。

(2)审查简历的主客观内容。

简历的内容大体上可以分为两部分,主观内容和客观内容。在筛选简历时注意力应放在客观内容上。客观内容主要分为个人信息、受教育经历、工作经历和个人成绩等四个方面。个人信息包括学校、工作单位的各种奖励等。主观内容主要包括求职者对自己的描述,例如本人开朗乐观、勤学好问等对自己的评价与描述性内容,判断此主观内容是否与应聘岗位贴切。在审查简历的过程中,要对照应聘登记表,如有矛盾之处,或者直接淘汰,或者进行明确的标注,并在面试过程中加以询问。

(3)判断是否符合岗位技术和经验要求。

在客观内容中,首先要注意个人信息和受教育经历,判断求职者的资格和经历是否与空缺岗位要求符合。如果不符合要求,就没必要再浏览其他内容,可以直接筛选掉。例如在受教育经历中,要特别注意求职者是否用了一些含糊的字眼,比如没有注明大学教育的起止时间和类别。这样做很可能是在混淆专科和本科的区别,或者是统分、委培、教育等区别。

(4)审查简历中的逻辑性。

在工作经历和个人成绩方面,要注意简历的描述是否有条理,是否有逻辑性。比如一份简历在描述自己的工作经历时,列举了一些著名的单位的一些高级岗位,而他所应聘的却是一个普通岗位,这时就需要引起注意。比如另一份简历称自己在许多领域取得了什么成绩,获得了很多证书,但是从他的工作经历中分析,很难有这样的条件和机会,这样的简历也要引起注意。如果能够断定简历中有虚假成分存在,就可以直接将这类招聘者淘汰掉。

(5)对简历的整体印象。

通过阅读简历,判断求职者简历留下的第一印象。如果简历出现褶皱、油污、内容只有半页、排版问题严重等情况,可知此应聘者的求职态度不认真,根据所聘岗位特点,酌情考虑直接淘汰还是直接下发面试通知。另外,标出简历中感觉不可信的地方,以及感兴趣的地方,面试时可询问求职者。

四、论述题

试论述应聘登记表与简历的优缺点比较。

(一)应聘登记表的优缺点

1. 应聘登记表的优点

(1)填写过程中吸引其他求职者。在招聘现场,求职者也具有从众心理,停留填写应聘登记表的求职者,可以引起其他求职者的注意,从而吸引更多的求职者关注该企业,被吸引来的求职者越多,该企业的招聘质量越好。

(2)信息结构完整。很多求职者的简历内容非常复杂,格式各不相同,使得企业在筛选简历时耗费大量的时间,且不能直观地观测到求职者是否符合应聘条件。应聘登记表是由用人单位设计的,其内容结构完整,能够快速显现出用人单位需要了解的内容。比如有的求职者在简历上不会写籍贯或者婚姻状态,可以在登记表上体现出来。此外,有的求职者会刻意隐瞒自己的学习经历,比如只写某大学本科毕业,但其实是专升本或者网络学历;未通过英语四六级考试,在简历上不设置英语等级的内容;因应聘岗位与所学岗位不相同也不相近,简历上不体现自己的专业,等等。既然在简历上不能看到这些完整的内容,就需要在应聘登记表上专门设置有针对性的登记项目,来确认求职者的具体信息。

(3)与简历对照使用以辨认信息真假。应聘登记表和个人简历在筛选求职者时是互相对照使用的。有些求职者的简历是美化过的,但美化后往往自己也不记得改了哪里,通过比对应聘登记表和简历是否一致可以判断其是否作假。特别是观察有关离职日期、工作经历等细节。

(4)直观观测填写态度。用人单位可以通过应聘登记表的填写情况初步判断求职者的性格特点。比如观察填写的字迹是否工整、是否认真、是否有错别字、是否自带笔等情况,由此来判断其工作态度是否认真、是否细心,是否适合某些要求精细的岗位,比如财务、办公室文员等。事实证明,表格填写认真的求职者,其在后续的面试中表现也很优秀,而表格填写内容非常简单的求职者,其对这份工作的求职动机是不清晰的,甚至是不屑的。

(5)设置工作经历证明人的填写信息以方便背景调查。设计应聘登记表时,在工作经历模块设置工作证明人的填写内容,以供后续的背景调查使用。尤其是招聘中高层管理者、跳槽者或应聘者是学生会主席等高级学生干部时,背景调查显得更为重要。

(6)设置信息核对签字以减少招聘风险。设计应聘登记表时,专门设置一行为信息核对并签字,告知求职者需认真、准确地填写应聘登记表,必须对自己填写的内容负责。此外,在应聘登记表的最末一行,加以注释"上述信息如有虚假信息,签署的劳动合同立即解除"。若在求职者入职工作之后,发现其有不真实的填写内容,用人单位可以随时解除合同。

2. 应聘登记表的缺点

(1)封闭式,限制创造性。因应聘登记表是用人单位设计的表格,其内容是公司需要重点了解的内容,但对于有特点的求职者来说,表格内容过于封闭,不能给求职者展示自身优势的机会,限制了求职者创造性的发挥。

(2)制作和分发费用较高。用人单位需利用专门的时间设计并制作应聘登记表,还需对印刷和分发流程进行预算,增加了招聘成本。

(二)简历的优缺点

1. 简历的优点

(1)开放式,有助于创新。简历是求职者自己设计的,不受企业限制,书写内容广泛,在很大程度上给求职者提供创新的机会。

(2)能凸显求职者的优势。求职者根据求职岗位和自身特点,撰写简历内容,将自己认为最佳的内容凸显出来,以在众多竞聘者中占有不败之地。

(3)允许申请人点缀自己。每个求职者可以根据自身的条件,在内容和形式上,制作精美的个人简历,并将简历内容以自己的特色展现给用人单位,由此来判断求职者的创新能力和个人业务水平。

(4)费用低。求职者打印输出简历的费用较低,用人单位在收取简历方面无须产生招聘成本。

2. 简历的缺点

(1)掩饰缺点。有部分求职者未获得英语四级等资格证书,在简历中无体现,对招聘人员筛选简历浪费时间。

(2)个性化的简历格式不易横向比较。每个求职者根据自己的优势书写简历,内容、结构、书写顺序不一,导致招聘人员在多个求职者的简历筛选中较难比较。

五、案例分析

参考答案:

对求职者而言,跳槽前后职位应该有连续性,或阶梯性的上升。此外,应寻找适合自己的职位,如本应从事技术,却想做销售,自己的知识面和经验或许无法支撑这样的岗位。当然,在与猎头打交道的过程中,还是应诚实地加以沟通,不要过度包装自己,只有坦诚说出自己的强弱项,才能让猎头帮着找到适合自己的位置。某种程度上,猎头其实也是自己的合作伙伴与帮手,如果自己不被猎头信任和欣赏,他也不会花心思帮着寻找好的职场机会。猎头筛选简历的要点如下:

要点一:应征者曾经任职的企业和职位。

首先看此人现在或最近在什么企业工作过。如果和空缺职位处于同一行业,而且在该行业中的领先企业有任职经历,那么获得面试的机会是十之八九。

另外，有在跨国企业、知名企业的经历会得到优先考虑。不仅外国企业，包括民营企业也希望聘用有跨国企业经验的人才，这是因为企业相信他们不仅能很快适应新的工作环境，而且会把跨国企业的先进管理方法和技术带进公司。

另外，能够进入猎头视线的通常都是在管理水平和专业技能上资质较深的优秀人才，如果你的简历没有显示出你有足够的管理者资历（比如5—7年），那么你的简历很容易被忽略。其次，通过简历猎头可以了解你的职责大小、行业深入程度，从而判断你与空缺职位的匹配程度。

要点二：候选人的过往业绩。

没有业绩支撑的职位描述是没有说服力的。由于不同企业对职位的内容和职责范围设计不同，所以真正反映个人能力和资历的是工作业绩，数字、案例和奖励等比长篇的职位描述更能打动看简历的人。此外，真实是一切的前提，如果简历中有较大水分或编造内容，那么它就会失去所有被推荐的机会。

第九章　笔试

一、单项选择题

1. C　2. C　3. B　4. D　5. A

二、多项选择题

1. BDE　2. ABCD　3. ABD　4. ABC

三、简答题

1. 简述笔试的优缺点。

笔试优点

一是经济性。笔试可以同时对大批应聘者进行测试，这样成本低，费时少，效率高。二是广博性。笔试的试卷内容涵盖面广，容量大，一份笔试试卷常常可以出几十道乃至上百道不同类型的试题，因而通过笔试可以测试出应聘者的基本知识、技能和能力的深度和广度，测试的信度和效度都比较高。三是客观性。考卷可以密封，主考人与被测者不必直接接触，评卷又有可记录的客观的尺度，考试材料可以保存备查，这较好地体现了客观、公平、公正的原则。

笔试缺点

一是无法考查应聘者的工作态度、品德修养及组织管理能力、口头表达能力和操作技能等；二是可能出现"高分低能"现象，可能使组织真正需要的人才被剔除，而让一些不完全符合条件的应聘者进入下一个阶段的测试；三是一些应聘者可能由于猜题、押题或依靠欺骗、舞弊等不法手段而获得高分；四是不能对应聘者表达含糊的问题直接进行追问，进而掌握其真实的水平。

2. 简述笔试题目设计的原则

（1）目标明确。笔试试题设计必须有明确的目标。不管是面试还是笔试，目标明确是考核应聘者是否能够胜任拟招聘岗位的基础，因此笔试试题设计必须能够准确地反映拟招聘岗位的任职资格。

（2）题量、难度适中。为了让应聘者充分展示自己的能力，招聘人员在设计笔试题目时,应该遵循题量和难度适中的原则。

(3)题型恰当。

3.笔试设计与应用的过程

(1)成立考务小组。

(2)制订笔试计划。

(3)根据笔试测验《考试大纲》设计笔试试题。

(4)监控笔试过程。

(5)笔试阅卷评分。

(6)笔试结果运用。

四、论述题

试论述笔试命题存在的问题与对策。

问题:重知识而轻能力,重结果而轻过程,重识记而轻应用,等等。

对策:

(一)建立笔试命题的研究团队

建立专业、高水平的命题研究团队是笔试命题的人员保障。在应聘者人员选拔笔试测验的实施过程中,无论是采用第三方命题或实施单位自己组织命题,都必须严格考查命题人员是否具备相应的专业知识与实践经验背景。从笔试命题的实践来看,命题的研究团队主要由三个方面的人员组成:一是各个专业、学科长期从事教学、科研工作的专家学者;二是长期从事人员选拔考试组织工作,具有丰富组织出题、考试经验的实际工作者;三是具有相应知识水平和实践经验的骨干员工。除此之外,在命制试题前,对命题人员进行系统培训,使他们明确命题原则和标准,掌握科学的命题方法,并进行合理分工,防止重复出题和漏题。

(二)针对招聘岗位的级别及选拔对象进行岗位的匹配能力分析

做好岗位的能力匹配分析是人员选拔笔试测验命题的出发点与立足点。首先对人员选拔的各级岗位进行分类,并从各类岗位中选取有代表性的岗位,进行职能、职权、职责等方面的系统分析,明确各岗位类别的任职资格条件。即任职者应具备的知识结构、能力素质条件。从而,为命题有针对性的试题,提供命题的方向重点。

(三)根据岗位的级别与分类实施针对性命题

笔试一般包括公共科目和专业科目两大类考试。在这两种类型的考试中,命题的重点与方向不同,虽然考试的类别有所不同,但是他们存在着共同的趋势。即岗位层级越高,主观性题目越强,测试能力水平的目的越明确,试题命题的复杂程度与难度就越高。因此,在实施命题的过程中一定要加强命题的针对性研究。主要包括两方面措施:①借助专家匿名命题与现有题库相结合,减少现有题库试题的使用比例;②通过调查研究,从工作实践领域中,把握专业试题的前沿与发展中面临的问题。

(四)实施专家试题整合与审核制度

试题的整合与审核是高质量试卷命题的最后一道防线,它决定着试卷整体的布局与知识点的分布,能有效地避免相关内容的重复,并能及时更正试卷中有争议的试题与文字错误。因此,实施依靠专家的试卷整合与多次审核,是保障试卷命题有效性的必不可少的重要步骤。专家试卷整合与审核的重点主要在于试卷试题的内容结构合理性、有争议的试题规避、试题内容同测试要求的紧密性、试题内容的前沿性及时代性等。

第十章

一、单项选择题

1. B 2. A 3. C 4. A 5. D

二、多项选择题

1. ABD 2. BCD 3. CD 4. BCD 5. ABCDE

三、简答题

1. 简述正式面试实施时包括的阶段。

(1) 建立融洽关系阶段。

(2) 导入阶段。

(3) 核心阶段。

(4) 确认阶段。

(5) 面试结束阶段。

2. 简述面试时为了做到有效倾听必须做到的事项。

(1) 不要以自我为中心。

(2) 选择性注意。

(3) 巧设情境。

(4) 不要预设立场。

(5) 不要轻易插嘴。

(6) 倾听弦外之音。

(7) 不要妄自评断。

3. 简述面试的提问技巧有哪些。

(1) 提问应该是有组织、有计划的。

(2) 提问应遵照由易到难的原则。

(3) 话题数量要适度。

(4) 注意关联提问。

(5) 牢牢记住提问意图。

(6) 提问时要诚恳、友善、不卖弄、不欺侮人,切忌提侵犯应聘者隐私的问题。

4. 简述当面试中求职者过分羞怯或紧张时,考官可采取哪些方法。

(1) 注意提问的方式。可首先问一些比较简单的问题,或是一些封闭性的问题。

(2) 善于使用重复、总结等方式加强与应聘者的沟通。可重复应聘者讲话的某些要点引导其继续讲话,并且在一定的时间后要对谈话的内容进行总结,以获得更加充分的信息。

(3) 使用带鼓励性的语言和非语言信息。如"慢慢来,别急"等。在音调方面则注意使用比较温和轻柔的声音,也可以使用一些带有鼓励性的身体语言,包括点头、微笑、直接的目光接触、身体前倾等。

【案例演练】

10-1

1. 刘永的面试过程有什么问题？面试题目的设计存在哪些不足？

(1)尝试从面试的流程的角度分析面试的过程存在的问题。

(2)面试题目的类型有多种，可尝试从自我认知型、岗位认知型题目、人际关系协调性题目等题目类型的角度，并结合拟招聘的岗位进行分析。

2. 请为其设计一些能够有效测评应聘者冲突处理能力的面试题。

结合拟聘岗位特点，以及拟聘岗位工作中经常出现的突发事件，设计题目。

10-2

(1)你认为学历造假与个人能力的尖锐矛盾可采取什么方法解决？董事长和人力资源专家坚决拒绝的态度是否正确？

结合个人认识回答。

(2)推荐陈艳的猎头公司发现她学历造假时，不但没有批评，反而替她求情，希望招聘企业能网开一面，以能力取人，你认为该猎头公司有错吗？如有，错在哪里？

有错。学历造假是人品问题。对待人品有问题的人，就不应该予以录取。

(3)陈艳的学历造假被发现后，陈艳本人并未表现出惧怕的态度，反而与猎头公司和招聘企业的人事负责人多次沟通，希望面见领导再细细陈述，以改变该企业对她的态度，挽回她的应聘失败。你认为陈艳的这种态度对不对？你认为她依仗什么敢于"逆流而上"？你认为她今后的职业走向如何？

不对。结合个人认识分析。

10-3 万科"007计划"

万科王石发起"007计划"，旨在招聘一批优秀的管理干部，毛大庆就是实施该计划选到的精英。毛大庆出任万科北京公司的总经理，进而成为万科集团副总裁、北京区域首席执行官。2015年3月9日，毛大庆离职新闻发布会在万科北京中心召开。毛大庆到万科前在新加坡著名的凯德集团任高管，万科用了一年多的时间，以王石的个人魅力和执着挖来了毛大庆，但仅仅6年，毛大庆又离开了万科。

问题：

(1)毛大庆先是离开了他工作15年的凯德，6年后又离开了万科准备自己创业，是否可以据此认为毛大庆不属于企业的忠诚员工？你认为谋求个人发展和忠诚企业相矛盾吗？为什么？

结合你对忠诚的定义来分析。

(2)毛大庆离开万科后开始关注一个更富挑战性的课题，即2030年后的老年社会问题。你认为毛大庆选择做一个创业者和之前做一个职业经理人在职业通道上有无矛盾？你如何评估职业经理人的创业决策？

无矛盾。

结合个人认识分析。

77

第十一章

一、单项选择题
1. A 2. A 3. C 4. A 5. A 6. D 7. B 8. C 9. B 10. D 11. D 12. C

二、多项选择题
1. AB 2. ACD 3. ABC 4. ABCDE 5. CDE

三、判断题
1. × 2. × 3. √ 4. √ 5. √ 6. × 7. √ 8. ×

四、简答题

1. 简述心理测试的含义及特性。

心理测试是指在控制的情境下，通过一系列手段，向应试者提供一组标准化的刺激，以所引起的反应作为代表行为的样本，将人的某些心理特征数量化，来衡量应聘者的智力水平和个性方面差异的一种科学测量方法，其结果是对应聘者的能力特征和发展潜力的一种评定的方法。

心理测试的特性：间接性、相对性、客观性。

2. 简述心理测试如何做到标准化。

标准化工作主要体现在以下五个方面：
(1) 统一测试指导语。
(2) 统一测试题目和情景。
(3) 统一测试时间限制。
(4) 统一评分标准。
(5) 建立常模。

3. 简述心理测试应注意的问题。

在应用各种心理测试的方法时，应当注意达到以下几点基本要求：
1. 要注意对应聘者的隐私加以保护
2. 要有严格的程序
3. 心理测试的结果不能作为唯一的评定依据

4. 简述评价中心的含义及特点

评价中心的含义

评价中心(Assessment Center or Development Center)是基于人员测评应纳入一定的环境系统中进行分析、观察和评定，才能够对其素质进行全面考察的理论而建立的，它将各种不同的素质测评方法进行结合，并建立一套模拟管理系统和场景，将应聘者纳入该环境体系中，并使其完成相应规定的各种工作内容，是以测评管理素质为中心的标准化的一组评价活动。

评价中心的特点

评价中心最主要的特点之一就是它的情景模拟性。除此之外，评价中心有以下几个突出特点：

(1) 多种测评技术综合使用。(2) 测评形式内容灵活。(3) 行为解释的标准化。(4)

较高的内容和表面效度。(5)综合选拔与培训。(6)整体互动性。(7)全面性。(8)以预测为主要目的。(9)形象逼真。(10)行为性。

5. 简述评价中心技术实施的流程。

(1)确定评价中心要测评的素质。
(2)分析企业可用资源。
(3)设计或选择测评方法的组合。
(4)培训并协调测评项目相关人员。
(5)制定详细的测评日程表。
(6)制定详细的实施方案。
(7)监督并评估执行过程。

6. 简述无领导小组讨论的含义及其优缺点。

无领导小组讨论(Leaderless Group Discussion)即无主持人小组讨论,是一种常用的无角色群体自由讨论的评价中心技术,是一种情景模拟的测评方法。主要是指由一组应试者(一般是5~7人)组成一个临时工作小组,在一定时间(1小时左右)内,围绕给定的问题或在既定的背景之下展开讨论,得出小组意见,并做出决策。

(一)无领导小组讨论的优点

(1)能够测评出笔试和单一面试所不能检测出的能力或素质。
(2)能够观察到应聘者之间的相互影响和作用,并根据其行为特征进行全面合理的评价。
(3)能够涉及应聘者多种方面的能力要素和个性特征,尤其是应聘者在无意之间暴露的自身特点,能够使考官预测到其真实的行为特征。
(4)能够有效地区分出应聘者的个体差异,可以同时考察若干名应试者,有效节省招聘时间成本,操作起来比较灵活。
(5)应用范围广,技术领域、非技术领域及管理领域或其他专业领域中都可以使用。

(二)无领导小组讨论的局限性

(1)无领导小组讨论的一个突出特点是:基于同一个背景材料的各个不同的小组讨论的气氛和基调可能完全不同。有的小组气氛比较活跃,比较有挑战性,而有的小组气氛则比较平静,节奏比较缓慢,甚至显得死气沉沉。一个应试者的表现过多地依赖于同一小组中的其他应试者的表现。当一个健谈的人遇到了一些比他更活跃的应试者,反而会让人觉得他是比较沉默寡言的,一个说服力不太强的人在一个其他人更不具说服力的群体中,反而会显得他的说服力很强。这就导致了无领导小组讨论的另一个缺点,即绝对评价标准与相对评价标准的混淆。

(2)对讨论题目的要求比较高,题目的好坏直接影响了对应试者评价的全面性与准确性。这种评价方式对考官的要求也比较高,评价标准相对不易掌握,易受考官主观因素的影响,从而导致评价结果的不一致,应在考官进行过专门培训之后实施。

(3)由于知道考官在考察自己的表现,应聘者在小组讨论中可能存在表演和伪装的情况,由于指定角色随意,应聘者之间地位会产生不平等。

7. 简述公文处理的含义及其优缺点。

公文处理法又称公文筐处理(In-basket)，是评价中心技术中被认为最有效的方式之一，通常是测评高层管理人员素质的重要工具。它假设应聘者接替或替代某个管理人员的工作，并在一定时限内(通常为2~3小时)处理目标工作中的典型工作文件，如通知、信件、内部纪要、报告、电话记录、声明、请示和办公室备忘录等文件(涉及人事、资金、财务、工作程序等内容)。应聘者需要将这些分别来自上级、下属、组织内部或外部的文件进行整理，然后进行优先次序的排列，决定需要授权的事物和对象。

(1) 公文处理法的优点。

考察内容范围广泛。在公文处理法中，除了必须经过实际操作才能够体现的要素之外，任何背景的知识、经验及能力都包含在文件中，借助应聘者对文件处理的表现，考官能够对其进行全面的考察。

表面效度高。公文处理法通常采用与应聘者所应聘职位相类似的文件，有的甚至直接采用该职位处理的文件。因此，通过评价应聘者是否能够有效处理这些文件，进而也能够看出其是否适合该职位。

适用范围广。公文处理法具有广泛的实用性和较高的表面效度，因此，易于被企业所接受，是企业招聘经常使用的一种测评方式。

高度似真性。公文处理法能够完全模拟现实中真实发生的经营、管理情景，因此对实际操作有高度似真性，预测效度高。

综合性强。公文处理法的文件材料涉及日常管理、人事、财务、市场、公共关系等各项工作，因此能够对应聘者进行全面细致的考察。

(2) 公文处理法的局限性。

对公文编制人员要求较高。要获得较为可靠有效的编制公文文件，需要由测评专家、管理专家及实际工作者进行相互配合。

成本较高不够经济。公文处理法从设计、实施到最后评估需要较长的时间进行研究分析，需要投入大量的人力、物力和财力，才能够保证较高的表面效度，因此需要较高的成本。

评分难度大。由于受不同的组织氛围和管理观念的影响，文件处理结果的评价往往受多种因素的影响。在公文筐测评的评分确定过程中，由于考官和应聘者往往存在理解上的差异，因此评价标准一般不会相同。

【案例演练】

11-1 案例分析

1. 案例角色：业务员、记者、一群难民、可口可乐公司
2. 利益分析

(1) 单方利益分析。

对于难民来说，他们肯定要解决饥饿问题，绝不会放过这辆卡车上的食品；

对于记者来说，他是要报道事实的，寻求新闻价值最大化的；

对于业务员来说，你是要销毁面包的；同时要维护公司信誉形象的。

(2) 双方利益分析。

难民与业务员：难民吃掉一卡车面包，不仅解决了自己的饥饿问题，也帮助业务员完成了销毁过期面包这个任务，因此在难民与消费者之间不存在利益冲突。

难民与记者：记者寻求的是新闻价值最大化，而难民一直是记者挖掘新闻的素材；难民呢，也希望通过新闻媒体的报道，引起社会的关注，得到一些人道援助。

业务员与记者：前面分析过了，难民是不会轻易放过这辆卡车的。业务员与记者的最大利益冲突在于，如果难民吃了过期面包，那么事实的报道将有损于公司的形象。

3. 问题界定

通过以上的利益分析我们发现问题主要发生在业务员与记者之间的利益冲突。因为记者是刚刚赶来的，所以他还不知道车上的面包是否过期，而一旦难民吃了面包，他就知道事实了。难民一定是要吃的、记者一定是要报道的，面包是一定要销毁的。业务员要么不给、要么给。案例中由于对"一群难民"的概念还是模糊不清，到底是100呢还是1000个难民呢，到底能不能保证一群难民全部消费掉这辆卡车上的食品呢？这些都不清楚，因此给的话，对公司形象将大大不利。不给的话，时间持续下去，难民势必会哄抢食品，这就造成了一起突发事件。所以最终我们将问题界定为一起危机事件的处理。

4. 解决方案

通过对以上的问题界定，我们讨论出以下的解决方案：

业务员不能主动给难民过期食品，而应僵持下去，让他们自动哄抢食品。在难民哄抢食品并开始吃的时候，业务员应大声疾呼，假装阻止难民哄抢过期面包，同时大喊记者过来一起制止，这样可以向记者表明，业务员根本就没有打算让难民吃过期的面包。

业务员应及时打电话回总部，叫总部运来一车新鲜的面包，以解决难民的饥饿问题，并向总部解释发生的事情及自己的解决方法。在这个过程中，难民由于饥饿难忍会"消费掉"一些过期面包。

待总部将新面包送来之际，应及时和记者沟通，做好企业公关。比如记者对此次事件的报道，会采访业务员，业务员就应该利用这个机会大打企业公关牌，比如为记者拟好明天报道的题目"过期食品遭哄抢，可口可乐显真情"，等等。其实这些都是把这一危机事件当作公关危机来处理。

5. 方案评估

本方案既解决了记者的报道问题，又消耗了一定的过期面包，同时还借助这一事件，大大宣传了企业的人文关怀精神和社会责任，其付出的代价仅仅是一卡车新面包而已，就算是几百万的广告都很难达到的这样的公共效应。

11-2 案例分析

文件1

回复方式：电话回复

做如下考虑后约刘增面谈。

1. 派员去国际业务部做人员流失调查，并分析原因。

2. 派员做一份同行业薪金水平调查，对比分析国际业务部薪金水平情况。

3. 派员与流失人员面谈，了解流失原因。

4. 指定人员到国际业务部听取意见，草拟适合公司特点的中长期人才规划。

5. 修改完善员工培训管理规划，重点突出英语培训。

6. 派员与财务等部门沟通，了解公司工资承受能力，决定国际业务部人员薪金提升幅度的可能性。

7. 建立吸引员工、留住人才的机制。

8. 关于国际业务部从在校学生中招聘难的问题，可适当扩大招聘范围和招聘方式，制定新的招聘制度。

文件2

回复方式：电话回复

立即电话联系王睿，并做如下安排：

1. 立即向主管总裁汇报。

2. 立即根据公司应急预案组成事故处理小组。

3. 联系相关医院和郑州交警部门，确保伤病员的全力救活。

4. 联系伤亡员工家属。

5. 联系郑州交警部门，确定事故责任，全力维护公司利益。

6. 与销售部门联系，确保货物安全，做好工作交接，处理好与供应商的关系，求得理解。

7. 做好伤亡员工家属前往郑州的准备。

8. 联系保险公司，协商理赔事宜。

9. 事故处理完后，要召开一次会议，分析事故原因，修正应急预案，防止事故再次发生。

文件3

回复方式：书面回复

书面回复张玲，并做如下安排：

1. 请在近期内根据工作安排继续落实新方案。

2. 召开各部门会议，分析绩效考核系统进展缓慢的原因。

3. 向各部门解释新绩效考核系统的目的、意义和要求。

4. 肯定44个已完成方案制订部门的成绩，推广他们的做法。

5. 派人员协助各部门制订新考核体系。

6. 在原定时间基础上，适当延长2~3天时间，让各部门能充分结合公司的要求做好新方案。

7. 监督小组及时加强与各部门的沟通和协调，确保新考核体系的制订与公司提出的总目标的一致性。

8. 绩效考核方案的制订必须有员工参加，确保公平与效率，发挥好激励作用。

第十二章

一、单项选择题

1. D　2. C　3. D　4. A　5. C

课后习题参考答案

二、多项选择题

1. ABCDE 2. ADE 3. CDE 4. ABCDE

三、名词解释

1. 背景调查：所谓背景调查，是指用人单位通过各种合法的渠道和途径，从外部应聘者提供的证明人或以前工作的单位那里收集材料，来核实应聘者的个人资料真实情况的行为，是一种能直接证明应聘者情况的有效方法。

2. 入职前背景调查：候选人尚未入职之前进行的背景调查，称为入职前背景调查（Pre-employment Background Check），

3. 入职后背景调查：在候选人入职后、转正前进行背景调查，称入职后背景调查（Post-employment Background Investigation）

4. 入职体检：入职体检是专项体检之一，旨在通过体检保证入职员工的身体状况适合并能够承受从事相关专业的工作。在集体生活中不会造成传染病流行，不会因个人身体原因而影响他人而进行的一种身体检查的方式。

四、简答题

1. 简述背景调查的原则。

为了保证背景调查的质量和效率，企业的招聘人员在进行背景调查时，要坚持以下四个原则：

（1）多角度调查。企业在调查过程中要注意多角度、多渠道地对应聘者的资料和信息进行调查，避免调查的片面性和不准确性，以免给企业或者应聘者带来损失。

（2）有技巧调查。企业在进行背景调查的时候要注意调查技巧，尤其是与应聘者的原单位或者同事进行联系的时候要注意说话方式和说话技巧，以确保得到正确的信息。

（3）针对性调查。为了保证调查的效率，避免将时间和精力浪费在不必要的信息上，企业在调查活动开始之初要制定调查提纲，保证调查活动的针对性和有效性。

（4）效率性调查。企业在进行背景调查的过程中要秉承简单实用的原则，因为烦琐拖沓的调查工作不仅会增加招聘人员的工作量，耗费其大量的精力、时间和金钱，还会延迟新进员工的上岗时间，给企业的工作带来一定的不便。

2. 简述背景调查的方法。

常用的背景调查的方法有：档案查询、电话调查、书面调查、实地考察、非正式调查等多种方法。

3. 简述背景调查的注意事项。

1. 赢得应聘者的理解和支持。

2. 限定调查问题的范围。

3. 避开其带有主观色彩的评价。

4. 背景调查和人员测评结合使用。

5. 建立健全管理制度。

6. 掌握并遵守相关的法律法规。

【案例演练】

(1)案例中,导致聘用失败的原因主要有哪些?

案例中,企业在录用操作中存在的不足主要有以下几点:背景调查不全面细致;决策制定者没有认真分析,没有进行深入沟通;最终的录用决策草率,在录用决策制定中还存在评价标准不清晰、决策之前未对甄选过程中模糊的细节进行澄清等问题。

(2)结合案例,分析背景调查在招聘中的作用。

案例中,人力资源部在制定录用决策前对候选人苏天没有进行深入的背景调查,在"苏天的第二位主管给的资料太少"的情况下就匆忙做出了录用决策,由此埋下了录用失败的种子。

(3)结合案例,分析录用决策对整个招聘的影响。

录用工作的失败直接导致了整个招聘过程的失败。前期招聘工作进行得再好,如果最后的录用出了问题,那么最后的招聘结果一定是失败的。在录用过程中,决策小组成员应坦诚相见,不论最后的录用决策如何,都应把存在的问题分析、讨论清楚,为科学制定用人决策提供依据。

第十三章

一、单项选择题

1. D 2. B 3. A 4. B 5. C

二、多项选择题

1. ABCDE 2. BC 3. AD 4. ABCDE 5. ABD

三、判断题

1. √ 2. √ 3. × 4. √ 5. ×

四、简答题

1. 有利于组织与员工个人的共同发展;有效的员工录用可为组织节省费用;有效的人员录用为应聘者提供了公平竞争的机会。

2. 不要承诺做不到的事情;不要过分吹嘘;不要一味等待。

3. 应该有辞谢通知,许多企业往往注重对被录用应聘者的通知等工作,而忽视了对未被录用者的回复。辞谢会让未被录用者感受到企业对每一位应聘者的尊重,周到的辞谢不仅可以有助于企业树立良好的企业形象,还可能对今后的招聘工作产生有利的影响。

4. 尽量使用全面衡量的方法;尽量减少做出录用决策的人员;不能求全责备;尽快做出决定;留有备选人员。

五、案例分析

在录用决策环节出了问题,应该尽快做出录用决策。当前,人才的竞争十分激烈,优秀的应聘者更是会被众多企业争抢,因此,必须在确保决策质量的前提下,尽快做出录用决策。否则会由于拖延时间,在花费大量时间做出决定后,欲录用的应聘者却已经接受了别的工作,或不再对这份工作感兴趣了。A 职业技术学院正是因为做出录用决策的时间过长,导致不能获取优秀的人才。

【案例演练】

（1）入职培训确实十分重要。有效的入职培训可以使新员工了解公司的情况，更快地融合到企业文化中去，同时也是新员工掌握工作中所需的规则和工具。李阳是一个名牌大学的大学生，被一个有实力的新兴企业录用了，但是未接受新员工上岗的任何培训，这使李阳工作的第一周相当茫然无措。

（2）入职准备工作不充分。首先，人力资源部门没有将李阳送到工作部门；其次，工作部门没有为李阳整理办公桌、准备办公用品；最后，王经理未与李阳做一次录用前谈话，彼此十分陌生，导致李阳的心理落差过大。

（3）工作完成情况及时向领导汇报是应该的，但是王经理的方式有问题，王经理无论多忙，都应该把新员工引导作为自己工作的一部分，给李阳以真正热情的欢迎。李阳刚刚走上工作岗位，对工作充满热情，希望工作获得认可。此时王经理一定要少批评，多指导。

第十四章

一、单项选择题

1. C　2. C　3. A　4. D　5. D　6. B　7. A　8. A　9. C　10. D

二、多项选择题

1. ABCDE　2. ABC　3. ABCD　4. ADE　5. CD　6. AB　7. ABE　8. ABD　9. BCDE

三、判断题

1. √　2. √　3. ×　4. √

四、名词解释题

1. 招聘评估：是指在招聘工作结束后对整个招聘过程中招聘的结果、成本与收益，录用人员和招聘方法等方面进行审视、统计和分析的过程。其目的是进一步提高下次招聘工作的有效性和效率。

2. 常模：是指对测评分数进行分析和解释的参照标准，是一组被试样本的测验成绩的分布结构。它是一种可以用来同其他测验结果进行比较的标准。

3. 招聘成本：是指企业从外部获得人力资源所消耗的资源总和，包括招募成本、甄选成本、录用成本、安置成本、适应性培训成本、离职成本、重置成本七个方面。

4. 招募成本：是指在招聘人力资源过程中所发生的各项支出，主要有招募广告费，宣传资料费，招聘工作人员的工资及福利费，委托中介机构或其他单位招聘企业人力资源所支付的手续费，因招聘而发生的差旅费、接待费、行政管理费等。招募成本可分为直接成本和间接成本。

5. 甄选成本：是指从应聘的人力资源中挑选符合条件人员的过程中所发生的支出，主要包括接待、面试、考试、处理求职申请表、调查和咨询所支出的费用。

6. 录用成本：是指企业从应聘人员中选拔出合格者，将其正式录用为企业成员的过程中所发生的费用。录用成本主要包括录取手续费、调动补偿费、搬迁费、旅途补助费、违约补偿金等。

7. 安置成本：是指将录用的人力资源安排到适当的工作岗位所发生的各项支出，包括行政管理费、欢迎新员工入职的费用、为新员工购买办公用品的费用、对新员工进行岗前培训的费用、搬迁费、差旅费、接待费、录用部门为安置人员损失的时间费用。

8.招聘核算:是指对招聘的经费使用情况进行度量、审计、计算、记录等。通过核算可以了解招聘中经费的使用情况是否符合预算,以及主要差异出现在哪个环节上。

五、简答题

1.简述招聘评估的作用。

招聘评估的作用,具体体现在以下几方面:

(1)有利于降低招聘费用。

(2)有利于检验招聘工作的有效性。

(3)检验招聘工作成果与方法的有效性程度。

(4)有利于提高招聘工作的质量。

(5)有利于检验招聘计划的有效性。

(6)有利于正确评价招聘人员的工作业绩,调动其积极性。

(7)有利于发现企业内部的一些管理问题。

2.简述招聘评估的内容。

(1)招聘工作流程的评估。

(2)某项具体活动的评估。

(3)招聘方法的评估。

(4)招聘中相关人员的评估。

(5)招聘成本与效用的评估。

3.简述招聘评估的标准。

(1)标准化:是指与招聘有关的过程和条件的一致性。

(2)客观性:客观性即不受主观因素的影响,对应聘者进行客观的评价。具体来讲,包括两个方面:一是招聘人员不受个人偏见、价值观、感情等因素的影响,客观地对应聘者进行评价;二是应聘者不会因其社会地位、种族、宗教、性别、籍贯等因素而被人为地划分等级。要做到客观评价,招聘人员需要克服主观偏见的影响。

(3)全面性:即测评内容是否具有完整性,能否全面反映招聘岗位所需的各项要求。

(4)适合性:即招聘录用人员与企业需求是否匹配。"合适的就是最好的",招聘活动是否成功最终要看录用人员与岗位的匹配度。

(5)可靠性:即甄选中所采用的测试方法的可信程度,是评价测试效果的一个指标,它是指一个人在同一测量中几次测量结果的一致性,它反映测试所提供结果的一致程度。

(6)有效性:是指一项测试所能测量出的其所要测量的内容的程度。

4.简述评估方案的设计步骤。

第一步,确定测评的重点维度。

第二步,选择和开发能够测评以上维度的工具。

第三步,实施测评,反馈测评结果。

第四步,跟踪反馈。

5.简述撰写招聘总结报告内容。

招聘总结报告应该包括:招聘计划、招聘进程、招聘结果、招聘经费、招聘评估等主要内容。

六、案例分析

(1) 结合对案例的理解进行分析。

(2) 结合对案例的理解进行分析。

六、答案要点：

(1)结合材料回答国际货币体系的演变

(2)结合实例回答国际贸易的方式